Estudio diacrónico y sincrónico del objeto indirecto en el español peninsular y de América

 *Etudes Romanes 57*

Collection dirigée par
Anita Berit Hansen
Hanne Jansen

Dans la rédaction :
Hans Peter Lund
Lene Waage Petersen

INSTITUT D'ÉTUDES ROMANES
UNIVERSITÉ DE COPENHAGUE

Silvia Becerra Bascuñán

Estudio diacrónico y sincrónico del objeto indirecto en el español peninsular y de América

Museum Tusculanum Press
University of Copenhagen
2006

Silvia Becerra Bascuñán
Estudio diacrónico y sincrónico del objeto indirecto en el español peninsular y de América

© Museum Tusculanum Press et l' auteur 2006
Études Romanes vol. 57
Mise en pages: Nils Soelberg
Police : Minion
Imprimé au Danemark par Special-Trykkeriet Viborg a/s
ISBN 87 7289 979 4
ISSN 1395 9670

Publicado con el apoyo de «Professor dr. phil. Viggo Brøndal og Hustrus Legat», «Kirsten Schottlænders Fond » y «Birthe og Knud Togebys Fond».

Silvia Becerra Bascuñán (1953) ha obtenido el Título de Doctor (Ph.D.) por la Universidad de Copenhague, Facultad de Humanidades, con la presentación de la Tesis Doctoral titulada *El objeto indirecto en español, diacronía y sincronía. Un estudio empírico* (2003). Además de publicar artículos, reseñas y material didáctico sobre la historia de la lengua española, ha publicado en Études Romanes vol. 43 *Diccionario del uso de los casos en el español de Chile*, Memoria de Licenciatura (Tesina). En la actualidad se desempeña como profesora de Lengua Castellana en el Instituto Christianshavns Gymnasium.

Museum Tusculanum Press
Njalsgade 94
DK 2300 Copenhague S
Danemark
www.mtp.dk

A Ole

Índice

Nota preliminar 13
1. Introducción general 15

PRIMERA PARTE: DIACRONÍA 21
2. El objeto indirecto y los procesos de gramaticalización 23
2.0. Introducción 23
    2.0.1. Referencia cruzada y lenguas «pro drop» 24
    2.0.2. Duplicación y referencia cruzada 28
2.1. Las teorías del cambio lingüístico y de gramaticalización 32
    2.1.1. Los conceptos de sistema, norma y habla 32
    2.1.2. El cambio lingüístico a largo plazo 35
    2.1.3. El proceso de gramaticalización 41
    2.1.4. El español una lengua «pro drop» 43
2.2. El sistema pronominal desde el español antiguo hasta nuestros días 44
    2.2.1. La duplicación en algunas obras de la Edad Media y del Renacimiento 46
        2.2.1.1. El pronombre personal en el texto medieval cidiano 46
            2.2.1.1.1. Los usos de las formas tónicas del pronombre personal 46
            2.2.1.1.2. Los usos de las formas átonas del pronombre personal 47
            2.2.1.1.3. Duplicación de un objeto léxico pospuesto 47
            2.2.1.1.4. Anteposición de un objeto léxico y la presencia del clítico pronominal 47
        2.2.1.2. Nuestra interpretación 48
        2.2.1.3. Referencia cruzada y topicalidad 50
        2.2.1.4. Objeto pronominal coordinado, referencia cruzada y tematización 52
            2.2.1.4.1. Referencia cruzada del objeto pronominal coordinado 52
            2.2.1.4.2. Referencia cruzada y tematización 53
        2.2.1.5. Referencia cruzada, objeto pronominal personal y cambio de marca 55
        2.2.1.6. Recapitulación 59
    2.2.2. La referencia cruzada hasta mediados del siglo XX 60
        2.2.2.1. Referencia cruzada y jerarquía de prioridades 62
        2.2.2.2. Referencia cruzada y estructuras marcadas 63
        2.2.2.3. Referencia cruzada, verbos psicológicos y frecuencia de los verbos 65
    2.2.3. Referencia cruzada en texto de corte oral 67

  2.2.4. Recapitulación 70
  2.2.5. Dos usos inovativos: *le* por *les* y *se los / se las* por *se lo /*
    se la 71
    2.2.5.1. Ausencia de concordancia de número 71
      2.2.5.1.1 OI pospuesto al verbo 72
      2.2.5.1.2. OI antepuesto al verbo 72
    2.2.5.2. Pluralidad del dativo en el clítico de acusativo 74
 2.3. **Conclusión: la referencia cruzada del OI como cambio lingüístico**
   a largo plazo 76
 2.4. **Apéndice al § 2.2.4.1** 78
  2.4.1. OI preverbal 78
  2.4.2. OI postverbal.. 80

3. Gramaticalización del objeto indirecto en el español actual . 81
 3.0. **Introducción** 81
 3.1. **Composición y tratamiento del corpus** 81
  3.1.1. Tablas que reflejan los resultados 86
 3.2. **Observaciones preliminares** 87
  3.2.1. Posición del objeto indirecto en estructuras transitivas 88
  3.2.2. Posición del objeto indirecto en estructuras intransitivas 91
    3.2.2.1. Los verbos del tipo «gustar» 93
    3.2.2.2. Los verbos del tipo «molestar» 95
  3.2.3. Referencia cruzada doble 97
  3.2.4. Objeto directo incorporado y objeto indirecto 99
    3.2.4.1. Posición del objeto directo incorporado con respecto
      al objeto indirecto 102
    3.2.4.2. El objeto directo incorporado puede ser modificado 103
    3.2.4.3. Otras características del objeto directo incorporado 103
    3.2.4.4. Referencia cruzada del objeto indirecto en estructuras
      con objeto directo incorporado 106
 3.3. **Los resultados que refleja el español actual** 111
  3.3.1. Referencia cruzada del objeto indirecto en el español
    peninsular 112
    3.3.1.1. Referencia cruzada y el tipo de registro 112
    3.3.1.2. Referencia cruzada y las personas del discurso 120
      3.3.1.2.1. Cambio de marca del objeto indirecto de primera
        y segunda persona 123
    3.3.1.3. Referencia cruzada y posición del objeto indirecto 123
      3.3.1.3.1. Los resultados para el siglo XX en las terceras
        personas 126
      3.3.1.3.2. Referencia cruzada en las oraciones subordinadas .. 130

3.3.1.3.3. Análisis de nuestros resultados 131
3.3.1.4. Referencia cruzada y rasgo de animado e inanimado del
objeto indirecto 135
3.3.1.5. Referencia cruzada en relación con el sociolecto y
el cronolecto 140
3.3.1.6. Recapitulación 145
3.3.2. Referencia cruzada del objeto indirecto en el español
de América 147
3.3.2.1. Referencia cruzada y el tipo de registro 150
3.3.2.1.1. Referencia cruzada en la prosa académica 151
3.3.2.1.2. Cambio de marca, lenguaje formal y empatía 153
3.3.2.1.3. Algunas observaciones en relación con los textos de carácter formal y la expresión de los contenidos pasivos 154
3.3.2.1.4. Referencia cruzada en los discursos 155
3.3.2.1.5. Referencia cruzada en la prosa narrativa 159
3.3.2.2. Referencia cruzada y las personas del discurso 165
3.3.2.3. Referencia cruzada en relación a la posición del objeto
indirecto 166
3.3.2.4. Referencia cruzada en relación con los rasgos de
animado e inanimado 171
3.3.2.5. Recapitulación 176
3.4. Conclusión 177
3.5. Apéndice al § 3.1.1 178
3.5.1. Ejemplificación de las tablas empleadas 178
3.5.2. Ejemplificación de las diferentes estructuras 180
3.5.2.1. OI con duplicación, pospuesto 180
3.5.2.2. OI con duplicación, antepuesto 183
3.5.2.3. OI sin duplicación, pospuesto 184
3.5.2.4. OI sin duplicación, antepuesto 186

SEGUNDA PARTE: SINCRONÍA 189

**4. El objeto indirecto en las construcciones predicativas:
la noción de Adjeto** 191
4.0. Introducción 191
4.1. Valencia y transitividad 194
4.1.1. La intransitividad 198
4.1.2. El Adjeto 200
4.1.2.1. El rol semántico de «Locación» / «Lugar» 202
4.1.2.2. Relación entre segunda predicación y primera
predicación 203

4.1.2.3. Recapitulación 205
4.2. La noción de cópula y las construcciones predicativas 206
    4.2.1. La historia de la cópula 207
        4.2.1.1. Aristóteles 207
        4.2.1.2. Abelard y la escuela de Port Royal 207
        4.2.1.3. Russell 209
    4.2.2. La cópula en la gramática tradicional de la lengua española . 209
        4.2.2.1. Bello 209
        4.2.2.2. El Esbozo 210
        4.2.2.3. La herencia aristotélica 210
    4.2.3. La cópula en el funcionalismo europeo 212
        4.2.3.1. Gramática Funcional 212
        4.2.3.2. Teoría del Adjeto 214
        4.2.3.3. Nuestra propuesta de análisis 215
4.3. Las construcciones predicativas y el objeto indirecto 215
    4.3.1. La magnitud del problema 217
    4.3.2. Verbo copulativo, Adjeto predicativo y objeto indirecto 222
        4.3.2.1. Los verbos copulativos «ser», «estar», «parecer» 222
            4.3.2.1.1. Análisis de las construcciones con «ser» 223
            4.3.2.1.2 Análisis de las construcciones con «estar» 227
            4.3.2.1.3. Análisis de las construcciones con «parecer» 228
        4.3.2.2. Otros verbos copulativos con adyacente atributivo
                del sujeto 230
            4.3.2.2.1. Análisis de las construcciones con «resultar» 230
            4.3.2.2.2. Análisis de las construcciones con «ponerse» 231
            4.3.2.2.3. Análisis de las construcciones con «hacerse» 232
            4.3.2.2.4. Análisis de las construcciones con «aparecerse»,
                «ofrecerse», «tornarse», «antojarse», «figurarse» 232
            4.3.2.2.5. Análisis de las construcciones con «quedar», «venir»,
                «salir», «caer» 233
            4.3.2.2.6. Análisis de las construcciones con «ir», «sentar»,
                «darse» 233
        4.3.2.3. Verbos con adyacente atributivo del objeto 234
4.4. Predicado complejo 235
4.5. Conclusión 237
4.6. Apéndice al § 4.3.2 238
    4.6.1. Los verbos copulativos «ser», «estar», «parecer» 238
    4.6.2. Los verbos copulativos «resultar», «ponerse», «hacerse» 244
    4.6.3. Los verbos «aparecer», «ofrecerse», «antojarse» 246
    4.6.4. Los verbos «quedar», «salir»,«venir», «caer» 247
    4.6.5. Los verbos «ir», «sentar», «darse» 248
    4.6.6. Verbos con adyacente atributivo de objeto 249

5. El objeto indirecto y la Gramática Funcional: la noción de perspectiva 251
5.0. Introducción 251
5.1. Funciones sintácticas en la GF: el estado de cosas desde diferentes perspectivas funcionales 255
    5.1.1. Los argumentos y la perspectiva funcional de la oración .. 257
    5.1.2. Los satélites desde diferentes perspectivas funcionales de la oración 259
    5.1.3. Los argumentos desde diferentes perspectivas funcionales una vez más 261
    5.1.4. Jerarquía de Funciones Semánticas 261
    5.1.5. Asignación de objeto indirecto a un argumento Paciente en una situación dinámica 263
    5.1.6. Asignación de objeto indirecto a un argumento Experimentante en una situación dinámica 265
    5.1.7. Asignación de objeto indirecto a un argumento Experimentante en una situación estática 267
    5.1.8. Asignación de objeto indirecto a un Poseedor: La posesión externa 269
    5.1.9. Asignación de objeto indirecto en otros contextos 276
    5.1.10. Algunas complicaciónes en torno a las generalizaciones anteriores 277
5.2. Asignación de funciones pragmáticas 279
5.3. Conclusión 283

6. Conclusión general 285

Bibliografía 289
Textos que comprende el corpus 289
    1. Español peninsular 289
    2. Español de América 291
Otros textos citados 296
Referencias bibliográficas 297

Nota preliminar

Este estudio es una versión revisada de mi Tesis Doctoral, sin modificaciones esenciales ni de contenido. Las enmiendas son, sobre todo, de expresión y de estilo. Se han corregido las faltas o equivocaciones cometidas por descuido y, en algunos casos, se han ampliado o modificado algunos pasajes ambiguos que entorpecían la redacción.

En este lugar deseo dejar constancia de mi gratitud a la Facultad de Humanidades de la Universidad de Copenhague que me otorgó la beca de doctorado, que me ha permitido llevar a cabo esta investigación para más tarde obtener el Título de Doctor (Ph.D.) por la Universidad de Copenhague.

Deseo asimismo dejar testimonio de mi reconocimiento a las fundaciones «Professor dr.phil. Viggo Brøndal og Hustru», «Kirsten Schottlænders Fond» y «Birthe og Knud Togebys Fond» que con su espléndido apoyo han hecho posible la publicación de este estudio.

Finalmente dirijo mi más profundo agradecimiento a todos aquellos que en el correr de los últimos años me han brindado su apoyo incondicional, sobre todo, a Ole Nedergaard Thomsen por las valiosas e impagables horas henchidas de discusiones en torno a los diferentes temas lingüísticos que me iban ocupando. A Joachim le pido perdón por las innumerables horas que le he robado.

Copenhague, junio de 2005
S.B.B.

1.
Introducción general

En la lengua española, como en otras lenguas indoeuropeas, el predicado concuerda con el sujeto, a diferencia de otras lenguas en las que en el predicado se encuentran los morfemas de concordancia con el sujeto y el objeto (suahelí) e incluso algunas en que el predicado puede concordar con tres participantes, los que equivalen al sujeto, objeto directo y objeto indirecto (vasco) (Lenz 1935, García Miguel 1995b, Dik 1997, TFG 1). Esta forma de concordancia que presenta la lengua española en que la persona y número del argumento sujeto están codificados en los morfemas flexivos del verbo, i.e. en el núcleo oracional («Head marking«) y en el término sujeto léxico, en caso de estar presente, es lo que se conoce como referencia cruzada (Dik ob. cit.). La lengua española no requiere, entonces, del sujeto explícito –rasgo que ha conservado del latín– excepto cuando es necesaria su presencia para mayor especificidad del argumento sujeto o cuando éste es objeto de focalidad en la estructura oracional. La gramática generativa denomina las lenguas con esta característica lenguas «pro drop» (Dik ob. cit.).

Ni el objeto directo ni el objeto indirecto tienen una forma de expresión unívoca como en otras lenguas, por ejemplo como en el francés o el inglés en que se reconocen por el orden de los constituyentes, o como en el latín o griego que se reconocen por el caso, o como en el japonés en que se reconoce por el uso de partículas pospuestas (adposiciones) (García Miguel ob. cit.); en español el único índice funcional lo encontramos en el objeto indirecto que siempre lleva la marca *a*, marca que en determinadas circunstancias, también puede llevar el objeto directo y que también llevan los casos oblicuos. Cuando la referencia del objeto directo o del objeto indirecto es conocida, se elude la unidad que funciona como tal, quedando el verbo incrementado por un clítico pronominal; por el contrario, cuando la referencia a los participantes centrales no es conocida o es ambigua aparece la unidad léxica ya en función de objeto directo ya en función de objeto indirecto, según corresponda.

Atendida la relativa libertad del orden de los constituyentes de la oración, los argumentos objeto indirecto y objeto directo pueden ocupar la plaza preverbal, lo cual en el español actual, en muchos contextos, exige la presencia del clítico pronominal junto al verbo; en la posposición se registra una situación similar, por cierto con ciertas restricciones sobre todo tratándose del objeto directo.

En español actual cuando los argumentos objeto directo u objeto indirecto son una unidad léxica pronominal personal, la presencia del clítico pronominal es obligatoria independientemente de la posición de aquellos.

El objetivo de este trabajo es hacer un estudio sobre la evolución de la coexistencia de un objeto indirecto léxico y el clítico pronominal adosado al verbo, fenómeno que si bien se conoce en las otras lenguas romances –está más difundido en algunas (italiano, rumano) y menos difundido en otras (francés y portugués)– en la lengua española abarca todos los contextos (Silva Corvalán 1984).

Nuestro supuesto es que este fenómeno –que en el siglo XII se muestra en forma esporádica y que en el español actual es un fenómeno que se difunde poco a poco a todos los contextos, llegando a la obligatoriedad en algunos de ellos– es un cambio lingüístico que evoluciona a través de muchos siglos y en el que muchas generaciones participan. Es un fenómeno que muestra que el clítico pronominal, en sus comienzos, un elemento de referencia anafórica, es reanalizado en algún momento como marca de referencia cruzada con el objeto indirecto. Este comportamiento que observamos en la lengua española, no hace más que mostrar la necesidad que se registra en las lenguas de que haya uniformidad en la expresión lingüística: si el español codifica en el verbo la función de sujeto, tiende, entonces, a codificar las otras funciones centrales también en el verbo. De esta manera el sujeto se expresa por referencia cruzada morfológica (sintética) y el objeto indirecto se expresa por referencia cruzada sintáctica (analítica).

La evolución de este fenómeno está condicionado no sólo por factores morfosintácticos sino también por factores de carácter pragmático, factores todos regidos por el principio de marca (Andersen 2001a). Entre los factores morfosintácticos se encuentran, por un lado, las personas del discurso en estrecha relación con los rasgos de animacidad del objeto indirecto y el orden de los constituyentes, que en su conjunto determinan el grado de topicalidad del objeto indirecto, y, por otro, el tipo de estructura oracional: principal / secundaria; estructuras transitivas con objeto ±referencial; estructuras intransitivas y transitivas; estructuras de pasiva con *se* y sintagmática / perifrástica; la frecuencia de los verbos (léxico). Entre los factores pragmáticos se cuentan factores interactivos: ±énfasis y ±empatía, estructura informativa; factores socio pragmáticos: cronolecto, sociolecto, geolecto / dialecto y factores como el tipo de registro: oral y escrito; ±intercomunicativo, ±informativo y factores pragmáticos estilísticos: ±formal.

1. Introducción general

De los factores pragmáticos ±énfasis y ±empatía, el factor ±énfasis está ligado a las formas tónicas de los pronombres personales en la función de objeto indirecto; en cambio el factor ±empatía está relacionado con la ±presencia del clítico pronominal en una estructura oracional en que ya esté presente el objeto léxico. Nuestro supuesto es que en la lengua española este fenómeno que normalmente se denomina duplicación está motivado, además –en este largo proceso evolutivo que conduce a la gramaticalización del clítico pronominal– por la necesidad del hablante de manifestar su actitud ante lo expresado en la predicación. En efecto si el hablante participa emotivamente en la realidad de alguno de los participantes de la predicación, si el hablante expresa compromiso con lo expresado en relación con el referente del objeto indirecto, lo que en definitiva es expresarse en forma subjetiva, entonces, se registra la duplicación, si por el contrario el hablante elige expresarse en forma objetiva y distante, no expresando empatía alguna, no se registra la co-presencia del clítico pronominal. Esta particularidad de que un fenómeno sintáctico pueda estar controlado por factores no sintácticos, la ha observado Kuno (1976: 434) a quien citamos a continuación: «It is easier for the speaker to empathize with an object (e.g., person) that he has been talking about than with an object that he has just introduced into the discourse for the first time: Discourse-anaphoric [información dada] > Discourse-nonanaphoric [información nueva]». Siendo la ±empatía un rasgo común de los participantes del discurso, en una jerarquía de prioridades, es el hablante el que presenta mayor prioridad y la tercera persona la que presenta menor prioridad; «It is easiest for the speaker to empathize with himself (i.e., to express his own point of view); it is next easiest for him to express his empathy with the hearer; it is most difficult for him to empathize with the third party, at the exclusion of the hearer or himself. Speaker > Hearer > Third Person» (Kuno ob. cit.).

Pensamos que el hablante ante la falta de otras herramientas pragmáticas y ante la necesidad de expresar empatía con la tercera persona del coloquio, recurre a medios que recalquen lo que está diciendo para que no quede duda de su intencionalidad, recurre a medios que le den fuerza a su expresión, que en este caso es la referencia cruzada del clítico pronominal. Nuestro empleo de los conceptos de subjetividad / objetividad abarcan la misma idea que encontramos en la «hipótesis de la subjetivización» de Traugott (1995) que plantea que el emisor es el origen del cambio lingüístico al subjetivizar progresivamente sus mensajes, es decir al implicar en su enunciado sus actitudes, sus valoraciones (cit. en Cuenca y Hilferty 1999). Tanto los factores pragmáticos de ±énfasis como de ±empatía en un momento sufren una degradación retórica causada por el avance del proceso de actualización del clítico pronominal reanalizado como marca de referencia cruzada con el objeto indirecto.

La evolución de la referencia cruzada del clítico pronominal con el objeto indirecto es un proceso de gramaticalización que se registra en todo el mundo hispanohablante sin excepción e independientemente de los fenómenos *loísmo* y *laísmo*. Pero ¿qué entendemos por «objeto indirecto»? En este trabajo se entiende por «objeto indirecto» los diferentes dativos a excepción del dativo ético (DE), que es el que, si bien está excluido tanto de la acción como del escenario del evento, «es un participante que evalúa intelectualmente el evento y que está ubicado fuera del escenario pero dentro del evento conceptual» (Maldonado 1998; cf. también 2000, 2002a,b. V. también Smith 2001). Se trata de aquel dativo que sólo puede ocurrir en las dos primeras personas, sólo se registra en la forma pronominal ligada al verbo, es decir no tiene un equivalente tónico pronominal, puede omitirse sin ser alterado el significado central de la acción, no responde adecuadamente al contenido de pronombres interrogativos (*a quién*); para que este elemento periférico pueda ocurrir es necesaria la presencia de otro clítico dativo en la misma estructura oracional (Maldonado 1998). Consideramos «objeto indirecto», en la nomenclatura de Maldonado, el objeto indirecto (OI), el dativo de afectación (DA) y el Benefactivo (BEN). Maldonado organiza los dativos en una escala de proximidad respecto de la acción verbal, escala que está determinada por «fenómenos de subjetividad que ubican al Experimentante en espacios de mayor o menor distancia respecto del núcleo del evento: OI > DA > BEN > DE» (ob. cit.). Mientras el OI es un participante inmerso en la acción que, «garantizado por la valencia del verbo, actúa como recipiente de dicha acción» (ob. cit.), el dativo de afectación es «un participante no activo que opera como el "escenario" o la locación en que se desarrolla una acción y a su vez es afectado por ella [...] el participante afectado no es parte de la acción pero sí del escenario en que dicha acción se desarrolla» (ob. cit.). El Benefactivo, por su parte, el que se ubica dentro de la acción nuclear, está determinado por la trayectoria intencional del sujeto, y, a diferencia del OI, designa un Experimentante ajeno a la valencia verbal, además de que se construye siempre con la preposición *para* (Maldonado 1998, 2000a,b).Y como muy bien señalan Gili y Gaya (1975 [1943]), Alarcos (1984), Vázquez Rozas (1995), Maldonado (1998) ambos pueden concurrir en el mismo enunciado.

Este trabajo, como su título lo indica, es un estudio del objeto indirecto de la lengua española con sus dos normas: el español de América y el español peninsular, visto, por un lado, desde el punto de vista diacrónico, es decir como –en palabras de Coseriu (1988 [1957]: 49)– «un conjunto de modos lingüísticos tradicionales («que se trasmiten»)» y, por otro, desde el punto de vista sincrónico, es decir como –en palabras de Coseriu (ob. cit.)– «un conjunto de modos comunes «actuales» (en el momento

1. Introducción general

considerado), que, sin embargo, no dejan por ello de ser tradicionales (es decir, «transmitidos» [...]»; de tal manera que el aspecto diacrónico lo constituye la primera parte y el aspecto sincrónico la segunda. El primer capítulo, que corresponde a una introducción general a nuestro estudio y el último, donde nos ocupamos de dar una visión de conjunto del fenómeno de la referencia cruzada del objeto indirecto, conforman éste y aquél el marco que encierra la primera y segunda parte. A su vez cada una de las partes comprende dos capítulos. En el capítulo dos se tratan, por un lado, los fundamentos teóricos en que nos apoyamos para tratar de explicar la evolución del fenómeno de la duplicación a través de los siglos, esto es las teorías del cambio lingüístico (Coseriu 1988 [1957], 1989 [1952]; Andersen 1973, 1990, 2001a,b) y de gramaticalización (Hopper y Traugott 1993; Lehmann 1985, 1995; Traugott 1996), poniendo especial énfasis en el cambio lingüístico como fenómeno de «drift» y la teoría de marca (Andersen 1990, 2001a,b); y, por otro, se explica la evolución del fenómeno de la duplicación desde el s. XII a la primera mitad del s. XX, en base a estudios anteriores, dando siempre nuestra propia interpretación del fenómeno. En el capítulo 3 se trata la actualización del reanálisis del clítico pronominal como marca de función sintáctica en la segunda mitad del s. XX. Los resultados que presentamos en este capítulo corresponden a nuestro estudio hecho en base a un corpus que comprende una amplia gama de registros del español de ambos lados del Atlántico. Los capítulos 2 y 3 corresponden, entonces, al aspecto diacrónico de nuestro estudio.

En la segunda parte, que trata del objeto indirecto desde una perspectiva sincrónica, centramos nuestra atención en dos marcos teóricos dentro del funcionalismo europeo, que se complementan mutuamente: La Gramática Funcional de Dik (1997), que tiene su fundamento teórico en la semántica y la pragmática y la Teoría del Adjeto –teoría de valencia y transitividad– de Herslund y Sørensen (1994, 1996a,b; Herslund et al. 1996; Herslund 1995, 2002) que tiene su fundamento teórico en la sintaxis.

La Teoría del Adjeto de Herslund y Sørensen, tratada en el capítulo 4, asume tres relaciones gramaticales: Sujeto, Objeto y «Adjeto». El objeto indirecto es una de las funciones contempladas bajo la relación gramatical «Adjeto», relación gramatical que se define como un participante con el rol semántico de «Locación» / «Lugar» en el evento, esto es el «locus» de la acción procesal. Es sabido que no puede haber dos relaciones gramaticales iguales en la misma estructura oracional. En esta teoría, además del objeto indirecto, se encuentran bajo el Adjeto, entre otros, los complementos predicativos. La lengua española muestra que el objeto indirecto puede aparecer en estructuras con complemento predicativo –realidad que siempre se ha registrado en la lengua española– lo cual es un problema para esta teoría. En este capítulo se discuten en forma amplia las estructuras predicativas con objeto indirecto haciendo uso del corpus que constituye la base empírica de nuestra investigación con el propósito de plantear una solución al problema, introduciendo el concepto de «predicado complejo» (Nedergaard Thomsen 1996, 1997, 2002). El objeto indirecto en este tipo de estructura corresponde al dativo de afectación y al Benefactivo en la terminología de Maldonado antes citado.

La Teoría del Adjeto opera con el objeto indirecto en particular y el Adjeto en general como un participante de locación de la acción procesal, sin envolver aspectos pragmáticos, los cuales encontramos en la Gramática Funcional de Dik, esto es los criterios de empatía que corresponden a perspectivas funcionales («perspectivization») del estado de cosas («Stat of Affairs»). En la concepción de la estructura gramatical la perspectiva funcional del estado de cosas es fundamental para la asignación de funciones sintácticas en esta teoría, a pesar de no asignarse ninguna función sintáctica al objeto indirecto. La lengua española muestra sin embargo que no sólo se encuentra la perspectiva funcional del estado de cosas del objeto directo sino también, y antes que nada, del objeto indirecto, lo cual se expresa por medio de la referencia cruzada. Esta discusión la planteamos en el capítulo 5.

Los datos bibliográficos sobre los textos que comprende el corpus estudiado, se encuentran en las páginas finales de este libro. Los datos abarcan primero los textos del español peninsular y luego los del español de América. Todos ellos se presentan agrupados de acuerdo al tipo de registro, empezando por los registros de alta interacción comunicativa para terminar con aquellos con alto grado de información (Biber et al. 1998). Bajo cada uno de los registros han sido ordenados los textos de acuerdo al factor generacional de sus autores. En forma detallada se indica para cada una de las fuentes si se ha tenido acceso a ellas en forma electrónica o impresa, además de la cantidad de palabras que cada texto encierra.

Primera parte

Diacronía

«En efecto, la lengua no es nunca «hecho» por la sencilla razón de que no está nunca «hecha», sino que está siempre haciéndose y deshaciéndose, o, dicho en otros términos, es una creación permanente y una incesante destrucción.»
  (Ortega y Gasset, *El hombre y la gente* 1957: 280; apud Coseriu 1988 [1957]: 30)

2.
El objeto indirecto y los procesos de gramaticalización

> Since the beginnings of modern historical linguistics – since the times of Rask and Grimm – it has been recognized that in language histories one can observe not only individual changes, which run their course within the lifetimes of at most a few generations of speakers, but also long-term developments, often comprising numerous distinct changes which share a common direction and apparently have the same degree of mutual coherence and the same unity of rationale as individual changes, but are played out over considerable spans of time – centuries, sometimes even millenia. (Henning Andersen 1990: 1)

2.0. Introducción

En la evolución de las lenguas, las relaciones que se expresan mediante las desinencias casuales, de forma gradual son transportadas –en palabras de Hjelmslev (1978: 111)– «a los otros formantes, el formante de secuencia y los formantes-preposiciones y este proceso culmina antes de que se pierdan las desinencias casuales; de este modo la lengua asegura en cada instante de su evolución la expresión neta de las relaciones en cuestión». En efecto «las relaciones que en las lenguas tenidas por sintéticas se expresan mediante desinencias, se expresan en las lenguas consideradas analíticas, de una parte, por el orden de los elementos en la serie, y de otra, por ciertos elementos que la tradición greco-latina y consideraciones diacrónicas nos fuerzan a considerar como preposiciones» (ob. cit.: 111).

En español, las relaciones gramaticales no se expresan por el formante de secuencia como por ejemplo en francés e inglés. Si bien el orden predominante es V-O (Head Initial) goza nuestra lengua de un orden relativamente libre de sus elementos (Contreras 1976). Tampoco se expresan las relaciones gramaticales por las desinencias casuales –como por ejemplo en latín y griego– ya que el español, como el francés, «ignora toda distinción casual, con la única excepción de un mínimo residuo en el pronombre personal» (Hjelmslev, ob. cit. 110-111).[1] Ni tampoco se puede decir que lo haga por adposición –como por ejemplo en japonés en que se hace uso de partículas pospuestas para el sujeto y objeto. Las preposiciones son un mero índice funcional, que –como bien dice Alarcos Llorach (1994: § 286: 219)– «confieren (o confirman) el papel de adyacente al segmento que encabezan, ya sea respecto del núcleo verbal en la oración, ya respecto del sustantivo nuclear (o unidad equivalente) en el grupo nominal» indicando que tal segmento no funciona como sujeto explícito.

2.0.1. Referencia cruzada y lenguas «pro drop».

En español, tal como en latín y a diferencia, por ejemplo, del francés, para expresar la relación gramatical de sujeto no es, en general, necesaria la presencia de un argumento pronominal o no-pronominal en el enunciado, puesto que –en palabras de Alarcos Llorach (1994: § 194)– «En el signo morfológico del verbo se manifiestan, pues, variaciones de los morfemas de persona y número, que cumplen la función de *sujeto gramatical* y hacen referencia a un ente comprometido en la actividad o el proceso designado

---

[1] Los átonos de primera persona *me, nos* y los de segunda: *te, os* no distinguen en el caso. En las terceras personas, en cambio, distinguen caso acusativo y caso dativo; los clíticos de acusativo distinguen en número y género: *lo-la; los-las*, mientras que los de dativo: *le, les* sólo distinguen en número. En la combinación clítico de dativo OI y clítico de acusativo OD, el primero toma la forma *se: se lo(s), se la(s)*. «La forma *se* no es sino pura evolución fonética de las formas *le* y *les* de dativo, cuando concurren con las demás formas de acusativo con *l*» (Seco 1978). «Cuando el dativo va unido al acusativo del mismo pronombre (dedit illi illum), el castellano antiguo usa la forma *gelo, -s, gela, -s*, que es el resultado regular del grupo illi-illu > (i).lliello > gello [...] y con reducción analógica de la segunda *ll, > gelo*. [...]. Este *gelo* se propagó por analogía al plural, y en vez de dedit illis illum > dio-*les-lo*, se dijo, como en singular, dió-*gelo*. Nótese que fuera de esta combinación de dos pronombres enclíticos, la unión del dativo con cualquier otra vocal siguiente no es tan íntima: en «dédit-illi illa-cárta» hay dos grupos tónicos, mientras en «dédit-illi-illa» sólo hay uno; de ahí el diferente resultado en español: «dió-*le* la-cárta», frente a «dió-*ge*-la». [...]. El cast. *gelo* (sing. y pl.) en el siglo XIV empieza a dejar su puesto a la forma moderna *selo*, generalizada gracias a la influencia analógica ejercida por expresiones reflexivas como echó*selo*, ató*selo* (a sí mismo) sobre echó*gelo*, ató*gelo* (a otro).». (Menéndez Pidal 1952: 253-254). V. además Lenz, *La oración y sus partes* 1935: 262; Hanssen, *Gramática histórica de la lengua castellana* 1913: 76-77.

2. El objeto indirecto y los procesos de gramaticalización

por el signo léxico del verbo», no obstante, «[c]uando la situación en que se habla no es suficiente para poder identificar qué ente real se corresponde con la persona (o sujeto gramatical) incluido en el verbo, se agrega un sustantivo (o segmento equivalente) que la especifica [...]. A este término adyacente se le llamará *sujeto explícito o léxico*» (ibid.: § 313. 1°).

Ahora bien, es de consenso general que los morfemas, que constituyen el «sujeto gramatical», provendrían, en las lengua indoeuropeas de los pronombres personales tónicos; así dice Lenz en *La oración y sus parte*: «el verdadero verbo nace, según se ve, en todas partes, con mayor o menor claridad, de la fusión de una palabra que designa un fenómeno con un pronombre sujeto. [...] Varían los idiomas en el grado de subordinación fonética que dan al elemento pronominal junto al verbo. Esto se refiere tanto al sujeto como a los complementos pronominales. Si la subordinación del sujeto es completa, nace un verbo conjugado por personas, que se expresa con prefijos o sufijos, aglutinados o flexivos, según el grado de la fusión y del desgaste fonético. Así nació la conjugación en la mayoría de los idiomas» (Lenz 1935: 248-249). Cf. lo que dice Lehmann (1995: 15) a este respecto: «The so-called secondary personal endings of the active verb were *-m, -s, -t* for the three singular persons. Though the details are not recoverable, scholars generally agree that these suffixes derive from the agglutination of personal pronouns [...]. In particular, the third person singular suffix *-t* is most probably a reduced form of the neutral demonstrative stem *to-*» (v. también Givón 1976). De acuerdo con esto, y considerando que el elemento más prominente en la jerarquía de funciones sintácticas es el sujeto y con ello la unidad no marcada, es asimismo la relación gramatical que primero ha alcanzado la gramaticalización.

Siguiendo a Dik (1997, TFG 1: 156-157, 388-389) la relación entre el término sujeto y el predicado se puede describir, en algunas lenguas, de acuerdo con «reglas de concordancia» («agreement rule»), y en otras se trata más bien de «referencia cruzada» («crossreference»):

(i) Hay lenguas en que el signo morfológico del verbo hace referencia en forma independiente, sin copiar la especificación de persona y número de la unidad nominal supeditada al verbo. Se trata de lenguas con «Head marking», lenguas en que las informaciones de persona y número del argumento sujeto están codificada en el verbo –núcleo de la oración. Son especificaciones que se codifican, al mismo tiempo, en el argumento sujeto (pronominal o nominal), en caso de estar presente. Esta relación es la que corresponde a lo que Dik denomina «crossreference», en español «referencia cruzada».

(ii) Hay otras lenguas en las que la presencia del argumento sujeto es obligatoria, ajustándose el verbo en persona y número a éste. En estas lenguas el signo morfológico del verbo no hace referencia en forma independiente, ya que copia de la unidad nominal supeditada al verbo la información allí codificada. Es lo que se conoce como «Dependent marking».[2]

Las lenguas que no requieren de una unidad explícita para expresar el nexo –usando la terminología de Jespersen (1968 [1924])– más que cuando el sujeto tiene posición focal o su presencia es necesaria para mayor especificación de la persona y número del argumento sujeto, ya codificada en el verbo, son las llamadas lenguas «pro drop». Por el contrario, las lenguas que requieren del término sujeto explícito para expresar el nexo, son las llamadas lenguas «non pro drop» (Dik, ob. cit. 155).

En las lenguas indoeuropeas, en lo que al sujeto se refiere, el verbo establece o referencia cruzada - «Head marking», como es el caso de la lengua española o establece concordancia- «Dependent marking» como en el francés, mas en algunas lenguas la referencia cruzada abarca no sólo el primer argumento sino también el segundo y tercer argumento; «existen lenguas como el suahelí [bantú] en las que el predicado contiene morfemas de concordancia con sujeto y objeto; y lenguas como el vasco o el georgiano en las que el predicado puede concordar con hasta tres participantes (los equivalentes de SUJ, CDIR y CIND del español)» (García-Miguel 1995 b: 42; v. también. Dik 1997, TFG 1: 156 y Lenz, ob. cit. § 53 102).[3]

Ya se ha visto que en español ni el orden de los constituyentes, ni los morfemas adnominales, i.e. el caso o adposiciones son índice funcional de las relaciones gramaticales de objeto directo (OD) y de objeto indirecto (OI). El único índice funcional lo encontramos en el objeto indirecto, al cual siempre se antepone la preposición gramaticalizada *a*, que más bien es un «prefijo de caso» según Lehmann (1985), marca de la que, en principio, carece el objeto directo, si bien es cierto se registra el objeto directo preposicional desde el s. XII.[4]

---

[2] Dik (1997, TFG 1: 156 nota 16) escribe: «More recently, Nichols (1986) and Van Valin (1985) have argued for a distinction between 'Head marking' and 'Dependent marking'. The idea is that in some languages the person/number information is basically coded on the noun phrase (the dependent), in other languages on the verb (the head)».

[3] Incluso hay lenguas como el Abkhaz (lengua indígena del Cáucaso) con referencia cruzada no sólo de los tres participantes centrales sino además de un participante satélite (Beneficiente). Esta observación se la debo a Ole Nedergaard Thomsen.

[4] Lenz (1935: 74 § 31) dice que la razón del uso de la *a* en el complemento acusativo se debe a una serie de factores y no sólo al carácter personal del complemento. Al igual que Hanssen (1913: § 692) y Alarcos Llorach (1994: 279 § 335) opina Lenz que la razón fundamental es la claridad de la construcción, si bien «hay muchos factores que han contribuído [sic] a generalizar ciertas fórmulas por analogía, aunque la claridad no lo pida. Así, por ejemplo, el hecho de ser casi siempre persona el complemento dativo que

2. El objeto indirecto y los procesos de gramaticalización

Nuestra lengua muestra que «Así como las terminaciones verbales señalan la persona que funciona como sujeto gramatical y no hace falta un sujeto explícito si la situación es inequívoca, los incrementos personales –en la terminología de Alarcos Llorach (ob. cit.)– permiten eludir las unidades léxicas que cumplirían las funciones de objeto directo o indirecto. Los incrementos indican, al unirse al verbo, que este posee un objeto directo o indirecto de primera, segunda o tercera persona, el cual no se especifica con otra palabra por ser su referencia consabida de los interlocutores» (Alarcos Llorach, ibid. § 259). Estos clíticos personales,[5] los que

---

lleva la misma preposición, habrá ejercido influencia en la generalización del [sic] *a* con acusativo. Otro factor importante es la conservación de la gran libertad en el orden de las palabras que distingue el castellano del francés [...].». Calderón, P. *Estructura y evolución del objeto directo animado en el español medieval*, tesis de licenciatura, México: UNAM, 1995 (apud Company 1997: 161 n. 18) documenta la presencia de la *a* antepuesta al objeto directo en un 100% de los casos tratándose de pronombres personales y nombres propios, en textos medievales de los siglos XIII-XV. Company (1997: 160-161) adhiere a la hipótesis generalizada que arguye que se trataría de un cambio analógico mediante el cual «los OIs contaminaron su marcación prepositiva a ODs humanos», de tal manera que la marcación con *a* habría afectado primero a objetos directo no prototípicos, es decir, objetos directos humanos altamente individualizados y prominentes. Esta forma innovadora avanza a nuevos contextos menos marcados, abarcando finalmente las entidades prototípicas, «que son las más resistentes y las últimas en aceptar un cambio». Para una explicación de las construcciones con los dos argumentos nucleares marcados con *a*, véase Ortiz Ciscomani (1997). Para una explicación desde el punto cognitivista, véase Delbeque (1998); para una explicación pragmática, véase Detges (en prensa: a).

[5] En español los pronombres objeto tónicos (*mí, ti*) y átonos (*me, te*) de las dos primeras personas, que tienen las mismas formas para el objeto directo y el objeto indirecto tienen un origen latino común. Los pronombres personales átonos de primera y segunda persona *me* y *te*, provienen de los acusativos latinos *me* y *te* respectivamente; en cambio los pronombres personales tónicos de primera y segunda persona *mí* y *ti*, provienen de los dativos latinos *mihi* y *tibi* respectivamente; los pronombres átonos de tercera persona conservan formas diferentes para el acusativo y el dativo. El latín no tiene pronombre especial para la tercera persona, «cuando necesitaba de él, empleaba cualquiera de los demostrativos, pero el romance escogió *ille*» (Menéndez Pidal 1952: § 94). En efecto, tanto los átonos como los tónicos de tercera persona provienen del demostrativo latino; la serie tónica: *él, ella, ello* proviene del nominativo latino *ille, illa, illud*; del acusativo latino *illum* e *illud* proviene la forma *lo* para el singular masculino y neutro, y de *illam* la forma *la* para el femenino. De los acusativos latinos *illôs* e *illâs* provienen tanto los pronombres tónicos de plural *ellos* y *ellas*, como los átonos *los* y *las* para los plurales masculino y femenino respectivamente; de los dativos latinos *illî* e *illîs* provienen *le* y *les* indiferenciados en género (Menéndez Pidal, ob. cit; Lapesa 1981: 405; Fernández Ramírez 1951: § 102; Fernández Soriano 1999: 1221-1222).

requieren combinarse en la secuencia con otra palabra, si bien la ortografía los presenta en proclisis o unidos en enclisis con un verbo o un derivado verbal formando un todo con el verbo (Alarcos Llorach, ibid. §§ 84 y 258), guardan, en cierto grado, la independencia de las palabras autónomas. Prueba de ello es el hecho de que no tengan influencia, como bien dicen Hopper y Traugott (1993: 6), en la acentuación del verbo al ir en posición enclítica como por ejemplo en *háblame* en que el acento de *habla* no cambia por la sílaba extra que viene a ser el clítico *me*.

2.0.2. Duplicación y referencia cruzada.
Por el contrario, cuando la referencia a los participantes centrales en la función de OD y de OI no es conocida o es ambigua, aparece una unidad léxica o pronominal en la estructura oracional. En concordancia con la relativa libertad del orden de los constituyentes de la oración, el OD / OI puede ocupar la posición preverbal, lo cual trae consigo la presencia de un átono representante de la función de la unidad antepuesta. En la posposición también se registra el mismo fenómeno, aún en los casos en que la referencia es clara. Esta doble representación de la función sintáctica en cuestión corresponde al fenómeno que en las gramáticas y estudios tradicionales se conoce como «reduplicación», «redundancia pronominal», «pleonasmos», «doblado de clítico», «desdoblamiento de objeto directo e indirecto», «complementos duplicados», «complementos superfluos o pleonásticos», «usos redundantes» o «pronombres redundantes». Este es un fenómeno que se registra en la lengua española, en todo caso, desde el s. XI (Menéndez Pidal 1954 [1908]; Marcos Marín 1978; Silva Corvalán 1984; Rini 1991).

La función del clítico pronominal, según la descripción tradicional, es la de ser un mero sustituto –con valor anafórico o deíctico– de las unidades con la función de objeto directo o indirecto. El clítico pronominal sólo tiene como función marcar en el predicado la existencia de estas unidades. El clítico pronominal y la unidad nominal tienen, en definitiva, la misma función sintáctica y por lo tanto se excluyen, de tal manera que la presencia de ambos elementos en la estructura oracional provoca casos de redundancia de contenidos. Tradicionalmente, la duplicación sólo ha sido aceptada en casos de énfasis, de contraste, de especificación.

Mucho se ha discutido en las gramáticas y estudios tradicionales cuál es el elemento «pleonástico» en las estructuras que registran la copresencia de un objeto léxico nominal o pronominal tónico y un clítico pronominal. Los estudiosos están de acuerdo en que cuando se trata de la copresencia de un objeto léxico nominal y un clítico, el clítico es el elemento pleonástico; sin embargo cuando se trata de la copresencia de una forma tónica y de una forma átona del pronombre personal en la misma estructura clausal –lo que Fernández Ramírez (1951) denomina «doble mención prono-

2. El objeto indirecto y los procesos de gramaticalización

minal»– no hay unidad en los criterios. Algunos se limitan a constatar que se registra en la lengua un pleonasmo «que reúne las formas tónica y átona» (Menéndez Pidal 1954 [1908]), otros observan que a veces se usan las dos formas, simple y compuesta, pero que es un «pleonasmo muy del genio de la lengua castellana» (Bello 1954 [1847]). Otros estudios no dejan claro si consideran el átono o el tónico el elemento pleonástico (*Esbozo* RAE 1973). Hay otros que sin distinguir entre un objeto léxico nominal y un objeto pronominal (personal o no), en el caso de copresencia, tratan el clítico pronominal como la forma redundante (Poston 1953; Keniston 1937a,b; Kany 1976). Hay quienes tratan por separado la duplicación del objeto léxico nominal y la del objeto pronominal de persona. Basándose en el criterio de constancia y necesidad, esto es, de cuál es la forma que puede faltar, consideran pleonástico el clítico pronominal al tratarse de la duplicación de un objeto léxico nominal, mientras que en la «doble mención pronominal», consideran superflua la forma tónica (Fernández Ramírez 1951; Barrenechea et al. 1970). Ante este último punto de vista Rini (1991: 279) observa que si bien algunos análisis sincrónicos del español moderno «shows the clitic to be the basic because of its indispensability, from a historical perspective the tonic pronoun, not the clitic, was the basic element of the emphatic constructions, while the clitic was additional or redundant when the two forms co-occurred. [...] the tonic pronoun phrase was often the only element necessary to achieve emphasis». Rini (ob. cit.) documenta que en el español antiguo la forma redundante es el clítico pronominal a diferencia del español moderno en que el clítico es la unidad básica y el tónico pronominal «represents an additional formal expansion of its semantic content, motivated by emphasis, contrast, or by need to disambiguate the third person forms *le / les* or *se*» (ibid.: 282). En la evolución de la duplicación «there occurred a «cephalic» shift (i.e., shift of head or center of a construction). The fundamental cause of the cephalic shift may have been the grammaticalization (or morphological binding) of the clitic pronoun to the verb, which can be dated roughly in the late 16th or early 17th century. Once it became a verbal affix, then in emphatic structures the clitic appeared basic or obligatory, with the tonic ProP as its optional expansion» (ibid.: 282). Análisis con el que estamos de acuerdo. Sin embargo su propuesta para la duplicación de un objeto léxico nominal no está tan desarrollada. Asume sólo que la duplicación de objeto léxico nominal se da por analogía con la duplicación de un objeto pronominal, duplicación que surge en las estructuras de objeto pronominal coordinado, con un valor pragmático: el énfasis. Además, citando a Silva Corvalán (1984), deja la puerta abierta a que la relación que hay entre duplicación y topicalidad podría explicar el fenómeno.

La duplicación no muestra uniformidad en su evolución en el correr de los siglos. Los estudiosos concuerdan en que, en el español actual, y en todas sus variedades, hay casi obligatoriedad en la duplicación del objeto indirecto, situación un tanto diferente en lo que al objeto directo se refiere; también están de acuerdo en que la presencia del pronombre tónico conlleva necesariamente la del átono; en otras palabras la duplicación es un fenómeno en evolución, que en algunos contextos es obligatoria y en otros se registran algunas restricciones.

En la actualidad hay acuerdo general entre los estudiosos[6] en que el clítico pronominal hay que analizarlo como «morfema de concordancia». Punto de vista que ya habían manifestado gramáticos como Lenz (1935) y Llorente y Mondéjar (1974). Lenz asume que el verdadero complemento es «el pronombre que acompaña al verbo, y el substantivo correspondiente es un atributo (especie de aposición) para el pronombre» (ob. cit. 105 § 55). Tanto Lenz como Llorente y Mondéjar ven el fenómeno de la duplicación como una manifestación de «conjugación objetiva», hecho gramatical que se conoce en lenguas de origen no indoeuropeo, p. ej. el húngaro. Si bien el mecanismo, funcionamiento y formación de la conjugación objetiva no es igual en todas estas lenguas, «en todas se trata de la aparición de unos morfemas verbales que apuntan al objeto cuando la acción expresada por el verbo se cumple en otra persona o cosa distinta de la que la realiza. [...], conjugación objetiva implica transitividad, y los morfemas verbales objetivos están relacionados con el objeto directo y no con el

---

[6] Jaeggli (1993 [1986]) caracteriza los clíticos, por un lado, como afijos, por ser morfemas que manifiestan las propiedades de las unidades ligadas y, por otro, como elementos sintácticos, por ser su comportamiento semejante al de las unidades sintácticas autónomas. Roca (1996) señala que sólo el OI –a diferencia del clítico de acusativo OD– reúne las características propias de un morfema objetivo, ya que es el dativo OI el que puede estar doblado por cualquier tipo de sintagma nominal al no haber restricción con respecto a la especificidad del referente. Suñer (1993 [1988]), por su parte, dice que «los clíticos son morfemas de concordancia que forman una cadena con un argumento nominal» de acuerdo al 'Principio de Concordancia', i.e. coincidencia de rasgos entre el clítico y el constituyente con el que forman cadena. Según Suñer el doblado de clíticos está supeditado a este principio y es por eso que el doblado de OD está más restringido que el de OI, el cual, se registra, con contadísimas excepciones, libremente y en forma independiente de su rasgo semántico. Para Suñer la hipótesis de que los clíticos son morfemas de concordancia se ve reforzada por el hecho de que la concordancia sujeto-verbo y el doblado de clíticos o «coindización» de cadena implican el mismo tipo de «indización», es decir constituyen un mismo fenómeno. García Miguel (1991, 1995a,b), con un marco teórico diferente al de los estudiosos anteriores, dice: «Los clíticos *le* y *lo* forman parte fonológicamente del predicado y, funcionalmente, dejan libre (lo mismo que las desinencias de número y persona concordantes con el sujeto) las posiciones sintácticas de CDIR o CIND para ser ocupadas por un constituyente 'pleno' (tónico)».

2. El objeto indirecto y los procesos de gramaticalización

sujeto» (Llorente y Mondéjar, ob. cit.). En la conjugación objetiva, de acuerdo con Llorente y Mondéjar (ibid.) se dan características como las siguientes (i) los morfemas objetivos que representan al segundo y tercer argumento son formas ligadas; (ii) casi siempre que se emplea un lexema sustantivo son necesarios los morfemas objetivos; (iii) los morfemas subjetivos sufren modificación a causa de la presencia de los morfemas objetivos; (iv) los morfemas de concordancia no indican género ni número. De estas características, las dos primeras se observan en la lengua española.

Lenz (ob. cit.) va más allá en sus observaciones. Sus palabras reflejan que las lenguas se desarrollan siempre de acuerdo a su «tipo» y que es el tipo de lengua lo que determina las formas de expresión de las funciones sintácticas. «Muchísimas lenguas distinguen los tres casos gramaticales, también llamados «casos de determinación interior», el nominativo, acusativo y dativo, sea por flexiones o sílabas aglutinadas, o sea por palabras auxiliares, o sólo por orden sintáctico. Aun idiomas que no tienen ningún vestigio de declinación, como el mapuche, pueden expresar en el verbo no sólo la presencia de un sujeto, sino también la de uno o dos complementos, agregándole sílabas de valor pronominal, parecidas en su significado a los casos complementarios de los pronombres personales castellanos [...]. La necesidad de considerar la unión del sujeto con el complemento como una sola apercepción, me parece probada por la frecuencia con que estos dos elementos entran en una sola palabra gramatical con el verbo, como sucede en muchísimas lenguas de índole muy variada [...]. En tales idiomas el verbo encierra en sí todo el régimen de la oración; los elementos pronominales encerrados en el verbo son como flechas lanzadas hacia los substantivos que se agrupan como meros blancos alrededor del cuerpo central, según la expresión de Von der Gabelentz [...]» (ob. cit.: 102-104).

A diferencia de los estudios anteriores, Silva Corvalán (1984) asume que los factores que condicionan la difusión de la duplicación tanto del objeto directo como indirecto están en estrecha relación con el grado de topicalidad de la unidad en cuestión y que la duplicación como marcador de topicalidad permite explicar la difusión del fenómeno desde una perspectiva diacrónica y sincrónica, proceso que –como bien dice– es señal de que la duplicación es un fenómeno de gramaticalización.

En nuestras consideraciones, al explicar el fenómeno de la duplicación, se incluyen los conceptos no sólo de norma y sistema sino también del tipo de lengua. Nuestro supuesto es que la duplicación, fenómeno que envuelve factores de diversa índole, es un cambio lingüístico a largo plazo, un cambio que conduce a la gramaticalización del objeto indirecto y del objeto directo, de tal manera que el clítico pronominal llega a ser «marca de referencia cruzada».

Aunque no disponemos de todas las piezas necesarias para dar un explicación acabada de la evolución de la duplicación a través de los siglos, intentaremos explicar este proceso –con los datos a nuestra disposición– a la luz de la teoría del lenguaje y cambio lingüístico de Coseriu (1988 [1957], 1989 [1952]); de la teoría del cambio lingüístico de Andersen (1973, 1990, 2001 a,b) –que refuerza y amplía la de Coseriu– y la teoría de la gramaticalización de Hopper y Traugott (1993) y de Lehmann (1985, 1995).

En el § 2.1 vamos a introducir las teorías del cambio lingüístico y de gramaticalización. En el § 2.2, basándonos en estudios anteriores, vamos a ver los diferentes estadios por los que pasa el fenómeno de la duplicación: en el § 2.2.1 se abarca la Edad Media y el Renacimiento; en el § 2.2.2 se abarca hasta la primera mitad del s. XX (en el cap. 3 se analiza la gramaticalización de la «referencia cruzada» en el español actual); en el § 2.2.3 se comenta la duplicación en la lengua hablada; y en el § 2.2.5 se comentan dos usos innovativos: *le* por *les* y *se los / se las* por *se lo / se la*. En el § 2.3 se da la interpretación de la «referencia cruzada» del OI como cambio lingüístico a largo plazo.

2.1. Las teorías del cambio lingüístico y de gramaticalización

En este apartado vamos a tratar de explicar, grosso modo, las teorías del cambio lingüístico y de gramaticalización que nos parecen necesarias para dar una visión coherente y unitaria del fenómeno de la duplicación desde una perspectiva diacrónica y sincrónica. La teoría del cambio lingüístico de Coseriu (1988 [1957], 1989 [1952]) base de la teoría del cambio lingüístico de Andersen (1973, 1990, 2001 a,b) y la teoría de la gramaticalización (Hopper y Traugott 1993 y Lehmann 1985, 1995) nos permiten explicar el cambio lingüístico que nos ocupa, cambio lingüístico que refleja de qué forma la lengua española, de sólo marcar la función de sujeto en los morfemas flexivos del verbo, pasa también a marcar en el verbo –por medio del clítico pronominal– las otras funciones centrales: desde el punto de vista diacrónico, la función de objeto indirecto primero y más tarde la de objeto directo, de tal manera que el clítico pronominal –de ser un elemento léxico pronominal anafórico / deíctico– pasa a ser una forma de referencia cruzada. Al explicar las teorías se ha elegido, en gran parte, recurrir a citas textuales, en el afán de reproducir de la manera más precisa y concisa las ideas centrales de ellas.

2.1.1. *Los conceptos de sistema, norma y habla.*

Coseriu (1988 [1957], 1989 [1952]) en su teoría del lenguaje distingue tres conceptos fundamentales: *sistema, norma* y *habla*. Los actos lingüísticos concretamente registrados en el momento mismo de su producción constituyen el *habla* o el *hablar*. Estos actos lingüísticos son «actos de creación inédita [...] pero son al mismo tiempo –por la misma condición esencial del lenguaje, que es la comunicación–, actos de re-creación; no son inven-

2. El objeto indirecto y los procesos de gramaticalización

ciones *ex novo* y totalmente arbitrarias del individuo hablante sino que se estructuran sobre modelos precedentes, a los que los nuevos actos contienen y, al mismo tiempo, superan» (Coseriu 1989 [1952]: 94). El hablar, según Coseriu, «es una actividad *universal* que se realiza por individuos *particulares*, en cuanto miembros de comunidades *históricas*. Por lo tanto, puede considerarse en sentido universal, en sentido particular y en sentido histórico. El hablar κατα δύναμιν es el *saber hablar*, en el cual pueden distinguirse un escalón universal, otro particular, y otro histórico: este último es, precisamente, la «lengua» como acervo idiomático, o sea, como *saber hablar según la tradición de una comunidad*. El hablar κατ' ἐνέργειαν es, en lo universal, el *hablar* simplemente: la actividad lingüística concreta, considerada en general; en lo particular, es el *discurso* (el acto o serie de actos) de tal individuo en tal oportunidad; y en lo histórico es la *lengua concreta*, o sea, un *modo de hablar* peculiar de una comunidad, que se comprueba en la actividad lingüística como aspecto esencial de la misma» (Coseriu 1988 [1957]: 45-46).

Los conceptos de *norma* y *sistema* se elaboran, de acuerdo con Coseriu, sobre la base del *hablar* concreto, de los actos lingüísticos concretamente registrados en el momento en que se producen. *Norma* y *sistema* no son ni realidades autónomas ni conceptos arbitrarios que se le aplican al hablar, son formas que se manifiestan, que se comprueban en el hablar mismo, son «abstracciones que se elaboran sobre la base de la actividad lingüística concreta, en relación con los moldes que ella utiliza» (Coseriu 1989 [1952]: 95).

En un primer grado de formalización, de abstracción, esos moldes, esas estructuras que son «simplemente normales y tradicionales en la comunidad» (ob. cit.: 94) son las que constituyen la *norma*. La *norma* contiene, entonces, «sólo lo que en el hablar concreto es *repetición de modelos anteriores*» (ob. cit.: 95). En esta operación abstractiva —dice Coseriu— se elimina, por un lado, todo lo que en el hablar es variante ocasional, individual, lo que es «puramente subjetivo, originalidad expresiva del individuo (en general y en el momento considerado), y, por otro lado, se abstrae una norma única, general en la comunidad» (ob. cit.: 96). «La *norma* —dice Coseriu— es un «sistema de realizaciones obligadas» [...], consagradas social y culturalmente: no corresponde a lo que «puede decirse», sino a lo que ya «se ha dicho» y tradicionalmente «se dice» en la comunidad considerada» (Coseriu 1988 [1957]: 55). «Dentro de la misma comunidad lingüística nacional y dentro del mismo sistema funcional pueden comprobarse varias normas (lenguaje familiar, lenguaje popular, lengua literaria, lenguaje elevado, lenguaje vulgar, etcétera), distintas sobre todo por lo que concierne al vocabulario, pero a menudo también en las formas gramaticales y en la pronunciación [...].» (Coseriu 1989 [1952]: 98).

En un plano de abstracción más alto, se desprende de la norma misma «una serie de elementos esenciales e indispensables, de oposiciones funcionales» (Coseriu 1989 [1952]: 94.). «Lo que es oposicional o funcional» es lo que constituye el *sistema* (Coseriu 1988 [1957]: 53). En este segundo grado de formalización se elimina «todo lo que en la *norma* es simple costumbre, simple tradición constante, elemento común en todo el hablar de la comunidad considerada [...]. Es decir que, al pasar de la *norma* al *sistema*, se elimina todo lo que es «variante facultativa» normal o «variante combinatoria», conservándose sólo lo que es «funcionalmente pertinente»» (ob. cit.: 96). «El sistema [...], aun constituyendo la forma ideal lograda por la actividad lingüística de una comunidad a través de su historia, aparece –dice Coseriu– de cierta manera como autónomo [...] y separado de su uso, dado que lo que se emplea en el hablar no es propia y directamente el sistema, sino formas cada vez nuevas que en el sistema encuentran sólo su condición, su molde ideal» (Coseriu 1989 [1952]: 99). El sistema, dice Coseriu, aún siendo un conjunto de «imposiciones» es más bien «un *conjunto de libertades*, puesto que admite infinitas realizaciones y sólo exige que no se afecten las condiciones funcionales del instrumento lingüístico [...].» (ob. cit.: 98). Para Coseriu, el sistema «más bien que imponérsele al individuo se le ofrece proporcionándole los medios para sus expresión inédita, pero al mismo tiempo comprensible para los que utilizan el mismo sistema» (ibid.). Lo que realmente limita la libertad expresiva del individuo, según Coseriu, es la *norma*, puesto que ésta es «un sistema de realizaciones obligadas, de imposiciones sociales y culturales [...].» (ibid.). El individuo hablante, en su actividad lingüística, aplica el sistema, dentro y fuera de lo permitido por la norma (ob. cit.: 99).

Así como «la norma aparentemente puede coincidir con el sistema (cuando el sistema ofrece una única posibilidad)» (ob. cit.: 89), y la realización individual puede coincidir con la norma, también hay sistemas –como bien dice Coseriu– como el sistema pronominal español, que «admite una serie de variantes de realización, aparentemente facultativas» (ob. cit.: 89-90). El concepto de *norma* no hay que entenderlo en el sentido corriente, porque no se trata de la *norma* «establecida o impuesta según criterios de corrección y de valoración subjetiva de lo expresado, sino de la norma objetivamente comprobable en una lengua, la norma que seguimos necesariamente por ser miembros de una comunidad lingüística, y no aquélla según la cual se reconoce que «hablamos bien» o de manera ejemplar, en la misma comunidad. Al comprobar la norma a la que nos referimos, se comprueba *cómo se dice*, y no se indica *cómo se debe decir*: los conceptos que con respecto a ella, se oponen son *normal y anormal*, y no *correcto e incorrecto*» (ob. cit.: 90). Las dos normas puedan coincidir, pero «muchas veces no coinciden, dado que la «norma normal» se adelanta a la norma correcta, es siempre anterior a su propia codificación.» (ibid.).

2.1.2. El cambio lingüístico a largo plazo.

La teoría del lenguaje de Andersen (1973, 1990, 2001 a,b) se basa, por un lado, en la teoría del lenguaje de Coseriu (1988 [1957], 1989 [1952]) y, por otro, en la visión tripartita del mundo de C. S. Peirce (*Collected Papers*: CP).

Peirce observa que en los fenómenos se distinguen tres categorías de elementos. La primera categoría de elementos («Firstness») comprende las cualidades de los fenómenos, «It is sufficient that wherever there is a phenomenon, there is a quality. [...]. The qualities, in so far as they are general, are somewhat vague and potential. But an occurrence is perfectly individual. It happens here and now». La segunda categoría («Secondness») comprende los hechos actuales («actual facts»), «Facts also concern subjects which are material substances. We do not see them as we see qualities, that is, they are not in the very potentiality and essence of sense. But we feel facts resist our will». En un primer acercamiento a estas categorías de elementos, dice Peirce que «quality is one element of phenomena, and fact, action, actuality is another». La tercera categoría («Thirdness») comprende «what we call law when we contemplate them from the outside only, but which when we see both sides of the shield we call thoughts». Esta tercera categoría es general, no es ni una cualidad ni un hecho. «No collection of facts can constitute a law; for the law goes beyond any accomplished facts and determines how facts that *may be*, but *all* of which never can have happened, shall be characterized» (Peirce, *The Logic of Mathematics* CP 1.418-21). Hasta aquí lo que vamos a decir de la naturaleza, abstracta, de estas categorías.

En su teoría del lenguaje e inspirado en esta concepción del mundo y la teoría del lenguaje de Coseriu, distingue Andersen (1973, 1990, 2001 a,b) tres niveles de abstracción: UNIVERSALES LINGÜÍSTICOS, LENGUA / IDIOMA y HABLA. La LENGUA comprende la NORMA, el SISTEMA y el TIPO. La NORMA corresponde a lo más primitivo, a la cualidad de los fenómenos («Firstness»). El SISTEMA, que es lo productivo, corresponde a la realidad, a los hechos actuales («Secondness»). Y el TIPO corresponde a la ley que es la que hace posible que la lengua funcione («Thirdness»). En efecto, los tres niveles de LENGUA están ordenados jerárquicamente y esta jerarquía va de lo más abstracto / general (TIPO) a lo más concreto (NORMA), de tal manera que el SISTEMA es más concreto que el TIPO y al mismo tiempo más abstracto que la NORMA. Los UNIVERSALES LINGÜÍSTICOS se encuentran en un grado más alto de abstracción y el HABLA estaría supeditada a la NORMA. En el esquema I representamos la concepción del lenguaje de Andersen:[7]

---

[7] Notas de las conferencias de Andersen en la Universidad de Copenhague (1999-2000), además de las valiosísimas sugerencias de Ole Nedergaard Thomsen.

Esquema I

UNIVERSALES LINGÜÍSTICOS		3°	
LENGUA (IDIOMA)	TIPO	3°	
	SISTEMA	2°	2°
	NORMA	1°	
HABLA		1°	

Andersen subraya que podemos encontrar ya sea en la teoría del «drift»[8] de Sapir, Hjelmslev, Coseriu o en la suya, que los elementos fundamentales de la teoría del «drift» están definidos por las siguientes hipótesis: (i) la gramática está organizada en varios niveles de abstracción: *norma*, *sistema* y *tipo*; (ii) puede haber disconformidad entre los niveles adyacentes de organización; y (iii) en el curso normal de los acontecimientos, esas disconformidades se eliminan, de tal manera que el sistema se adapta al tipo, y la norma, a su vez se adapta al sistema. Esta concepción del «drift» la representa Coseriu (1968: 197) gráficamente como la reproducimos en el esquema II:

Esquema II

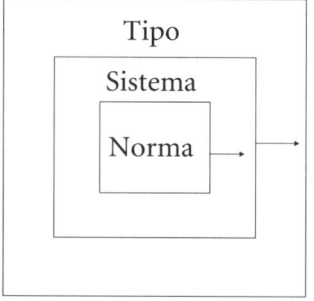

El esquema se puede explicar, de acuerdo con Coseriu (ob. cit.: 197) como «movimiento de la norma sin movimiento del sistema (o sea, *diacronía de*

---

[8] Dado que las diversas traducciones que le podemos dar a la palabra «drift» —movimiento, movimiento hacia delante, deriva, tendencia— no cubren claramente los diferentes aspectos que el concepto de «drift» envuelve, se va a usar, en adelante, el vocablo «drift». El concepto de «drift», que Andersen hace suyo, fue desarrollado primeramente por Sapir en *Language. An introduction to the study of Speech* (1921; citado en Andersen 1990).

2. El objeto indirecto y los procesos de gramaticalización 37

la norma en la sincronía del sistema); movimiento del sistema sin movimiento del tipo (o sea, *diacronía del sistema en la sincronía del tipo*)». «Lo que es diacrónico («cambio») –dice Coseriu ob. cit.: 196) desde el punto de vista de un plano estructural, es sincrónico («funcionamiento») desde el punto de vista de otro plano, superior [...] lo que en la norma se ordena en el tiempo, está fuera del tiempo en el sistema, si es mera aplicación de éste».

Ahora bien, dentro de los diferentes tipos de cambios lingüísticos, hay cambios lingüísticos que son «procesos a largo plazo» («long-term development»); estos procesos a largo plazo son el «drift» lingüístico que no sólo tiene dirección sino también estructura y ambos –dirección y estructura– reflejan aspectos de la estructura del lenguaje. Así la dirección del «drift» atañe «internally motivated long-term development», lo que concuerda perfectamente con la teoría de Sapir, quien asume que «the drift of language is constituted by unconscious selection on the part of its speakers of those individual variations that are cumulative in a special direction» (1921: 155, apud Andersen 1990); y la estructura del «drift» corresponde a «the apparent correlation between markedness values in diverse linguistic categories and their relative compatibility with innovations». Estos dos aspectos del «drift», subraya Andersen, «are projections in diachrony of synchronic properties of languages, both of them rooted in the human mind» (ob. cit.).

El cambio lingüístico es un proceso estrechamente ligado a la transmisión de la lengua de una generación a otra. Más precisamente es el proceso por el que la nueva generación adquiere la GRAMÁTICA –que como hemos visto comprende el TIPO, la NORMA y el SISTEMA– de la anterior. En este proceso –dice Andersen (1973)– el individuo no sólo hace uso del razonamiento inductivo y deductivo sino antes que nada del razonamiento abductivo. Forma de razonamiento que le debe su denominación a Peirce (CP).

Como es sabido en el *razonamiento deductivo* se parte de un principio general conocido («the rule or law») al que se le aplica una premisa («the case») para llegar a un principio particular desconocido («the result»), en el *razonamiento inductivo*, en cambio, se parte de una serie de casos particulares («the case») y un resultado («the result») para llegar a las leyes («the rule or law»), es un razonamiento que va de lo particular a lo general, una ley general se formula a partir de una serie de hechos, fenómenos particulares; mientras que en el *razonamiento abductivo* se parte de un resultado observado («the result»), se establece una ley y se infiere que algo debe ser el caso; la abducción es el paso que se da cuando suponemos una hipótesis a partir de hechos que van en contra de lo esperado. De estas tres formas de inferencia, las dos primeras sirven para controlar la validez de una hipótesis: «Deduction tests the hypothesis by predicting what results the law entails in particular cases. Induction tests it by matching it to new observed cases and results» (Andersen 1973); mientras que la abducción, que es la que sirve para generar nuevas ideas, «proceeds from an observed result, invokes a law, and infers that something may be the case. [...].The conclusions reached by abductive inference afford none of the security offered by induction and deduction. Since abductive inference goes beyond what is given to suggest that something may be the case, it is always a weak argument, sometimes a reasonable guess, but often a mere surmise» (ob. cit.).

De acuerdo con el modelo de adquisición de la lengua *Abduction and deduction in the acquisition of language* (ibid.), que reproducimos en el esquema III, el individuo teniendo como punto de partida la expresión lingüística de los mayores (Output 1) y con la ayuda del razonamiento abductivo presupone la gramática de los mayores (Grammar 1) e infiere su propia gramática (Grammar 2), que puede ser diferente de la de los mayores.

Esquema III
ABDUCCIÓN Y DEDUCCIÓN EN LA ADQUISICIÓN DEL LENGUAJE

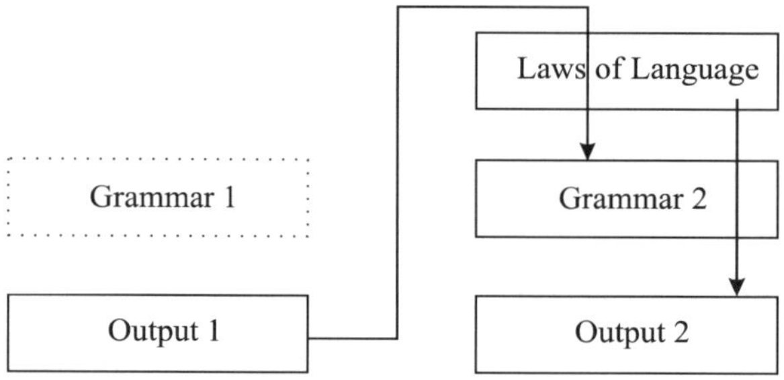

	Laws of Language
Grammar 1	Grammar 2
Output 1	Output 2

En este proceso de adquisición de la LENGUA (Gramática 2), la generación joven observa la expresión lingüística de los mayores (Output 1) –que en el modelo de la concepción del lenguaje corresponde al HABLA– y la construye como el «resultado» de la gramática de sus modelos (Grammar 1) y conjetura cuál es esta gramática. En este proceso abductivo y teniendo a su disposición un conjunto de UNIVERSALES LINGÜÍSTICOS (Laws of Language) que él comparte con todos los miembros de su especie y que no son resultado de algo experimentado, hecho o percibido, infiere su propia gramática (Grammar 2) –que corresponde a TIPO, SISTEMA y NORMA en el modelo del lenguaje (esquema. I). En este proceso abductivo, necesario para establecer su propia gramática, el individuo controla constantemente la validez de la expresión que ha observado, recurriendo al razonamiento inductivo y deductivo. «He checks new utterances produced by his models against the relevant parts of his grammar, to see whether these new data ('results') can be reconciled with the linguistic structure he has formulated

2. El objeto indirecto y los procesos de gramaticalización

(the posited 'case') in conformity with the 'laws' of language; this is induction. If they cannot, there can be only one reason: his grammar is inadequate. He will then be prompted to make new abductions to make the grammar conform to all the observed facts. [...] the learner listens to the speech of his models; and he also speaks, testing his grammar by using it to produce utterances in conformity with the laws of language. This is deduction, the process by which an abductive inference is evaluated on the basis of the consequences it entails. If his analysis is deficient, the learner's utterances may cause misunderstandings or elicit corrections, which may prompt him to revise his analysis» (ibid.).

Los usos innovativos se registran cuando el individuo al hacer uso de su propia gramática (Grammar 2) comprueba que su expresión lingüística (Output 2), es diferente a de la de sus modelos (Output 1) y es diferente a la de sus modelos porque su gramática (Grammar 2) es diferente de la gramática de los mayores (Grammar 1). «Los cambios se dan entre dos momentos y, por lo tanto, son necesariamente diacrónicos», dice Coseriu (1988 [1952]: 20), y más adelante agrega: «así como en la sincronía no podemos comprobar el cambio, tampoco podemos comprobar en ella el no-cambio, la inmutabilidad. Para comprobar que un objeto cualquiera no cambia, hay que observarlo en dos momentos distintos» (ob. cit.: 25).

Es el razonamiento abductivo –a causa de la expresión lingüística equívoca / ambigua de los mayores– el que lleva al «reanálisis», entendido éste como un «shift from one parametric setting to another» (Hopper y Traugott 1993: 40). El reanálisis se manifiesta al generalizarse a contextos en que la expresión ligüística en cuestión no tenía acceso antes, introduciendo así nuevas reglas, que en los nuevos contextos se divulga, aún conviviendo con la norma antigua.

En concordancia con lo anteriormente explicado, vamos a explicar la evolución del fenómeno de la duplicación como un fenómeno de «drift», esto es, un fenómeno de la historia de la lengua, que comprende cambios a largo plazo, en que una lengua puede tardar cientos de años en desarrollar un fenómeno determinado, cientos de años por los que pasan muchas generaciones que llevan a cabo, en definitiva, este cambio. El «drift», como decíamos anteriormente, tiene una dirección y una estructura, de tal manera que hay una correspondencia entre las unidades que evolucionan y sus contextos: las unidades no marcadas son objeto de los cambios evolutivos primeramente en los contextos no marcados. Esto corresponde a los cambios motivados en su interior, «i.e. a change entirely explainable in terms of the linguistic system that gave rise to it» (Andersen 1973), cambios que luego se generalizan a los contextos marcados. En cambio las unidades marcadas se desarrollan primero en los contextos marcados para luego generalizarse a los contextos no marcados, esto corresponde a los cambios motivados desde fuera del sistema, son aquellos cambios «not explainable without reference to factors outside the linguistic system in question» (ob. cit.).

El *concepto de marca* hay que entenderlo, por un lado, «as an intrinsic characteristic of linguistic oppositions, as values speakers impute to the terms of any and all oppositions in the process of grammar formation» (Andersen 2001a: 51); y, por otro, aun siendo un concepto independiente de las frecuencias, permite explicar «why some differences in relative frequency arise as a natural consequence of differences in Markedness: since marked terms have lesser reference potential (or more narrowly defined privileges of occurrence) than their unmarked counterparts, their frecuency is lower. [...] The speakers of a language may have more reliable criteria for Markedness values than the more or less obvious differences in frequency –not least, presumably, those innate assumptions about the internal coherence of grammatical systems which we linguists hope eventually to discover. Furthermore, in considering any putative correlation between Markedness values and relative frequency the historical linguist should envisage the possibility that reanalysis may entail a shift in Markedness values, and that such a shift cannot be reflected in usage immediately, but can only emerge gradually, as the usage rules of the language are adjusted to the underlying system.» (ob. cit.: 50-51).

Los valores de marca no tienen un comportamiento idéntico en los dos tipos de cambio lingüístico: evolutivo y de contacto. «If we assume there is a distinction in any speaker's grammar between an internally coherent structure of productive rules [SISTEMA] and an additive system of usage rules [NORMA], then the observed differences in actualization can be understood in terms of the source or motivation of different changes. In the internally motivated, evolutive change, perhaps the usage rules are gradually adjusted to incorporate an innovation that is unmarked in relation to the productive rules of the core grammar, and which is first admitted to unmarked environments; only as the innovation loses its novelty does it spread from unmarked contexts to marked contexts. In externally motivated change, by contrast, usage rules are presumably directly modified to conform to the external model; the innovation is pragmatically motivated and occurs first in the most salient, most monitored, marked environments, from which it may spread, as it loses its novelty, to less salient, unmarked environments.» (ob. cit.: 33-34).

«El cambio tiene su origen en el diálogo –dice Coseriu–: en el paso de modos lingüísticos del hablar de un interlocutor al saber del otro. Todo aquello en que lo hablado por el hablante –en cuanto *modo lingüístico*– se aleja de los modelos existentes en la lengua por la que se establece el coloquio, puede llamarse *innovación*. Y la aceptación de una innovación, por parte del oyente, como modelo para ulteriores expresiones, puede llamarse *adopción*» (Coseriu 1988 [1952]: 78), es decir que de «las muchas innova-

2. El objeto indirecto y los procesos de gramaticalización 41

ciones que se dan en el hablar sólo algunas se adoptan y se difunden» (ob. cit.: 84), porque «la adopción no es reproducción mecánica, sino que es siempre selección» (ibid.: 84) y asimismo es «un acto de cultura, de gusto, de inteligencia práctica» (ibid: 88). «*El cambio lingüístico* («cambio en la lengua») es la difusión o generalización de una innovación, o sea, necesariamente una serie de adopciones sucesivas. Es decir que, en último análisis, todo cambio es originariamente una *adopción*» (ibid.: 79-80). De esta manera la generalización de una innovación corresponde a la *actualización* del reanálisis; así dice Coseriu en cierto lugar: «La generalidad extensiva es necesariamente resultado de la «difusión de una innovación», es decir, de una serie de adopciones sucesivas» (ibid.: 91) y la innovación se difunde porque corresponde a la necesidad expresiva de muchos hablantes (ibid: 176).

En palabras de Andersen (2001b): «One can sketch a first approximation to a scenario of *Evolutive change* as follows: One or more individual speakers (i) construe a certain type of surface strings differently from previous cohorts of speakers (*reanalysis*) and (ii) *actualize* their reanalysis in usage that varies from received usage in some particular(s). The innovative usage may be (iii) *adopted* by other speakers and (iv) *actualized* by them and may be generalized in the community through repeated cycles of subchanges (i)–(ii) and (iii)–(iv). The notion 'actualization' implies the view that every innovation in usage *actualizes*–that is, makes manifest in observable reality–some corresponding innovated element of grammar» (ob. cit: 233-234). La actualización es la única parte observable del cambio lingüístico, la actualización es la innovación observada en el uso (ibid.). La innovación puede pasar desapercibida, el hablante o la acepta en forma pasiva o la hace suya en forma activa (*adopt it*) y la hace observable en su propio uso (*actualize this adoption*) (ibid.). Coseriu dice al respecto: «el hablante adapta la lengua a sus necesidades expresivas, y de este modo la supera» (1988 [1952]: 72), agregando en otro lugar: «para corresponder a su necesidad expresiva, el hablante puede acudir a modos y elementos de otros sitemas y aun de otros idiomas históricos. Finalmente, las determinaciones contextuales y circunstancias del hablar le permiten ignorar y modificar deliberadamente la norma, y hasta abolir aquellas distinciones sistemáticas que resulten supefluas en la cadena hablada [...] o en la particular coyuntura en que se habla» (ibid.: 76).

2.1.3. El proceso de gramaticalización.
Las diversas cuestiones que se plantean en torno al fenómeno de la gramaticalización han sido motivo de muchas discusiones entre los diferentes autores que se ocupan de ello. Éstas han versado tanto sobre cuestiones terminológicas como sobre qué fenómenos puede cubrir este concepto. Cf. las palabras de Lehmann (1995): «Although the formation of grammatical

morphemes is probably the focus of grammaticalization, it is by no means all of it» [...] (ob. cit.: 11). Para Lehmann la gramaticalización es un proceso que conlleva diferentes etapas, es un proceso de cambio gradual en que los resultados del proceso pueden mostrar diferentes grados de gramaticalidad (ob. cit.: 12). Sus puntos de vista están, en general, bastante cerca de los puntos de vista de Hopper y Traugott (1993: xv, 3, 6-7, 16-17, 94, 217-218) y Traugott (1996) que asumen que: (i) la gramaticalización es un proceso en que los elementos léxicos o lexemas en ciertos contextos pueden llegar a funcionar como elementos gramaticales o morfosintácticos, e incluso, un proceso en que los elementos gramaticales pueden llegar a ser aún más gramaticales, como es el caso de, por ejemplo, de *il* en francés no estándar (Hopper y Traugott 1993) es decir, procesos que llevan a cambios lingüísticos en que se modifica el sistema lingüístico; (ii) estos procesos de cambio son graduales. Las formas no pasan abruptamente de una categoría a otra; (iii) si tomamos una línea imaginaria, es generalmente aceptado que, en un extremo, tenemos formas de un tipo que serían, seguramente, los elementos léxicos y en el otro una forma compacta y reducida, que serían, probablemente, los elementos gramaticales. En este «cline» (ob. cit.) la categoría primera sería léxica y la última sería una categoría morfosintáctica, de tal manera que la evolución comenzaría con un elemento léxico para pasar a palabra gramatical y luego a clítico antes de llegar a ser un morfema flexivo: *elemento léxico > palabra gramatical > clítico > morfema flexivo*; (iv) este hecho de que una forma determinada se mueva desde un punto a la izquierda del «cline» hacia otro a la derecha de éste y no al contrario, estaría mostrando que el proceso de gramaticalización visto desde una perspectiva diacrónica es un fenómeno lingüístico prototípicamente unidireccional. Se trataría de una gradación única e irreversible, lo que en forma reducida sería el paso de un elemento léxico a un morfema flexivo; (v) las formas de estadios más tempranos de gramaticalización pueden coexistir con formas de estadios posteriores y significados primarios pueden reducir el significado o las características estructurales de significados posteriores, lo que no hace más que enfatizar que el desarrollo del lenguaje es un proceso permanente y que no necesariamente llega a su perfección en una etapa determinada de su desarrollo. Así mismo dice Silva Corvalán (1984: 561) al respecto:«It has been shown that linguistic change proceeds gradually and that during the spreads of the change the innovation displays different frequencies of occurrence in the various linguistic environments before reaching grammaticalization».

De la lectura del punto (iii) se desprende claramente donde empieza y donde termina la gramaticalización, según Hopper y Traugott. Estos puntos de vista que no están tan lejos de los de Lehmann (1995: 13) quien asume que la gramaticalización «starts from a free collocation of potentially uninflected lexical words in discourse» desarrollándose como se muestra en su diagrama «*The phases of grammaticalization*» (ob. cit.), que reproducimos a continuación como esquema IV:

Esquema IV

level	Discourse	Syntax	Morphology	Morphophonemics	
technique	isolation	> analytic	> synthetic-agglutinating	> synthetic-flexional	> zero
		↑	↑	↑	[↑]
phase		syntactization	morphologization	demorphemicization	loss
process			grammaticalization		

2.1.4. El español una lengua «pro drop».

En la teoría del lenguaje de Andersen (§ 2.1.2, esquema 1), bajo el nivel de abstracción que corresponde a la LENGUA / IDIOMA, no sólo se encuentran la NORMA y el SISTEMA sino también un tercer grado de abstracción: el TIPO. Estos niveles están relacionados en forma jerárquica de tal manera que la NORMA está comprendida en el SISTEMA y éste a su vez en el TIPO. En las lenguas naturales no siempre hay completa conformidad entre el TIPO y su SISTEMA y entre el SISTEMA y la NORMA, sin embargo las lenguas tienden a una uniformidad, a que haya unidad en la expresión lingüística. Esto trae consigo cambios lingüísticos a largo plazo. En palabras de Andersen, estos cambios lingüísticos representan «a centuries-long tension between two forces: the force of tradition, codified in the norms of the language, and the drive toward internal conformity between the type of the language and its system, and between the system and the norms» (Andersen 1990).

En el § 2.0 nos planteábamos la pregunta de cuál es la situación en nuestra lengua, en lo que a las demás relaciones gramaticales se refiere. Aquí surge la interrogante de si la duplicación es una manifestación de referencia cruzada del objeto indirecto y del objeto directo.

Hemos visto que en español sólo parte de la información valencial se encuentra codificada en el verbo: la relación gramatical de sujeto. En nuestra lengua, entonces, no hay completa conformidad entre el TIPO y su SISTEMA. Nosotros, ante el convencimiento de que las lenguas tienden a evolucionar hacia una situación optimal de conformidad interna entre el TIPO y su SISTEMA y entre el SISTEMA y la NORMA, pensamos que la codificación en el verbo, «Head marking», de las restantes relaciones gramaticales se encuentra latente en el SISTEMA.

Sabemos por otro lado que, si bien el clítico pronominal en latín guardaba su libertad de colocación y de acento, característica que se pierde en la época neolatina (Lenz 1935), éste aparece hoy siempre formando un todo con el verbo, ya en proclisis ya en enclisis, lo cual hace que el clítico pronominal sea un candidato seguro –y por analogía con los morfemas flexivos de sujeto– a llegar a ser morfema flexivo de objeto indirecto y más tarde de objeto directo, proceso que va en concordancia con la jerarquía de funciones sintácticas.

Es además un hecho que la presencia de un OI pronominal exige la presencia de un clítico pronominal en todos los contextos y que un OI léxico exige la presencia del clítico pronominal en determinados contextos y en otros va en vías de hacerlo, fenómeno que ha ido evolucionando a través de los siglos y que es señal del cambio lingüístico que ha sufrido el clítico pronominal. Pruebas fehacientes de este cambio damos en el resto de este capítulo y en el capítulo siguiente.

Decíamos que la situación óptima de conformidad interna entre el TIPO y su SISTEMA y entre el SISTEMA y la NORMA no ha sido alcanzada aún en español, ni se sabe si se va a alcanzar. Sin embargo la evolución del fenómeno de la duplicación en el correr de los siglos es prueba irrefutable de que estamos ante un proceso irreversible motivado por la necesidad de una forma de expresión unitaria, es decir la codificación de las relaciones gramaticales en el verbo a la par que el sujeto. Si con el sujeto la referencia cruzada se expresa, como hemos dicho, por medio de la morfología flexiva, con el objeto indirecto –que es la función sintáctica cuya evolución está más avanzada– se expresa, a falta de morfemas flexivos, de manera indirecta. Se podría decir que el verbo expresa una forma «discontinua» de referencia cruzada; y así como la morfología flexiva es gramaticalmente funcional para expresar el «sujeto gramatical», la «flexión discontinua» lo es para expresar el «objeto gramatical». La referencia cruzada del sujeto gramatical y del objeto gramatical –por analogía con la denominación «sujeto gramatical» de Alarcos Llorach (1994)– tienen valor anafórico o deíctico, de tal manera que ni la presencia del «sujeto léxico» ni del «objeto léxico» son obligatorias. De la misma manera como se requiere la presencia del sujeto léxico a efectos comunicativos o para identificar el ente real que se corresponde con el sujeto gramatical, así también se requiere la presencia del objeto léxico. Mediante el clítico pronominal se codifican en el verbo las informaciones de persona y número –cuando es un clítico de dativo– y de persona, número y género –al ser un clítico de acusativo, informaciones que también se codifican en la unidad OI u OD en caso de estar presentes.

2.2. El sistema pronominal desde el español antiguo hasta nuestros días

En lo que sigue vamos a presentar, a grandes rasgos, las observaciones contenidas en diversos estudios que tratan el fenómeno de la duplicación, presentación que haremos en forma más o menos cronológica empezando por los estudios de Menéndez Pidal (1954 [1908]) para el *Mio Cid* (s. XII);

2. El objeto indirecto y los procesos de gramaticalización 45

luego presentaremos los resultados de Rini (1991) y Silva Corvalán (1984); el primero divide su estudio en tres períodos: temprana Edad Media (1150-1252), Edad Media (1253-1499), comprendiendo el último período particularmente los siglos XVI y XVII; Silva-Corvalán, por su parte, hace una cala en el *Mio Cid*, el *Conde Lucanor*, la *Celestina* y el *Lazarillo de Tormes*, obras de los siglos XII, XIV, XV y XVI respectivamente. Estos estudios nos dan una aproximación al fenómeno a través de estos siglos. También traemos a colación el estudio de Keniston (1937a) para el s. XVI. Estudios estadísticos sistemáticos para los siglos XVIII y XIX, no tenemos noticia que hayan sido hechos, a excepción del trabajo de Sánchez Sánchez 1998, *Diacronía de la duplicación del dativo en el español* (tesis doctoral sin publicar. México: UNAM) citado por Company 2001, que comprende los siglos XVI, XVIII y XX, estudio que no me ha sido posible consultar. Para la primera mitad del s. XX, vamos a recurrir a estudios de Keniston (1937b), de Fernández Ramírez (1951) y de Poston (1953). También vamos a comentar los resultados de Silva-Corvalán (ob. cit.) para el español hablado de Santiago de Chile, además del estudio de Barrenechea y Orecchia (1970) para el español bonaerense.

Nos parece necesario dar a conocer aquí las observaciones realizadas por cada uno de estos estudiosos, ya que estos estudios, si bien fueron hechos cada uno desde diferentes perspectivas metodológicas, en su totalidad nos dan una idea de la evolución de este fenómeno en el correr de los siglos. Todos ellos describen el fenómeno dejando testimonio de que la relación gramatical de objeto directo y de objeto indirecto se expresa por medio de la «doble mención pronominal» o de la «duplicación de objeto léxico». Fenómeno que vamos a explicar, más adelante, a la luz de la teoría de los cambios lingüísticos que tiene su fundamento en los principios de abducción y de marca (Andersen 1973, 1990, 2001a) (v. § 2.1), sin dejar de lado los factores pragmáticos de topicalidad y focalidad (Dik 1997, TFG 1) como factores fundamentales para explicar el fenómeno de gramaticalización (Hopper y Traugott 1993, Lehmann 1985, 1995). Por topicalidad entendemos, en palabras de Dik, «everything pertaining to «what the clause is about», given the informational setting in which it occurs. [...] Topicality concerns the status of those entities «about» which information is to be provided or requested in the discourse. The topicality dimension concerns the participants in the event structure of the discourse, the «players» in the play staged in the communicative interaction. [...] Each of these pragmatic functions may, depending on the organization of the language in question, have certain consequences for the formal expression of the underlying clause structure. These consequences may consist of the insertion of special Topic markers, of special positions assigned to Topics in the linear order of the expression, or of special prosodic features assigned to topical constituents». (1997, TFG 1: 68 y 312). En la lengua española la duplicación del objeto directo y del objeto indirecto es marca de topicalidad.

2.2.1. La duplicación en algunas obras de la Edad Media y del Renacimiento.
En este apartado vamos a hacer una presentación breve de las observaciones de Menéndez Pidal (1954 [1908]) sobre el uso del pronombre personal en el *Mio Cid* (s. XII), prestando especial atención a sus observaciones en cuanto a la doble mención pronominal y al uso del pronombre personal complemento, en sus palabras: «más o menos pleonástico». Luego vamos a presentar los resultados de Silva Corvalán (1984) en cuanto a la duplicación del objeto directo y del objeto indirecto en el s. XII, representado por el *Mio Cid*; en el s. XIV, por el *Conde Lucanor*; en el s. XV, por la *Celestina* y en el s. XVI por el *Lazarillo*. Finalmente se verán los resultados del estudio de Keniston (1937 a) para la prosa castellana del s. XVI, prestando especial atención, en los dos últimos estudios, a la duplicación del objeto indirecto.

2.2.1.1. El pronombre personal en el texto medieval cidiano.
La realización normal del sistema pronominal en la Edad Media dista en gran medida de la realización normal del sistema pronominal en la actualidad; testimonio de ello encontramos en el *Mio Cid* estudiado por Menéndez Pidal (1954 [1908], §§ 129-130).

En lo que sigue reproducimos algunos pasajes de la obra de Menéndez Pidal (ob. cit.), los que son testimonio de que los usos de las formas átonas y tónicas del pronombre personal en el medievo son objeto de «reanálisis», *actos innovativos* que en el correr de los siglos al ser *adoptados* por los hablantes de la comunidad y repetidos se *generalizan*, usos que llevan a la *actualización* del cambio lingüístico, actualización que al mismo tiempo se manifiesta como *gramaticalización*: el clítico pronominal, desde sus comienzos, forma léxica con función anafórica / deíctica, es reinterpretada como «morfema de referencia cruzada».

2.2.1.1.1. Los usos de las formas tónicas del pronombre personal.
Citamos, § 129 (Menéndez Pidal, ob. cit.):

> 2] Se usan también las formas tónicas *mi, ti*, etc., para hacer resaltar en el dativo y acusativo la idea pronominal: *a ti adoro* 362, 1339, 1362, 1666, 2926, 3517, 3560, 3566. Esto principalmente en la contraposición de pronombres: *a mi dizen, a ti dan las oreiadas* 3304, 2861, 2891, 3031; ó por razón del asonante 2941.
> 3] También se usan cuando el verbo tiene otro complemento sustantivo: *a ella e a sus fijas* 254.
> 4] Sin razón clara: *oyd a mi* 616, *a mi lo ouo mandado* 2231, «corten a el los pies» Espéc II 15° 7ª, «a mi paresce» Cab Escud p. 527, Zeit. XVII 26; En este caso aparece rara vez el pleonasmo hoy usual que reúne las dos

2. El objeto indirecto y los procesos de gramaticalización 47

formas tónica y átona: *a mi non m'inchal* 230, *te crie a ti* 2902, 196, 256, «me parecesçe a mi, me faze a mi» Cab Escud p. 527. En *non uos dare a uos* 1042, sobra el primer *uos* [...].

2.2.1.1.2. Los usos de las formas átonas del pronombre personal.
Citamos, § 130 (ibid.):

> Las formas átonas *me, te, se*, etc., representan el dativo ó acusativo: *mirra te offreçieron* 338, 815, 951, 80, etc.» [...]. Sepárase el oficio de dativo y acusativo en la tercera persona: [...].
> 3] El dativo átono sustituye á veces á la forma tónica y á la preposición *a* que indica el término del movimiento, [...]: *léganle todos* 298, 968, *que no les dicen salto* 3699 (*a el* 584), [...], *a los pies le caen* 1431, *cayol en alcaz* 2408. Sustituye á la forma tónica con *de* en *uayante delante* 853 'vayan delante de ti'.

2.2.1.1.3. Duplicación de un objeto léxico pospuesto.
Citamos, § 131 (ibid.):

> El pronombre personal complemento aparece más o menos pleonástico:
> 1] En el dativo ético.
> 2] El pronombre anuncia á veces un nombre régimen expresado inmediatamente, *priso lo al conde* 1012, [...] . Este pleonasmo es corriente con *todo* y *amos* sustantivados, ora cuando siguen al verbo: *dixoles a todos* 429, 2972; ora cuando preceden: *a todos los soltó* 2164, 2250, 3500, *a amas las cubrió* 2817, 2802, 2805, 2807 [...].
> 3] El pronombre que anuncia un complemento está á veces separado de éste por el verbo: *hyo las caso a uuestras fijas* 2099, 285, 874, 2174, 2555, 2583, 2783, 3702, [...] . Más natural es el pleonasmo cuando el pronombre y el complemento están separados por otras palabras: *asil creçer la ondra a myo Çid* 3453, 549, 1375, 2097, 2101, 2420, *dexola creçer e luenga trae la barba* 3273 [...].

2.2.1.1.4. Anteposición de un objeto léxico y la presencia del clítico pronominal.
Citamos, § 202 (ibid.):

> El régimen antecede al verbo á menudo [...]. La anteposición del régimen es mucho más frecuente en el *Mio Cid* que en los textos posteriores. [...] Merece atención especial el caso en que un pronombre átono se una al verbo para representar este régimen anticipado [...].

1] Cuando el régimen antecede inmediatamente al verbo, el pronombre se pospone á éste, lo cual nos indica, atendiendo al § 205$_2$,[9] que el régimen antepuesto se considera como miembro suelto y que la proposición comienza con el verbo: *la calçada de Quinea yua la traspasar* 400, 127, [...]. El régimen es toda una oración de relativo: *a los que das paz fartas los aderredor* 3385, [...]; la posposición del pronombre ocurre aunque haya otro pronombre átono que debiera ir antepuesto: *a uos.. este casamiento otorgo uos le yo* 3418, que sin *le*, hubiera sido *uos otorgo yo* [...]. El pronombre pospuesto nos certifica también de la marcada bipartición de la cláusula, aunque el sujeto de ella se exprese antes del régimen antepuesto: *don Rachel e Vidas a myo Çid besaron le las manos* 159, 368. El pronombre que acompaña á *todo* [...] y *ambos*[10] se antepone al verbo, porque naturalmente la bipartición no puede ocurrir después de estas dos palabras, sino antes, ya que ellas y el pronombre forman un conjunto pronominal que se refiere á algo anterior.

2] Si entre el régimen y el verbo hay otras partes del discurso, el pronombre se antepone al verbo, según el § 205$_3$,[11] *aquelas non las puede leuar* 116, 174, 661, [...], obsérvese el caso: *al Çid besaronle las manos* 153, 159; *al Çid la manol va besar* 369, 174.

2.2.1.2. Nuestra interpretación.

De las observaciones de Menéndez Pidal, se desprende que en el texto cidiano las formas pronominales tienen, cada una, su campo de especialización, de tal manera que es norma el empleo de la forma tónica con valor enfático y contrastivo (§ 129 n.º 2 y 3), sin requerir de la forma átona, siendo el empleo de las formas tónicas sin valor enfático o contrastivo un uso marcado (§ 129 n.º 4). Las formas átonas se emplean en la anáfora (§ 130 n.º 3). En relación con este punto, traemos a colación las observaciones de otros estudiosos. Federico Hanssen (1913: 198) hace la siguiente observación: «En castellano antiguo, la forma compuesta se emplea con frecuencia, y no es necesario que tenga carácter enfático: *así commo á vos plaz* (Cid 2132), *acomendó á mí á vos* (Cr. G. 512 a, 39.).» Fernández

---

[9] El texto del § 205 es el siguiente: «1] El pronombre personal átono es generalmente enclítico [...]. 2] Para la colocación del pronombre átono en la frase se siguen tres tendencias principales, [...]: los pronombres tienden á colocarse, cuanto es posible, al comienzo de la frase; á apoyarse por enclisis en una palabra precedente; y á aproximarse al verbo«. (Indica aquí las reglas sobre la colocación del pronombre átono cuando el verbo encabeza la frase: se observa en general la posposición del pronombre, pero hay excepciones).

[10] Remite a los ejemplos: *a todos los soltó, a amas las cubrió*, § 131$_2$.

[11] En el nº 3 del § 205 indica las reglas sobre la colocación del átono cuando el verbo no encabeza la frase, el pronombre se antepone al verbo, pero hay casos de posposición.

2. El objeto indirecto y los procesos de gramaticalización

Ramírez (1951S: 211 n.º 2), por su parte, observa que si en el español que él estudia [finales del s. XIX y, principalmente, la primera mitad del s. XX] la presencia de la forma tónica, al menos en la primera y segunda persona, exige la presencia de la forma átona, en el español antiguo «se omitía con preferencia al pronombre átono, lo mismo en la anáfora que en la anticipación». En el *Esbozo* (RAE 1973: 206) encontramos la siguiente observación: «en el español antiguo y clásico encontramos el uso de *a él, a mí*, etc., sin el séquito de *le, me*» tratándose de un «enunciado discriminatorio o excluyente o de contraste».

Cuando las formas tónicas se emplean sin valor enfático se registra la copresencia del pronombre átono y tónico (§ 129 n. 4), uso innovativo que se registra en un contexto marcado, «[...] as a linguistic innovation gains currency and is generalized in a language, the process of actualization conforms to the Principle of Markedness Agreement, in that the innovated element is favored first of all in marked environments, if the innovated element is marked, but in unmarked environments if is unmarked» (Andersen 2001a: 31). Suponemos que este uso está determinado por cuestiones pragmáticas: la expresión del énfasis o contraste. Teniendo la forma tónica un «output» equívoco y el hablante la necesidad de señalar que la forma tónica no tiene valor enfático, surge la copresencia de tónico y átono (v. § 129 n.º 4), que es la forma marcada. El uso de las formas tónicas con y sin valor enfático sigue coexistiendo con el nuevo uso.

Menéndez Pidal (1954 [1908]) hace una distinción clara entre el objeto léxico (dativo, acusativo) pospuesto al verbo y el objeto léxico (dativo, acusativo) antepuesto al verbo y la copresencia del clítico pronominal. Si el objeto léxico va pospuesto al verbo (§ 131 n.º 2 y 3), se justifica la presencia del clítico por cumplir una función de anunciador, siendo la duplicación la norma con las unidades *todo(s)* y *ambos*. Observamos que la tendencia a la duplicación es mayor tratándose de unidades con alto grado de topicalidad (cf. § 2.2.1.2). Cuando el complemento de dativo o de acusativo va antepuesto al verbo, se justifica la presencia del clítico pronominal como marcador de dislocación a la izquierda, que además se subraya con la posición del pronombre en enclisis (§ 202 n. 1 y 2). En este período se observan, entonces, dos usos innovativos:

(i) si bien coexisten los usos del átono en enclisis y proclisis, enclisis es la norma y proclisis es el uso innovativo (en español actual, proclisis es la norma y enclisis el uso marcado, que se registra con el imperativo, infinitivo y gerundio);

(ii) la copresencia de la unidad nominal o pronominal en la función de objeto directo o indirecto y del clítico pronominal es el uso innovativo. (v. 2.2.1.3).

En el § 2.2.1.3 retomamos y ampliamos nuestra interpretación. Nótese que los verbos de los ejemplos con objeto indirecto allí citados son *parecer* y *dar*, dos verbos que en el español actual muestran duplicación de objeto indirecto categórica en la mayor parte de los contextos.

2.2.1.3. Referencia cruzada y topicalidad.

Los resultados de Silva Corvalán (1984) para los siglos XII, XIV, XV y XVI ponen a la vista la marcada diferencia en la duplicación de objeto directo e indirecto en las obras de estos siglos –diferencia que proporcionalmente se ha mantenido hasta nuestros días, como lo vamos a ver más adelante en este capítulo y en el capítulo siguiente. Esta diferencia de comportamiento, como bien dice Silva Corvalán, está en estrecha relación con los diferentes rasgos que poseen las unidades en la función de objeto directo e indirecto, de tal manera que si estas unidades gozan de los rasgos definido y humano y se encuentran en posición preverbal –índices de un mayor grado de topicalidad de la unidad en cuestión– los porcentajes de duplicación serán más altos y viceversa.

La duplicación del objeto directo en estos siglos registra una marcada diferencia en la anteposición y la posposición. En la posposición no sobrepasa el 1%; en cambio, en la anteposición la situación es bastante diferente. Es en el *Mio Cid* y no en las obras de los siglos posteriores en donde se registran los porcentajes más altos de duplicación de objeto directo antepuesto. Esto se debe posiblemente –dice Silva Corvalán (ob. cit.)– a que esta obra fue creada para ser recitada y por lo tanto está más cerca del lenguaje hablado, lo cual se ve corroborado por las explicaciones de Menéndez Pidal (1954 [1908]):[12] el *Cantar de Mio Cid* de vivir en la memoria de los juglares, pasa a ser escrito. Este erudito observa, además, que, en general, la anteposición es más frecuente en el *Mio Cid* que en las obras posteriores. Como lo vamos a exponer más adelante y, en particular, en el capítulo 3, el fenómeno que estamos estudiando no sólo está estrechamente ligado a la posición del argumento con la función de OD u OI sino también al tipo de texto o de «registro» («register», v. Biber et al. (1998), v. también § 3.1), de tal manera que no es de extrañar que sea el *Mio Cid* y no los textos de los siglos posteriores, el que muestre altas frecuencias de duplicación en la anteposición.

La tabla 6 de Silva Corvalán (1984: 567) que reproducimos como tabla 1, pone a la vista que el OI –de persona y definido en un 94% en la Edad

---

[12] «El códice único del Cantar de Mio Cid, transcrito en el siglo XIV, no puede ser el original primitivo, sino una simple copia. Hacia 1289, [...], era muy conocido el Cantar y ya no circulaba en la forma primitiva contenida en dicho códice, sino refundido y ampliado, lo que prueba que hacía bastante tiempo que se venía recitando. [...] la mayoría de los autores, y los que mejores razones aducen, se inclinan á colocar la composición del Cantar á mediados del siglo XII» (Menéndez Pidal 1954 [1908]: 19-20). V. también *Poema de Mio Cid*, edición de Ian Michael (1978), Introducción.

2. El objeto indirecto y los procesos de gramaticalización

Media y el Renacimiento– lleva un aumento en las frecuencias de duplicación mucho mayor que el OD.

Tabla 1.

«PERCENTAGE OF O-V AGREEMENT WITH AN IO IN 12TH, 14TH, 15TH, AND 16TH CENTURY WRITTEN SPANISH»

	Total	Preverbal IO	Postverbal IO	Nominal IO	Pronominal IO
	le	*le*	*le*	*le*	*le*
Mio Cid (12th c.)	(28/100) 28%	(19/41) 46%	(9/59) 15%	(24/79) 30%	(4/21) 19%
Conde Lucanor (14th c.)	(6/35) 17%	(3/6) —	(3/29) 10%	(2/26) 8%	(4/9) —
Celestina (15th c.)	(5/35) 14%	(3/12) 25%	(2/23) 9%	(3/5) —	(2/5) —
Lazarillo (16th c.)	(16/77) 21%	(9/16) 56%	(7/61) 11%	(7/65) 11%	(9/12) 75%

El objeto indirecto antepuesto favorece la duplicación en todos los períodos, al mismo tiempo que desde el s. XIV al s. XVI se registra un aumento constante en los porcentajes de duplicación. «This is particulary noticeable in the pronominal group of IOs, which reaches 75% in the 16th century. This is exactly what our hypothesis predicts: O-V agreement spread first to those NPs that are higher in topicality, i.e. to pronominal IOs and to preverbal IOs, and then to non-pronominal and to postverbal IOs.» (ibid.).

Los resultados que observamos en los períodos siguientes y nuestros propios resultados (v. cap. 3) confirman los supuestos de Silva Corvalán: el fenómeno está estrechamente ligado al grado de topicalidad del argumento en la función de OD y de OI, además de ser un proceso que va lentamente en aumento en el correr de los siglos.

Entre el *Mio Cid* y las obras de los siglos posteriores (tabla 1) se registra una marcada diferencia de comportamiento. Si dejamos de lado, por un momento, los resultados para el OI pronominal, se observa que los de OI postverbal y nominal, además de los totales son todos mayores en el *Mio Cid* que cuatro siglos más tarde. De acuerdo a la teoría de marca (Andersen 2001a) el *Mio Cid* –un texto no marcado por presentar rasgos del registro narrativo oral, de carácter no formal– habría sido más compatible con la innovación que los texto posteriores, textos de carácter marcado.

Ahora bien, si ya en el s. XII, en un texto narrativo oral, el fenómeno de la duplicación empezaba a hacerse notar, entonces no cabe duda de que en el lenguaje conversacional (contexto no marcado) en el mismo período y en los períodos posteriores debe haber seguido una curva ascendente semejante a la que registramos en los textos escritos, pero seguramente más avanzada, de otra manera no se puede explicar el desarrollo que ha alcanzado en el español actual (v. cap. 3). Pensamos que es posible hacer un paralelo entre el texto del *Mio Cid* y los *Cuentos populares andaluces*, texto narrativo oral del español peninsular que muestra que la duplicación del OI es casi categórica: 98% (304 / 6); que la duplicación de un OI nominal pospuesto alcanza un 98% (22 / 4) y la de uno antepuesto llega a 95% (37 / 2); y que la duplicación es categórica en las primeras personas del discurso (v. cap. 3 tablas 23, 29 y 24 respectivamente). Lo anterior muestra que la evolución del proceso de gramaticalización del OI empieza en textos no marcados, esto es, en textos de carácter oral y es además alcanzada primeramente en este tipo de registro (Andersen, ob. cit.).

En el s. XII (v. § 2.2.1.1) el pronombre personal átono y tónico tienen cada uno su campo de acción, siendo la duplicación una situación marcada; en cambio la duplicación de un objeto nominal, si bien se considera de carácter pleonástico en la posposición, se puede justificar, lo mismo que en la anteposición, como lo hemos visto en el apartado anterior. Esta norma hace posible que los porcentajes de duplicación sean más altos para un OI nominal que para un OI pronominal en este período. En la tabla 1 veíamos que la duplicación de un OI nominal llega a un 30%, frente a la de un OI pronominal que alcanza sólo un 19%. Situación que cambia radicalmente en el s. XVI, alcanzando la duplicación de un objeto pronominal personal un 75%. Pero antes de profundizar en este punto, veamos cuál es el panorama en la totalidad del s. XVI.

2.2.1.4. Objeto pronominal coordinado, referencia cruzada y tematización.
2.2.1.4.1. Referencia cruzada del objeto pronominal coordinado.
Rini (1991) en su estudio sobre la duplicación del objeto indirecto, principalmente la duplicación del objeto pronominal, que abarca desde comienzos de la Baja Edad Media hasta, principalmente, el s. XVI, hace nuevas y valiosas observaciones que complementan las nuestras. En palabras de Rini: «Early Hispano-Romance, like the other Romance languages, developed a bipartite pronominal system which opposed emphatic subject and prepositional forms to non-emphatic –eventually clitic– objective (DO and IO) forms. Nothing similar existed for nouns, so that emphasis must have been achieved phonologically or syntactically, as is still the case in Modern Spanish. In a very early period (preliterary), one can conceive of a system like the following (italics represent phonological stress):

    non-emphatic dole la heredat   do la heredat ad Iohan
    emphatic   la heredat *ad él*   do la heredat *ad Iohán*» (ob. cit.: 271).

«Regarding ProP duplication, the tonic pronoun phrase, which, as seen above [p. 271] had a primary emphatic / contrastive function, possessed a secondary use when coordinated with IO noun phrases or other tonic pronoun phrases, or placed alongside appositives: in such cases it was possibly non-emphatic / contrastive, or at least less emphatic» (ob. cit.: 280). Valga a modo de ejemplo de una forma tónica [probablemente sin valor enfático, a juzgar por la explicación de Menéndez Pidal] y otro complemento sustantivo: *a ella e a sus fijas* (Menéndez Pidal 1954 [1908]: § 129).

Los resultados de Rini dan fe de que –si bien la duplicación se registra tanto en los casos en que el objeto pronominal aparece solo, como cuando aparece coordinado con otro sintagma pronominal o un sintagma nominal– los porcentajes de duplicación son más altos cuando el tónico aparece coordinado. La posición del tónico pronominal coordinado es de preferencia postverbal –lo que está determinado, seguramente, no sólo por el orden de los constituyentes V-O que era la norma en este período, sino también por el 'principio de longitud' / 'peso' de la unidad en cuestión (Dik 1997, TFG 1: 411-413). En la posición postverbal los porcentajes de duplicación son más altos (7,59% , 12 de 158 ejemplos) que los de un objeto pronominal independiente en la misma posición (6,09%, 12 de 197 ejemplos) en el período 1150-1252. Si la duplicación del objeto pronominal coordinado se da en el 50% (12 y 12) en este período, en la segunda mitad del s. XIII la frecuencias de duplicación de un objeto pronominal coordinado pospuesto aumentan a un 71,4% (5 de 7). Esta evolución diacrónica es prueba de que la duplicación tiene su origen en el OI coordinado. «In this historical account the crucial fact –heretofore unobserved– was the emergence of clitic duplication in conjoined IO constructions in the earliest period of Old Spanish» (Rini 1991), además de que «the tonic pronoun phrase, clearly emphatic when appearing as the sole IO in a sentence, but far less recognizable as such when coordinated with an IO noun phrase, was consequently duplicated by a clitic pronoun which marked it as emphatic in the conjoined structure» (ibid.).

Todo esto con la salvedad de que, en general, los porcentajes de duplicación de un OI pronominal o nominal, son más altos en la posposición, dado que el orden V-O es la norma (Rini, ob. cit.).

Las observaciones de Rini confirman nuestro supuesto (v. § 2.2.1.1: *Nuestra interpretación*): el proceso tiene sus comienzos en las formas pronominales tónicas en la función de OI, que son las formas no marcadas, formas que por su naturaleza son formas acentuadas y de carácter enfático, pero que en el contexto en el que se manifiesta la duplicación, el tónico pronominal se ha reinterpretado como no enfático / no contrastivo, es decir un contexto marcado. El proceso abarcará, más tarde, las formas nominales. Dicho sea de paso, este proceso comprende las formas tónicas tanto en la función de OI como de OD.

2.2.1.4.2. Referencia cruzada y tematización.
Rini (1991) da a conocer que, entre los años 1150 y 1252, la posposición del OI pronominal o nominal sobrepasa el 90%. Esta situación no es, sin

embargo, pareja. Hemos visto (§ 2.2.1.1) que «la anteposición del régimen es mucho más frecuente en el *Mio Cid* que en los textos posteriores» (Menéndez Pidal, ob. cit.: § 202), lo que confirman las cifras de Silva Corvalán (v. tabla 1) que muestran 59 casos (59% del total) de OI pospuesto frente a 41 casos de OI antepuesto (41% del total). Pensamos que la necesidad de tematización del OI en el *Mio Cid* se habrá debido, como ya señalábamos en otro lugar, a los rasgos de texto oral que presenta.

Es recién en la segunda mitad del s. XIII cuando se registra un leve aumento de tematización del OI. Como se desprende del cuadro sinóptico (tabla 2) los resultados de Rini muestran que el orden V-O disminuye a 80,5% y aumenta a 19,5% en el orden O-V si el OI es un objeto pronominal. Esta curva ascendente en favor de la tematización del OI pronominal sigue en aumento en el correr de los siglos: el porcentaje se duplica en el s. XIV (48.88% con el orden O-V). La curva ascendente –que se mantiene constante hasta el s. XV, tanto para el OI pronominal como nominal, a juzgar por las cifras de Rini– desciende en el s. XVI de manera perceptible registrándose sólo un 31,25% de OI pronominal con el orden O-V. Nos atrevemos a insinuar aunque de hecho se requiera un estudio aparte sobre el tipo de texto y el orden de los constituyentes, que el *Lazarillo*, novela autobiográfica, contada como memorias, constituye una prosa diferente a los textos de los siglos anteriores.

Tabla 2.
VISIÓN DIACRÓNICA DEL ORDEN DE LOS CONSTITUYENTES, DE ACUERDO A LAS CIFRAS DE RINI (1991)[13]

	OI pronominal		OI nominal	
	V-O	O-V	V-O	O-V
1150-1252	92,4%	[7,6%]	[97,5%]	[2,5%]
s. XIII	80,5%	19,5%	[94%]	[6%]
s. XIV (Conde Lucanor)	51%	48,88%	89,25%	10,75%
s. XV (Corvacho, Celestina)	38,7%	61,29%	[74%]	[26%]
s.XVI (Lazarillo)	[68,75%]	[31,25%]	[81,2%]	[18,8%]

De la sinopsis que presentamos en las tablas 2 y 3 –en base a los resultados de Rini– y los resultados de Silva Corvalán (tabla 1) se desprende claramente que el proceso va más de prisa y la curva es más ascendente y más constante con el OI pronominal que con el OI nominal. En cuanto al OI nominal y la duplicación en la anteposición, se debe hacer notar que

---

[13] Los porcentajes entre corchetes corresponden a nuestro cálculo sobre la base de las cifras de Rini (1991).

2. El objeto indirecto y los procesos de gramaticalización

los resultados para el *Lazarillo* son bastante diferentes en estos dos estudios. En todo caso, no cabe duda que la duplicación, tanto del objeto nominal antepuesto como pospuesto, avanza en el correr de los siglos, siempre en mayor medida en la anteposición.

Tabla 3.

LA DUPLICACIÓN DE OI DESDE EL S. XII AL S. XVI DE ACUERDO A LOS RESULTADOS DE RINI (1991)[13]

Porcentajes de duplicación	OI pronominal		OI nominal	
	pospuesto	antepuesto	pospuesto	antepuesto
1150-1252	6,4%	11,11%	2,18%	13,88%
1252-1275	12,73%	23%	6,4%	26,2%
1335 (Conde L.)	[26,08%] 6/23	[18,18%] 4/22	[0,93%] 1/108	[7,7%] 1/13
1438 (Corbacho)	[100%] 2/2	[25%] 3/12	[7%] 5/71	[22,3%] 2/9
1499 (Celestina)	[10%] 1/10	[14%] 1/7	[0%] 0/23	[14,3%] 2/14
1554 (Lazarillo)	63,6% 7/11	60% 3/5	10,7% 6/56	15,4% 2/13

2.2.1.5. Referencia cruzada, objeto pronominal personal y cambio de marca. Los resultados de Keniston (1937a: 8.6 – 8.97) –que, grosso modo, coinciden con los de Silva Corvalán (ob. cit.) y de Rini (ob. cit.) para este siglo– no obstante la ausencia de resultados estadísticos en muchos casos, aportan una valiosísima información al fenómeno de la duplicación del objeto pronominal en este siglo. Su estudio muestra que la duplicación, en general, en este período es más común cuando se trata de un objeto pronominal personal, cuando el objeto va antepuesto al verbo; además, la duplicación de un objeto indirecto es mucho más común que la de objeto directo. En este período la duplicación de OI antepuesto es aproximadamente un 50%; en la posposición la duplicación de OI es mayor que la duplicación de OD, pero más baja que la de OI antepuesto.[14] La documentación de

---

[14] El estudio de Sánchez Sánchez, citado por Company (2001), que comprende textos del español peninsular y de América, muestra resultados para el s. XVI un tanto diferentes de los que nosotros manejamos; sus cómputos arrojan sólo un 7% (25/336) de casos de duplicación para ese siglo. Pensamos que esta diferencia se debe al tipo de texto analizado, que según entendemos no es prosa literaria sino prosa académica, lo cual explicaría sus resultados.

Keniston (ob. cit.) confirma que las tendencias que hemos visto desde el s. XII hasta el s. XV siguen su curso, manteniendo siempre una curva ascendente, la cual refleja que el proceso va siempre más adelante en los contextos en los que primero se ha producido el reanálisis. Esto se puede representar en una jerarquía de prioridades:

OI pron. pers. [V-O / O-V] > OI nominal [O-V] > OI nominal [V-O]

Keniston (ibid.) observa, en particular, que la duplicación del objeto pronominal personal se da en las dos terceras partes del total de los casos registrados para este siglo; lo que concuerda con el supuesto de topicalidad que mencionábamos más arriba. Registra, además, que a medida que avanza el siglo, los porcentajes de duplicación de un objeto pronominal personal aumentan considerablemente, resultados que presentamos gráficamente en la tabla 4 con sus respectivos porcentajes.

Tabla 4.
RESULTADOS DE KENISTON PARA LA PROSA CASTELLANA DEL S. XVI

Objeto pron. personal	Con duplicación	Sin duplicación	Total
1ª mitad del s. XVI	65% (108)	35% (58)	166
2ª mitad del s. XVI	84% (126)	16% (24)	150
Totales	74% (234)	26% (82)	316

Silva Corvalán ha demostrado que en el *Lazarillo*, obra publicada en 1554, los porcentajes de duplicación llegan a un 75% cuando se trata de un objeto pronominal tónico en la función de OI (v. tabla 1). Los resultados de Rini muestran un 62,5% en la misma obra (v. tabla 3). En la primera mitad del s. XVI los porcentajes de duplicación de un OI pronominal son diez veces más altos que en el s. XII (6,76%) si no tomamos encuenta los resultados para el *Mio Cid* (19%, v. tabla 1).

Keniston observa que en este siglo es norma el uso de la duplicación de objeto pronominal con valor expresivo enfático, aunque se registren también usos no enfáticos.

A nuestro parecer, estos resultados no son sólo un indicio sino una prueba fehaciente de que es en este siglo en el que la duplicación del objeto pronominal personal –que en el español actual, independientemente del tipo de registro o del dialecto es obligatoria– se empieza a afianzar.

Los pronombres átonos y tónicos, al menos desde el s. XII, tienen diferentes funciones pragmáticas: el átono se usa en la anáfora y el tónico

2. El objeto indirecto y los procesos de gramaticalización

–de acuerdo a su naturaleza– se usa para expresar énfasis o contraste. Sin embargo en un momento el tónico pronominal pierde su valor expresivo y es reinterpretado por el hablante como una unidad no enfática. Es en estos contextos en los que aparece el objeto pronominal sólo o coordinado y el clítico en la misma estructura oracional, registrándose de esta manera la doble mención pronominal. Al generalizarse la duplicación en estas estructuras, no sólo en la anteposición sino también en la posposición, el tónico pronominal es reanalizado por el hablante como una unidad enfática. De acuerdo con los documentos expuestos, es en el s. XVI cuando se confirma el reanálisis, es decir es actualizado (v. § 2.1.2). Gramaticalmente hablando, el clítico pronominal, de ser un elemento pleonástico, pasa a ser una «marca de referencia cruzada» (cf. «cephalic shift», § 2.0.2). Desde el punto de vista pragmático, en el correr del tiempo, esta estructura con valor expresivo enfático va sufriendo un desgaste –lo que Dahl (2001) denomina una 'devaluación retórica'– «perdiendo en muchos casos el énfasis originario» (Gili y Gaya 1975 [1943]: 231), de tal manera que en el español actual, en algunos contextos también ha ido perdiendo el énfasis; en palabras de Detges (en prensa b): «des constructions formulaires du genre *a mí me parece* 'á moi, il me semble' avec un pronom d'objet tonique en position initiale qui [...] a perdu son effet contrastif obligatoire originaire en espagnol contemporain».

En lo que sigue, y haciendo uso de la documentación a nuestra disposición, vamos a intentar explicar el cambio de marca del tónico pronominal. Para lograr este cometido hacemos uso del principio de «cambio de marca» («markedness shift», cf.: Dik 1997, 44-47) que nos permite explicar en forma lógica esta progresión por encima del factor tiempo. Está claro que en un mismo período histórico se registran, sin duda alguna, varias etapas de la evolución diacrónica de los átonos y tónicos, sea en la función de OD o de OI, lo que se debe a la coexistencia de diferentes generaciones comportando la coexistencia de varias gramáticas (Grammar 1 y Grammar 2), cada una con su sistema y norma (v. § 2.1.1 y 2.1.2). Estos aspectos no se contemplan en la explicación a continuación.

En una *primera etapa* (v. tabla 5) se registra una oposición entre el tónico pronominal con valor enfático, que corresponde al uso no marcado y el tónico pronominal sin valor enfático que corresponde a un uso marcado; en la *segunda etapa*, a causa de la generalización del uso no enfático del tónico pronominal, pierde éste su carácter marcado, el tónico sufre una inflación pragmática; el uso del tónico con valor enfático permanece en la lengua como una expresión arcaica (el valor de obsoleto siempre lo encontraremos en la norma del hablante; puede ser, por ejemplo, el uso formal del hablante). El output equívoco hace que el hablante recurra a otras formas de expresión para diferenciar el valor enfático del valor no enfático del tónico pronominal. Es en este momento en que suponemos surge la copresencia del átono y el tónico pronominal, forma de expresión –a juzgar por las observaciones de Menéndez Pidal (1954 [1908]) y de Rini (1991)– no enfática. Esta es la *tercera etapa*. En la *cuarta etapa* la duplicación sin valor enfático se ha generalizado y el uso del tónico sin valor enfático se encuentra en la norma arcaica. En la *quinta etapa* se registra que la inflación sufrida por la duplicación sin valor enfático lleva a su devaluación pragmática, la misma forma se usa ahora con valor enfático. En esta etapa nos encontramos en la misma situación que en la primera etapa: la oposición entre los valores de marcado y no marcado se registra con la misma forma de expresión: la copresencia del clítico pronominal y la correspondiente forma tónica. El uso de la duplicación con valor enfático gana terreno y se generaliza, ésta es la *sexta etapa*. Esta inflación lleva a la devaluación pragmática de la duplicación con valor enfático y surge una forma marcada que es el uso de la duplicación sin valor enfático. Esta es la *séptima etapa* que corresponde al español actual. La duplicación es categórica y se presenta la misma oposición que en la primera etapa. Los valores pragmáticos opuestos tienen la misma forma de expresión: la duplicación.

Tabla 5.
EL CAMBIO DE MARCA DEL TÓNICO PRONOMINAL EN LA FUNCIÓN DE OI

	Marcado	No-marcado	Obsoleto
Etapa 1	tónico [no-énfasis]	tónico [énfasis]	—
Etapa 2	—	tónico [no-énfasis]	(tónico [énfasis])
Etapa 3	duplicación [no-énfasis]	tónico [no- énfasis]	—
Etapa 4	—	duplicación [no-énfasis]	(tónico [no-énfasis])
Etapa 5	duplicación [énfasis]	duplicación [no-énfasis]	—
Etapa 6	—	duplicación [énfasis]	(duplicación [no-énfasis])
Etapa 7	duplicación [no-énfasis]	duplicación [énfasis]	—

2. El objeto indirecto y los procesos de gramaticalización 59

2.2.1.6. Recapitulación.

A modo de recapitulación –y como se desprende de la tabla 6– se puede decir que el proceso de gramaticalización del objeto pronominal personal lleva una curva ascendente en el correr de los siglos. Desde el s. XII al s. XVI avanza en forma lenta pero constante; en el s. XVI el proceso acelera y da un vuelco a favor de la duplicación; para seguir evolucionando a través de los siglos hasta alcanzar el 100% de casos de duplicación en el español actual.

Los porcentajes aquí presentados para los siglos XII al XV y para el s. XVII provienen de los datos de Rini (1991). Los datos para el s. XVI provienen de Keniston (1937 a). En cuanto a la primera mitad del s. XX, se trata de una aproximación de acuerdo a los resultados esparcidos de que disponemos para ese período. Para la segunda mitad del s. XX se llega a los mismos resultados tanto en otros estudios como en el nuestro.

Tabla 6.

XII	XIII	XIV	XV	XVI-1	XVI-2	XVII	s.XX-1	s.XX-2
6,76%	14,7%	22,22%	22,58%	65%	84%	100%	aprox. 100%	100%

Veíamos anteriormente que el orden normal de los constituyentes en los primeros albores de la lengua es V-O y que la anteposición de la unidad con la función ya de objeto indirecto ya de objeto directo es considerada una dislocación a la izquierda. En los casos en que el clítico pronominal se une al verbo, la función del átono no sólo es la de representar la unidad antepuesta sino marcar que esta se considera un miembro suelto y que la oración comienza con el verbo (v. § 2.2.1.1). La necesidad del hablante de tematización del objeto directo o indirecto contribuye a que la posición O-V se haga más y más usual en la lengua, los resultados de Silva Corvalán (§ 2.2.1.2) y de Rini (§ 2.2.1.3) lo confirman, en particular tratándose de un objeto indirecto. A medida que aumenta el orden O-V, la duplicación del OI antepuesto se hace más usual, alcanzando en el s. XVI más del 50%. La explicación a este fenómeno hay que encontrarla, en parte, dice Keniston (1937a, v. también Kany 1970: 148) en la necesidad de indicar que la unidad antepuesta al verbo no es el sujeto de la oración, además de que «when a strongly stressed object or indirect object precedes the verb, it is followed by a pause, after which a new breath-group follows and an unstressed personal pronoun then becomes necessary in order to link this isolated object with the main clause [...] when a strongly stressed object follows the verb, the relationship of the action of the verb to that object is usually indicated by an unstressed object pronoun, and the stressed object then becomes psychologically a reinforcement of the object already indicated. But even in the sixteenth century it is clear that these underlying principles are no longer felt and that the use of the redundant pronoun is already becoming a kind of speech pattern, particularly when the object precedes the verb» (Keniston, ob. cit.). Ante esta explicación coincidente con la concepción tradicional del fenómeno de la duplicación, tenemos la documentación de Silva Corvalán (§ 2.2.1.2) que documenta que la duplicación está en estrecha relación con el grado de topicalidad del objeto, sea directo o indirecto. Nos parece necesario destacar que si en sus comienzos el clítico pronominal se interpreta como marca de que el OI antepuesto es una unidad que está fuera de la estructura oracional, más tarde esta concepción es reanalizada, considerando el clítico pronominal –a pesar de ir el OI u OD separado de la oración por una pausa– como elemento que une la unidad antepuesta al resto de la oración. «In modern Spanish this stress is usually accentuated by a compound preposition, *en cuanto a*, which is still followed by a pause» (Keniston 1937a), concepción que más tarde es objeto de un nuevo reanálisis, de tal manera que el OI antepuesto es considerado parte de la estructura oracional se registre o no un clítico pronominal junto al verbo.

Pensamos que la anteposición del OI apunta hacia dos direcciones diferentes: o es una unidad en dislocación a la izquierda, y el clítico junto al verbo tiene función anafórica; o es parte de la estructura oracional, y el clítico tiene referencia cruzada con el OI antepuesto. A medida que el proceso de gramaticalización avanza, el clítico pronominal, en todas las estructuras y contextos, pasa a ser morfema de referencia cruzada.

2.2.2. La referencia cruzada hasta mediados del siglo XX.
En el § 2.2.1 lamentábamos no haber encontrado estudios sistemáticos que documentaran la evolución de la duplicación en lo que atañe a los siglos XVIII y XIX. Los estudios sobre el pronombre para estos siglos centran su atención en el desarrollo y evolución del *leísmo, laísmo* y *loísmo* registrando algunos casos de duplicación que no nos dan una visión de conjunto del fenómeno (cf. Marcos Marín 1978). En lo que al s. XVIII se refiere podemos remediar en parte esa laguna citando los resultados de Sánchez Sánchez (citado por Company (2001)), quien en un corpus de lengua culta que abarca el español de América y peninsular, registra la duplicación del dativo en un 40% (172 / 430) de los casos. Marcos Marín (ob. cit.: 239), por su parte, hace un recuento de los casos de duplicación de objeto indirecto y directo cuando el referente es *usted* en la *La Fontana*

2. El objeto indirecto y los procesos de gramaticalización 61

de oro (1868-1870) de Pérez Galdós concluyendo que los porcentajes más altos de duplicación se registran en los diálogos (sea objeto directo o indirecto): los porcentajes de duplicación de OI totales llegan al 58% (36 / 62), mientras que en los diálogos llegan al 88% (36 / 41). Nuestros propios resultados para fines del s. XIX en *Tristana* (1892) de Pérez Galdós –sin hacer distinción del constituyente de la unidad en la función de OI– muestran que la duplicación alcanza un 33% (25 / 75) (v. cap. 3 § 3.3.1). En lo que al s. XVII se refiere citamos a Rini (1991: 279): «By the 17th century, it appears that ProP duplication is categorical. In the portions analyzed of the *Quijote* (the prologue and first eight chapters) I counted 11 tonic pronoun phrases, all of which, including one sharing the IO slot with a noun phrase, were accompanied by a clitic, yielding the obligatory duplicative pronominal construction. Likewise, in equal portions of the *Guitanilla* and *Buscón* (i.e., the portions including the first 200 instances of clitic pronouns) I found 4 and 6 tonic pronoun phrases respectively, all duplicated. Duplication of the postverbal NP has still not become obligatory in standard Castilian Spanish. In the *Quijote*, one observes a 22,4% rate of postverbal NP duplication (i.e., 13 of 58 examples), thus a continuing rise from the 10,7% of *Lazarillo*. As regards the preverbal NP, I found only one example in the portions analyzed, and it was duplicated».

Para la primera mitad del s. XX, nos limitamos a indicar los resultados más relevantes en cuanto a la ± duplicación del objeto indirecto:

(i) Keniston (1937b: § 8.5–8.72). Su base de datos comprende diferentes tipos de texto, principalmente del español peninsular, dentro de los registros escritos. Todos fueron publicados entre 1900 y 1933.

(ii) Fernández Ramírez (1951: § 111–112). Su corpus comprende más de doscientas obras de diversos registros, que representa diferentes generaciones y diferentes comarcas. La actividad literaria para muchos de los autores de los textos, aún habiendo publicado en el s. XX, se ubica en el siglo anterior.

(iii) Poston (1953), a diferencia de los anteriores, ofrece un corpus de 20 textos –que cubren el español peninsular y de América– publicados en su mayor parte en 1940.

Si bien los criterios de trabajo de los tres estudiosos son diferentes y sus resultados estadísticos difíciles de interpretar cabalmente, todos recurren a los parámetros de posición de la unidad con la función de objeto directo e indirecto y del tipo de constituyente, lo cual nos permite formarnos una idea de las tendencias que se registran en este período. Las observaciones de estos estudiosos, con el afán de dar una visión de conjunto y facilitar al mismo tiempo la comparación de los resultados, se presentan en forma esquemática en la tabla 7: OI pronominal personal antepuesto y pospuesto; tabla 8: OI nominal antepuesto; tabla 9: OI nominal pospuesto.

2.2.2.1. Referencia cruzada y jerarquía de prioridades.
Los tres investigadores coinciden en que la duplicación del tónico pronominal personal es ya casi categórica a comienzos del s. XX. Para leer los resultados de Keniston (v. tabla 7, 8, 9), hay que tener presente que «Constructions which are followed by (*) were those of such assured high frequency that they are not counted. The figures given in the parenthesis after each construction indicate the range and frequency: thus (7-12) indicates that the construction was found in seven units with a total frequency of twelve cases» (Keniston 1937b). Si los datos estadísticos de Keniston los hemos interpretado correctamente, sus resultados serían aproximadamente equivalentes a los porcentajes que indicamos con un cuadrado en negrita (■). En cuanto a la lectura de los resultados de Poston (v. tabla 7, 8, 9), hay que tener en cuenta que

> The figures in parentheses represent range and frequency: thus, (6-9). indicates that the construction is found in six of the twenty texts studied but that in these six texts it is found nine times.

Basándonos en sus datos damos porcentajes aproximados que también indicamos con un cuadrado en negrita (■).

Tabla 7.

OI	Keniston (1937b)	Poston (1953)	Fernández Ramírez (1951)
pronominal personal antepuesto	+ duplicación: (41-200) – duplicación: (5-8) ■ duplic.: aprox. 96%	+ duplicación: (18-113) – duplicación: (4-4) ■ duplic.: aprox. 96,5% OI = *usted(es)*: la duplicación casi categórica.	La duplicación en la «doble mención pronominal» es muy frecuente en las dos primeras pers.; en la 3^{era} puede faltar el *le* átono.
pronominal personal pospuesto	+ duplicación: (44-273) – duplicación: (4-7) ■ duplic.: aprox. 97,5%	+ duplicación: (18-73) – duplicación: (4-4) ■ duplic.: aprox. 95% OI = *usted(es)* + duplicación: (14-132) – duplicación: (8-25); ■ duplic.: aprox. 84%.	La duplicación es regular «casi constante con *usted*, sobre todo en los usos hablados».

2. El objeto indirecto y los procesos de gramaticalización

Los casos de no-duplicación que registran los tres autores son esporádicos. De acuerdo con las observaciones de Fernández Ramírez (1951) sólo se registran en la tercera persona. Estos resultados corroboran los supuestos de que el proceso empieza –de acuerdo con las jerarquías de persona, animacidad y la que comprende los rasgos de ± definido– en las dos primeras personas, que son las que hacen una referencia inmediata a las personas del discurso, para abarcar luego las terceras personas. Dentro de las terceras personas el proceso abarca, primero, el pronombre personal tónico –ya que el tónico es el que hace mención de persona en forma inequívoca– para luego abarcar las otras terceras personas. Dentro de las terceras personas el proceso abarca primero las de rasgo humano, después otras entidades de rasgo animado y finalmente las de rasgo inanimado. La evolución se da en una jerarquía de prioridades que representamos de la siguiente manera:

1.^{era} y 2.da pers. > 3.^{era} pers. [pr. tónico] > 3.^{era} pers. [HUM] > 3.^{era} pers. [ANIM] > 3.^{era} pers. [INANIM]

Nótese el comentario de Fernández Ramírez (ob. cit.): «La duplicación es regular y casi constante con *usted*, sobre todo en los usos hablados» y el de Poston (ob. cit.): «We seem to be dealing with a more formal type of discourse» en los casos de no-duplicación con *usted*. Nuestro supuesto es que el tipo de registro es de primordial importancia en la evolución del proceso de gramaticalización del objeto indirecto (como también del objeto directo): los porcentajes de duplicación aumentan en la conversación y bajan en un discurso de tipo más formal (v. §§ 3.3.1.1 y 3.3.2.1).

2.2.2.2. Referencia cruzada y estructuras marcadas.
En cuanto a la evolución del proceso de gramaticalización del OI (sin tomar en cuenta el OI pronominal personal), vamos a comentar primero los resultados de la ± duplicación en la anteposición. Veíamos en los apartados anteriores que la duplicación del OI en la anteposición es mayor que en la posposición y que lleva una curva ascendente alcanzando en el s. XVI porcentajes que no bajan del 50%. La duplicación sigue aumentando en el correr de los siglos en una curva ascendente constante, que muestra en la primera mitad del s. XX porcentajes que, en general, no bajan del 70%.

Los estudios de Keniston (1937b) y Poston (1953) muestran resultados un tanto diferentes, como se desprende de nuestro resumen en la tabla 8; lo que se debe, creemos, a sus diferentes métodos de trabajo. Esto, sin embargo, no resta, en absoluto, el valor que sus resultados tienen, resultados que muestran, de todos modos, tendencias globales coincidentes:

(i) la duplicación del OI antepuesto es mucho más frecuente que la del OD;

(ii) la duplicación del OI antepuesto ha crecido considerablemente desde el sigloXVI;

(iii) la duplicación del OI antepuesto no sólo abarca los casos de objeto nominal y objeto pronominal personal sino también otros pronombres, en particular el relativo, interrogativo, exclamativo.

En cuanto a las oraciones subordinadas, de los resultados de Poston se desprende que la duplicación en los casos de oraciones con relativo, comparándola con la duplicación de un objeto nominal es en general más baja. Fernández Ramírez, por su parte, comenta que la duplicación tras los relativos se registra, pero que «[el] relativo impide frecuentemente el uso del pronombre átono» (1951: 211 (1)); resultados no sorprendentes puesto que, de acuerdo con la teoría de marca (Andersen 2001a), las estructuras oracionales no marcadas –en este caso la oración principal– son más compatibles con la innovación que las estructuras oracionales marcadas –en este caso la oración subordinada– lo cual trae consigo que la referencia cruzada abarque primero y en mayor medida las estructuras oracionales principales (v. § 3.3.1.3.2).

Poston (1953) señala que es en el lenguaje coloquial / conversacional el relativo *que* duplica en aproximadamente el 50%, en cambio la duplicación del interrogativo se registra únicamente en la conversación. Poston observa también que tratándose de un relativo diferente de *que* «The figures are too close to be conclusive, but one may hazard two tentative conclusions: (1) that non-use is the norm; (2) that use of the redundant form is a colloquial phenomenon, and especially apt to occur when the verb is separated from the relative pronoun by other sentence elements» (ob. cit.: 269). Estas observaciones muestran que hay más disposición a la innovación en el lenguaje hablado e informal –registro no marcado– que en otros registros. Así mismo, Fernández Ramírez y Poston observan una mayor tendencia a la duplicación del OI antepuesto cuando se trata de verbos de carácter psicológico del tipo *gustar*, sobre todo en la lengua hablada –el único ejemplo sin duplicación registrado por Fernández Ramírez proviene de Pérez Galdós, *España sin rey* 1941, quien comenta: «observo en Galdós una tendencia acusada a la supresión del anafórico, en lo que su estilo enlaza con la prosa clásica» (ob. cit.: 211 (1)). Esta tendencia se mantiene constante en el correr del tiempo: en el español actual los porcentajes de duplicación en este tipo de estructuras intransitivas son en general altos. La duplicación es casi categórica tratándose del verbo *gustar*: 96,9% (63 / 2) (v. § 3.2.2).

Tabla 8.

OI	Keniston (1937b)	Poston (1953)	Fernández Ramírez (1951)
OI nominal antepuesto (sin pronominal personal)	(i) OI nominal: + duplic.: (44-99) – duplic.: (20-29) ■ duplic.: aprox. 70%.	La duplicación = la norma; se da en una proporción de 5:1 El tipo de constituyente: (i) OI nominal: + duplic.: (17-93) – duplic.: (5-5) ■ duplic.: aprox. 90%	La duplicación del dativo es mucho más usual que la del acusativo. «[E]l empleo del dativo anafórico ha crecido considerablemente desde el s. XVI» (ob. cit.).
	(ii) OI = relativo principalmente *quien*: + duplic.: (11-16) – duplic.: [sin ejs.] (iii) OI = interrogativo + duplic.:(6-6) – duplic.: [sin ejs.]	(ii) OI = pron. indefinido: + duplic.: (10-15) – duplic.: (2-2) ■ duplic.: aprox. 85% (iii) OI = pron. relativo (a.) El relativo *que* duplica en lenguaje coloquial: aprox. 50%, el verbo es p. ej.: *interesar, gustar, bastar*, (b.) El relativo diferente de *que*: (b.1) en oración especificativa. + duplic.: (3-5) – duplic.: (5-7) ■ duplic.: aprox. 40% (b. 2) en oración explicativa: + duplic.: (6-13) – duplic.: (6-26) ■ duplic.: aprox. 30% (b. 3) en oración de relativo sustantivada: duplic. casi categórica. (b. 4) interrogativo: +duplic. sólo en la conversación.	La duplicación se registra: (i) tras del indefinido *nadie*, el interrogativo y exclamativo *quién* y tras los relativos. (ii) con verbos de carácter psicológico (*a...(no) le aburre (agrada, basta, disgusta, emociona, gusta, impresiona, parece, etc.*), con duplicación en especial en la lengua hablada; de un total de 24 ejs. con esta construcción en el material disperso de que dispone:
	(iv) OI = otros pronombres: + duplic.: (18-25) – duplic.: [sin ejs.]	(iv) OI = demostrativo: la duplicación es categórica.	Como complemento secundario falta a menudo el átono: *a más de uno hubiera arrancado un brazo* (Cela *Pascual Duarte*, 1946).

2.2.2.3. Referencia cruzada, verbos psicológicos y frecuencia de los verbos.

La evolución del proceso de gramaticalización del OI, en general, ha ido siempre más lento en la posposición que en la anteposición en el correr de los siglos, pero siempre mostrando una curva ascendente (v. tabla 9).

Las observaciones de Keniston (ob. cit.), Poston (ob. cit.) y Fernández Ramírez (ob. cit.) muestran que en la primera mitad del s. XX la duplicación en la posposición es más alta que en los siglos anteriores. La curva ascendente se mantiene, no obstante es necesario llamar la atención sobre otros factores que vienen a jugar un rol importante, no sólo en la duplicación de un objeto indirecto pospuesto sino también en la de un objeto indirecto antepuesto:

(i)   tipo de verbo [inacusativos[15] vs. transitivos]
(ii) frecuencia de los verbos
(iii) registro

Tabla 9.

OI	Keniston (1937b)	Poston (1953)	Fernández Ramírez (1951)
OI nominal pospuesto (sin pronominal personal)	OI nominal: + duplicación: (51-330) – duplic.: (*)	OI nominal: (i) con verbos transitivos, p. ej.: *decir* +duplic.: (13-59); –duplic.: (10-29) ▪ duplic.: aprox. 65% *dar* +duplic.: (15-44); –duplic.: (17-95) ▪ duplic.: aprox. 32% *pedir* +duplic.: (8-13); –duplic.: (6-12) ▪ duplic.: aprox. 52% (ii) el total con todos los verbos: + duplic.: (18-385); – duplic.: (20-422) ▪ duplic.: aprox. 47%.	OI nominal: (i) con verbos transitivos como *decir* y verbos análogos (*escribir, mandar, preguntar, rogar*), de un total de 48 casos: + duplic.: 44 (91,6%) en *El aprendiz de Conquistador* (Baroja 1931). (ii) con verbos de carácter psicológico: predomina el empleo del pronombre, pero también hay casos en que se omite.
	OI = diferentes pronombres: + duplic.: (23-48) – duplic.: [sin ejs.]	OI = *todo*: la duplicación casi categórica; OI = pron. indefinido, ? duplic.: aprox. 47%; OI = demostrativo ? duplic.: aprox. 60% OI = *quien* (rel. sustantiva) ? duplic.: aprox. 50%	OI = *uno* personal: la duplicación casi constante.

---

[15] V. § 4.1.1, v. también Mendikoetxea (1999: 1579).

2. El objeto indirecto y los procesos de gramaticalización

Los verbos transitivos de alta frecuencia presentan porcentajes más altos de duplicación: *decir, dar, pedir* (tabla 9: Poston). Poston observa que «Where concurrent usage is found, it is possible, thought not demonstrable, that non usage of the redundant is a somewhat more formal type of utterance (Virtually no examples are found in the expository writing of Menéndez Pidal« [*Cantar de Mio Cid III (Adiciones y enmiendas)*, 1946] (ob. cit.: 270). La duplicación sobrepasa el 90% si el texto es de carácter conversacional (tabla 9: Fernández Ramírez). En *El aprendiz de Conquistador* de Baroja (931) registra Fernández Ramírez la duplicación en un 91,6%, observando que «El estilo de Baroja se acerca bastante a los usos hablados» (ob. cit.: 212 (2)). Si en la anteposición y especialmente en la lengua hablada se registra la duplicación con verbos de carácter psicológico en más del 90% de los casos (tabla 8: Fernández Ramírez), en la posposición –según Fernández Ramírez 1951: 212) «Se generaliza en el hablar espontáneo y se restringe más su empleo en la palabra escrita».

2.2.3. Referencia cruzada en texto de corte oral.
Los resultados que hemos visto hasta ahora, todos corresponden a los registros escritos a excepción del *Mio Cid* (s. XII), texto que se distingue –como lo hemos visto en el § 2.2.1– por presentar rasgos de corte oral, además de registrar altos porcentajes de duplicación comparado con textos escritos de los siglos posteriores. Dentro de la gama de textos escritos, la duplicación aumenta más en aquellos de corte coloquial o en aquellos con secuencias de carácter conversacional.

En este apartado hacemos algunos comentarios sobre la referencia cruzada y la lengua hablada para el español de América en base al estudio de Barrenechea y Orecchia (1970) para el español bonaerense, estudio cuyo «corpus ha sido tomado de las entrevistas registradas en cintas magnetofónicas para el *Proyecto de estudio coordinado de la norma lingüística culta de las principales ciudades de Iberoamérica y de la Península Ibérica*» y al de Silva Corvalán (1984) para el español hablado de Santiago de Chile, cuyo corpus comprende grabación de conversaciones semidirigidas con 29 hablantes de Santiago de Chile, de diferentes edades (entre los 30 y los 70 años) y con diferentes niveles de escolaridad (desde tres a más de doce años de escolaridad). Para el español peninsular: registro hablado / conversacional remitimos al capítulo 3. § 3.3.1.1.

Los estudios de Barrenechea et al. (ob. cit.) y de Silva Corvalán (ob. cit.) demuestran que en la lengua hablada / conversacional la duplicación del OI es categórica en el español hablado de Chile de los ochenta y que iba en vías de serlo en el español bonaerense de los setenta. Un estudio más reciente [P. Jeong 1996, *Comportamiento semántico y sintáctico del comple-*

mento indirecto en el español de México, México: UNAM, tesis doctoral, citado por Company 2001] muestra que la duplicación del dativo es casi categórica: 90% con verbos transitivos y 96% con verbos intransitivos en el español escrito y hablado de México del s. XX.

La gramaticalización ha sido alcanzada tratándose del objeto pronominal personal, en función de OD y de OI: la presencia de un objeto pronominal personal exige la presencia del clítico pronominal en forma categórica. El clítico pronominal, en sus comienzos un elemento léxico, ha evolucionado gradualmente hasta llegar a funcionar como elemento gramatical: «morfema de referencia cruzada».

Tratándose de un objeto nominal en la función de OI, el proceso de gramaticalización lleva ventaja en relación con el objeto directo nominal, lo que –como bien demuestra Silva Corvalán (ibid.)– está en estrecha relación con las jerarquías de topicalidad (cf. § 2.2.1.2): mientras más topical es el objeto, más altos porcentajes de duplicación. El estudio de Silva Corvalán muestra que el OD, estadísticamente de rasgo [–humano] y [–definido], se registra en la anteposición en un 7%, y de este porcentaje el 15% es de rasgo [+humano] y el 36% de rasgo [+definido]; en cambio el OI, en igualdad de condiciones, de rasgo [+humano] y [+definido] en un 90% en la actualidad (contra un 94% en la Edad Media – Renacimiento), se registra en la anteposición en un 43% hoy en día. Esto se refleja en la evolución que el proceso de gramaticalización del clítico pronominal registra.

Los resultados de Silva Corvalán (ibid.) presentados en la tabla 10 y los de Barrenechea y Orecchia (ibid.) en la tabla 11, si bien no coinciden totalmente, ponen a la vista que el proceso está condicionado por el principio de topicalidad: en el español de Chile la referencia cruzada del OI es categórica independientemente de la posición (tabla 10), en cambio en el español de Buenos Aires el proceso no ha alcanzado la gramaticalización total, ya que sólo en la anteposición la duplicación del OI es categórica, alcanzando en la posposición sólo entre un 51,51% y un 70% dependiendo de los rasgos de topicalidad del OI (tabla 11).

2. El objeto indirecto y los procesos de gramaticalización

Tabla 10.
EL ESPAÑOL HABLADO DE SANTIAGO DE CHILE

OI Antepuesto	OD Antepuesto	OI Pospuesto	OD Pospuesto
duplic. categórica.	+duplicación	duplic. categórica	+duplicación
100%	[+determinado +definido] 95% (153 / 161) [–determinado +definido] 84% (68 / 81) [+determinado –definido] 43% (6 / 14) [–determinado –definido] 13% (6 / 47)	100%	[+definido +humano] 29% (17 / 59) [+definido –humano] 10% (19 / 193)

El proceso lleva ventaja en el OD antepuesto, definido y de rasgo humano frente al OD pospuesto (v. tablas 10 y 11). El OD, por definición de baja topicalidad, presenta en la posposición porcentajes aún más bajos de duplicación, sobre todo en el español bonaerense (v. tabla 11. Los datos provienen de las tablas 1.5.4.1 y 1.6.2 Barrenechea Orecchia (ob. cit.).).

Tabla 11.
ESPAÑOL HABLADO BONAERENSE

	OI Antepuesto		OD Antepuesto		OI Pospuesto		OD Pospuesto	
	+dupl.	–dupl.	+dupl.	–dupl.	+dupl.	–dupl.	+dupl.	–dupl.
[+humano]	100%	0%	100%	0%	51,51%	48,48%	8,10%	91,89%
[–humano]	100%	0%	84,61%	15,38%	50%	50%	0,79%	99,20%
[+determinado]	100%	0%	96,96%	3,03%	45,71%	54,28%	2,70%	97,29%
[–determinado]	100%	0%	50%	50%	70%	30%	1,09%	98,90%

Dado que los dos estudios corresponden al mismo tipo de registro, sorprende un poco el comportamiento dispar que observamos en el proceso de gramaticalización del clítico pronominal, pero al mismo tiempo sabemos que la variable diastrática no es la misma: el grupo de hablantes argentino pertenece a un estrato sociocultural culto, mientras que el grupo de hablantes chileno pertenecería a un estrato sociocultural con escolaridad baja y media; y además hay una diferencia de catorce años entre los dos estudios, siendo más antiguo el del español de Buenos Aires. Lo cual es índice de que no sólo los factores de topicalidad juegan un rol en la evolución del fenómeno sino también el sociolecto y el cronolecto.

2.2.4. Recapitulación.
A la luz de la documentación que hemos presentado hasta ahora se observa que el fenómeno de la duplicación, el cual venimos registrando de forma regular tanto para el objeto directo como para el objeto indirecto, evoluciona –independientemente del tipo de objeto– de forma ascendente; presentando porcentajes más altos en la anteposición que en la posposición; más altos en las primeras personas del discurso que en la tercera; más altos para el objeto pronominal personal que para el objeto nominal. Tendencias que se han mantenido en el correr de los siglos mostrando siempre una curva más alta para el objeto indirecto que para el objeto directo. En la actualidad se registra que:

(i) la duplicación de objeto directo e indirecto es categórica en las primeras personas del discurso y que también es categórica en la tercera persona, siempre y cuando el objeto sea pronominal personal;

(ii) la duplicación es categórica en la anteposición para ambos objetos, si éste es de rasgo [+humano];

(iii) la duplicación del OI es categórica independientemente de su posición y de sus rasgo semánticos: [±humano], [±definido];

(iv) la gramaticalización alcanzada por el OI se registra primero en el registro conversacional, proceso que poco a poco irá abarcando otros registros;

(v) es un proceso gradual ascendente que se extiende no sólo a nivel de las personas del discurso y de la estructura oracional sino también a nivel del registro o del tipo de texto y no menos a nivel del estrato sociocultural;

(vi) es un proceso que muestra que el objeto indirecto alcanza la gramaticalización antes que el objeto directo, lo que es señal de que en la jerarquía de funciones sintácticas el OI es más prominente que el objeto directo y que ocupa el lugar inmediato después del sujeto:

SUJETO > OBJETO INDIRECTO > OBJETO DIRECTO

Este estadio, en el que el clítico pronominal, de acuerdo con nuestro supuesto, pasa a ser marca de referencia cruzada, es probablemente el paso anterior de dos usos innovativos que registra la lengua. Usos innovativos que son señal, por un lado, de que el proceso de gramaticalización del OI no sólo está ligado al fenómeno de la duplicación sino también a otros fenómenos afines y en estrecha relación con la duplicación y, por otro, como consecuencia de esto mismo, son usos que dejan ver la prominencia del OI frente al objeto directo. Estos fenómenos son el empleo del clítico de dativo OI *le* por *les* y la manifestación del plural del dativo OI *se* en el acusativo OD singular *lo / la* en las secuencias *se lo* y *se la* en estructuras ditransitivas.

2.2.5. Dos usos inovativos: le *por* les *y* se los / se las *por* se lo / se la.
«El dativo *le* por *les* está muy difundido por toda Hispanoamérica, igual que en España, sobre todo cuando anuncia o repite otra mención del objeto indirecto en la misma frase («*le* cambiaba el alpiste a los canarios», «¡a cuántas muchachas *le* habrá dicho usted eso!»). Por el contrario, cuando en la combinación *se lo, se la* va indicado por medio de *se* un objeto indirecto plural no reflexivo, es frecuente añadir una /-s/ al segundo pronombre para expresar la pluralidad a que se refiere el primero invariable: «eso pasó como *se los* digo a ustedes», «la advertencia *se las* hizo a todos (Kany 1976:140)». Lapesa (1981: 588).

Estos fenómenos, si bien registrados por los estudiosos –en algunos: ambos fenómenos, en otros: sólo el uso de *le* por *les* (v. *Esbozo* RAE 1973, Marcos Marín 1978, Kany 1976, Keniston 1937b, Lapesa 1981, Fernández Soriano 1999)– ninguno lo ha interpretado como una manifestación de un proceso de gramaticalización que deja ver en qué medida el OI en definitiva es más prominente que el objeto directo en nuestra lengua, excepto Company (1998, 2001). En la exposición de ambos tipos de innovación seguimos de cerca sus explicaciones.

2.2.5.1. Ausencia de concordancia de número.
La neutralización de la oposición de la categoría de número en la forma no marcada se ha registrado ya desde temprano: *Da* a los siervos *lo que* le *es neçesario* (Alfonso Martínez de Toledo, *Vidas de San Isidoro* 1438) (Cit. en Marcos Marín 1978). En el español normativo la regla es que el clítico de dativo concuerde en número con su antecedente; no obstante la lengua muestra que, sobretodo en la duplicación y «[f]rom Old Spanish till today a plural Dat–NP may be duplicated with a singular Dat-clitic. This lack of agreement, which was sporadic in Old Spanish, has notably increased its frequency, being nowadays a change in progress, having become the standard in many varieties of Modern Spanish (Soler 1992)» (Company 2001: 24).

La despronominalización «depronominalization» (Company, ob. cit.) se da en todo tipo de registros y con el rasgo semántico de [±humano].

Valgan a modo de ejemplo los siguientes casos a través de los tiempos. En el apéndice a este apartado se encuentra una lista de ejemplos registrados en nuestro corpus.

2.2.5.1.1 OI pospuesto al verbo.
  a. Dale*Ø a mis obras* el debido premio (siglo XV, apud Cuervo 1955: 347. Cit. en Company 2001).
  b. *LeØ* contaba *a las flores* lo que habían visto en África (Juan Ramón Jiménez: *Platero y yo*. Cit. en Keniston 1937b).
  c. sin dar*leØ* descanso *a las cabalgaduras* (Valle Inclán: *Sonata de Estío*. Cit. en Marcos Marín 1978).
  d. *LeØ* cambié la cara *a los vociferantes* (García Hortelano: *El Gran Momento de Mary Tribune*. Cit. en Marcos Marín 1978).
  e. no dar*leØ* importancia *a los detalles* (José Polo: *Ortografía y Ciencia del lenguaje*. Cit. en Marcos Marín 1978).
  f. Eso *leØ* pasa *a todos* (Cela: *San Camilo*. Cit. en Alarcos Llorach 1994).
  g. *LeØ* decía *a sus amigos* (Cela: *La colmena*. Cit. en Alarcos Llorach 1994).
  h. Ella sabe que me como el garbanzo remojado que *leØ* doy *a los puercos gordos* y el maíz seco que *leØ* doy *a los puercos flacos* (Juan Rulfo: *El llano en llamas*. Cit. en Alarcos Llorach 1994).
  i. Siempre *leØ* había tenido temor *a los temblores* de tierra (Carlos Fuentes: *Cristobal nonnato*. Cit. en Alarcos Llorach 1994).

2.2.5.1.2. OI antepuesto al verbo.
  a. *A cantidades bestiales de información leØ* sacamos todo el provecha posible (*LaJornada* newspaper. Cit. en Company 2001).
  b. Con frecuencia el original no incluía ilustraciones, en tanto que *a copias posteriores* se *leØ* ha añadido dibujos en los márgenes (*El Financiero*, newspaper. Cit. en Company 2001).
  c. *A algunos leØ* chispearon los ojos (Montiel: *Alma nuestra* 1922. Cit. en Kany 1976).

Como Company (2001: 25) bien dice «The lack of agreement is priviledged in the unmarked order with the Dat–NP following the verb [...]. When the Dat–NP is fronted, the agreement is usually preserved, although occasionally the lack of agreement is manifested», prueba de ello tenemos en los ejemplos antes mencionados, los ejemplos de nuestro propio corpus (v. apéndice) y en los resultados estadísticos de Huerta (*Presencia vs. ausencia de concordancia del OI duplicado en el español actual*. Unpublished Bachellor's thesis, México: UNAM 1999) cit. por Company (ob. cit.), quien muestra que –en un corpus de lenguaje escrito del español de México actual– el fenómeno se da en el 57% (189 / 333) en el OI pospuesto y en el 3% (5 / 163) en el OI antepuesto.

Este proceso de despronominalización «afecta exclusivamente a *le(s)*.» En los dialectos laístas no existe el uso de *la* por *las* en la función de OI (Fernández Soriano 1999: 1259): *Las dio el regalo a las niñas*; **La dio el regalo a las niñas*. Tampoco tenemos noticia de que se produzca en los dialectos loístas, esto es el uso de *lo* por *los* en la función de OI: *Los dijo a sus amigos que...*; **Lo dijo a sus amigos que...* . Esto requiere, por cierto, un estudio aparte.

Ahora bien, si la duplicación está ligada a la topicalidad, evolucionando a través de esta jerarquía y registrándose el proceso primero en OI de más alta topicalidad (OI antepuesto) para alcanzar luego al de menor topicalidad (OI pospuesto), la despronominalización afecta primero al OI de baja topicalidad para luego abarcar al de más alta topicalidad. Los datos muestran que el proceso de despronominalización afecta primero al OI en posición no marcada para abarcar lentamente al OI en la anteposición.

Se ha interpretado tradicionalmente la despronominalización como una manifestación del carácter «expletivo»[16] del dativo (del que se podría prescindir): más que tener una función pronominal es sólo anticipador «que anuncia o reproduce vagamente otro complemento más preciso», sin necesidad de especificar el número (v. Gili y Gaya 1975 [1943]: 232; Marcos Marín, 1978: 265; Fernández Soriano 1999:1259).

Estamos completamente de acuerdo con Company en que la ausencia de concordancia «means that the Dat-clitic is losing, or has already lost, its anaphoric pronominal status, evolving, via a reanalysis, into an object-verb agreement marker, as a kind of objective case affixed to the verb, anticipating or announcing that in that predicate there is or follows a prime object, the Dat.» (Company, ob. cit.: 25).

Las primeras manifestaciones de despronominalización se registran, según tenemos noticia, unos cuantos siglos después de las primeras manifestaciones de duplicación del OI, lo que da cabida a suponer que la despronominalización es un estadio más tardío dentro del proceso de gramaticalización del OI. Proceso que ha venido evolucionando a través de los siglos y que muestra que la función del clítico pronominal es objeto de reanálisis, de tal manera que de tener únicamente una función anafórica / deíctica pasa a ser sólo marca de función sintáctica, la que se expresa por medio de la referencia cruzada, esto es en forma analítica –a diferencia de

---

[16] El término proviene de Rini (Fernández Soriano 1999:1259).

la función de sujeto que se expresa en forma morfológica. En este estadio primario se sigue expresando morfológicamente la categoría de número: el clítico pronominal concuerda en número con el objeto indirecto nominal o pronominal, de la misma manera como los morfemas flexivos del verbo concuerdan en número con su sujeto nominal o pronominal. La incipiente despronominalización que observamos en la lengua actual correspondería al segundo estadio: el clítico pronominal de dativo, invariable de antemano en el género, conserva sólo la categoría no-marcada de número, esto es, singular, surgiendo una referencia cruzada funcional: el clítico de dativo = marca de función sintáctica.

2.2.5.2. Pluralidad del dativo en el clítico de acusativo.
En el apartado anterior veíamos en qué medida la categoría de número no marcada, esto es, el singular, empieza a ganar terreno en la lengua española tratándose del clítico de dativo OI. En este apartado nos vamos a ocupar de las estructuras oracionales ditransitivas en las que aparece un clítico de dativo siempre con un referente de plural ($2.^{da}$ persona *ustedes* o $3.^{era}$ persona *ellos*) y un clítico de acusativo siempre con un referente de singular, adosados al verbo en posición preverbal: Dat-AC-V (*se lo / la* V) o postverbal: V-DAT-AC (V *se lo / la*). En esta combinación el pronombre *le / les* aparece siempre en la forma *se* invariable en el género. En español estándar concuerdan con su referente, el dativo en número y el acusativo en género y número, no obstante en el uso se registra que el acusativo de referente singular viene a funcionar como huésped fonológico del dativo de referente plural al hacerse cargo de las propiedades morfológicas de éste:[17]

(i) el acusativo de referente singular lleva el plural del dativo: *Sé que es innecesario, porque así lo manda la ley, pero les ruego que voten con libertad,* se loS *imploro* (Mexican Spanish, *La Jornada* newspaper);

(ii) también puede ser portador del género, además del número, del referente del dativo: *Si ellas me quieren comprar el caballo, yo se* LAS *venderé* (apud Lope Blanch 1953);

(iii) incluso el dativo en su totalidad puede ocupar el lugar del clítico de acusativo: *El cesto se* LES *he regalado a unos chicos* (apud Gili y Gaya 1961: 234); *El uniforme ya se* LES *he comprado* (apud Llorente 1980: 23).

Esta pronominalización innovativa, que se observa en el español de América y en algunas áreas del español peninsular, registra los primeros

---

[17] La descripción del fenómeno y los ejemplos se los debemos a Company (1998 y 2001).

2. El objeto indirecto y los procesos de gramaticalización

casos a comienzos del s. XIX (Company 2001). Kany (1976: 141) dice al respecto «puede hallarse ocasionalmente en España, pero evidentemente es raro; Cuervo (1954 [1847]: § 356) menciona su presencia en «libros españoles desaliñados»; Gili y Gaya (1975 [1943]) registra para Aragón: *ya se les [=los] he dicho* por *ya se lo he dicho*, agregando que «[e]n el español de América [...] prospera abundantemente en numerosas regiones. En determinadas zonas americanas constituye un uso popular; en otras es general incluso entre la gente culta y en estilo literario.» (ob. cit.: 208). En la actualidad en el español de América es un uso normal en algunas áreas a juzgar por los resultados estadísticos de un corpus de lengua culta: Buenos Aires: 67% (10 / 5); la ciudad de México: 76% (13 / 4); Santiago de Chile: 53% (9 / 8) y en otras o no se registra como en Lima o el porcentaje es más bien bajo: Caracas: 25% (6 / 18) (Company 1998).

Tradicionalmente se ha explicado que la situación en (i) más arriba, se debe a la ambigüedad en la referencia de la categoría de número que el clítico de dativo OI *se* presenta. Esta opacidad de la forma *se* invariable en el número –la que además es invariable en el género– lleva al hablante a precisar el número trasladando la marca de pluralidad al único candidato morfológicamente posible que pueda cargar con el plural del dativo: el clítico de acusativo objeto directo que lo acompaña. La realidad es que el hablante hace uso de éste mecanismo no sólo en los casos de ambigüedad –dice Company (ob. cit.)– sino también en aquellos en que no cabe duda en absoluto de la pluralidad de *se*: *Se loS conté a mis hermanas y lo creyeron a pie juntillas* (México, *Habla culta*) (ibid.).

Como bien dice Company (ibid.), la explicación al uso de *se los – se las* por *se lo – se la*, formas hoy en día casi completamente lexicalizadas, que funcionan como un pronombre simple –además de los usos en que el acusativo no sólo carga con el plural de dativo OI sino también con el género (ii), e incluso le cede completamente el paso al dativo (iii)– hay que encontrarla no sólo en razones formales [el clítico invariable de dativo *se* es el único pronombre átono del paradigma no transparente en cuanto al número y género del referente, además de ser homónimo con el reflexivo *se* por cambios morfofonémicos], como tradicionalmente se ha hecho, sino también en razones semántico-pragmáticas y hay que analizarlas como la consecuencia del cambio lingüístico y no como una explicación en sí misma.

La secuencia normativa *se lo – se la* presenta una situación gramatical contradictoria en la medida en que el participante con más alto estatus semántico: el dativo objeto indirecto –prototípicamente de rasgo humano, por lo general el Receptor, Beneficiario o Experimentante del evento, «[s]o they are in some degree active, volitional and energetic, they have some initiative capacity; the feature associated with many of them is that of 'humanity', usually a conscious human participant» (ibid.)– goza de menos elaboración morfológica (al menos no se expresa en forma explícita) que el participante semánticamente menos prominente: el acusativo objeto directo –prototípicamente de rasgo inanimado, en otra palabras, entidades inanimadas, objetos o conceptos abstractos afectados por la acción del verbo, que normalmente no gozan de energía, voluntad y usualmente son objeto de cambio. El dativo, dada sus propiedades semánticas, es cognitivamente más prominente que el acusativo, lo que trae consigo que el uno esté opuesto al otro. «DATs are most relevant to the scene described by the event and are always situated higher than the ACCs in animacy, topicality and semantic role hierarchies» (ibid.). Esta situación trae consigo que el hablante se incline por manifestar en forma expresa los rasgos morfológicos de la entidad más importante, mostrando así el dativo su prominencia a costa del acusativo. «In my opinion, with this new pronominalization *se los – se las*, the speaker is indicating the higher prominence of dative referents over accusative ones, manifesting his own evaluation of linguistic forms» (ibid.).

2.3. Conclusión: la referencia cruzada del OI como cambio lingüístico a largo plazo

El proceso de gramaticalización del clítico pronominal no ha llegado al final del «cline», como es el caso del sujeto, pero la evolución del fenómeno de la duplicación en el correr de más o menos mil años es prueba de que estamos ante un proceso irreversible motivado por la necesidad de una forma de expresión unitaria, esto es, la codificación de las relaciones gramaticales de manera uniforme, dicho en otras palabras, un proceso de adecuación del sistema al tipo de lengua.

Desde el punto de vista tipológico, el objeto indirecto –lo mismo que el sujeto y a diferencia del objeto directo– es de rasgo humano y definido, lo cual lo hace candidato primero a alcanzar la gramaticalización. Los resultados de los estudios anteriores y nuestros resultados (v. cap. 3) son prueba fehaciente de que es esta relación gramatical la que puede, tal vez, llegar a ser codificada por medio de un morfema flexivo de la misma manera que el sujeto y, de acuerdo a la jerarquía de funciones sintácticas: Sujeto > Objeto Indirecto > Objeto Directo, antes que el objeto directo.

A la luz de los datos que hemos presentado en este capítulo, no cabe duda de que la evolución de la referencia cruzada del objeto indirecto por medio del clítico pronominal es un fenómeno de «drift» (Andersen 1990), es decir, un fenómeno de la historia de la lengua que comprende cambios lingüísticos a largo plazo, cambios que una lengua puede tardar cientos de

2. El objeto indirecto y los procesos de gramaticalización

años en desarrollar, cambios lingüísticos de los que muchas generaciones son partícipes. En este proceso de cambio, cada paso es una innovación y es a través de innumerables actos individuales de innovación, de aceptación, adopción y adquisición que la innovación se generaliza. Cada acto innovativo es producto del reanálisis y cuando el uso innovativo se generaliza en la comunidad a través de repetidos ciclos que comprenden nuevos actos de reanálisis, actualización y adopción, que nuevamente se adoptan y actualizan por los hablantes de la comunidad –la presencia obligatoria del clítico pronominal– se puede hablar de gramaticalización de la referencia cruzada del OI con la ayuda del clítico pronominal, que en definitiva es la actualización del cambio lingüístico a largo plazo.

La lengua española, una lengua «pro drop», en algún momento generaliza esta característica para que también comprenda el objeto indirecto y el objeto directo, de acuerdo a la jerarquía de funciones sintácticas. Este análisis del tipo de lengua –que se ve primero en los contextos no marcados– ha sido actualizado a través de los siglos en un proceso evolutivo, a grandes rasgos:

(i) en unidades con alto grado de animacidad (jerarquía de persona y animacidad)

(ii) en unidades con alto grado de topicalidad (orden de los constituyentes)

(iii) en estructuras transitivas completas (objeto directo referencial, v.§ 3.2.4)

(iv) en los registros hablados / conversacionales (tipo de registro)

(v) en los registros no formales (tipo de registro)

(vi) en las generaciones más jóvenes (cronolecto)

(vii) en los contextos socioculturales populares (sociolecto)

Este proceso global evolutivo está conjugado con el cambio de marca, motivado por una serie de factores pragmáticos. Por ejemplo, se ha visto que:

(i) la duplicación se hace presente primero como un uso pleonástico del clítico pronominal, el que tenía la función de señalar un uso no enfático del tónico pronominal pospuesto al verbo. El clítico pronominal pleonástico es reanalizado y pasa a ser un elemento obligatorio de referencia cruzada y el pronombre tónico una «reduplicación enfática»

(ii) el OI antepuesto en sus comienzos era una dislocación a la izquierda y el clítico pronominal era marca del límite de la oración y sólo tenía función anafórica. Más tarde la unidad dislocada es reinterpretada formando parte de la estructura oracional, pasando así el clítico pronominal a ser marca de referencia cruzada con el OI. El clítico pronominal, en sus comienzos anunciador del OI, también es reinterpretado pasando a ser marca de referencia cruzada.

Si bien la gramaticalización evolutiva de la referencia cruzada del OI ha tenido lugar tanto en el español peninsular –que es en donde, por razones obvias, se registran sus comienzos– como en el español de América, es en el español de América en donde la actualización del proceso ha llegado más lejos (v. cap. 3).

En este capítulo hemos visto la evolución de la referencia cruzada desde sus comienzos hasta la primera mitad del s. XX en el español peninsular. En el cap. 3 vamos a concentrarnos en la evolución de este fenómeno poniendo especial atención en la segunda mitad del s. XX. La actualización del proceso se verá tanto en el español peninsular como en el español de América, tomando en cuenta no sólo los factores internos –cambio evolutivo– que motivan el cambio sino también los factores externos, producto de una motivación pragmática (Andersen 2001a: 33-34).

2.4. Apéndice al § 2.2.4.1

La despronominalización tendría su comienzo, a la luz de nuestros ejemplos y de los citados anteriormente, como todo otro cambio lingüístico evolutivo, primero en los contextos no marcados: en la posposición; en los registros conversacionales / coloquial; en los niveles populares; lenguaje periodístico frente a prosa narrativa o prosa académica; con los verbos de alta frecuencia:

(i) de 22 ejemplos en sólo dos registramos la despronominalización cuando el OI está en anteposición;

(ii) cuatro ejemplos provienen de la prosa narrativa y académica;

(iii) todos los ejemplos del registro conversacional provienen del nivel popular;

(iv) diez ejemplos provienen del lenguaje periodístico (principalmente entrevistas de los registros orales y escritos), uno sólo de la prosa académica;

(v) los verbos que registramos son principalmente: *dar, decir, pasar, pegar, hacer.*

2.4.1. OI preverbal.

Pues al fin, la necesidad íntima de saber acerca de si el alma española sentía, *leØ* fue más directa e inmediatamente revelada *a los artistas que a los*

2. El objeto indirecto y los procesos de gramaticalización

pensadores, aunque los nombres de Ortega y Unamuno nos muestran una obra gigantesca pero aislada. (María Zambrano: *Pensamiento y poesía en la vida española* 1939).

Las paseantes *leØ* sonríen con la condescendencia debida *a los viejos galantes*, decidores de requiebros finos, que las consuelan de tanta moderna guaranguería. (M. E. Walsh: *Novios de antaño* 1990).

Es que cada una de vosotras hace un mundo de algo que *leØ* pasa *a todas* por igual. (Rico Godoy: *Cómo ser una mujer* 1990).

Los chiquillos se creen muy sabios porque uno es nuevo y se secretean y se ríen, pero Javier *leØ* pegó *a dos* y ahora no se ríen tanto. (Marcela Paz: *Papelucho* 1982 [1947]).

Claro, y *leØ* dejamos *a mis padres* aquí el muerto. (Teatro moderno: ¡*Catacroc*!).

El Hombre 3, sin entender demasiado lo que ocurre, saca su pistola y *leØ* indica *a los chicos* con un gesto que levanten el sofá. (Teatro moderno: ¡*Catacroc*!).

Y le guardaba una piara de ovejas, al pastor, y le daba dos reales, o le daba un vaso de leche, entonces era muy poco dinero lo que *leØ* daban *a los chiquillos*. (Cuentos populares andaluces: *Juanillo el embustero* 1994 [1986]).

Pues la Feria, mira, primero *leØ* he hecho *a los niños* una blusita de chulito y los he vestido a los dos de chulos, y he ido el jueves el primer día; me los he llevado a los dos a la Feria. (Encuestas del habla urbana de Sevilla. Nivel popular 1987 [1984-1986]).

Entonces pues cuentan problemas graciosísimos, ¿no?, no problemas sino circunstancias que *leØ* ocurren *a ellos* una jartá de graciosas. Que si sus ... sus problemas de ... de ...tienen hecho como una especie de comité, ¿no?, y entonces se juntan tres o cuatro ... . (Encuestas del habla urbana de Sevilla. Nivel popular 1987 [1984-1986]).

¿Y qué piensas de la libertad que hay que *darleØ a los hijos?*. Libertad hay que darle toda la que se pueda pero siempre que ... que no se pasen. (Encuestas del habla urbana de Sevilla. Nivel popular 1987 [1984-1986])

Ahora están que no saben qué hacer, se lían, se suben por lo alto del sofá, la ropa de la camilla tiran de ella, *leØ* pegan *a los abuelos*, me tiran lo que [...] (Encuestas del habla urbana de Sevilla. Nivel popular 1987 [1984-1986])

Lo único que *leØ* dije *a los empresarios* ustedes están molestos por la ley de evasión tributaria. (Lagos en Radio Cooperativa: *Habla el presidente* 2001).

Ya no funciona eso, porque el lector desertó y, cuando los editores notaron que caían en picado, cuando el público no *leØ* hacía caso *a esos críticos*, ese sector, digamos esa escuela de mandarines, perdió toda credibilidad en la vida literaria española. (CAM16.12-11-95).

¿Qué consejos *leØ* daría *a los políticos* para que mejoraran esta ética que tanto critica? (CAM16.07-24-95).

Porque en León representa el 40 por ciento de la economía y porque desde la Administración central se *leØ* está dando un tratamiento desigual *a otras comunidades*, como Asturias. (CAM16.7-5-90).

Porque yo *leØ* pido *a los españoles* que en un ejercicio de madurez democrática perdonen mucho menos a los políticos, sean quienes sean. (CAM16.12-11-95).

En el caso de Missing, se le ocurrió que la película podía dar*leØ* un empujoncito *a las fuerzas de la oposición* y contribuir a la caída de Pinochet. (CAM16.9-4-90).

Cosa que no quiere decir que Europa *leØ* dé la espalda *a sus propios pueblos*. (TIE.01-01-90).

Eso es lo que me permitió decir*leØ a los hombres de la perestroika*, cuando pretendieron en el año 1988 enseñarme la nueva buena, que esas cosas yo las hacía y las practicaba desde hacía años. (CAM16.16-7-90).

Eso *leØ* pasa *a todos los personajes públicos*. (TIE.01-09-95).

2.4.2. OI postverbal.

En consecuencia, *a los jóvenes más necesitados leØ* estamos dando beca para que lleven una ayuda a su casa a través de la beca, pero ellos sigan estudiando. (Lagos en Radio Cooperativa: *Habla el presidente* 2001).

Y qué te gusta más la Feria por la mañana, de noche, por la tarde?. Porque bueno, yo he visto ya gente que le gusta ... *a unos leØ* gusta más la mañana, a otros la tarde y no sé, ¿no?, qué es lo que más te gusta a ti, y ... y ¿por qué?. (Encuestas del habla urbana de Sevilla. Nivel popular 1987 [1984-1986])

3.
Gramaticalización del objeto indirecto en el español actual

> The essence of language is human activity [...] we shall never be able to understand what language is and how it develops if we do not continually take into consideration first and foremost the activity of speaking and hearing [...].(Otto Jespersen, *The philosophy of grammar*, 1924: 17)

3.0 Introducción

En el capítulo anterior se ha visto la evolución que ha llevado el proceso de gramaticalización del objeto indirecto (OI) desde el s. XII hasta la primera mitad del s. XX en el español peninsular. En este capítulo se verá la actualización del reanálisis del clítico pronominal –en sus comienzos con función anafórica– como marca de referencia cruzada con la unidad que tiene la función de objeto indirecto. Para este propósito se analizan los resultados que arroja nuestra base de datos, en diferentes registros y a ambos lados del Atlántico. En el § 3.1 presentamos la composición y tratamiento del corpus; en el § 3.2 hacemos algunas observaciones en relación con (i) la posición del OI en estructuras transitivas e intransitivas, (ii) la referencia cruzada doble, (iii) las estructuras transitivas con objeto no referencial y OI; los resultados para el español actual se analizan en el § 3.3, en el § 3.3.1 el español peninsular y en el § 3.3.2 el español de América.

3.1. Composición y tratamiento del corpus

El corpus que sirve de base para la presente investigación está formado por una variada gama de textos. Se ha tratado, en lo posible, que estuvieran representados diferentes «registros» («registers», cf. Biber et al. 1998) dentro del lenguaje escrito y del lenguaje oral, y que los textos elegidos no sólo estuvieran geográficamente distribuidos, esto es que abarcaran textos ya del español peninsular ya del español de América, sino también que cubrieran, cronológicamente, desde fines del s. XIX a fines del s. XX. Dado que el objetivo de este trabajo no es hacer un estudio comparativo sistemático del fenómeno de la duplicación entre los diferentes registros y entre los diferentes dialectos, no hay una distribución paralela estricta del número de palabras ni de los diferentes registros en el material que analizamos. Porque está históricamente determinada la distinción entre español peninsular y español de América y porque tradicionalmente siempre se ha hecho énfasis en las diferencias que se registran entre las dos variedades del español, al tratar nuestro material nos apoyamos en la misma distinción, lo que nos va a permitir ver en qué medida se distinguen en cuanto a la evolución del fenómeno de la duplicación.

El corpus, que incluye aproximadamente 2.338.928 palabras, lo hemos agrupado de la siguiente manera:

(i) Conversación: comprende las *Encuestas del habla urbana de Sevilla*, de las cuales hemos analizado el *nivel popular* y el *nivel culto*.[1] Los informantes, de ambos sexos, representan tres generaciones; los del nivel culto están representados por hablantes con titulación superior; los del nivel popular por hablantes, algunos, con los estudios primarios completos; otros, con los estudios primarios incompletos; y un último grupo con el bachillerato o formación profesional alcanzados. Las *Encuestas del habla urbana de Sevilla* [en adelante: *Encuestas*] fueron grabas directamente y se llevaron a cabo en forma de conversación semidirigida. La transcripción de cada grabación, que se hizo en forma manual, es una transcripción ortográfica.[2] En cuanto al corpus para el español de América remitimos, por una parte, a los estudios de Silva Corvalán (1984) para el español de Santiago de Chile, cuyo corpus consiste en 29 conversaciones semidirigidas con hablantes de diferentes edades y de ambos sexos. Los hablantes tienen diferentes niveles de escolaridad: un grupo con tres o pocos años de escolaridad y otro con más de doce años de escolaridad. A juzgar por sus palabras, los hablantes no tienen estudios superiores; y, por otra parte, remitimos a los

---

[1] Encuestas del habla urbana de Sevilla –nivel culto: transcritas en 1973, publicadas en 1983. Encuestas del habla urbana de Sevilla –nivel popular: transcritas en 1984-1986, publicadas en 1987.

[2] Los ejemplos de este corpus se han copiado directamente de su fuente conservando los puntos suspensivos (sin corchetes que los encierren) que indican las pausas; tampoco se hace cambio o corrección algunos que adultere el texto original.

3. Gramaticalización del objeto indirecto en el español actual

estudios de Barrenechea et al. (1970) para el español de Buenos Aires, cuyo corpus fue tomado de las entrevistas registradas en cintas magnetofónicas para el «Proyecto de estudio coordinado de la norma lingüística culta de las principales ciudades de Iberoamérica y de la Península Ibérica»

(ii) Prensa: entrevistas de revistas, radio y televisión.
(iii) Discursos.
(iv) Ficción: comprende teatro, novelas, cuentos, cuentos infantiles y los *Cuentos populares andaluces*, estos últimos grabados y editados por Poul Rasmussen. Se trata de 54 cuentos que pertenecen a la tradición oral, cuya transcripción no es ni fonética ni fonológica; las pausas se marcan según su longitud por medio de una coma o un punto.[3]
(v) Prosa académica: comprende, entre otros, artículos, crónicas, ensayos, y conferencias.
(vi) Documentos oficiales: la Constitución Española de 1978; la Constitución política de la República de Chile (1980) y la Constitución de la Nación Argentina (1994).

De la tabla que se presenta a continuación se desprende la cantidad de palabras que comprenden los textos agrupados por tipo de registro tanto para el español peninsular como para el español americano –en el muestreo del español de América, Chile, Argentina, México, Colombia y Cuba están representados.

Tabla 1.
EL CORPUS

Tipo de registro	Español peninsular	Español de América	Total
Conversación	186.408	0[4]	186.408
Prensa: entrevistas	1.294.000	44.724	1.338.724
Discursos	0	37.144	37.144
Ficción	316.932	192.261	502.561
Prosa académica	117.401	93.027	211.904
Documentos oficiales	17.628	39.403	186.408
	1.932.369	406.559	2.338.928

De la referencia bibliográfica se desprende claramente cuál es la procedencia de los textos que componen el corpus. En todo caso una buena parte de

---

[3] *Cuentos populares andaluces*: grabados en 1986, publicados en 1994.
[4] La conversación está representada por los estudios de Silva Corvalán (1984) y de Barrenechea et al. (1970).

ellos se ha obtenido por medio de la red de Internet: Biblioteca Virtual Miguel de Cervantes Saavedra, Antología del Ensayo Ibero e Iberoamericano, Archipiélago, Yahoo-español, Literatura hispanoamericana, Literatura argentina contemporánea, Mundo Latino, El País Digital, Prensa Latina; otros provienen de la base de datos del departamento de Filología Románica de la Universidad de Copenhague y del corpus ENTREVIS de Kjær Jensen, departamento de Español de la Escuela de Comercio de Aarhus. ENTREVIS contiene las entrevistas con hablantes españoles de todo el año 1990 y de todo el año 1995, en dos semanarios madrileños: *Tiempo* y *Cambio 16*; los entrevistados, hablantes de ambos sexos y de todas edades, son políticos, ejecutivos, profesores, músicos, artistas, cantantes, actores y deportistas (v. Kjær Jensen 2001). Todos estos textos, almacenados en forma electrónica, dan, a primera vista, la posibilidad de que la búsqueda y cómputo y registro de los ejemplos se haga de una manera rápida y expedita. No podemos negar que el hecho de que los textos estuvieran almacenados electrónicamente facilitó en cierta medida nuestra tarea, sin embargo no la hizo mucho más rápida, dada la estructura del objeto indirecto léxico: un sintagma nominal introducido por la preposición *a*, estructura que, bien es sabido, también presenta un objeto directo (bajo ciertas circunstancias), un objeto preposicional o un adyacente circunstancial, lo cual nos hizo desechar los programas de tratamiento de texto para la obtención de datos y recurrir a una forma de trabajo semimanual. Los textos en los que se indica el número aproximado de palabras, han sido tratados en forma manual.

En cuanto a los criterios que empleamos para distinguir los diferentes tipos de registros, nos guiamos por el concepto de registro como lo usa Biber et al. (ob. cit.), quienes definen los registros de acuerdo a «their situations of use (considering their purpose, topic, setting, interactiveness, mode, etc.)». Biber et al. clasifican los textos de acuerdo a una escala que va desde la densidad informativa del texto al compromiso del que lo produce (escritor / hablante) lo que está estrechamente ligado al factor tiempo bajo el cual ha sido producido éste y en consecuencia su grado de elaboración. Esto corresponde a lo que Biber et al. han denominado «Involved versus informational production». Los *Documentos oficiales*,[5] la *Prosa académica*, y los *Editoriales de prensa*, textos todos elaborados y altamente informativos sobre una materia en particular, se encuentran en un extremo de la escala; en el otro extremo, se encuentran las CONVERSACIONES

---

[5] Seguimos la distinción de Biber et al. (ob. cit.): en versalita los registros orales y en cursiva los registros escritos.

(cara a cara o en forma telefónica) en que el texto se va produciendo en el acto y lo que interesa es la interacción comunicativa entre los participantes. Entre estos dos extremos se encuentran lo que denominan CONVERSACIÓN PÚBLICA, esto es entrevistas y paneles de discusión, las *Cartas privadas*, DISCURSOS y la *Ficción* en general, ya que comparten características de ambos extremos. Los diferentes tipos de discurso pueden ser de carácter narrativo y no narrativo. Entre los primeros se distinguen naturalmente la *Ficción* y como representantes del discurso no narrativo se encuentran todo tipo de registro que puede ser expositivo, descriptivo o conversacional, entre ellos los PROGRAMAS DE RADIO Y TELEVISIÓN, los *Documentos oficiales*, la *Prosa académica*. Entre los textos que pueden presentar rasgos de ambos, pero siempre más cercanos, por sus características, a los textos no narrativos, se cuentan las CONVERSACIONES (cara a cara o en forma telefónica), las *Cartas personales*, los *Reportajes de prensa*, los DISCURSOS, las *Biografías*. Estas clasificaciones no quieren decir que no sea posible que dentro de los diferentes tipos de texto no se puedan encontrar rasgos de diferentes registros, lo que muestra que la lengua varía de acuerdo con el propósito que tenemos al usarla en las diferentes situaciones de la comunicación. (ob. cit.). A modo de orientación transcribimos la figura 6.1 (ob. cit.: 152) que representa los diferentes registros de acuerdo a «Involved versus informational production» (figura I).

Figura I

(«Involved»)
	TELEPHONE CONVERSATIONS
35	FACE-TO-FACE CONVERSATIONS
30	
25	
20	*personal letters*
	PUBLIC CONVERSATIONS
15	
10	
5	
	PREPARED SPEECHES
0	
	General fiction
-5	
-10	*Press editorials*
-15	*Academic prose*
	Official documents

(«Informational production»)

Partiendo de la base de que los diferentes tipos de textos presentan en general diferentes características sintácticas que los define y que los diferentes tipos de texto gozan muchas veces de rasgos de diferentes registros (ob. cit.), es nuestro afán analizar en qué medida la ±duplicación está ligada al tipo de registro. Para lograr este propósito tratamos, en lo posible, de guiarnos por la oposición de dos términos: por un lado, los registros hablados (conversación, entrevistas públicas, discursos) y, por otro, los registros escritos (ficción, prosa académica, documentos oficiales); por un lado la conversación y por otro las entrevistas (conversación pública); por un lado los discursos y por otro las entrevistas; por un lado la narración oral (*Cuentos populares andaluces*) y por otro la narración escrita; por un lado la prosa académica y por otro los textos narrativos escritos; por un lado los documentos oficiales y por otro la prosa académica y así sucesivamente. Nuestro supuesto es que no sólo el tipo de registro desempeña un papel sino también el sociolecto y el cronolecto; estos aspectos también los analizamos aplicando el principio de oposición de dos términos. ¿En qué medida se diferencian el español peninsular del español de América? Nuestro supuesto es que el proceso lleva ventaja en el español de América, mas las diferencias no son tan grandes, lo que estaría indicando que no es el dialecto sino más bien el tipo de registro el factor más importante.

3.1.1. Tablas que reflejan los resultados.
En el cap. 2 hemos visto que, al aplicar la jerarquía de prioridades de persona y de animacidad para explicar la evolución del fenómeno de la duplicación, los rasgos que favorecen la innovación (V. cap. 2, § 2.1.2) son los de animado y de persona; también se ha visto que la innovación del OI en posición preverbal se ve favorecida. Aspectos que están, como es sabido, en estrecha relación con la topicalidad de la unidad en cuestión. Sin embargo, los aspectos antes mencionados no son los únicos que desempeñan un papel en el fenómeno que venimos describiendo. Nuestro supuesto es que otros factores morfosintácticos –el tipo de oración: principal / subordinada y las estructuras transitivas de objeto directo referencial y de objeto no referencial (v. § 3.2.4)– también tienen gran importancia. Vamos a demostrar que el fenómeno será más tardío en las oraciones subordinadas y en las estructuras transitivas de objeto no referencial (estructuras marcadas) que en las oraciones principales y estructuras transitivas de objeto referencial (estructuras no marcadas).

Para llevar a cabo el cómputo de los casos de OI (con y sin duplicación / referencia cruzada) y en los diferentes registros estudiados, se elaboró una tabla detallada que tomara en cuenta todos los criterios antes mencionados. En el apéndice a este capítulo (§ 3.5) se presenta, a modo de ejemplificación, una tabla detallada con los resultados que corresponden a una cala hecha en la base de datos del lenguaje periodístico del español peninsular ENTREVIS y, luego, se documentan –con ejemplos de nuestra base de datos– cada una de las estructuras oracionales descritas en las tablas. En este estudio, con el fin de hacer más asequibles los resultados, se optó por presentar una versión de las tablas que, sin ser detallada, comprendiera todos los factores estudiados. Al comentar la referencia cruzada del OI en estructuras marcadas, como por ejemplo las estructuras transitivas de objeto no referencial y las oraciones subordinadas, se presentan las tablas con todo el detalle correspondiente. Bajo OI de rasgo animado se registran los seres humanos y animales, además de, por ejemplo, la *Virgen*, *Dios*, el *demonio* y otros seres del universo de los cuentos maravillosos; entre los de rasgo inanimado se registran instituciones como por ejemplo *el Senado, el Estado, los Tribunales, la Corona, el Gobierno, Las Cortes*, etc., es decir colectivos de diferente naturaleza.

3.2. Observaciones preliminares

En lo que sigue vamos hacer algunas observaciones que muestran que en la lengua española no es la posición del segundo argumento respecto a la posición del tercer argumento lo que es regla de expresión de la función sintáctica de cada uno de ellos. En la lengua española la regla de expresión del objeto indirecto, además del caso preposicional y en algunos casos la posición preverbal –como lo comentamos más abajo– es el caso, es decir, la marca de función junto al verbo por medio de un clítico pronominal, por regla general de caso dativo.

Además de comentar la posición del objeto indirecto en estructuras transitivas –el objeto directo e indirecto pospuestos al verbo– vamos a comentar estructuras oracionales en que el objeto directo y el verbo entran en estrecha cohesión formando un predicado verbal complejo, nos referimos al proceso que en inglés se denomina «incorporation»[6] y que en lo sucesivo vamos a denominar «incorporación». A medida que iba avanzando el cómputo de los ejemplos, se podía observar que había una relación estrecha entre la incorporación y la referencia cruzada del objeto indirecto; las estructuras di-transitivas de predicado complejo dejaban ver una marcada tendencia a la no-duplicación de éste.

---

[6] Masullo (1992 *Incorporation and Case Theory in Spanish. A Crosslinguistic Perspective* (tesis doctoral); cit en Gutiérrez Ordóñez 1999) emplea el término «incorporación» para explicar la alternancia entre complementos de diferente naturaleza y las construcciones de dativo, como un fenómeno de elevación de estos complementos que se incorporan a la dependencia del verbo bajo la forma de «complemento indirecto».

También se pudo comprobar, al hacer el cómputo de los datos, que nuestra lengua muestra casos de referencia cruzada doble, es decir, referencia cruzada de objeto directo y de objeto indirecto en la misma estructura oracional; a esta particularidad también le dejamos un espacio en los apartados que siguen.

No nos ocuparemos con mayor detenimiento de todos los aspectos que sería necesario abarcar para dar una visión más completa de los temas recién planteados, por un lado, por cuestión de tiempo y, por otro, porque nos llevaría a abarcar temas que están fuera del objetivo central de este estudio: los procesos de gramaticalización del objeto indirecto; sin embargo hacemos algunos acercamientos a continuación, limitándonos a los aspectos que están en directa relación con el objetivo de este estudio.

3.2.1. Posición del objeto indirecto en estructuras transitivas.
En la lengua española, a primera vista, el orden de los constituyentes es bastante libre en la estructura oracional, y es así como en una estructura di-transitiva la posición del objeto indirecto respecto al objeto directo –ambos pospuestos al verbo: V OD OI y V OI OD– está condicionada, en los ejemplos que se dan a continuación, por factores pragmáticos; los ejemplos (1) y (2) presentan una estructura no marcada, en cambio en los ejemplos (1') y (2') el objeto indirecto adquiere un valor focal:

(1) La enfermera *le entrega* las radiografías *al paciente*.
(1') La enfermera *le entrega al paciente* las radiografías.
(2) Inmediatamente después *ofrece* un cigarrillo *a Carmen*.
(2') Inmediatamente después *ofrece a Carmen* un cigarrillo.

La pregunta que nos planteamos, al elaborar las tablas, fue si esto tenía influencia en una mayor o menor duplicación del objeto indirecto, pero a medida que avanzaba la investigación fuimos observando que la lengua mostraba una marcada tendencia a que si el argumento objeto –directo o indirecto– no era un término de primer orden (Lyons 1980, Dik 1997), no ocupaba la posición inmediatamente después del verbo. Esto concuerda con la tendencia general de las lenguas que muestra que cuanto más compleja es la unidad de que se trata, más a la derecha después del verbo se encuentra situada en la estructura oracional, como se puede ver en los ejemplos siguientes:

(3) [...] intentando llamar la atención de mi marido, que ahora *le* contaba algo muy interesante *a la guarrona, que asentía con la cabeza*. (Rico Godoy: *Cómo ser una mujer* 1990: 35)
(4) Podía haber*le* contado *al redactor jefe* un cuento chino igual que el de Ernesto. (Rico Godoy: *Cómo ser una mujer* 1990: 66)

3. Gramaticalización del objeto indirecto en el español actual

La lengua también muestra ejemplos como los siguientes, en que tanto el argumento objeto directo como el argumento objeto indirecto son unidades complejas con el mismo número de palabras. En los ejemplos (5) y (5') el argumento objeto indirecto ocupa la plaza no marcada de objeto, esto es la plaza inmediatamente después del verbo, en los ejemplos (6) y (6') se da la situación inversa:

(5) ¿Cómo *le* explicaría *a la madre de un hipotético soldado español* la necesidad patriótica de ir a ese conflicto? (CAM16.20-8-90)

(5') ¿Cómo explicaría a la madre de un hipotético soldado español la necesidad patriótica de ir a ese conflicto?

(6) ¿Cómo *le* explicaría la necesidad patriótica de ir a ese conflicto *a la madre de un hipotético soldado español*?

(6') ¿Cómo explicaría la necesidad patriótica de ir a ese conflicto *a la madre de un* hipotético soldado español?

La duplicación del objeto indirecto en los ejemplos (5) y (6), a diferencia de los ejemplos (5') y (6'), marca el alto grado de topicalidad de éste. La topicalidad del objeto indirecto, como lo vamos a ver en el cap. 5, está en estrecha relación con la perspectiva desde la cual se ve el estado de cosas. Por otro lado, como lo hemos mencionado en el cap. 1, la duplicación está, además, en estrecha relación con el grado de subjetividad con que se expresa el hablante; si éste expresa empatía con un participante del «estado de cosas» («State of Affaire», Dik 1997, TFG 1: cap. 5) como en los ejemplos (5) y (6) se da la duplicación, en cambio si el hablante se expresa en forma objetiva y distante, como en los ejemplos (5') y (6'), no se registra la duplicación del objeto indirecto.

Maldonado (1998, 2002. V. también cap. 1) define los dativos como objetivos y subjetivos, de acuerdo al grado de inclusión o exclusión del conceptualizador en el evento, de tal manera que la dativad se organiza en una escala de proximidad respecto de la acción verbal de la siguiente manera:

objeto indirecto > dativo de afectación > Benefactivo > dativo ético.

En cuanto a la ±duplicación dice que «the clitic establishes a stronger link between the indirect object and the agent as some entity is transferred. As the link becomes looser, the acceptability of omitting the clitic increases [...] There are, however, important differences in the way this linkage is viewed. In the presence of the clitic *le* not only does the transfer occur, but the dative-subject contact is unquestionable. In the absence of *le*, the speaker simply reports an observed transference event where the dative-theme contact is not profiled» (Maldonado 2002: 18-19).

No estamos en desacuerdo con Maldonado en sus planteamientos generales, pero sí lo estamos en las interpretaciones de cada ejemplo. No nos parece explicación satisfactoria decir que la presencia de *le* en el siguiente ejemplo por el citado: *sabe que su declinación le/O daría al foxismo la presidencia de la república* «would make the giving of the presidency irrefutable; the variant without *le* implies that the act of giving would be optional» (ibid.). Más adelante, sin embargo hace ver que «The lack of speaker commitment explains why in newspaper headlines as well as formal and reported speech there is a strong tendency to omit *le* despite the existence of well-defined participants» (ibid.). Nuestro punto de vista es que el fenómeno de la ±duplicación no se puede explicar sin tener a la vista la gama de factores que juegan un papel en este proceso y dentro de ellos encontramos recursos de carácter pragmático como la ±empatía (cap. 1, introducción). Este recurso pragmático, de la misma manera como lo hemos visto para el recurso pragmático de ±énfasis en el cap. 2, al generalizarse la duplicación pierde su valor retórico. Más adelante vamos a ver que es un recurso que se registra de preferencia en los registros que no son conversacionales.

Ahora bien, si hacemos un paralelo entre los ejemplos (5) - (5') y los ejemplos (6) - (6'), pensamos que la posición del objeto indirecto en la estructura oracional se debe a factores pragmáticos; en los dos últimos se trataría de información nueva, lo que concuerda con su posición tardía en la estructura oracional. Aunque estos factores pragmáticos –información nueva / información conocida– no se tratan más de cerca, puesto que ello rebasaría los marcos de esta investigación, los mencionamos aquí para indicar que la posición del objeto indirecto con respecto al objeto directo, pospuestos al verbo, estaría ligada a la información de la estructura oracional y no a la duplicación.

Hasta aquí hemos visto casos en que las unidades que cumplen la función de objeto directo y de objeto indirecto son unidades complejas y largas, pero ¿hay un orden fijo para el objeto directo y el objeto indirecto pospuesto en la estructura oracional, tratándose de términos de primer orden? y ¿tiene esto relevancia para la ±duplicación del objeto indirecto? La lengua muestra una marcada tendencia a que, siendo tanto el objeto directo como el objeto indirecto términos de primer orden, sea el objeto directo el que ocupa normalmente la plaza no marcada de objeto, esto es la posición inmediatamente después del verbo, como se desprende de los ejemplos (7), (8), (9), (10) y (11) y que al ocupar el objeto indirecto la posición no marcada, adquiera éste un carácter focal (7'), (8'), (9'), (10') y (11'):

3. Gramaticalización del objeto indirecto en el español actual

(7)   Le dio el libro *a Joaquín*
(7') Le dio *a Joaquín* el libro
(8)   Le trajo un cenicero *a María*
(8') Le trajo *a María* un cenicero
(9)   Le lavé los dientes *a Joaquín*
(9') Le lavé *a Joaquín* los dientes
(10) ¿*Le* pusiste el candado *a la puerta*?
(10') ¿*Le* pusiste *a la puerta* el candado?
(11) Le saca las hojas secas *al gomero*
(11') Le saca *al gomero* las hojas secas

Nuestra observación se limita a estructuras simples en que el verbo es de transferencia como en (7), a estructuras en que el objeto indirecto tiene la función semántica (Dik 1997, TFG 1: § 5.3) de Benefactivo como en (8) o el objeto indirecto es el Poseedor como en (9) o el objeto indirecto tiene la función semántica de Dirección como en (10) o la de Fuente como en (11). Ahora si nos preguntamos qué determina este comportamiento, podemos intentar dar la siguiente explicación: la lengua española parece mostrar que es normalmente el argumento primordial el que ocupa la plaza inmediatamente después del verbo, esto es el «argumento fundamental» (Herslund y Sørensen 1996. V. también cap. 4 § 4.1), esto independientemente de si hay duplicación del objeto indirecto o no, es decir, de su grado de topicalidad o la ±empatía del hablante.

En resumidas cuentas, a la luz de la documentación presentada, no podemos decir que la duplicación sólo esté ligada a la posición del objeto —sea directo o indirecto— pero sí podemos decir:

(i)   que la posición del objeto —sea directo o indirecto— está condicionada a la complejidad del término que llena una u otra función;

(ii) que comportando la misma complejidad, la posición del objeto directo e indirecto estaría ligada a la estructura de la información («information structure»);

(iii) que tratándose de términos de primer orden, la tendencia del orden oracional es V OD OI y, si el objeto indirecto está en posición focal, es: V OI OD;

(iv) que las consideraciones anteriores son válidas independientemente de la función semántica del objeto indirecto y del grado de topicalidad de éste.

3.2.2. Posición del objeto indirecto en estructuras intransitivas.

La lengua muestra una marcada tendencia a que en estructuras transitivas el objeto indirecto vaya pospuesto al verbo; en cambio en estructuras intransitivas la tendencia es que vaya antepuesto a éste. Al hacer una cala en el corpus de lenguaje periodístico del español peninsular, observamos que un 74% de los ejemplos de estructura transitiva se registran en posición postverbal, mientras que sólo un 26% se registran en posición preverbal si el verbo es *decir* (tabla 2); en cambio, tratándose de estructuras intransitivas, si el verbo es *gustar* (tabla 3) la anteposición es más frecuente (82%) que la posposición (18%) del objeto indirecto. Dicho sea de paso que los verbos *gustar* y *decir* se registran entre los verbos de alta frecuencia en lenguaje no-formal:

Tabla 2.
POSICIÓN DEL OI EN ESTRUCTURA TRANSITIVA

Decir	OI pospuesto	OI antepuesto	Total
con duplicación	30	16	46
sin duplicación	15	0	15
Total	45 (74%)	16 (26%)	61

Tabla 3.
POSICIÓN DEL OI EN ESTRUCTURA INTRANSITIVA

Gustar	OI pospuesto	OI antepuesto	Total
con duplicación	8	55	63
sin duplicación	4	1	5
Total	12 (18%)	56 (82%)	68

Al intentar dar una explicación a este comportamiento, observamos que hay diferentes factores que están en relación con éste. En primer lugar no se puede dejar de ver la marcada tendencia a que el OI sea de carácter humano, rasgo que caracteriza también, en general, al sujeto y, en segundo lugar, que la posición prototípica del sujeto es preverbal. Otros estudiosos han observado ya –en el momento de determinar la continuidad / discontinuidad del «topic»– que tratándose del verbo *gustar* el «topic» es el dativo –«In this case dative is semantically very much like a subject, and in fact in these constructions (and in others similar) dative ranks higher than the grammatical subject, in terms of animacy» (Bentivoglio 1983: 268). Rini (1991: 273), por su parte, ha observado que en el español antiguo los verbos intransitivos van generalmente acompañados de un objeto prever-

3. Gramaticalización del objeto indirecto en el español actual

bal; en cambio con los transitivos la posición varía. «According to England: "The indirect object of an intransitive verb is much more likely to precede the verb than the indirect object of a transitive verb". He attributes this preverbal positioning to the thematic nature of the IO: "The most important factor in this difference between transitive and intransitive verbs is the frequent use of such verbs as *plazer* and *pesar* in contexts in which the emotional reaction indicated by the verb is rhematic, and the indirect object (the person whose emotional reaction is being described) is thematic [and therefore preposed]" (1983: 390)».

3.2.2.1. Los verbos del tipo «gustar».
Ahora bien, si observamos las estructuras intransitivas con verbos del tipo *gustar*, el sujeto, que normalmente es de carácter inanimado –y es el argumento fundamental de la misma manera que el objeto directo lo es en las estructuras transitivas– va pospuesto al verbo, en cambio el OI, normalmente de rasgo humano, se encuentra en la posición canónica del sujeto. Al examinar más de cerca los ejemplos con el verbo *gustar*, podemos observar que el OI va antepuesto al verbo cuando el sujeto no es un término de primer orden, es decir cuando es una unidad compleja (12), a menos que el sujeto sea foco de la estructura oracional (12'). De la misma manera si el OI es un pronombre relativo o interrogativo como en el ejemplo (13) o si el OI y el sujeto son entidades de primer orden, la tendencia es que la unidad de rasgo humano vaya preverbal como se desprende de (14) y (14'). Pareciera que el rasgo humano es el que prima aún estando el OI y el sujeto en posición preverbal como se ve en el ejemplo (14'') –el orden de los constituyentes es objeto indirecto, sujeto, verbo. El OI va pospuesto al verbo si es una unidad compleja como en (15). En resumidas cuentas, el OI en estas estructuras se asemeja al sujeto: entidad de rasgo humano, lo que trae consigo su anteposición al verbo, además de ser, normalmente un término de primer orden, por lo tanto no complejo, lo que también concuerda con las características de un sujeto prototípico, de tal manera que la posposición de éste se podría decir que se considera marcada. De nuestro corpus se desprende que los otros verbos del tipo *gustar* muestran un comportamiento semejante al bosquejado anteriormente. Todas estas observaciones están ligadas a la estructura de la información y al orden de los constituyentes, determinado éste por la complejidad de las unidades que desempeñan las diferentes funciones en la estructura oracional, temas estos que en este estudio no podemos abordar con más detenimiento.

(12) Dicen que *a su madre le hubiese gustado* que se mantuviera al margen de cualquier candidatura. (CAM16.02-20-95)

(12') Es obvio que mantener con firmeza una postura de tolerancia no *le está gustando a todo el mundo* (TIE. 10-30-95)

(13) Todo lo que puede pedir alguien *al que le guste* la radio. (CAM16.01-16-95)

(14) Pero es que *a mí me gustan* sus producciones y *a él le gustan* mis películas. (TIE.07-31-95)

(14') En mi casa *a nadie le gustaba* la literatura; lo único que leía mi padre eran libros técnicos relacionados con su profesión. (TIE.06-12-95)

(14") *Al niño y al adolescente* lo que *le gusta* es hacer y no dejar de hacer. (TIE.12-25-95)

(15) Pero, en el fondo, no me importa tanto que lo vea mucha gente, sino que *le guste a la gente* que lo ve. (CAM16. 02-06-95)

En relación con el paralelo que hemos hecho entre el OI y la función de sujeto, queremos hacer una reflexión sobre ejemplos de OI sin marca de función, esto es sin la preposición *a*, que muestra nuestro corpus. Se trata del pronombre relativo *que* en la función de OI como se desprende de los siguientes ejemplos:

(16) La música clásica, pues, me gusta bastante, también. Cine, poco, a mí el cine me gusta poco, de tal forma que la persona *que le guste* el cine y hable conmigo ... . O sea, que no me gusta el cine. (Encuestas. Nivel culto, primera generación)

(16') Soy una directora *que le gusta* trabajar en colectivo con la gente que forma parte del equipo, para que ellos mismos puedan moverse con libertad. (CAM16.19-11-90)

Es sabido que en las lenguas el pronombre relativo marca alto grado de topicalidad (Comrie 1989, Kuno 1976) –rasgo que concuerda con las características del sujeto– lo que nos ha llevado a pensar que el hablante, tal vez por analogía con el sujeto, deja de hacer uso de esta marca de función. En nuestro corpus hemos encontrado, incluso, ejemplos de OI sin marca de función con otros verbos, como lo podemos apreciar en (17), en que el OI muestra un alto grado de topicalidad, y en el ejemplo (17'), e incluso ejemplos en que se antepone la forma personal de sujeto como en (18).

(17) Eso pasó una vez, a una chica que era alérgica a un tipo de mascarilla y la confundieron, y *la pobre se le puso* toda la cara roja, y tuvo que estar allí una hora con otras cremas y otras cosas. (Encuestas. Nivel popular, primera generación)

(17') Un periodista de raza es una mentira prefabricada que se ha construido la gente *que no le interesa ni le apetece* ir a las ocho a casa. (CAM16.12-11-95)

3. Gramaticalización del objeto indirecto en el español actual

(18) Yo que sé, la Feria de Sevilla, *yo me parece a mí* que ... que más que nada es ... lo que piensan lo que ... lo que no solamente el sevillano de ella, no?, (Encuestas. Nivel popular, primera generación)

Los ejemplos sin marca de función se registran en la lengua de corte hablado y se trata de pocos ejemplos, pero, quizás sean un indicio de que hay un proceso de gramaticalización en marcha, esto es un proceso de reanálisis, es decir de una reinterpretación del OI como sujeto de la estructura oracional con verbos del tipo *gustar*. Es lo que ha sucedido en las lenguas germánicas (Harris y Campbell 1995).

De los resultados que se desprenden de la tabla 5, podemos observar que la no-duplicación viene a ser una situación marcada, lo que indica un alto grado de gramaticalización del OI con el verbo *gustar*, al menos en el lenguaje periodístico. Como lo vamos a ver más adelante, resultados semejantes observamos sobre todo en el lenguaje periodístico y de corte hablado, no sólo con el verbo *gustar* sino con los de su mismo tipo, como por ejemplo: *agradar, apetecer, complacer, desagradar, encantar, fascinar, importar, incumbir, interesar, satisfacer*, por nombrar los más frecuentes de la base de datos con la que trabajamos. Los ejemplos (19) y (20) muestran que el hablante marca la objetividad y distancia con que se expresa respecto al estado de cosas expresado en la predicación por medio de la no-duplicación del objeto indirecto.

(19) En la primera emisión, de la que está muy satisfecha, hizo una entrevista osada al entrenador del Real Madrid, Jorge Valdano, que, reconoce, *a unos ha gustado y a otros horrorizado*. (CAM16.01-16-95)

(20) No, el tipo de cine que vamos a dar es el que *gusta a las masas*, el más comercial de todos y el de más calidad. (CAM16.30-7-90)

3.2.2.2. Los verbos del tipo «molestar».

Cuando se trata de verbos que tienen un esquema transitivo y uno intransitivo del tipo *molestar*, se registra una marcada tendencia a que el orden de los constituyentes con el esquema intransitivo sea OI V como se puede apreciar en los ejemplos (21), (22) y (23). La anteposición del OI se registra siempre y cuando no haya otros factores que lo impidan, como por ejemplo que el sujeto sea el foco de la estructura oracional, lo que trae consigo la anteposición del primer argumento, como en el ejemplo (24); mientras que con el esquema transitivo se registra normalmente el orden no-marcado de los constituyentes, esto es el objeto pospuesto al verbo: V OD, como se puede ver en los ejemplos (21'), (22'), (23') y (24'):

(21) Supongo que *a nadie le perjudica* hacer cursos, pero tienes que tener la materia prima ya en tu cabeza: el deseo de contar historias, el punto de vista, el poder de observación, eso o lo tienes, o nadie te lo enseña en ninguna escuela. (CAM16.11-13-95)

(21') Hay muchos datos escandalosos que llegan a otros periódicos, pero allí seguardan en cajones porque sus directores no se atreven a publicarlos o noquieren *perjudicar a sus amigos*. (CAM16.07-03-95)

(22) Armas Marcelo, *a muchos les sorprendió* su intervención tan optimista sobre el momento actual de España, contraria a las tesis del libro. (TIE.112-11-95)

(22') El amor necesita tiempo, mimo y cuidado porque de lo contrario cae endesencuentros y de ahí surgen los problemas. Hay que buscar días y noches especiales para *sorprender a tu pareja*. (TIE.07-03-95)

(23) Según ese análisis, *a los españoles no les molestan* del todo los dictadores.Todavía tenemos en nuestro país la fascinación por personajes más o menosiniestros tipo Fidel Castro, etcétera. Eso indica que *a la gente no es que lemolesten* las dictaduras, les molestan las dictaduras de derechas, las malas. (TIE.12-25-95)

(23') En los amigos se encuentra siempre lo mejor y se los ve en los buenosmomentos; los malos se deben pasar sola, sin *molestar a nadie*. (TIE.12-29- 95)

(24) ¿Qué futuro *le espera a la izquierda*? (TIE.02-13-95)

(24') Se limita a hacer anotaciones en un cuaderno, mientras *espera a otros dos personajes* que no llegan. (CAM16.11-20-95)

Como es sabido, el clítico pronominal no muestra distinción casual en las primeras personas; y en la tercera persona, habiendo distinción casual, a causa de los fenómenos de *leí*smo, *laí*smo y *loí*smo, no son un instrumento para determinar la función sintáctica que marcan. Sin embargo la lengua nos ofrece otros instrumentos fiables de expresión como son la posición y la ±duplicación.

El objeto indirecto tiende a la anteposición y se expresa —en el español actual— por medio de la referencia cruzada, en cambio el objeto directo va pospuesto al verbo y, normalmente, no se observa la duplicación de éste, a menos que se trate de un objeto pronominal personal o vaya antepuesto al verbo.

Por otro lado, la estructura transitiva se distingue de la intransitiva en que el primer argumento de la estructura transitiva tiene control sobre el estado de cosas y el segundo argumento es el argumento afectado por la acción del argumento Agente: se trata de un acto de voluntad. En cambio la estructura intransitiva expresa un estado de cosas no controlado. El primer argumento —sea de rasgo humano o no— no es agentivo y por lo

3. Gramaticalización del objeto indirecto en el español actual

tanto que no tiene control sobre la situación expresada por el verbo. Se le puede considerar un fenómeno que motiva un proceso que el segundo argumento siente, concibe, experimenta. El segundo argumento tiene, entonces, la función semántica de Paciente en la estructura transitiva, y el rol semántico de Experimentante en la estructura intransitiva (V. cap. 5, § 5.1.6). Ahora bien, recurriendo a los criterios anteriores, se puede asignar al segundo argumento la función de OI en los ejemplos (25) y (26) y la de objeto directo en los ejemplos (25') y (26'):

(25) ¿*Le molesta* que le digan que es el recambio de Aznar [...] o *le halaga*? [Continúaen (25')]

(25') Quienes hacen esos comentarios no buscan siempre halagar. Buscan *molestar aotros* más que *halagarme a mí*. (TIE.02-13-95)

(26) ¿No *le fastidia* tener que hacer el gracioso siempre? (CAM16.25-12-95)

(26') La verdad es que en el colegio siempre *me fastidiaban* porque me considerabanrarita. (TIE.12-25-95)

3.2.3. Referencia cruzada doble.

Como ya se ha visto en el capítulo anterior, la gramaticalización del objeto directo no ha llegado a los niveles de gramaticalización del objeto indirecto, sin embargo hay contextos en que también se puede hablar de un alto grado de gramaticalización del objeto directo: la duplicación de un objeto directo es categórica si se trata de un objeto directo pronominal personal, independientemente de la posición de éste con respecto al verbo; un objeto léxico +definido +determinado ±humano antepuesto al verbo exige la duplicación del objeto directo en forma casi categórica (cf. Silva Corvalán 1984, v. cap.2, § 2.2.3), lo mismo sucede tratándose de todo ya antepuesto ya pospuesto al verbo. Ahora bien, si el objeto directo también se expresa por medio de la referencia cruzada en algunos contextos, surge la interrogante de si en la lengua española es posible, en una misma estructura oracional, la referencia cruzada doble. Al hacer el cómputo de los ejemplos, pudimos constatar que la referencia cruzada doble si bien es posible, se restringe, en nuestra base de datos para el español peninsular, a los ejemplos a continuación. Obsérvese que la duplicación del objeto directo, cuando es *todo*, se da independiente de la posición de éste (27). En el ejemplo (28) se da la duplicación de objeto directo antepuesto al verbo, lo que concuerda con los factores que estadísticamente exigen su duplicación; en el ejemplo (29) se da también cuando el objeto directo es un pronombre relativo, rasgo de la lengua coloquial (v. Fernández Ramírez 1951: 210). Incluso, como se ve en los ejemplos (30), (31) y (32), se da la referencia cruzada doble en caso de posposición del objeto directo; se trata de objeto directo +determinado +definido.

(27) a. Y le dio todos los caramelitos, todas las cositas que llevaba, *todose lo entregó a la niña* (Cuentos populares andaluces: *La madreque mató a su hijo y lo guisó*) [OD oi od V OI]
   b. Yo, por lo menos, *a mí* un tío, que venga a buscar «pun, bun, bun,», y *me lo dé todo* de momento, (Encuestas. Nivel popular, primera generación) [OI oi od V OD]
   c. No, todo no. Yo *se lo dejo a mi madre todo*, pero que vamos [...].(Encuestas. Nivel popular, primera generación) [oi od V OI OD]
   d. Además, uno no puede ser responsable de aquello que ignore o delo que se entera cuando es ya tarde, y *a vos no os lo cuentan todo*. (Javier Marías, *Mañana en la batalla*) [OI oi od V OD]
(28) Por otro lado, como ella se pasa el día fuera de casa, luego *la bronca me la echa a mí* [...]. (Rico Godoy: *Cómo ser una mujer* 1990:130) [OD oi od V OI]
(29) [...] y puedo jurar que fue un trago *que no se lo deseo a ninguna madre*. (Rico Godoy: *Cómo ser una mujer* 1990: 73) [OD oi od V OI]
(30) La llevan a palacio, *se la presentan a sus padres, a Rosalinda*, el padre se volvióloco, de ver aquella niña, a una niña tan linda. (Cuentos populares andaluces: *El príncipe pavero*) [oi od V OI OD]
(31) Llegó ella a su casa, y cerró la puerta, le pilló la cabeza, al gigante, y apretó apretó y *se la cortó, la cabeza al gigante*. (Cuentos populares andaluces: *La niña y los siete hermanitos*) [oi od V OD OI]
(32) ¿Por qué?, ¿qué ... qué te parece la Semana Santa?, ¿cómo *se la contarías tú la Semana Santa a alguien* que no ... que no la haya visto nunca?. (Encuestas. Nivel popular, primera generación) [oi od V OD OI]

Construcciones del mismo tipo también se registran en el español de América, lo cual es indicio de que no es un fenómeno dialectal sino que abarca la lengua española en general (33) y (34).

(33) Y *a mí todo esto me lo están contando*, pero como si lo estuviera viendo alWellington frente a Napoleón en esa película que se llamó «Waterloo» y, creo,salía el Orson Wells y al Napoleón lo derrotaban por culpa de un dolor de panza.(Subcomandante Marcos: *Cartas*)[OI OD oi od V]
(34) Ese conflicto es irremediable, y *eso se lo dijimos a Fox*. (Subcomandante Marcos: *La entrevista insólita*) [OD oi od OI]

De los ejemplos anteriores se desprende que la referencia cruzada doble, aunque se registra de preferencia en los textos de corte oral, también la encontramos en la prosa narrativa y no sólo la prosa narrativa del español actual sino también en la de mediados de siglo: *Don Leonardo Meléndez debe seis mil duros a Segundo Segura, el limpia. El limpia, que es un grullo raquítico y entumecido, estuvo ahorrando durante un montón de años para*

3. Gramaticalización del objeto indirecto en el español actual

*después prestár*selo todo a don Leonardo (Cela: *La Colmena* 1950: 10. Cit. en Vázquez Rozas 1995: 100).

Nos parece oportuno recordar aquí que en el proceso de gramaticalización de las funciones centrales objeto indirecto y objeto directo, el objeto indirecto va más adelante que el objeto directo en el proceso, en concordancia con la jerarquía de funciones sintácticas: S > OI > OD; por otro lado, el objeto directo avanza en el proceso de acuerdo a una jerarquía de topicalidad que predice que la duplicación se difunde primero a las unidades de rasgo +determinado +definido ±humano, luego a las de rasgo −determinado +definido ±humano y así sucesivamente (Silva Corvalán 1984). Esto es lo que observamos en los ejemplos antes citados, por lo que no es casi de extrañar que en una estructura ditransitiva se dé la referencia cruzada doble tratándose de *todo* o *eso* en la función de objeto directo, incluso en los textos narrativos. El proceso se ha difundido a otros registros diferentes de los de carácter más coloquial.

3.2.4. Objeto directo incorporado y objeto indirecto.

En las estructuras transitivas, tanto mono-transitivas como di-transitivas, se observa en la lengua española, tal como en otras lenguas, la particularidad de que la unidad que desempeña la función de objeto directo es un sustantivo, usando la terminología de Lapesa (2000d), sin actualizador y por lo tanto no referencial, es decir, no se refiere a una entidad individualizada. El verbo con el sintagma nominal, se podría decir que conforman una unidad de significado unitario. Se trata de estructuras del tipo: *buscar criado*, *dar rabia*, *tener miedo*, *tener envidia*, *pedir auxilio*, etc. Estas estructuras, como bien dice Erica García (1975: 86-89), entre otros, son enormemente productivas en nuestra lengua.

Erica García, quien se apoya en los criterios de Alarcos Llorach (1970: 112-13) sobre el concepto de transitividad, explica que en español la mayor parte de los verbos pueden usarse ya como transitivos, ya como intransitivos y que la aparición de un adyacente al verbo «yields an inferential continuum between one extreme (like time expressions), which can be clearly labelled (in context!) 'adverbial complement', and the other extreme (translatable into a clitic), which can be labelled 'Accusative participant' [...]. Depending on meaning and context they can be interpreted more toward one end or more toward the other, or [...] plumb in the middle. The important point to note –insiste García– is that no grammatical meaning is involved, i.e., directly signalled, by nouns. It is all a matter of inference, and there is no possibility of a 'formal' (i.e., categorical) cut to sort out the 'Accusative' from the 'adverbial' uses of nouns because none is made by the morphology of the language» (1975: 88-89; subrayado en el original).

Estas estructuras, a nuestro entender, constituyen la formación de un tipo de «predicado complejo» (v. cap. 4, § 4.4), esto es, el fenómeno denominado incorporación. Éste se caracteriza por ser «a process whereby a complex predicate is created by the coalescence of a verb and (e.g.) a noun, in the canonical case by the suppression of the object relation of a transitive verb and the assignment of an adverbial-like status as a copredicate modifier (annotated Inc) to the underlying object» (Nedergaard Thomsen y Herslund 2002: 18). Se trata de una forma de predicado complejo de carácter sintáctico o analítico que, sin embargo, se comporta como un predicado simple con su propio argumento sujeto. Véase a continuación la representación de una estructura transitiva y de una estructura incorporada de acuerdo con Nedergaard Thomsen y Herslund (ob. cit.: 19):

Transitive Construction
[[Verb]$_{Predicate}$ + [NP]$_{Object}$]$_{VP}$ *necesitas una secretaria*

Incorporation
[Verb $_{Host}$ + NP$_{Inc}$]$_{Complex\_Predicate}$ *necesitas secretaria*

Una estructura incorporada comprende, entonces, un predicado verbal más o menos pleno (Verb$_{Host}$) y un predicado no-verbal pleno (NP$_{Inc}$). Estas estructuras se caracterizan por tener un contenido que se considera habitual, no referencial, genérico e incluso institucionalizado, en la medida que denota una forma particular de significado (ob. cit.: 22). Cuando decimos: *Necesitas secretaria* no se está haciendo referencia a un individuo en particular como en la estructura transitiva: *Necesitas una secretaria*, sino que se está designando la categoría, el grupo que el sustantivo sin actualizador señala. Estas estructuras incorporadas, aunque muchas de ellas tienen un marcado cariz idiomático o de frase hecha, como bien dicen García (1975) y también lo demuestran Nedergaard Thomsen y Herslund (2002, Introduction) y Herslund (2002b), no lo son. Son estructuras en que el objeto directo incorporado, a diferencia del objeto directo no incorporado de una estructura transitiva canónica, no es referencial y no tiene determinante, rasgos estos que diferencian a la incorporación de una construcción transitiva, como dice Herslund, «normal». Este participante incorporado, a pesar de sus características no se puede dejar de considerar una forma de «objeto nocional», ya que aunque no es referencial, de todos modos de alguna manera denota una entidad que si bien no es posible individualizar tenemos noción de su existencia en el mundo real, lo cual

3. Gramaticalización del objeto indirecto en el español actual

hace que sea un argumento fundamental en potencia, es decir, el argumento necesario para establecer la predicación de una estructura transitiva (v. cap. 4 para los conceptos de transitividad).

El proceso de incorporación de objeto –dice Herslund (2002b)– tradicionalmente no se reconoce como un rasgo gramatical de las lenguas romances, pero el análisis del sistema de transitividad de estas lenguas muestra que hay razones más que suficientes para reconocer la existencia de un proceso de incorporación de objeto en estas lenguas «as part of a more or less fine graded differentiation of the "object zone"» y que este proceso se manifiesta por la oposición entre: «Verb + N (Incorporation) and Verb + Det N ("Normal" transitive construction)». Esto da cabida a que se pueda operar con diferentes grados de transitividad en una escala que va de la incorporación a la «super-transitividad» (ob. cit.).

Es necesario mencionar aquí que la unidad incorporada no sólo puede ser un objeto en potencia,[7] como en el ejemplo (35) sino que también puede ser un sujeto en potencia, es decir el argumento fundamental de una estructura intransitiva como en el ejemplo (36); nótese que el objeto indirecto expresa la posesión (externa). En todo caso, es el objeto la rela-

---

[7] La unidad incorporada no sólo designa entidades que en la estructura transitiva normal son de carácter concreto, tangible, sino también entidades de carácter abstracto. Lapesa (2000d [1974]: 444-445) en su artículo *El sustantivo sin actualizador en español* observa que el sustantivo común sin actualizador en la función de objeto directo puede usarse en diversas circunstancias, que se extiende de sustantivos (i) que designan una categoría, clase, grupo, como en *Busco criado*; *Las ranas pidiendo rey*; (ii) a los que representan «realidades no numerables, de carácter físico, como nombres de materias o abstractos que indiquen sensaciones o fenómenos físicos», como por ejemplo *Dame agua*; *echamos sal a la comida sosa*; *tener hambre, sed o fiebre*; *sentir calor, frío*; (iii) pasando por los que designan «realidades no numerables, de carácter no físico», como por ejemplo *tener ingenio, talento*; *sentir pánico*; *sufrir privaciones*; *guardar reposo*; en éste caso, dice, y en los dos ejemplos del número anterior, el verbo «es de significado muy general y se nutre semánticamente del sustantivo»; (iv) otros sustantivos y el verbo «forman –dice Lapesa– una unidad léxica compleja y fijada en el uso»; algunas de estas unidades léxicas tienen un equivalente simple que corresponde a la compleja –se refiere a lo que hoy se denomina construcciones con «verbo soporte» o «verbo de apoyo», como por ejemplo *tener envidia, poner interés, dar pena*; otras no tienen tal equivalente, pero el significado es igualmente unitario: *dejar sucesión*; *dar vueltas a alguna cosa*; (v) y finalmente «el conjunto verbo + objeto directo representa como signo valorable, situación o categoría social, hábito, etc.», como por ejemplo *tener coche, casa propia*; *escribo editoriales, no gacetillas*.

ción gramatical con más disposición a ser parte del proceso de incorporación (ibid.), de lo cual da fe nuestra base de datos.

(35) No tengo que pasar factura *a nadie* por agravios personales. (TIE.31-12-90)

(36) Decías que *a Marta le* habían aparecido arrugas y *alguna cana. Y que había perdido un diente.* (Teatro moderno: *Cosa de dos*)

En lo que sigue, y sin entrar en un tratamiento pormenorizado del fenómeno de la incorporación, vamos a comentar brevemente estructuras que muestran tener una unidad incorporada y un objeto indirecto, para luego tratar las estructuras que presentan el fenómeno de la incorporación en relación con la referencia cruzada del objeto indirecto.

3.2.4.1. Posición del objeto directo incorporado con respecto al objeto indirecto. Así como la unidad incorporada normalmente sigue al verbo, como se puede ver en (37) y en los dos ejemplos anteriores, también es posible que vaya antepuesta a éste como en (38), lo que muestra que una unidad incorporada puede ser foco de la estructura oracional, e incluso que otras unidades se interpongan entre el verbo y la unidad incorporada, por ejemplo el sujeto, como en el ejemplo (39), donde es foco y, en (40) y (41) el objeto indirecto. En el ejemplo (40) la unidad incorporada va después del objeto indirecto a causa de la complejidad de ésta, lo que, como hemos visto en otra parte, trae consigo que ocupe la plaza más a la derecha del verbo; por otro lado el objeto indirecto, además de su alto grado de topicalidad, es el foco de la estructura oracional; en el ejemplo (41) el objeto indirecto también es el foco (Herslund 2002 b).

(37) a. *A mí no me* haces daño, *me haces un favor* (Rico Godoy: *Cómo ser una mujer* 1990:128)
   b. *Y eso al tío le* daba rabia (Rico Godoy: *Cómo ser una mujer* 1990:107)
   c. [...] *al cazador cazador, lo que le gusta es la caza, la caza deporte,* dándole *oportunidad al pájaro.* (Encuestas. Nivel culto, primera generación)
   d. *Muy bonito.* Dándole *consejos a mi hermana para que abandone asu marido.* (Rico Godoy: *Cómo ser una mujer* 1990:122)
   e. *Intento* pedir auxilio *a la erudición, a esa fácil y somera sabiduríaque en los modernos centros de cultura puede encontrar quien setome el trabajo de buscarla.* (Pérez Galdós: *La sociedad presente como materia novelable* 1897)

(38) *La otra manera de morir del español es esta que* tanto asombro produce al mundo, *esta capacidad de arrojarse a la hoguera en bloque, este ímpetu que ha conducido a todo un pueblo al centro mismo de la pira. Este ir delirante hacia la muerte, esta entrega sin reservas ni límite alguno.* (María Zambrano: *Pensamiento y poesía en la vida española*, 1939)

3. Gramaticalización del objeto indirecto en el español actual

(39) No, por motivos económicos no, los motivos económicos vinieron después, *a mí me* ha costado *la Feria* dinero *desde que pusimos la caseta*. (Encuestas. Nivel popular, segunda generación)

(40) La Filosofía ha dado paso a la revelación de la vida y con ella a la historia; la historia llama a la poesía, y así, este nuevo saber será poético, filosófico e histórico. Estará de nuevo sumergido en la vida y quién sabe si haciéndonos posible liberarnos también de ella. Será un saber regulador que *le* dé *al hombre* conciencia de su pasado, *que le libre de la carga del pasado cuando nos es desconocido o semi-desconocido*. (María Zambrano: *Pensamiento y poesía en la vida española* 1939)

(41) —Pues no *me* da *a mí* la gana, *ya ves*. (Teatro moderno: *Bajarse al moro*)

3.2.4.2. El objeto directo incorporado puede ser modificado.
La unidad incorporada, como se ve en el ejemplo (38) de más arriba y en los ejemplos en (42) puede ser modificada por un adjetivo (cf. Herslund 2002b), u otra unidad que indica una u otra forma de gradación y que viene a semejar adverbios. Este adjetivo viene a funcionar como modificador de todo el predicado.

(42) a. Las caras de las mujeres cuando lloran de verdad se vuelvenintensas y contienen una belleza aterradora como las esculturas de Gaudí. Debe de ser eso lo que *les* da tanto miedo *a los hombres* (Rico Godoy: *Cómo ser una mujer* 1990: 89)

b. -¿Ha tenido que dar mucha teoría *a sus compañeros*? (CAM16.11-6-90)

c. Hay una ley infalible que dice que cuando estás sola en casabañándote tiene que sonar el teléfono o el timbre de la puerta.[...] Hay una segunda ley que aconseja que cuando esto suceda nohay que hacer ningún caso *a los timbres* (Rico Godoy: *Cómo ser una mujer* 1990: 178)

d. Mucho, *le* tengo mucha devoción *a la Amargura*. (Encuestas. Nivel culto, segunda generación)

Nótese que en el ejemplo (42c) la unidad incorporada es modificada por una unidad de negación, lo cual señala que no es referencial: «nothing can be more non-referential or unindividualised than a negated object, because in many cases what is negated is the very existence of a referent of the object phrase» (ob. cit.).

3.2.4.3. Otras características del objeto directo incorporado.
La unidad incorporada también muestra ser un nombre en plural como en (43), nombre de ninguna manera referencial, que más bien marca la iteración del evento.

(43) a. Era una mujer de una visión extraordinaria y no opinaba ninada, sino que siempre <u>pedía consejos</u> *a las profesoras, al claustro* y no se dejaba ella llevar por sus ideas, sino que lo sometía, paratodo lo relativo al colegio. (Encuestas. Nivel culto, segunda generación)
b. Últimamente hago información parlamentaria, lo que quiere decir que me paso horas [...] <u>haciendo entrevistas</u> *a sus señorías*. (Rico Godoy: *Cómo ser una mujer* 1990: 65)
c. No tienes por qué <u>dar explicaciones</u> *a nadie*. (Teatro moderno: *Bajarse al moro*)
d. Entonces la madre, ya *les* <u>haría señas</u> *a los niños*, y dice [...](Cuentos populares andaluces: *La niña sin brazos*)

No sólo encontramos unidades incorporadas en plural, sino también algunas acompañadas de determinativo, un determinativo que en estos contextos no es «actualizador»; el ejemplo (41) de más arriba y los ejemplos en (44) muestran esta situación. Es sabido que las frases nominales definidas no siempre se emplean haciendo referencia a un individuo; se pueden emplear de un modo no referencial en la función de sujeto de una oración (cf. Lyons, 1980: 176-177). De nuestros ejemplos se desprende que la unidad incorporada no alude a un referente específico:

(44) a. [...] que yo podría ser lo que *a mí me* <u>diera la gana</u>, pero que ...si yo quisiera, pero como no he querido ... . Ahora vamos a ver sime da el avenate y me da por hacer algo, que me va a dar. (Encuestas. Nivel popular, primera generación)
b. Cosa que no quiere decir que Europa *le* <u>dé la espalda</u> *a sus propios pueblos*. (TIE.1-1-1990)

Normalmente la unidad que se incorpora es un argumento Paciente, pero la lengua muestra que un sintagma preposicional también puede ser incorporado como lo muestran los ejemplos en (45):

(45) a. [...] y encuentro las trescientas pesetas que necesito y todavía mesobran veinte, para <u>dar</u>*le* <u>de propina</u> *al nazi del taxista* (Rico Godoy: *Cómo ser una mujer* 1990: 70)
b. -¡Ay, señorita -dijo Saturna sonriendo y alzando sus admirablesojos negros de la media que repasaba-, qué engañada vive si piensaque todo eso puede <u>dar de comer</u> *a una señora honesta* en libertad! (Pérez Galdós, *Tristana* 1892)
c. [...] ahora en España, el principal es el paro, que no hay trabajo, entonces, las personas, pues, imagínate el que esté casado y tengahijos y no tenga qué <u>dar</u>*les* <u>de comer</u> *a sus hijos*, no me veas, yclaro, [...] (Encuestas. Nivel popular, segunda generación)

Y también puede tratarse de unidades yuxtapuestas como en (46); nótese que el objeto indirecto va juntamente con su argumento fundamental

3. Gramaticalización del objeto indirecto en el español actual

(potencial) –el argumento fundamental corresponde o al sujeto intransitivo, más precisamente al sujeto inacusativo, o al objeto transitivo–, es decir, la unidad incorporada:

(46) Con la ligereza con que se han dicho todas las cosas de España, se ha dado porsabido muchas [85]veces que el estoicismo constituye el fondo de nuestro másíntimo ser, aquello que <u>da unidad</u> *a nuestra historia*, <u>viva continuidad</u> *a nuestromoral*, <u>estilo</u> *a nuestros actos*. (María Zambrano: *Pensamiento y poesía en la vida española*, 1939)

Además la unidad incorporada puede ser un nombre «deverbal» como en (47), lo que no quiere decir que en una construcción de «verbo soporte» el nombre siempre vaya incorporado, como se desprende del ejemplo (47')

(47) (Nada más entrar, empieza a <u>dar golpes</u> con el bolso *a su hijo.*) (Teatro moderno: *Bajarse al moro*)

(47') (Jaimito *le* <u>da un golpe fuerte</u> *al casette, que está encima de la mesa*, tirándolo alsuelo.) (Teatro moderno: *Bajarse al moro*)

Si bien un objeto directo no siempre se puede pronominalizar, la referencia pronominal es siempre posible. En los casos de incorporación, por su parte, –en que no es posible pronominalizar la unidad incorporada– se puede hacer referencia anafórica a ésta como se desprende de los ejemplos en (48) (cf.Herslund 2002). El hecho de que un pronombre pueda tener un antecedente no referencial en otros contextos, no es un fenómeno desconocido en las lenguas (Lyons 1980: 183).

(48) a. Casi nunca lo hago, porque yo no *le* <u>he pedido</u> nunca <u>dinero</u> *anadie*, sólo a mi padre cuando era muy joven y no trabajabatodavía y me fastidiaba cantidad tener que pedírse<u>lo</u>. (Rico Godoy: *Cómo ser una mujer* 1990: 117)

b. Lucy desaprobaba como una cuáquera esa manía de <u>dar plata</u> *aniños* que nadaban en la abundancia y llegaba al colmo cuandodecía que tampoco había que dárse<u>la</u> a los necesitados, sino ropausada o algún juguete que transfería sin aviso. (María Elena Walsh: *Novios de antaño* 1990)

Nuestros ejemplos con unidad incorporada y objeto indirecto revelan también que un verbo como *dar* aparece frecuentemente en estas estructuras. El corpus que comentamos en el apartado siguiente muestra que del total de los casos un 38% corresponde al verbo *dar*, un 8% corresponde al verbo *tener*, un 6% al verbo *decir*, un 5% al verbo *hacer*, un 3% al verbo *pedir* y el 40% restante corresponde a diversos verbos entre los que se cuentan *poner, servir, prestar, ofrecer* y *quitar*.

3.2.4.4. Referencia cruzada del objeto indirecto en estructuras con objeto directo incorporado.
Al hacer los cómputos de nuestros ejemplos, pudimos observar una marcada diferencia de comportamiento, en cuanto a la referencia cruzada del objeto indirecto, no sólo en los diferentes tipos de texto sino también en las diferentes estructuras oracionales con objeto indirecto. En este apartado nos vamos a ocupar de las estructuras oracionales no marcadas frente a las estructuras oracionales marcadas: aquellas con unidad incorporada.

Nuestros resultados muestran que el proceso de gramaticalización del objeto indirecto se hace más patente en las estructuras no marcadas, lo que era de esperar, puesto que de acuerdo con los principios de marca (Andersen 2001 a) es en los contextos no-marcados donde empieza este proceso y donde primero se alcanza la gramaticalización.

Pero antes de entrar en el análisis de las estructuras no marcadas y marcadas, en especial las estructuras con unidad incorporada, vamos a volver la mirada a los resultados que observamos en un muestreo de (i) lenguaje formal, que comprende textos de dos períodos diferentes: textos de 1939 y de 1999-2000, pero que no se diferencian en forma significante en cuanto a la duplicación; (ii) de lenguaje periodístico, que comprende entrevistas; (iii) y de lenguaje no-formal, que comprende lenguaje escrito de corte hablado, teatro moderno y entrevistas semidirigidas transcritas. Los resultados, como era de esperar y en concordancia con los principios de marca, muestran que en contextos marcados, esto es lenguaje formal, la referencia cruzada es más bien baja (14%), como se desprende de la tabla 5 más abajo; en cambio, en otros contextos, los resultados dan un viraje significativo. Si observamos primeramente los resultados que muestra el lenguaje periodístico, podemos constatar que la duplicación ha empezado a arraigarse en un tipo de lenguaje que oscila entre lo formal y lo no-formal y es así como de un total de 483 ejemplos, se registran 361 ejemplos de referencia cruzada, esto es un 75% del total, como se desprende de la tabla 7 más abajo. Ahora bien, si observamos los resultados en contextos no-marcados, esto es, lenguaje de corte oral, podemos observar que la referencia cruzada se hace mucho más patente, así de un total de 766 ejemplos, se registran 640 casos de duplicación, es decir un 84% del total, como se ve en la tabla 9 más abajo, lo que indica que la no-duplicación constituye la excepción, por lo que se podría decir que en estos contextos la no-duplicación se puede interpretar como una situación marcada. En el capítulo anterior veíamos que el proceso de gramaticalización comienza en el lenguaje hablado y es aquí en donde alcanza primeramente la gramaticalización, como lo demuestran algunos estudios (cap. 2).

3. Gramaticalización del objeto indirecto en el español actual

Nuestros resultados –que aunque comprenden textos escritos, se caracterizan por ser de corte hablado– son también una prueba fehaciente de ello. Más adelante vamos a tratar esto con más detenimiento.

Los resultados de las tablas 5, 7 y 9, como ya lo decíamos, no comprenden los casos de incorporación, ya que al analizar los ejemplos computados se pudo observar una marcada diferencia de comportamiento entre las estructuras marcadas –con unidad incorporada– y las no marcadas, en cuanto a la referencia cruzada, como lo hemos mencionado más arriba. Los resultados muestran que en las estructuras marcadas la duplicación siempre es más baja que en las estructuras no marcadas, y esto, independientemente del tipo de lenguaje de que se trate.

En lo que sigue vamos a comentar nuestros resultados en lo que concierne a estructuras marcadas y no marcadas en el lenguaje formal (tablas 4 y 5), lenguaje periodístico (tablas 6 y 7) y lenguaje no-formal (tablas 8 y 9).

Hemos visto que la no-duplicación es un rasgo característico del lenguaje formal. Ahora bien, si en estructuras no marcadas la no-duplicación equivale a un 62% (tabla 5), en estructuras marcadas equivale a un 86% del total de los casos (tabla 4), lo cual sería un indicio de que la ±duplicación del objeto indirecto no sólo esta condicionada al tipo de registro sino también al tipo de estructura en la que aparece.

Tabla 4.
SÓLO ESTRUCTURAS CON UNIDAD INCORPORADA.
MARÍA ZAMBRANO, *PENSAMIENTO Y POESÍA EN LA VIDA ESPAÑOLA*;
LÁZARO CARRETER, *EL DARDO EN LA PALABRA*, CONSTITUCIÓN ESPAÑOLA

Lenguaje formal	Con duplicación		Sin duplicación		Total
	Pospuesto	Antepuesto	Pospuesto	Antepuesto	
OI animado	1	0	2	1	4
OI inanimado	1	1	15	0	17
Total	2	1	17	1	
	3 (14%)		18 (86%)		21

Tabla 5.
LOS RESULTADOS PROVIENEN DE LOS MISMOS TEXTOS QUE EN LA TABLA 4.
NO SE INCLUYEN LAS ESTRUCTURAS CON UNIDAD INCORPORADA

Lenguaje formal	Con duplicación		Sin duplicación		Total
	Pospuesto	Antepuesto	Pospuesto	Antepuesto	
OI animado	12	9	15	3	39
OI inanimado	8	6	34	4	52
Total	20	15	49	7	
	35 (38%)		56 (62%)		91

La situación es diferente tratándose de lenguaje periodístico (tablas 6 y 7). Es un tipo de registro que presenta altos porcentajes de duplicación (75%) en estructuras no marcadas, sin embargo la duplicación en estructuras marcadas es relativamente baja (36%), pero de todos modos estos porcentajes son más altos que los que veíamos para el lenguaje formal (14%) (tabla 4).

Tabla 6.
SÓLO ESTRUCTURAS CON UNIDAD INCORPORADA. LOS RESULTADOS PROVIENEN DEL CORPUS ENTREVIS

Lenguaje periodístico	Con duplicación		Sin duplicación		Total
	Pospuesto	Antepuesto	Pospuesto	Antepuesto	
OI animado	15	13	33	0	61[8]
OI inanimado	9	0	33	1	42
Total	24	13	66	1	
	37 (36%)		67 (64%)		104

Tabla 7.
LOS RESULTADOS DE LA CALA AL CORPUS ENTREVIS, SIN LAS ESTRUCTURAS CON UNIDAD INCORPORADA

Lenguaje periodístico	Con duplicación		Sin duplicación		Total
	Pospuesto	Antepuesto	Pospuesto	Antepuesto	
OI animado	144	178	86	10	418[9]
OI inanimado	27	12	26	1	66
Total	171	190	112	11	
	361 (75%)		123 (25%)		484

Ahora bien, si observamos la referencia cruzada en estructuras oracionales marcadas y no marcadas en textos de corte hablado, vemos que aunque la duplicación sigue siendo más baja en las estructuras marcadas (75%) (tabla 8) que en las estructuras no marcadas (84%) (tabla 9), hay un cierto emparejamiento de los resultados, lo que estaría indicando que es el factor lenguaje hablado el que prima ante el factor estructura marcada.

---

[8] del total, 6 ejemplos de primera persona
[9] del total, 23 ejemplos de primera persona

3. Gramaticalización del objeto indirecto en el español actual 109

Tabla 8.
SÓLO ESTRUCTURAS CON UNIDAD INCORPORADA. CARMEN RICO GODOY:
CÓMO SER UNA MUJER (TEXTO DE CORTE HABLADO);
TEATRO MODERNO Y ENCUESTAS DEL HABLA URBANA DE SEVILLA

Lenguaje no-formal	Con duplicación		Sin duplicación		Total
	Pospuesto	Antepuesto	Pospuesto	Antepuesto	
OI animado	13	24	8	0	45[10]
OI inanimado	9	1	8	0	18
Total	22	25	16	0	
	47 (75%)		16 (25%)		63

Tabla 9.
RESULTADOS SIN ESTRUCTURAS CON UNIDAD INCORPORADA.
LOS MISMOS TEXTOS DE LA TABLA 8

Lenguaje no-formal	Con duplicación		Sin duplicación		Total
	Pospuesto	Antepuesto	Pospuesto	Antepuesto	
OI animado	281	323	120	0	724
OI inanimado	24	12	6	0	42
Total	305	335	126	0	
	640 (84%)		126 (16%)		766

Estos resultados muestran la estrecha relación que hay entre la ±duplicación de objeto indirecto y los principios de marca (Andersen 2001a). El proceso de gramaticalización se alcanza más tarde en los contextos marcados, siendo los contextos no-marcados los primeros en mostrar señales de que un proceso de esta naturaleza está en marcha, y son estos contextos en los que primeramente, además, se alcanza la gramaticalización. Nuestros resultados concuerdan perfectamente con estos supuestos, de tal manera que son los textos de tipo marcado (lenguaje formal) y las estructuras marcadas que muestran los porcentajes más bajos de duplicación, frente a los textos de tipo no-marcado (lenguaje hablado o de corte hablado) y las estructuras no marcadas los que muestran los porcentajes más altos de duplicación. Si bien la estructura marcada, esto es la estructura oracional

---

[10] del total, 20 ejemplos de primera persona

con unidad incorporada, muestra porcentajes de duplicación menores que la estructura no marcada en todos los tipos de textos aquí vistos, los resultados muestran también que es el factor tipo de registro el que prima ante el factor tipo de estructura: La duplicación en la estructura marcada sigue de cerca la duplicación en la estructura no marcada tanto en el lenguaje formal (tablas 2 y 3) como en el lenguaje no-formal (tablas 6 y 7).

En el lenguaje periodístico la situación es un tanto diferente, ya que los porcentajes de duplicación en estructuras con unidad incorporada (36%) son más bien bajos en comparación con los porcentajes de duplicación en estructuras no marcadas, que son bastante altos (75%). Pensamos que esto se debe al carácter híbrido del lenguaje periodístico, que posee rasgos tanto del lenguaje escrito / formal como del lenguaje hablado (por ejemplo: entrevistas con un tinte coloquial). Como lo hemos mencionado en otro lugar, pensamos que durante el proceso de gramaticalización del objeto indirecto en general, el hablante hace uso de la duplicación y la no-duplicación para marcar la empatía o la distancia con lo expresado en la predicación, de tal manera que la duplicación expresa subjetividad y la no-duplicación objetividad, lo cual concuerda, además, con el tipo de registro de que se trata: el lenguaje formal muestra bajos porcentajes de duplicación, para mantener el carácter de objetividad y distancia, en cambio en el lenguaje hablado hay una mayor tendencia a expresar sentimientos y compromiso con lo expresado en la predicación. Estos contrastes se ven claramente en el lenguaje periodístico; si el hablante se expresa más formalmente no hace uso de la duplicación, como en el ejemplo (49), en cambio si afectivamente se siente partícipe de lo expresado en la predicación recurre a la duplicación, como en el ejemplo (50).

(49)   He estado un año dirigiendo un informativo y me han llamadotanto delGobierno como de la oposición para imponerme cosas y como director no <u>hehecho caso</u> *ni a unos ni a otros.* (CAM 16.4-6-90)

(50)   Eso <u>le da dignidad</u> *a la gente* y no tenemos derecho a quitárselo. (TIE.12-18-95)

La pregunta que se plantea aquí es por qué, en el lenguaje periodístico, no se sigue en la misma proporción la duplicación en las estructuras marcadas y no marcadas, como sucede en el lenguaje formal y en el lenguaje de corte hablado; dar respuesta a esta pregunta requeriría un estudio aparte del lenguaje periodístico que rebasaría los márgenes de este trabajo, por lo que dejamos la puerta abierta a un estudio posterior de este tema.

Mencionábamos anteriormente que el proceso de la incorporación lleva a la creación de un predicado verbal complejo, de estrecha cohesión, en que las mismas funciones que cumple un predicado simple están distribuidas entre el «predicado huésped» («host») y un «co-predicado» (cf. Nedergaard Thomsen 1992, 2002), esto es, entre un verbo y una unidad nominal, que es el objeto potencial. Estas estructuras que comprenden un predicado complejo de carácter analítico, son la contrapartida de la incorporación de carácter morfológico, esto es, estructuras de composición verbo nominal como *sacacorchos, abrelatas, lustrabotas, parabrisas, cumpleaños*, etc. (cf. Val Álvaro 1999). Las estructuras incorporadas, que hemos tratado en este apartado, oscilan entre la sintaxis y el léxico y es así como muchas de ellas muestran ser fijas en el uso (*tener miedo, dar vueltas, tener hambre*, etc.).

La duplicación de objeto indirecto, no sólo está en estrecha relación con los rasgos de ±animado, la persona gramatical y su posición con respecto al verbo, como lo veíamos en el capítulo anterior sino también con el tipo de lenguaje, el tipo de registro, además del tipo de estructura oracional en que aparece, como se ha visto en este apartado. En el apartado que sigue vamos a analizar más detenidamente nuestros resultados en los diferentes tipos de texto, tomando en cuenta los factores antes mencionados, a excepción del tipo de estructura, dado que en los cómputos finales no se hace distinción entre las estructuras marcadas (con objeto directo no-referencial) y las no marcadas (con objeto directo referencial).

3.3. Los resultados que refleja el español actual

En lo que sigue vamos a analizar los resultados que arrojan los cómputos, primero para el español peninsular (3.3.1) y luego para el español de América (3.3.2).

Los textos, como hemos visto en el § 3.1, los hemos agrupado de acuerdo al tipo de registro: conversación, prensa (entrevistas de semanarios, de radio y de televisión), discursos, ficción (novelas, cuentos infantiles, cuentos populares, teatro), prosa académica y documentos oficiales. Estos registros pueden ser de carácter oral o escrito. En el análisis de los datos seguimos las líneas que nos planteamos en el § 3.1.

Reiteramos aquí lo que indicamos al comienzo de este capítulo en cuanto a los rasgos de animado e inanimado del objeto indirecto. Se decidió registrar bajo animado sólo los ejemplos que fueran claramente de rasgo +humano o +animal, para evitar valoraciones subjetivas que entraran en juego al determinar si una entidad se podía considerar como tal. Se adoptó este criterio para tener siempre un factor constante. Bajo objeto indirecto inanimado se registran:

(i) los colectivos, como por ejemplo *sector*, unidad a la que hace referencia el relativo en el siguiente ejemplo:

a. Es *el sector al que* hay que ofrecer*le* productos adecuados. (TIE.10-16-95);

(ii) los términos de primer orden que no gozan de rasgo animado, pero que se emplean metafóricamente en el contexto. Veamos algunos ejemplos:
a. Todos los días *le* dedica unas pocas de horas *al estudio*. Encuestas. Nivel culto, primera generación)
b. El poeta, al mismo tiempo lúcido y exasperado, desea arrancar su máscara *a la existencia*, para contemplarla en su desnudez. (Octavio Paz: *Todos Santos, Día de Muertos* 1950)
c. Entre ellos, super- puede crecer*le a cualquier adjetivo (o sustantivo)* y hay miles de hablantes que se sentirían desvalidos si no ornaran sus calificaciones con ese bubón: [...] (Lázaro Carreter: *El dardo en la palabra: Supertriste* 1999-2000)
d. Entre los hijos legítimos y espurios que *le* han nacido *al modernismo* está la escuela estridente. (Gabriela Mistral: *Impresiones de Estados Unidos* 1924)

3.3.1. Referencia cruzada del objeto indirecto en el español peninsular.
De acuerdo con nuestros planteamientos, en torno a los factores fundamentales en el proceso de gramaticalización del objeto indirecto, se ha mencionado que no sólo: (i) el tipo de estructura en que aparece el objeto indirecto, (ii) el grado de frecuencia de los verbos, (iii) los rasgos de animado / inanimado, (iv) su posición con respecto al verbo, (v) las personas del discurso, sino también: (vi) el tipo de registro, (vii) el sociolecto, (viii) el factor generacional y (ix) el factor diacrónico, son factores decisivos en este proceso. En este apartado se van a tratar en forma particular algunos de ellos. Se trata la referencia cruzada en relación con el tipo de registro en el § 3.3.1.1; en el § 3.3.1.2 en relación con las personas del discurso; en el § 3.3.1.3 en relación con la posición del objeto indirecto; en el § 3.3.1.4 en relación con los rasgos de animado e inanimado; en el § 3.3.1.5 en relación con el sociolecto y el factor generacional.

3.3.1.1. Referencia cruzada y el tipo de registro.
En primer lugar se comparan textos opuestos en cuanto al grado de formalidad. Por un lado, la Constitución Española, texto con alto carácter informativo y, por otro, las *Encuestas del habla urbana de Sevilla*, texto de carácter conversacional. Los resultados muestran ser diametralmente opuestos.

Si observamos la tabla 10, podemos constatar que la referencia cruzada en registros de carácter informativo es un fenómeno desconocido; en

3. Gramaticalización del objeto indirecto en el español actual

cambio en textos de interacción comunicativa (tabla 11) los porcentajes de duplicación ascienden a un 93% de los casos. En otro lugar (v. § 1) hemos planteado que la ±duplicación está ligada al grado de subjetividad / objetividad con que nos expresamos, de tal manera que la duplicación es señal de subjetividad y la no-duplicación lo es de objetividad. Esto se refleja en los resultados antes observado, ya que tratándose de un texto jurídico, que como tal es eminentemente formal, informativo, no se registra la duplicación; en cambio en un texto en que el hablante está interesado en la interacción comunicativa, no hay inconveniente en expresarse en forma subjetiva, lo que se refleja en los altos porcentajes de duplicación. Estos resultados confirman, además, que no es en un texto de tipo formal y de carácter objetivo / informativo en donde empiezan los procesos de gramaticalización sino en un texto de corte hablado / conversacional.

Tabla 10.
Constitución Española de 1978 [17.628 palabras]

Documentos oficiales	Con duplicación		Sin duplicación		Total
	Pospuesto	Antepuesto	Pospuesto	Antepuesto	
OI animado	0	0	11	0	11
OI inanimado	0	0	34	0	34
Total	0	0	45	0	
	0 (0%)		45 (100%)		45

Tabla 11.
Encuestas del habla urbana de Sevilla: nivel culto (1983 [1973]) y nivel popular (1987 [1984-1986]) [186.408 palabras]

Texto conversacional	Con duplicación		Sin duplicación		Total
	Pospuesto	Antepuesto	Pospuesto	Antepuesto	
OI animado	166	268	22	0	456
OI inanimado	19	4	10	0	33
Total	185	272	32	0	
	457 (93%)		32 (7%)		489

Ahora bien, si en documentos oficiales como la Constitución, no se registra la duplicación, en otros textos de carácter informativo, como la prosa académica (bajo la cual hemos contabilizado ensayos, discursos académicos, conferencias y artículos) se observa que desde principios del s. XX hasta nuestros días ha habido un aumento significativo de casos de duplicación independientemente de la posición del objeto indirecto. A principios del s. XX la duplicación si bien era baja llegando sólo a un 12% de los casos (tabla 12), a fines del s. XX asciende a un 30% (tabla 14). A mediados del siglo, en cambio, los porcentajes de duplicación ascienden al 33% (tabla 13), resultado inesperado si lo comparamos con los de fines del s. XX. Creemos que lo que determina este comportamiento es el tipo de registro, puesto que se trata de un texto escrito, elaborado para ser leído en voz alta, es un texto que además de ser informativo apela a la interacción comunicativa con su público; en cambio, los resultados que refleja la tabla 14 corresponden, por un lado, a artículos de carácter ensayístico y, por otro, a un discurso pronunciado en la Real Academia Española, representantes prototípicos de lenguaje formal.

Tabla 12.
ORTEGA Y GASSET (1883-1955): ENSAYOS; Y PÉREZ GALDÓS (1843-1920): DISCURSO ACADÉMICO [EN TOTAL 24.108 PALABRAS]

Prosa académica	Con duplicación		Sin duplicación		Total
	Pospuesto	Antepuesto	Pospuesto	Antepuesto	
OI animado	2	3	14	5	24
OI inanimado	1	2	34	3	40
Total	3	5	48	8	
	8 (12%)		56(88%)		64

Tabla 13.
MARÍA ZAMBRANO (1904-1991) *PENSAMIENTO Y POESÍA EN LA VIDA ESPAÑOLA* (CONFERENCIAS) (1939) [34.618 PALABRAS]

Prosa académica	Con duplicación		Sin duplicación		Total
	Pospuesto	Antepuesto	Pospuesto	Antepuesto	
OI animado	9	1	7	1	18
OI inanimado	2	3	20	2	27
Total	11	4	27	3	
	15 (33%)		30 (67%)		45

3. Gramaticalización del objeto indirecto en el español actual

Tabla 14.
LÁZARO CARRETER (1923-2004) *EL DARDO EN LA PALABRA* (1999-2000), [24.017 PALABRAS];
EL ESPAÑOL BRILLA EN TODAS SUS LETRAS (DISCURSO ACADÉMICO 2001) [2.097 PALABRAS]

Prosa académica	Con duplicación		Sin duplicación		Total
	Pospuesto	Antepuesto	Pospuesto	Antepuesto	
OI animado	6	9	24	4	43
OI inanimado	8	4	31	3	46
Total	14	13	55	7	
	27 (30%)		62 (70%)		89

No es, pues, en contextos marcados (v. Andersen 2001 a) en donde comienzan y se arraigan los procesos de gramaticalización, prueba de ello son los resultados recién vistos en que la duplicación en general es baja en los tres períodos mencionados, sin embargo la perspectiva diacrónica muestra que hay una curva ascendente a favor de la duplicación, lo que sería un indicio de que la gramaticalización del objeto indirecto va abarcando todo tipo de registro (a excepción del lenguaje jurídico, o tal vez más precisamente con la sola excepción del texto constitucional).

Frente a la prosa académica tenemos otro tipo de discurso no narrativo: el lenguaje de prensa, que se caracteriza por ser, tanto de carácter informativo como conversacional. Dado que el lenguaje conversacional presenta altos porcentajes de duplicación y el lenguaje altamente informativo presenta porcentajes de duplicación más bien bajas, se podría esperar que el lenguaje de prensa presentara más o menos los mismos porcentajes de duplicación y de no-duplicación. La tabla 15 muestra, no obstante, que los porcentajes de duplicación sobrepasan el 50%, llegando a un 68% de los casos. Este comportamiento puede deberse a que es un discurso de tipo conversacional, pero tampoco puede perderse de vista que el fenómeno de la duplicación está abarcando poco a poco a todos los registros.

Tabla 15.
ENTREVIS (1990 Y 1995): ENTREVISTAS DE PRENSA [1.294.000 PALABRAS]

Prensa	Con duplicación		Sin duplicación		Total
	Pospuesto	Antepuesto	Pospuesto	Antepuesto	
OI animado	168	192	122	10	492
OI inanimado	37	13	61	2	113
Total	205	205	183	12	
	410 (68%)		195 (32%)		605

Si hacemos un paralelo entre textos literarios de carácter narrativo que abarcan desde finales del s. XIX a finales del s. XX con obras de teatro –texto literario de tipo conversacional (cf. Biber et al. 1998, Chafe 1985)– esto es teatro moderno de finales del s. XX, los resultados para éste: 72 % (tabla 16) están bastante más cerca de los resultados para las entrevistas de prensa: 68 % (tabla 15) que de los primeros textos de carácter narrativo: 33% (tabla 17) y 48% (tabla 18).

Tabla 16.
TEATRO (DIF. AUTORES): *¡CATACROC!* (1994); *ALTA SEDUCCIÓN* (1990);
AYER, SIN IR MÁS LEJOS (1988); *BAJARSE AL MORO* (1987); *COSA DE DOS* (1987);
(1987- 1990) [81.419 PALABRAS]

Texto de tipo conversacional	Con duplicación		Sin duplicación		Total
	Pospuesto	Antepuesto	Pospuesto	Antepuesto	
OI animado	80	63	57	0	194
OI inanimado	9	2	4	0	15
Total	89	65	61	0	
	154 (72%)		61 (28%)		209

Tabla 17.
PÉREZ GALDÓS (1843-1920): *TRISTANA* (1892), CAPÍTULOS 1-16. [26.386 PALABRAS]

Texto narrativo	Con duplicación		Sin duplicación		Total
	Pospuesto	Antepuesto	Pospuesto	Antepuesto	
OI animado	16	8	34	4	62
OI inanimado	0	1	12	0	13
Total	16	9	46	4	
	25 (33%)		50 (67%)		75

La duplicación en textos literarios de carácter narrativo de ser relativamente baja a fines del s. XIX (tabla 17) y un poco más alta en la primera mitad del s. XX (tabla 18), aumenta en forma considerable a fines del mismo siglo (tablas 19 y 20).

3. Gramaticalización del objeto indirecto en el español actual

Tabla 18.
VALLE INCLÁN (1866-1936): *TIRANO BANDERAS* (1926) [50.015 PALABRAS]

Texto narrativo	Con duplicación		Sin duplicación		Total
	Pospuesto	Antepuesto	Pospuesto	Antepuesto	
OI animado	41	16	44	7	108
OI inanimado	4	1	15	0	20
Total	45	17	59	7	
	62 (48%)		66 (52%)		128

Los textos narrativos de fines del s. XX –novelas escritas en primera persona– no obstante haber sido escritas por autores de la misma generación, no muestran los mismos porcentajes de duplicación. *Mañana en la batalla* (tabla 19) presenta un 74%, frente a un 94% en *Cómo ser una mujer* (tabla 20). Las características que presentan estos textos nos permiten explicar esta diferencia. El primero, está elaborado en un estilo que se acerca más a los registros informativos, y el segundo, en un estilo que se acerca más a los registros coloquiales.

Tabla 19.
JAVIER MARÍAS (1951-): *MAÑANA EN LA BATALLA PIENSA EN MÍ* (1994), PRIMERA PARTE DE LA NOVELA. [55.698 PALABRAS]

Texto narrativo	Con duplicación		Sin duplicación		Total
	Pospuesto	Antepuesto	Pospuesto	Antepuesto	
OI animado	53	41	14	14	122
OI inanimado	4	0	7	0	11
Total	57	41	21	14	
	98 (74%)		35 (26%)		133

Tabla 20.
CARMEN RICO GODOY (1939-2001): *CÓMO SER UNA MUJER Y NO MORIR EN EL INTENTO* (1990) [ALREDEDOR DE 56.840]

Texto narrativo	Con duplicación		Sin duplicación		Total
	Pospuesto	Antepuesto	Pospuesto	Antepuesto	
OI animado	55	85	9	0	149
OI inanimado	5	1	1	0	7
Total	60	86	10	0	
	146 (94%)		10 (6%)		156

La curva ascendente que mostraba la duplicación en la prosa académica, también la observamos en los textos narrativos escritos. No cabe duda que el proceso de gramaticalización del objeto indirecto va echando raíces en todo contexto, pero siempre guardando una estrecha relación con el tipo de registro. Los resultados que hemos visto hasta ahora, muestran, grosso modo, que mientras más informativo es el tipo de registro, los porcentajes de duplicación son más bajos y que mientras más interactivo es, éstos van en aumento.

Ahora bien, si observamos con un poco más de atención los resultados que refleja la tabla 16, resulta un tanto sorprendente que la duplicación alcance sólo un 72%. Estos resultados están más cerca de los resultados para las entrevistas de prensa (68%, tabla 15) que de los resultados que arrojan las *Encuestas* (93% tabla 11). A primera vista la explicación a este comportamiento habría que encontrarla en el tipo de texto que se está analizando: se trata de lenguaje conversacional construido, no natural. Esto no nos parece convincente, puesto que aunque se trata de lenguaje oral construido, el afán es reproducir la lengua natural con la que el hablante se expresa en una situación conversacional natural, además, una pieza de teatro no sólo está compuesta de diálogos sino también incluye la dirección artística de la obra y es aquí donde encontramos la respuesta a nuestro problema, ya que hay una diferencia de comportamiento significante entre la dirección artística y los diálogos, registrándose en aquella un 39% de casos de duplicación frente a un 83% en los diálogos (tabla 21). La baja duplicación que se registra en la dirección artística –destinada a las directrices, necesarias para cada escena– concuerda perfectamente con el tipo de registro: más que nada informativo. Los casos de duplicación se registran en su mayor parte en estructuras transitivas con verbos de uso frecuente, como por ejemplo *dar, ofrecer, mostrar, pasar, devolver*. Registramos un caso con un verbo intransitivo: *sonreír*. Los altos porcentajes de duplicación en los diálogos (83%) van a la par con los porcentajes de duplicación que se registran para el lenguaje conversacional actual (93%).

Tabla 21.
TEATRO (DIF. AUTORES): *¡CATACROC!* (1994); *ALTA SEDUCCIÓN* (1990); *AYER, SIN IR MÁS LEJOS* (1988); *BAJARSE AL MORO* (1987); *COSA DE DOS* (1987); (1987- 1990) [81.419 PALABRAS]

Texto conversacional	Con duplicación	Sin duplicación	Total
Dirección art.	22 (39%)	34 (61%)	56
Diálogos	132 (83%)	27 (17%)	159
Total	154 (72%)	61 (28%)	215

3. Gramaticalización del objeto indirecto en el español actual

Los paralelos que hemos hecho hasta aquí comprenden lenguaje literario y no-literario. Dentro de cada uno de ellos hemos comparado lenguaje conversacional con lenguaje de carácter informativo. En lo que sigue vamos a analizar los resultados para el lenguaje oral de carácter conversacional, representado por las *Encuestas* (tabla 11 que reproducimos aquí como tabla 22) y los *Cuentos populares andaluces* (tabla 23). Éstos por el hecho de ser elaborados simultáneamente con su producción, se acercan en sus características a los registros conversacionales, de tal manera que vienen a reflejar cómo se expresa la narradora en una situación conversacional natural.

Tabla 22.
ENCUESTAS DEL HABLA URBANA DE SEVILLA: NIVEL CULTO (1973; 1983) Y NIVEL POPULAR (1984-1986; 1987) [186.408 PALABRAS EN TOTAL].

Texto conversacional	Con duplicación		Sin duplicación		Total
	Pospuesto	Antepuesto	Pospuesto	Antepuesto	
OI animado	166	268	22	0	456
OI inanimado	19	4	10	0	33
Total	185	272	32	0	
	457 (93%)		32 (7%)		489

Los porcentajes muestran que en el lenguaje oral, sea de tipo conversacional o narrativo, la no-duplicación es más bien de carácter esporádico y que la duplicación es casi categórica, alcanzando un 93% en el texto conversacional (tabla 22) y un 98% en el texto narrativo oral (tabla 23). En el § 3.3.1.5 comentaremos algunos aspectos sociolectales con respecto a estos resultados.

Tabla 23.
CUENTOS POPULARES ANDALUCES CONTADOS POR MARÍA CEBALLOS GENICIO (1910-?), GRABADOS EN 1986 Y PUBLICADOS EN 1994 [61.794 PALABRAS]

Texto narrativo	Con duplicación		Sin duplicación		Total
	Pospuesto	Antepuesto	Pospuesto	Antepuesto	
OI animado	243	58	4	2	307
OI inanimado	3	0	0	0	3
Total	246	58	4	2	
	304 (98%)		6 (2%)		310

Los resultados recién vistos son prueba de que la referencia cruzada del objeto indirecto, con excepción del texto constitucional, se observa en todo tipo de registro. Hoy en día y a diferencia de siglos anteriores, el carácter formal de un texto no obsta para que se registre la referencia cruzada. Valga como ejemplo de prosa académica sin ningún ejemplo de duplicación el prólogo de Antonio de Nebrija a la *Gramática de la lengua castellana* (1492).

3.3.1.2. Referencia cruzada y las personas del discurso.
En los trabajos que hemos visto en el capítulo anterior, se ha estudiado el fenómeno de la duplicación, entre otros, con respecto al tipo de constituyente del objeto indirecto, haciendo la distinción entre objeto léxico y objeto pronominal personal. En nuestro estudio distinguimos entre las dos primeras personas del discurso –que ocupan una posición más relevante en la jerarquía de persona y animacidad– y la tercera persona –que ocupa el lugar siguiente en la jerarquía antes mencionada (Dik 1997, TFG 1: 34-38). Son las dos primeras personas las que se expresan únicamente con pronombre personal y que gozan de rasgo humano; en cambio, la tercera persona del discurso – un pronombre personal o un sintagma nominal– puede ser de rasgo humano, animado no-humano e inanimado. Esto está en estrecha relación con la ±duplicación del objeto indirecto.

El cuadro que presentan los estudios anteriores (cap. 2), muestra claramente las tendencias en las diferentes épocas: una curva diacrónica ascendente a favor de la duplicación en la primera y segunda persona del discurso en todo tipo de registro. Hemos visto que en el s. XVI coexisten las dos normas cuando se trata de un objeto pronominal personal. Este proceso evoluciona a través de los siglos y en la primera mitad del s. XX la duplicación de un objeto pronominal personal de primera y segunda persona es frecuente, según Fernández Ramírez (1951). Nuestra base de datos muestra claramente que en las dos primeras personas ya desde fines del s. XIX (tabla 24) es obligatoria, con la única excepción que muestra el texto *Tirano Banderas* de Valle Inclán: *Manís, harto me favoreces para que te dispute una bola de indios. A ti pertenece conducirlos a la matanza, pues eres el patrón y los pagas con tu plata*. En la gramática normativa (*Esbozo* RAE 1973: § 3.10.4.b) se establece que «En la lengua clásica y moderna, si el pronombre término de la preposición *a* es personal, la compañía del pronombre átono pronominal es forzosa». En la prosa narrativa del s. XX, en el Teatro moderno y en los textos orales narrativos y conversacionales, la presencia de un objeto pronominal personal de primera y segunda persona es obligatoria.

3. Gramaticalización del objeto indirecto en el español actual

Tabla 24.
Encuestas: nivel culto y popular (1983 y 1987); *Cuentos populares andaluces* (1994); Teatro moderno (1987-1994); Carmen Rico Godoy: *Cómo ser una mujer y no morir en el intento* (1990); Javier Marías: *Mañana en la batalla piensa en mí* (1994); Valle Inclán: *Tirano Banderas* (1926); Pérez Galdós: *Tristana* (1892).

±duplicación del OI en relación con las personas del discurso		1^{era} y 2da persona		3^{era} persona	
		Con duplic.	Sin duplic.	Con duplic.	Sin duplic.
Lenguaje oral	Encuestas	100% (236)	0% (0)	87% (221)	13% (32)
	Cuentos populares	100% (46)	0% (0)	98% (258)	2% (6)
Lenguaje escrito	Teatro moderno	100% (62)	0% (0)	60% (92)	40% (61)
	Cómo ser una mujer	100% (53)	0% (0)	90% (93)	10% (10)
	Mañana en la batalla	100% (16)	0% (0)	70% (82)	30% (35)
	Tirano Banderas	75% (3)	25% (1)	48% (59)	52% (65)
	Tristana	100% (9)	0% (0)	24% (15)	76% (48)

La duplicación de un objeto léxico / pronominal de tercera persona es frecuente ya en la primera mitad del s. XX. En nuestra base de datos no hemos encontrado ejemplos de objeto pronominal personal de tercera persona que no presente referencia cruzada.

La gramaticalización en las terceras personas si bien lleva una curva más tardía que la de las primeras personas del discurso –lo que concuerda perfectamente con la jerarquía de persona y animacidad (Dik, ibid.) y la caracterización del objeto indirecto: primordialmente, en igualdad de circunstancias, de rasgo humano– evoluciona en forma ascendente y siempre condicionada a las características internas de los textos: el tipo de registro, de tal manera que el proceso se da primero en los contextos no-marcados –lenguaje oral o de corte oral– para irse extendiendo poco a poco a los contextos marcados –lenguaje escrito más formal. Cf. textos de fines del s. XIX y primera mitad del s. XX: *Tristana* de corte más formal (24%) y *Tirano Banderas* de lenguaje dialogado (48%). Segunda mitad del s. XX: *Mañana en la batalla* conserva una línea más formal (70%) y *Cómo ser una mujer* de corte coloquial (90%). En los *Cuentos populares andaluces* –texto narrativo de carácter oral– es donde encontramos los porcentajes más altos de duplicación, llegando a un 98% de los casos.

Las *Encuestas del habla urbana de Sevilla* reflejan los resultados de dos niveles socioculturales: nivel popular y nivel culto y de tres generaciones. Aunque tratándose de un tipo de texto de registro coloquial, los porcentajes de duplicación (87%) son más bajos que en *Cómo ser una mujer* (90%) y que en los *Cuentos populares andaluces* (98%), lo que no es sorprendente, puesto que, según vamos a ver en el § 3.3.1.5, el proceso de gramaticalización no sólo hay que verlo desde la perspectiva del tipo de registro sino también desde la perspectiva del sociolecto y del cronolecto. Los resultados para el Teatro moderno muestran porcentajes más bajos que para la prosa narrativa, lo que se debe, como hemos visto antes, a que comprenden los totales de los diálogos y de la dirección artística. Al hacer un cómputo por separado se obtienen resultados diferentes y no sorprendentes (tabla 25). En la dirección artística, se registra, por un lado, la ausencia de las dos primeras personas del discurso, lo que concuerda perfectamente con un texto de carácter informativo y, por otro, los porcentajes de duplicación son bajos (39%); en cambio en los diálogos, además de registrarse la duplicación obligatoria en las dos primeras personas del discurso, en la tercera persona alcanza un 72%, resultado que se equipara con el comportamiento general que venimos observando en el lenguaje conversacional.

Tabla 25.
LA ±DUPLICACIÓN DEL OI EN LA DIRECCIÓN ARTÍSTICA Y EN LOS DIÁLOGOS EN LAS OBRAS DE TEATRO

±duplicación del OI en relación con las personas del discurso		1^{era} y 2da persona		3^{era} persona	
		Con duplic.	Sin duplic.	Con duplic.	Sin duplic.
Teatro moderno	Dirección artística	0% (0)	0% (0)	39% (22)	61% (34)
	Diálogos	100% (62)	0% (0)	72% (70)	28% (27)

Aunque no tenemos datos que puedan corroborar en qué medida en el lenguaje conversacional de fines del s. XIX y principios del s. XX se registraba la ±duplicación en las dos primeras personas del discurso, hacemos la siguiente conjetura: partiendo de la base que los procesos de gramaticalización empiezan en los contextos no-marcados –esto es en el lenguaje hablado, no-formal– y teniendo presente los resultados de la prosa narrativa, lenguaje artístico, escrito, no-formal antes vistos, nos atrevemos a

3. Gramaticalización del objeto indirecto en el español actual

inferir que la gramaticalización en el lenguaje conversacional seguramente ya había sido alcanzada en este período.

3.3.1.2.1. Cambio de marca del objeto indirecto de primera y segunda persona. Volvamos un momento a los resultados que registramos para el texto narrativo *Tirano Banderas* (tabla 24). Registramos un ejemplo de no-duplicación de un OI de segunda persona antepuesto, ejemplo que interpretamos como un resto de una etapa anterior en la cual este uso no se consideraba marcado, mas en la primera mitad del s. XX podemos considerarlo manifestación de un uso obsoleto. Este proceso en que una unidad pierde su carácter de marcado es lo que se denomina «cambio de marca» («markedness shift» cf. Dik, 1997: 44-47). En lo que a la evolución de la referencia cruzada del objeto indirecto de primera y segunda persona se refiere, haciendo uso de la representación gráfica de Dik, podemos esquematizar este desarrollo a través de los tiempos, grosso modo, como en la tabla 26.

Tabla 26.
EL CAMBIO DE MARCA DEL OBJETO INDIRECTO DE PRIMERA Y SEGUNDA PERSONA

OI de 1^{era} y 2da persona	Marcado	No-marcado	Obsoleto
Etapa 1: antes del s. XX	Con duplicación	Sin duplicación	—
Etapa 2: 1^{era} mitad del s. XX	—	Con duplicación	(Sin duplicación)
Etapa 3: 2da mitad del s. XX	—	Con duplicación	—

Si ahora observamos los porcentajes de duplicación con respecto al parámetro de la posición del OI podemos constatar que es, en general, en la anteposición en donde se registran los porcentajes más altos de duplicación en los diferentes tipos de texto. En lo que sigue vamos a analizar primero los resultados en las terceras persona, para luego ver los resultados en las tres personas del discurso en su totalidad y en todos los registros.

3.3.1.3. Referencia cruzada y posición del objeto indirecto.
Como vimos en el capítulo anterior, la posición del objeto indirecto es de gran relevancia en el proceso de gramaticalización. Desde muy temprano se observa que es la anteposición la que lleva los porcentajes más altos, sobre todo en textos que son de corte más coloquial o familiar. Los resultados que hemos visto –principalmente de textos narrativos– para la

primera mitad del s. XX coinciden, en general, en que la ±duplicación coexiste en la posposición; en cambio, es más frecuente la duplicación en la anteposición que en la posposición.

En nuestra base de datos observamos una curva ascendente en relación con la posición del objeto indirecto; curva ascendente que también hemos constatado con respecto al tipo de registro y luego en relación con las personas del discurso. Antes de dar paso al análisis de los porcentajes de duplicación con respecto a la posición del objeto indirecto, observemos si hay alguna relación entre la posición del objeto indirecto y las personas del discurso, sin tomar en cuenta el factor ±duplicación. La tabla 27 muestra que, en general e independientemente del tipo de registro, los porcentajes son más altos para la anteposición del objeto indirecto de primera y segunda persona que para la posposición, a excepción de los *Cuentos populares andaluces* y *Tristana*. En la tercera persona, en cambio, se registra una clara preferencia por la posposición del objeto indirecto independientemente del tipo de registro.

Tabla 27.
POSICIÓN DEL OI Y LAS PERSONAS DEL DISCURSO

Posición del OI en relación con las personas, sin el factor ±duplic		1^{era} y 2da persona		3^{era} persona	
		Pospuesto	Antepuesto	Pospuesto	Antepuesto
Lenguaje oral	Encuestas	25% (59)	75% (177)	62% (158)	38% (95)
	Cuentos populares	54% (25)	46% (21)	85% (225)	15% (39)
Lenguaje escrito	Teatro (total)	35% (22)	65% (40)	84% (128)	16% (25)
	Teatro (dir. artística)	0% (0)	0% (0)	98% (55)	2% (1)
	Teatro (diálogos)	35% (22)	65% (40)	75% (73)	25% (24)
	Cómo ser una mujer	15% (8)	85% (45)	60% (62)	40% (41)
	Mañana en la batalla	31% (5)	69% (11)	62% (73)	38% (44)
	Tirano Banderas	25% (1)	75% (3)	83% (103)	17% (21)
	Tristana	56% (5)	44% (4)	86% (54)	14% (9)

Ahora bien, si observamos los porcentajes en las dos primeras personas podemos constatar que mientras más se acerca el texto al registro conversacional más altos son estos porcentajes en la anteposición. Es en este tipo de registro en que, por una parte, se hace normalmente uso de la herramienta pragmática de «foco» y, por otra, se registra un marcado empleo de

3. Gramaticalización del objeto indirecto en el español actual

verbos de carácter psicológico o de opinión del tipo *gustar* o *molestar*. De los textos narrativos de fines del s. XX, no cabe duda que el que más se acerca a los registros coloquiales es *Cómo ser una mujer*, texto en el cual la anteposición alcanza un 85% de los casos; en *Mañana en la batalla*, por su parte, aunque la anteposición (69%) es más alta que la posposición en las primeras personas del discurso, los porcentajes son más bajos que en *Tirano Banderas* (75%), esto está seguramente ligado al carácter más coloquial de *Tirano Banderas*. En todo caso hay que hacer notar que se trata de muy pocos ejemplos (sobre todo en *Tirano Banderas*) como para hablar de diferencia estadística. Sólo los *Cuentos populares andaluces* (46%) y *Tristana* (44%) difieren de lo antes dicho. Pensamos que se debe a que los *Cuentos populares andaluces* no obstante ser un texto oral, que en muchos aspectos refleja como se expresa la narradora en la vida cotidiana, su uso comunicativo natural, refleja también las técnicas narrativas que se han venido transmitiendo de generación en generación a través de los tiempos, lo que obviamente tiene importancia aquí.

En el Teatro moderno la anteposición del objeto indirecto (65%) es mayor que la posposición (35%). Estos resultados no difieren del texto narrativo *Mañana en la batalla*: 69% de casos en la anteposición frente a un 31% en la posposición. No hay que perder de vista que ambos son textos literarios. Las *Encuestas*, por su parte, presentan porcentajes de anteposición un poco más bajos que en *Cómo ser una mujer* aún siendo un texto de tipo oral. Los resultados aquí presentados muestran la totalidad de los dos niveles culturales, factor que influye, también en la posición del objeto indirecto de primera y segunda persona.

En la tercera persona (tabla 27) se da la situación inversa. Los porcentajes más altos los encontramos en la posposición del objeto indirecto. Notorio es que en la tercera persona casi no hay diferencia de porcentajes entre las *Encuestas*, los diálogos en el Teatro moderno y los dos textos narrativos de fines del s. XX: *Cómo ser una mujer* y *Mañana en la batalla*.

Ahora bien, dando una visión de conjunto, se puede decir que (i) las dos primeras personas prefieren la anteposición y la tercera la posposición; (ii) si bien la tercera persona proporcionalmente prefiere la posposición, la anteposición gana terreno en los textos conversacionales o que se acercan al registro oral conversacional.

En lo que respecta a la duplicación de las dos primeras personas del discurso y su posición, los resultados muestran que desde fines del s. XIX –y en todo caso hoy en día– ni la posición, ni el tipo de registro tienen importancia alguna en la ±duplicación del objeto indirecto. La gramaticalización aquí ya ha sido alcanzada.

3.3.1.3.1. Los resultados para el siglo XX en las terceras personas.
Veíamos que, en la primera mitad del s. XX, la duplicación del objeto indirecto léxico antepuesto es la norma. Poston (1953) observa que la duplicación se da en una proporción de 5 a 1; Keniston (1937b: 8.5 – 8.72) registra la referencia cruzada en 99 casos de objeto indirecto antepuesto frente a 29 de no-duplicación (lo que correspondería a 77% de casos de duplicación frente a un 23% sin duplicación); Fernández Ramírez (1951: § 111-112), por su parte observa que hay variedad en el tipo de constituyente en los casos de duplicación, por ejemplo *nadie* o un pronombre relativo; también observa que tratándose de estructuras en que el verbo es de carácter psicológico o de opinión y el sujeto de rasgo no-humano, la duplicación es la norma. «Encuentro 23 pasajes de esta construcción en el material disperso del que dispongo: *a... (no) le aburre (agrada, basta, disgusta, emociona, gusta, impresiona, parece, etc.) con sólo un ejemplo en contra ... al buen señor no deslumbraban los ridículos encomios* (Galdós, *España sin rey* 1941)» (Fernández Ramírez, ob. cit.) La tendencia que registra Fernández Ramírez con este tipo de verbos, también se registra en el español actual con contadísimas excepciones en los registros escritos. Nuestros resultados muestran (tabla 29) que en la anteposición los porcentajes de duplicación son relativamente altos, en este período. En *Tristana* se registra un 56% de casos de duplicación, porcentaje que aumenta a principios de siglo llegando a un 71% en *Tirano Banderas*.

En cuanto a la duplicación del objeto indirecto léxico pospuesto en períodos anteriores al s. XX, en proporción, no es tan frecuente como en la anteposición; en cambio en la primera mitad del s. XX se hace más usual. Poston (ob. cit.) observa que es la norma si el verbo es *decir*, sin embargo en otras estructuras transitivas coexisten la duplicación y la no-duplicación. Los resultados de Keniston muestran que si bien se registra la duplicación, las frecuencias de no-duplicación son mayores. Fernández (ob. cit.), por su parte, observa que si el constituyente del OI es *uno* o *usted* la duplicación es la norma, sobre todo en la lengua hablada y que en estructuras ditransitivas la duplicación se da con mayor frecuencia que la no-duplicación y agrega que como complemento de *decir* y verbos análogos (*escribir, mandar, preguntar y rogar*), en una obra de Baroja (*El aprendiz de Conquistador*, 1931) examinada por completo encuentra cuatro pasajes de omisión del pronombre frente a 16 en que se emplea (lo que correspondería a un 80% de casos de duplicación, frente a un 20% de casos sin duplicación); mientras que tratándose de verbos de carácter psicológico o de opinión y siendo el sujeto de rasgo no-humano, la duplicación es vacilante. Además hace notar que el estilo de Baroja se acerca bastante a los usos hablados y que en general la duplicación de objeto indirecto pospuesto «se generaliza en el hablar espontáneo y se restringe más su empleo en la palabra escrita» (Fernández Ramírez, ob. cit.).

Como se puede ver, los criterios son diversos. Lo que podemos deducir de estas observaciones es que la gramaticalización del OI (antepuesto / pospuesto) va abarcando poco a poco diferentes campos, yendo siempre de los no-marcados a los marcados. Se deduce de sus observaciones que tratándose de las estructuras ditransitivas, abarca primero aquellos verbos que son más frecuentes en la lengua; en estructuras intransitivas, empieza en los verbos de carácter psicológico, verbos que normalmente se emplean en registros hablados, coloquiales; y que la duplicación, en general, es más común en los registros hablados. Ahora bien, para el mismo período y en la posposición, nuestros textos muestran, sin entrar en mayores detalles, que los porcentajes de duplicación también aumentan en el correr del tiempo, aunque siempre más bajos que los que vimos para la anteposición, registrándose en *Tristana* un 19% de casos de duplicación, porcentaje que se duplica en *Tirano Banderas*, llegando a un 43%.

Fernández Soriano, en la *Gramática Descriptiva* (1999), señala que la aparición del clítico es obligatoria en la anteposición. Citamos– «los únicos casos de (re)duplicación propiamente dicha son [...] aquellos en que el clítico co-aparece en la misma oración con un sintagma en posición canónica de objeto» y añade que en estos casos la duplicación está relacionada con el tipo de complemento. En la posposición distingue entre los objetos indirectos que duplican en forma facultativa y los de duplicación obligatoria, ya que «el doblado de dativos –dice– está directamente relacionado con el papel semántico asignado al objeto indirecto»; entre los primeros se encuentran los dativos Metas o Destinatarios y entre los segundos están los dativos Experimentante, Beneficiario y Poseedor. Las generalizaciones de Fernández Soriano, a primera vista valederas, no coinciden totalmente con nuestros resultados.

En nuestra base de datos registramos en primer lugar, que sólo en las primeras personas del discurso, y, en general, cuando se trata de un objeto pronominal personal la duplicación es obligatoria; segundo, la obligatoriedad de la duplicación de un objeto léxico antepuesto depende del tipo de registro y es así como en un texto conversacional se registra la duplicación en el 100% de los casos, mientras que en un texto eminentemente informativo los porcentajes bajan a un 63% de los casos en el español actual y a un 0% en el texto constitucional; tercero, como nuestros resultados no muestran estadísticamente el aspecto de la función semántica, del objeto indirecto, no podemos decir en forma categórica aún si es la duplicación de dativo Experimentante o Beneficiario o Poseedor la que es absolutamente obligatoria, lo único que podemos asegurar es que hay una marcada tendencia a la duplicación del objeto indirecto en aquellos casos en que la función semántica se ve claramente delimitada, esto es, en los casos en que los roles semánticos no se superponen, lo cual es común que suceda. En definitiva, el factor determinante en la ±duplicación es el tipo de registro; cuarto, en lo que al dativo Meta / Destinatario se refiere, nuestro resultados muestran claramente que no se trata de un uso facultativo sino de un proceso de gramaticalización en el que –como en los casos anteriores– el tipo de registro es un factor determinante.

Valgan, a modo de ejemplo, casos de dativo Experimentante sin duplicación, registrados en diferentes tipos de texto:

(i) En el lenguaje conversacional no hemos registrado ningún ejemplo con la función semántica de Experimentante ni de Poseedor sin duplicación, sin embargo se registra un par de ejemplos con la función semántica de Beneficiario, como los siguientes:[2]
   a. [...] el sevillano joven está en la calle... y no hay quien lo canse por la edad que tiene; ahora, un sevillano que ha vivido muchas ferias ya lo reserva *a la juventud*, lo deja para el que viene, [...] (Encuestas. Nivel popular, segunda generación);
   b. Y eso pienso que ... ; o sea, o ... o será que son de otra manera, ¿no?, que nosotros; viven de otra forma, pero, vamos, que me parece que negando un cigarro *a la gente* ... pues pienso que es absurdo, ¿no? (Encuestas. Nivel popular, segunda generación).

(ii) En el lenguaje narrativo[11] se registran ejemplos en que el dativo Experimentante duplica en la anteposición y no en la posposición o viceversa:
   a. *A Ruibérriz le* agrada hacer favores, o al menos mostrar que está en disposición de hacerlos, eso agrada a todo el mundo, cavilar, dudar y poder decir luego [...].
   b. No es sólo que en un momento desaparezca la minúscula historia de los objetos, sino también [...] y lo que he visto -el autobús de dos pisos [...] y las mil y una cosas que pasaron ante mis ojos y *a nadie* importan- [...].
   c. [...] no sé bien cuáles son los males que matan tan rápidamente y sin titubeos ni tampoco me importa saber cuál mató a Marta, tampoco *le* importaría mucho *a ese padre*, quizá [...].
   d. [...] aunque quizá estuviera acostumbrado, era lo bastante pequeño para que eso no importara aún *a sus padres*, [...].

---

[11] Los ejemplos provienen de la novela *Mañana en la batalla piensa en mí* (1994) de Javier Marías.

(iii) Se registran también casos en que el OI es un pronombre relativo con y sin duplicación:
   a. Quizá hay ya alguien *a quien se* lo contó, lo ha contado, *a quien* anunció mi visita [...].
   b. Había un espejo de cuerpo entero frente a la cama, como si fuera la habitación de un hotel (un matrimonio *al que* gustaba mirarse, antes de salir a la calle, antes de acostarse).

(iv) En el lenguaje periodístico se registran también ejemplos en que el dativo Experimentante antepuesto no duplica:
   a. En la primera emisión [...] hizo una entrevista osada al entrenador del Real Madrid, Jorge Valdano, que, reconoce *a unos* ha gustado y a otros horrorizado (CAM16.01-16-95)

(v) En la prosa formal,[12] que es en donde la duplicación viene a ser la situación marcada, no sorprende encontrar ejemplos de dativo Experimentante en anteposición y posposición sin duplicación (el ejemplo (e): un dativo Poseedor).
   a. Y ese propósito recto los vuelve incomprendidos para el vulgo de las gradas, *a quien* gusta, y es gusto zafio, ver las axilas de los muchachos rezumando. (*Entrando en año*)
   b. Pues aquí no: su diseño gustó cuanto cabe *a quienes* decidían, juzgando irrelevante verter un poco más de escombro sobre este solar compartido que es la lengua española. (*Telefonía sin tilde*)
   c. Lo han tramado quizá publicitarios foráneos *a quienes* la lengua española importa un pepión (*Telefonía sin tildes*)
   d. Sí debe ponerse el grito en la tierra, ya que *al cielo* importa poco, ante la gansa denominación cargos electos que los políticos y sus tornavoces mediáticos repiten hasta el hartazgo: [...] (*Buenas madrugadas*)
   e. Da la gloria oír la voz humana en faenas noticiosas, tertulias poliopinantes, señuelos de médicos taumaturgos (en un anuncio, el propio San Pedro afea los juanetes *a un nuevo huésped celeste*), de videntes sagaces [...] (*Buenas madrugadas*)

Ahora bien, al observar los ejemplos en que el objeto indirecto es un relativo personal, podemos constatar una marcada tendencia a la no-duplicación. De acuerdo con los resultados de los estudios anteriores (cf. cap. 2), la duplicación de un relativo personal no sólo se registra ya desde

---

[12] Los ejemplos provienen del conjunto de artículos de Lázaro Carreter: *Dardo en la palabra* (1999-2000).

el s. XVI sino también en el Cid (s. XII); los estudiosos coinciden también en que la duplicación es usual en la primera mitad del s. XX, en particular en los registros coloquiales. En este estudio, a pesar de que no hemos hecho un análisis en profundidad de las estructuras oracionales principales y subordinadas en relación a la duplicación del objeto indirecto, estudio que reservamos para más tarde, hemos hecho algunas observaciones tanto en la prosa formal como en la prosa narrativa escrita de fines del s. XX. Es en este tipo de registro, entre otros, en donde el uso de las oraciones de relativo es más frecuente (Biber et al. 1998). Los textos elegidos corresponden a los artículos *Dardo en la palabra* (1999-2000) de Lázaro Carreter y las novelas *Mañana en la batalla piensa en mí* (1994) de Javier Marías y *Cómo ser una mujer y no morir en el intento* (1990) de Carmen Rico Godoy.

3.3.1.3.2. Referencia cruzada en las oraciones subordinadas.
Nuestros resultados muestran que en la prosa formal no se registra ningún ejemplo de duplicación de un relativo pronominal en la función de objeto indirecto; en cambio tratándose de los textos narrativos escritos la duplicación no es un fenómeno ausente. En *Mañana en la batalla*, de un total de 17 ejemplos, se registran 3 casos de duplicación (18%) frente a 14 sin duplicación (82%); en cambio en *Cómo ser una mujer*, la situación es inversa a la anterior, de un total de 5 ejemplos se registran 4 casos de duplicación (80%) frente a 1 sin duplicación (20%). Estos resultados están en estrecha relación con el tipo de registro. En otro lugar, hemos mencionado que el primer texto presenta rasgos más cercanos a los registros formales, mientras que el segundo presenta rasgos más cercanos a los registros coloquiales, prueba de ello son las siguientes consideraciones: el primer texto muestra porcentajes totales de duplicación del objeto indirecto que alcanzan un 74% y una mayor frecuencia de casos de oraciones de relativo (17/23=77%), pero al mismo tiempo la duplicación del relativo personal es bastante baja (18%); mientras que el segundo texto muestra porcentajes de duplicación que llegan a un 94%. Los porcentajes de relativo, en relación con el texto anterior son bajos (5/23=23%) y sin embargo con un alto porcentaje de duplicación (80%), como se puede ver en la tabla 28.

3. Gramaticalización del objeto indirecto en el español actual

Tabla 28.
JAVIER MARÍAS: MAÑANA EN LA BATALLA PIENSA EN MÍ; CARMEN RICO GODOY: CÓMO SER UNA MUJER Y NO MORIR EN EL INTENTO.

La duplicación de un relativo personal	Con duplicación (tablas 21-22)	Sin duplicación (tablas 21-22)	Con duplicación relativo personal	Sin duplicación relativo personal
Mañana en la batalla	74% (98)	26% (35)	18% (3)	82% (14)
Cómo ser una mujer	94% (94)	6% (10)	80% (4)	20% (1)

Las oraciones subordinadas, en este caso las de relativo personal con la función de objeto indirecto –por definición de rasgo humano y definidos / específicos– perteneciente a la categoría morfológica de la tercera persona y desde la perspectiva de la función pragmática posiblemente con el estatus de tópico– son menos compatibles con las innovaciones que las oraciones principales (Andersen 1990). Además son estructuras marcadas en relación con las oraciones principales (Andersen 2001a). Todo esto concuerda perfectamente con nuestros resultados: la duplicación comienza en los contextos no-marcados. Es en el texto conversacional en donde los porcentajes generales de duplicación son altos y es aquí también donde se registran los porcentajes más altos de duplicación del relativo personal. En el § 3.2.4 veíamos estructuras de predicado complejo en las que los porcentajes de duplicación eran menores que en las estructuras no marcadas. No se puede negar que los procesos de gramaticalización del objeto indirecto no sólo están estrechamente ligados al tipo de registro sino también al tipo de estructura. Esto no quiere decir que otros factores no influyan en este proceso. Ya hemos visto antes que la posición y las personas del discurso son importantes; más adelante vamos a ver en qué medida el rasgo de ±animado, los factores socioculturales y generacionales también lo son.

3.3.1.3.3. Análisis de nuestros resultados.
Antes de dar paso al análisis de nuestros resultados, hagamos algunas consideraciones generales. Decíamos en otro lugar que se hace uso de la anteposición del objeto indirecto por cuestiones pragmáticas, esto es cuando el argumento objeto indirecto está en posición focal. Se ha visto también que hay una marcada tendencia a que el argumento Experimentante en particular y el objeto indirecto en general ocupen la plaza que normalmente ocupa el sujeto. Nuestros resultados muestran que es parti-

cularmente en textos conversacionales o en textos con rasgos de los registros coloquiales en donde se observa este comportamiento. Los textos de carácter informativo, como por ejemplo la prosa académica y los documentos oficiales prefieren la posición postverbal.[13] Esto se debe al carácter objetivo y distante que presentan, con casos extremos como el texto constitucional (tabla 10) en que no se registra la anteposición, por referirse sus disposiciones a todos los individuos y no a uno en particular, además en este tipo de texto no se hace –en la misma medida que en otros textos– uso de recursos pragmáticos.

Hemos visto más arriba que nuestros resultados muestran que hay una correlación entre la posición y las personas del discurso; y entre la posición, las personas del discurso, factores pragmáticos y el tipo de registro. Ahora bien, teniendo en cuenta el factor ±duplicación, podemos ver que en los registros coloquiales la duplicación es categórica en la anteposición (tabla 29) y si aún no es obligatoria en la posposición, los porcentajes son lo suficientemente altos como para pensar que va en vías de serlo. En el Teatro moderno (en los diálogos), el objeto indirecto duplica en forma categorica en la anteposición: 100%, siendo los porcentajes más bajos en la posposición: 62,5%, incluso más bajos que los de la prosa literaria de corte más formal: 71% (*Mañana en la mañana*). Es curioso observar que en el texto en que se reproduce lenguaje de corte coloquial, el factor texto literario escrito sea más importante que el factor registro, de ahí, seguramente los bajos porcentajes de duplicación en la posposición, en cambio en el texto narrativo coloquial *Cómo ser una mujer* es el factor coloquial el más prominente: la duplicación llega a un 84% de los casos. Lo mismo observamos en el texto narrativo oral *Cuentos populares andaluces* en que la duplicación alcanza un 98% de los casos en la posposición. Si ahora observamos la evolución de la duplicación en textos narrativos desde fines del s. XIX hasta nuestros días, el proceso ha ido siempre en aumento, con porcentajes más altos en la anteposición que en la posposición, pero siempre en una curva ascendente en ambas posiciones, con la única salvedad de que si en la anteposición muestra ser una evolución más gradual, en la posposición hay un salto brusco a favor de la duplicación. Los resultados de duplicación en la anteposición, que observamos en *Tirano Banderas*, nuestro texto de la primera mitad del s. XX de marcado carácter dialo-

---

[13] Los datos que corresponden a los textos de prensa muestran que en un 64% (388 ejs.) de los casos el OI va pospuesto al verbo y que en un 36% (217 ejs.) va antepuesto. Los que corresponden a los textos de Lázaro Carreter un 70% (69 ejs.) ocupa la plaza postverbal frente a un 30% (20 ejs.) en la anteposición.

3. Gramaticalización del objeto indirecto en el español actual

gado, son un indicio de que la gramaticalización en registros coloquiales empieza mucho antes en la anteposición que en la posposición.

Tabla 29.
Objeto indirecto pospuesto / antepuesto de tercera persona

±duplic. del OI de 3era persona con relación a su posición		Pospuesto		Antepuesto	
		Con duplic.	Sin duplic.	Con duplic.	Sin duplic.
Lenguaje oral	Encuestas	80% (126)	20% (32)	100% (95)	0% (0)
	Cuentos populares	98% (221)	2% (4)	95% (37)	5% (2)
Lenguaje escrito	Teatro (totales)	53% (67)	48% (61)	100% (25)	0% (0)
	Teatro (dir. artística)	38% (21)	62% (34)	100% (1)	0% (0)
	Teatro (diálogos)	62,5% (45)	37,5% (27)	100% (25)	0% (0)
	Cómo ser una mujer	84% (52)	16% (10)	100% (41)	0% (0)
	Mañana en la batalla	71% (52)	29% (21)	68% (30)	32% (14)
	Tirano Banderas	43% (44)	57% (59)	71% (15)	29% (6)
	Tristana	19% (10)	81% (44)	56% (5)	44% (4)

En cuanto a la duplicación del objeto indirecto y su posición, en textos escritos no narrativos –textos que analizamos sin distinguir entre las personas del discurso– vamos a tratar los textos de prensa y la prosa académica. (v. tabla 30).

Hemos comentado antes que pensamos que durante el proceso de gramaticalización la duplicación y no-duplicación se emplean como una herramienta de expresión de subjetividad y de objetividad respectivamente con respecto al contenido de la predicación. Dicho en otras palabras, el hablante hace uso de la no-duplicación al marcar la distancia con lo expresado en la predicación; se expresa, entonces, en forma objetiva; en cambio hace uso de ella para marcar acercamiento o el compromiso con lo expresado en la predicación, expresándose, de esta manera, en forma subjetiva. Esta distinción desaparece en la medida que el proceso va ganando terreno y la duplicación se generaliza. Este recurso pragmático se devalúa retóricamente. Son los textos de alto contenido informativo los que mejor presentan esta distinción.

Si observamos los resultados de la tabla 30, los porcentajes de duplicación tanto en la anteposición como en la posposición van en aumento en el correr del tiempo, pero se ve claramente que el proceso en general es más tardío en este tipo de registro que en los registros coloquiales y narrativos (cf. tabla 29). De la misma manera que los resultados de la tabla 29, se observa aquí que la duplicación en la posposición es más tardía que en la anteposición y, que tanto la duplicación en la anteposición como en la posposición muestran una curva ascendente. En lo que al lenguaje de prensa se refiere –si bien es un registro por una parte altamente informativo y, por otra, al tratarse de entrevistas, texto de interacción comunicativa entre el entrevistador y el entrevistado– la gramaticalización está a punto de ser alcanzada en la anteposición, llegando a un 94% de los casos; en cambio en la posposición la situación es totalmente diferente, alcanzando la duplicación sólo un 53% de los casos. El lenguaje de prensa en la anteposición muestra el mismo comportamiento que el que se registra en los textos conversacionales o coloquiales en que la gramaticalización ya ha sido alcanzada; en cambio en la posposición sigue conservando los rasgos que caracterizan a un texto informativo: bajos porcentajes de duplicación. Ahora si comparamos los resultados de la tabla 29 con los de la tabla 30, no cabe duda que el proceso de gramaticalización poco a poco va abarcando todos los tipos de textos. Los datos no dejan duda de que mientras más formal es el texto, más tardía es la evolución de este proceso. Nótese que en la prosa académica desde la perspectiva diacrónica lleva una curva ascendente de duplicación estable que va de un 38% de casos de duplicación a fines del s. XIX y principios del s. XX, a un 57% a mediados del s. XX, llegando a un 65% a fines de éste; en cambio en la posposición, en los mismos períodos, si observamos los dos extremos, la duplicación se triplica a fines del s. XX. El texto de Zambrano presenta porcentajes más altos de duplicación que los de Carreter, lo que se podría explicar por lo que hemos dicho en otro lugar, que se trata de conferencias en que la autora apela a la interacción comunicativa, dado que es un texto escrito para ser pronunciado y escuchado.

Tabla 30.
ENTREVIS; CARRETER: *EL DARDO EN LA PALABRA* (1999-2000); ZAMBRANO: *PENSAMIENTO Y POESÍA* [...]. (1939); ORTEGA Y GASSET: ENSAYOS (1916, 1923, 1924,1933, 1940); Y PÉREZ GALDÓS: DISCURSO (1897)

±duplic. del OI con relación a su posición		Pospuesto		Antepuesto	
		Con duplic.	Sin duplic.	Con duplic.	Sin duplic.
Prensa	ENTREVIS	53% (205)	47% (183)	94% (205)	6% (12)
Prosa académica	Lázaro Carreter	20% (14)	80% (55)	65% (13)	35% (7)
	María Zambrano	29% (11)	71% (27)	57% (4)	43% (3)
	Ortega y Gasset; Pérez Galdós	6% (3)	94% (48)	38% (5)	62% (8)

3. Gramaticalización del objeto indirecto en el español actual

A modo de recapitulación de lo que hemos venido planteando hasta ahora: la ±duplicación del objeto indirecto es un fenómeno de cambio lingüístico, fenómeno que no se da parejo en todos los contextos por lo que hay que tener siempre en vista diferentes factores:

(i) el tipo de registro;
(ii) las personas del discurso, lo que está en relación con las jerarquías de persona y de animacidad;
(iii) la posición de la unidad con la función de OI con respecto al verbo, lo que está en estrecha relación con la topicalidad;
(iv) el factor de objetividad y subjetividad que está en estrecha relación con el tipo de registro;
(v) el tipo de estructura oracional en que aparece el objeto indirecto ya de carácter marcado ya de carácter no-marcado; factores todos en estrecha relación con la teoría de marca.

En el español actual, en los textos de registro conversacional o coloquial los casos de no-duplicación son tan esporádicos que la única explicación que nos parece plausible en este contexto es que se trata de casos marcados que vienen más bien a constituir usos en camino de ser obsoletos en el lenguaje conversacional; la ±duplicación, en los otros tipos de texto, no se puede explicar sin tener en consideración los factores antes mencionados.

3.3.1.4. Referencia cruzada y rasgo de animado e inanimado del objeto indirecto.

En el § 3.1.1 mencionamos que al hacer el cómputo de los datos, se decidió registrar bajo el rasgo de OI animado los seres humanos, los animales, los seres como la *Virgen*, *Dios*, el *Demonio* y todos los entes que se mueven en el cosmos de los cuentos maravillosos; bajo el rasgo de OI inanimado se registran, además de las entidades inanimadas propias, las entidades colectivas que representan personas como por ejemplo: el *Gobierno*, *Juzgados* y *Tribunales*, *Ayuntamientos*, *Diputaciones*, las *Cámaras*, la *Corona*, el *partido*, etc. El objeto indirecto de rasgo inanimado representa, en efecto, entidades que se emplean en sentido metafórico, o son entidades que representan personas o entidades que establecen una relación orgánica con su objeto directo, como vamos a ver más adelante en los capítulos 4 y 5.

De la tabla 31 se desprende que es el tipo de registro el que determina el rasgo semántico dominante del objeto indirecto. Si bien en los textos conversacionales, narrativos (ficción en general), lenguaje periodístico, se registran ejemplos de rasgo inanimado, el rasgo dominante del objeto indirecto es el de animado. En el lenguaje conversacional y narrativo, en el español actual, el objeto indirecto de rasgo animado sobrepasa el 90%. Esto muestra que en este tipo de registros la distribución se ha mantenido constante. Los estudios de Silva Corvalán (1984) muestran que el OI es de rasgo humano en el 94% de los casos en la Edad Media y en el 90% de los casos en el español hablado actual (v. cap. 2). En el lenguaje periodístico (v. tabla 31) los porcentajes bajan a un 81%, lo cual no es sorprendente, puesto que se trata de un tipo de registro que también comprende aspectos del lenguaje formal. En la prosa académica, en cambio, se registra que los porcentajes de objeto indirecto de rasgo inanimado alcanzan porcentajes que sobrepasan el 50% de los casos en todos los períodos. Estos resultados son una prueba de que el rasgo semántico del OI está determinado por el tipo de registro y de que los porcentajes se han mantenido constantes en el correr de los tiempos.

Tabla 31.
EL RASGO SEMÁNTICO DEL OI Y EL TIPO DE REGISTRO

El OI y los rasgos ±animado		OI Animado	OI Inanimado
Lenguaje oral	Encuestas	93% (456)	7% (33)
	Cuentos populares	99% (307)	1% (3)
Lenguaje escrito (ficción)	Teatro (totales)	93% (200)	7% (15)
	Cómo ser una mujer	95,5% (149)	4,5% (7)
	Mañana en la batalla	92% (122)	8% (11)
	Tirano Banderas	84,4 % (108)	15,6% (20)
	Tristana	83% (62)	17% (13)
Lenguaje escrito (no-ficción)	ENTREVIS	81,% (492)	19% (113)
	Lázaro Carreter	48% (43)	52% (46)
	María Zambrano	40% (18)	60% (27)
	Ortega y Gasset; Pérez Galdós	37,5% (24)	62,5% (40)
Doc. oficiales	Constitución Española	24,4% (11)	75,6% (34)

Los porcentajes de ±duplicación del objeto indirecto en relación con los rasgos de animado / inanimado siguen los cánones que hemos visto hasta aquí en cuanto a la ±duplicación: en contextos marcados los procesos de gramaticalización son más tardíos que en los no-marcados; la duplicación del OI muestra una curva ascendente en el correr del tiempo.

3. Gramaticalización del objeto indirecto en el español actual

Los resultados que podemos observar en la tabla 32 muestran que en todo tipo de registro y en todos los períodos, la curva ascendente de la duplicación se muestra perseverante. En el español actual de registro oral y conversacional / coloquial (las *Encuestas* y los *Cuentos populares andaluces*) y en la prosa narrativa de registro coloquial (*Cómo ser una mujer*), textos en los cuales los porcentajes de duplicación son en general altos, muestran que la duplicación del OI de rasgo inanimado es casi tan alta como la de OI de rasgo animado; en el texto narrativo *Mañana en la batalla* la duplicación de OI inanimado es, proporcionalmente, bastante más baja que la de OI animado.

Tabla 32.
EL OI Y LOS RASGOS DE ANIMACIDAD. 1^{ERA}, 2DA, 3^{ERA} PERSONA

±duplicación del OI con relación a los rasgos ±animado (1^{era}, 2da, 3^{era} persona)		OI Animado		OI Inanimado	
		Con duplic.	Sin duplic.	Con duplic.	Sin duplic.
Lenguaje oral	Encuestas	95% (434)	5% (22)	70% (23)	30% (10)
	Cuentos populares	98% (301)	2% (6)	100% (3)	0% (0)
Lenguaje escrito (ficción)	Teatro (totales)	71,5% (143)	28,5% (57)	73% (11)	27% (4)
	Cómo ser una mujer	94% (140)	6% (9)	86% (6)	14% (1)
	Mañana en la batalla	77% (94)	23% (28)	36% (4)	64% (7)
	Tirano Banderas	53% (57)	47% (51)	25% (5)	75% (15)
	Tristana	39 % (24)	61% (38)	8% (1)	92% (12)
Lenguaje escrito (no-ficción)	ENTREVIS	73% (360)	27% (132)	44% (50)	56% (63)
	Lázaro Carreter	35% (15)	65% (28)	26% (12)	74% (34)
	María Zambrano	56% (10)	44% (8)	19% (5)	81% (22)
	Ortega y Gasset; Pérez Galdós	21% (5)	79% (19)	7,5% (3)	92,5% (37)
Doc. oficiales	La Constitución Española	0% (0)	100% (11)	0% (0)	100% (34)

Estas tendencias las observamos también en la prosa narrativa de los otros períodos (*Tirano Banderas, Tristana*), lo que era de esperar, puesto que se trata de textos de carácter marcado en comparación con la prosa más informal que representa *Cómo ser una mujer*. En los textos de prensa se observa un comportamiento semejante al de la prosa narrativa formal, lo que estaría indicando que en este tipo de registro, se observan, de la misma manera que en la prosa narrativa, las normas que rigen para la expresión formal, aún tratándose de entrevistas. En la prosa académica, de baja duplicación del OI en general, muestra sin embargo una evolución ascendente positiva a favor de la duplicación del OI de rasgo inanimado que va de un 7,5% a principios del s. XX, a un 19% a mediados de siglo y alcanzando un 26% a fines del s. XX, lo que es prueba de que la gramaticalización del OI ya alcanzada en los contextos no-marcados también va abarcando los contextos marcados: el tipo de registro (formal) y el rasgo morfológico del OI (inanimado).

Tabla 33.
EL OI Y LOS RASGOS DE ANIMACIDAD. SÓLO LA 3^{ERA} PERSONA.

±duplicación del OI con relación a los rasgos ±animado. Sólo la 3^{era} persona		OI Animado		OI Inanimado	
		Con duplic.	Sin duplic.	Con duplic.	Sin duplic.
Lenguaje oral	Encuestas	90% (198)	10% (22)	70% (23)	30% (10)
	Cuentos populares	98% (255)	2% (6)	100% (3)	0% (0)
Lenguaje escrito (ficción)	Teatro (totales)	59% (83)	41% (57)	73% (11)	27% (4)
	Cómo ser una mujer	91% (87)	9% (9)	86% (6)	14% (1)
	Mañana en la batalla	74% (78)	26% (28)	36% (4)	64% (7)
	Tirano Banderas	52% (54)	48% (50)	25% (5)	75% (15)
	Tristana	28% (15)	72% (38)	8% (1)	92% (12)

Los resultados anteriores (tabla 32) comprenden todas las personas del discurso. Ya hemos visto que en las dos primeras personas la duplicación es categórica en todo tipo de registro. La tabla 33 muestra los porcentajes de ±duplicación sólo en las terceras personas para el lenguaje oral y para el lenguaje escrito (ficción). Los resultados muestran que las tendencias son las mismas que hemos visto al considerar todas las personas del discurso. Lo que nos parece interesante observar es que en un texto que reconstruye el lenguaje conversacional, el Teatro moderno, sólo en las primeras personas copia la forma de expresión del objeto indirecto, es decir, hace uso de la referencia cruzada; en las terceras personas, en cambio, sigue un comportamiento que se encuentra entre el lenguaje narrativo formal actual, que muestra un 74% de duplicación para el OI de rasgo animado (*Mañana en la batalla*, tabla 33), y el lenguaje académico (Lázaro Carreter, tabla

32), que muestra un 35% de casos de duplicación del OI de rasgo animado. Por otro lado, en cuanto a la duplicación de OI de rasgo inanimado se comporta también como en el lenguaje conversacional (*Encuestas*), alcanzando un 73% de casos de duplicación (tabla 33) (nótese que los casos de objeto indirecto inanimado se registran en la dirección artística y no en los diálogos).

Vásquez Rozas (1995: 93) en sus cómputos sobre once novelas escritas por autores españoles y latinoamericanos, entre 1930 y 1986, obtiene los siguientes resultados: de un total de 2.056 ejemplos de OI de rasgo animado, registra la duplicación en 1.404 (lo que equivale a un 68% de los casos) y la no-duplicación en 652 (lo que equivale a un 32% de los casos); en cambio de un total de 583 casos de OI de rasgo inanimado, en 150 ejemplos registra la duplicación (lo que equivale a un 26%) y en 433 ejemplos no se registra (lo que equivale a un 74%).

Hemos visto en el apartado anterior que en las terceras personas en general se prefiere la posposición. Ahora bien, si se miran con más detenimiento los resultados podemos comprobar que los porcentajes de OI de rasgo inanimado pospuesto no bajan del 80% en todos los tipos de texto y en todas las épocas. No es pues el OI de rasgo inanimado el que aparece en posición topical, ni tampoco duplica en la misma medida que el OI de rasgo animado; pero sí se puede decir que en los casos en que el OI inanimado se encuentra preverbal, la duplicación es categórica ya desde fines del s. XIX en la ficción (v. tablas 18, 19, 20, 21, 22). En el español actual es categórica también de registro oral (v. tabla 24), en cambio en la prosa académica se registra en la anteposición tanto la duplicación como la no-duplicación en los tres períodos estudiados (v. tablas 14, 15, 16). En el español actual registramos 2 ejemplos de OI inanimado antepuesto sin duplicación frente a 13 con duplicación en el lenguaje periodístico (v. tabla 17).

Los resultados que hemos visto hasta este momento no hacen más que corroborar el hecho de que los procesos de gramaticalización están en estrecha relación con la teoría de marca: se alcanza la gramaticalización primero en los contextos no-marcados para abarcar luego los contextos marcados. Si intentamos hacer una jerarquía para el proceso de gramaticalización del OI tomando en cuenta sólo las jerarquías de persona, animacidad, el proceso se da de la siguiente manera:

OI hum. / 1^{era} y 2da pers. > OI hum. / 3^{era} pers. > OI animado > OI inanimado concreto > OI inanimado abstracto

3.3.1.5. Referencia cruzada en relación con el sociolecto y el cronolecto.
Las *Encuestas del habla urbana de Sevilla* (1983 [1973], 1987 [1984-1986]) comprenden dos estratos socioculturales bien delimitados, en un extremo el nivel popular, que comprende hablantes con estudios primarios completos, otros con estudios primarios incompletos y otros con el bachillerato o formación profesional alcanzados; en el otro extremo el nivel culto, que comprende hablantes con titulación superior. Cada uno de los niveles comprende a su vez tres generaciones: la primera comprende los menores de 30 años, las edades de la segunda oscila entre los 30 y 45 años y los hablantes de la tercera generación son todos mayores de 45. Las *Encuestas* del nivel culto fueron grabadas en 1973, por lo que podemos deducir que los hablantes de la primera generación han nacido entre 1952 y 1946, los de la segunda entre 1943 y 1930 y los de la tercera entre 1927 y 1914; las *Encuestas* del nivel popular fueron grabadas, en cambio, entre 1984 y 1986, por lo que deducimos que los hablantes de la primera generación han nacido entre 1965 y 1958, los de la segunda entre 1952 y 1941 y los de la tercera entre 1937 y 1899.

De acuerdo con los resultados obtenidos, se puede observar que este factor sociolectal también desempeña un papel en el proceso de gramaticalización del objeto indirecto. Ya hemos visto que los porcentajes de duplicación del lenguaje conversacional son altos, ahora en lo que a diferencia sociolectal se refiere, se puede observar que si bien los porcentajes de duplicación son altos para ambos grupos de hablantes, es el grupo que representa el nivel popular el que muestra los porcentajes más altos de duplicación. En el nivel popular (tabla 34) se registra un 98% de casos de duplicación, frente un 86% para el nivel culto (tabla 35). Estos resultados muestran la importancia del tipo de registro y del sociolecto en la gramaticalización del objeto indirecto.

Tabla 34.
ENCUESTAS DEL HABLA URBANA DE SEVILLA: NIVEL POPULAR (1984-1986; 1987)
[116.577 PALABRAS]

Texto conversacional	Con duplicación		Sin duplicación		Total
	Pospuesto	Antepuesto	Pospuesto	Antepuesto	
OI animado	126	167	7	0	300
OI inanimado	12	1	0	0	13
Total	138	168	7	0	
	306 (98%)		7 (2%)		313

3. Gramaticalización del objeto indirecto en el español actual

Tabla 35.
ENCUESTAS DEL HABLA URBANA DE SEVILLA: NIVEL CULTO (1973; 1983)
[69.831 PALABRAS]

Texto conversacional	Con duplicación		Sin duplicación		Total
	Pospuesto	Antepuesto	Pospuesto	Antepuesto	
OI animado	40	101	15	0	156
OI inanimado	7	3	10	0	20
Total	47	104	25	0	
	151 (86%)		25 (14%)		176

Si bien se registra una diferencia significativa entre el nivel popular y culto en cuanto a la ±duplicación en general, observamos también que no es en la anteposición donde se registran las diferencias, sino en la posposición, que era por lo demás de esperar (tabla 36). Ya hemos visto que en la posposición la gramaticalización del OI, en general, es más tardía que en la anteposición, comportamiento que también se observa en los dos sociolectos: en la anteposición la duplicación es categórica; en cambio en la posposición en el nivel popular se observa que la gramaticalización está a punto de ser alcanzada: 95% y 93%, si no se contabilizan los ejemplos de las primeras personas; mientras que en el nivel culto los porcentajes son considerablemente más bajos: 65% para los totales y 58%, si se contabilizan sólo los casos de OI de las terceras personas.

Tabla 36.
NIVEL POPULAR Y NIVEL CULTO: ±DUPLICACIÓN DEL OI POSPUESTO Y ANTEPUESTO

±duplicación del OI con relación a su posición		OI pospuesto		OI antepuesto	
		Con duplic.	Sin duplic.	Con duplic.	Sin duplic.
Nivel popular	totales	95% (138)	5% (7)	100% (168)	0% (0)
	3^{era} pers.	93% (93)	7% (7)	100% (57)	0% (0)
Nivel culto	totales	65% (47)	35% (25)	100% (104)	0% (0)
	3^{era} pers.	58% (35)	42% (25)	100% (41)	0% (0)

La diferencia sociolectal se refleja también en relación con el rasgo de ±animado del OI (tabla 37). Las frecuencias de duplicación del OI de rasgo animado siempre son un poco más altas en el nivel popular: 98%

contando las dos primeras personas del discurso y sin contarlas: 95%. Tratándose del OI de rasgo inanimado, en el nivel popular la duplicación es categórica, en cambio en el nivel culto la duplicación sólo alcanza el 50% de los casos.

A la luz de estos resultados, no cabe duda de que también se tiene que considerar el nivel sociocultural de los hablantes para poder dar una visión más global del fenómeno que nos ocupa. En el hablar culto –el que está marcado por su nivel académico– se reflejan las normas de los registros formales. Es en estos registros donde tanto las frecuencias de duplicación en la posposición como la del OI de rasgo inanimado son más bajas (tablas 36 y 37).

Tabla 37.
Nivel popular y nivel culto: ±duplicación del OI ±animado

±duplicación del OI con relación a los rasgos ±animado		OI Animado		OI Inanimado	
		Con duplic.	Sin duplic.	Con duplic.	Sin duplic.
Nivel popular	totales	98% (293)	2% (7)	100% (13)	0% (0)
	3^{era} pers.	95% (137)	5% (7)	100% (13)	0% (0)
Nivel culto	totales	90% (141)	10% (15)	50% (10)	50% (10)
	3^{era} pers.	81% (66)	19% (15)	50% (10)	50% (10)

Si ahora volvemos la vista al factor generacional, observamos que es la tercera generación la más conservadora en cuanto a la duplicación del OI pospuesto (tabla 38) y a la duplicación del OI de rasgo animado e inanimado (tabla 39). Como lo habíamos visto antes, podemos constatar que la duplicación de OI también es categórica en la anteposición en las tres generaciones. Los porcentajes aumentan en proporción inversa a la edad: mientras más jóvenes más altos porcentajes de duplicación y viceversa.

3. Gramaticalización del objeto indirecto en el español actual

Tabla 38.
FACTOR GENERACIONAL SIN DISTINCIÓN SOCIOLECTAL:
±DUPLICACIÓN DEL OI POSPUESTO Y ANTEPUESTO

±duplicación del OI con relación a su posición		OI pospuesto		OI antepuesto	
		Con duplic.	Sin duplic.	Con duplic.	Sin duplic.
1era generación	totales	92% (82)	8% (7)	100% (126)	0% (0)
	3era persona	89% (58)	11% (7)	100% (44)	0% (0)
2da generación	totales	86% (54)	14% (9)	100% (104)	0% (0)
	3era persona	81,25% (39)	18,75% (9)	100% (44)	0% (0)
3era generación	totales	75% (48)	25% (16)	100% (44)	0% (0)
	3era persona	65% (30)	35% (16)	100% (12)	0% (0)

Estos porcentajes cambian radicalmente si al factor generacional le agregamos el factor sociolectal. La tercera generación del nivel popular registra la duplicación en el 100% de los casos, independientemente de la posición e independientemente del rasgo del OI; en cambio la tercera generación del nivel culto, cuando el OI es de rasgo animado duplica en el 84% de los casos, si es de rasgo inanimado sólo en el 25%; en la anteposición duplica en el 100% de los casos mientras que en la posposición lo hace sólo en el 56% del total. La generación más joven del nivel culto es bastante más conservadora que la del nivel popular: en la posposición duplica sólo en un 74% de los casos, frente a un 97% de casos en el nivel popular (cf. tabla 38 sin distinción sociolectal). Si el OI es de rasgo animado la generación más joven del nivel culto duplica en el 94% de los casos, la del nivel popular en el 99% de los casos; si es de rasgo inanimado la del nivel culto registra sólo un 83% de casos de duplicación frente a un 100% en el nivel popular (cf. tabla 39 sin distinción sociolectal).

La influencia del factor sociolectal y generacional en la duplicación del OI no sólo se registra en el registro conversacional, sino también la observamos en el registro oral narrativo. En apartados anteriores veíamos que la duplicación es casi categórica en los *Cuentos populares andaluces* (v. tablas 29 y 33) cuya narradora pertenece al nivel sociocultural popular y por su edad a la tercera generación. Los resultados que allí observábamos no distan en absoluto de los que hemos registrado para la tercera generación del nivel popular: la duplicación es categórica.

Tabla 39.
FACTOR GENERACIONAL SIN DISTINCIÓN SOCIOLECTAL: ±DUPLICACIÓN DEL OI ±ANIMADO

±duplic. del OI con relación a los rasgos ±animado		OI Animado		OI Inanimado	
		Con duplic.	Sin duplic.	Con duplic.	Sin duplic.
1ª generación	totales	97% (193)	3% (6)	93,75% (15)	6,25% (1)
	3ª persona	94% (87)	6% (6)		
2ª generación	totales	95% (156)	5% (9)	100% (2)	0% (0)
	3ª persona	90% (81)	10% (9)		
3ª generación	totales	92% (84)	8% (7)	40% (6)	60% (9)
	3ª persona	83% (34)	17% (7)		

Si los factores sociolectales y cronolectales tienen consecuencias importantes en el proceso de gramaticalización del OI, veamos ahora cuál es el comportamiento que se observa al comparar los resultados que arrojan los textos producidos por hablantes pertenecientes al mismo nivel sociocultural y a la misma generación. Por un lado tenemos los textos de lenguaje escrito pertenecientes al género literario: *Cómo ser una mujer* y por otro *Mañana en la batalla* y por otro los textos orales conversacionales: las *Encuestas*, nivel culto, segunda generación. Reproducimos en la tabla 40 los porcentajes de las tablas 29 y 33 para los textos literarios y agregamos los porcentajes para el nivel culto, segunda generación.

Tabla 40.
EL MISMO FACTOR SOCIOLECTAL Y CRONOLECTAL: DIFERENTES REGISTROS

OI de 3ª pers. ±duplic	OI pospuesto		OI antepuesto		OI animado		OI inanimado	
	+	−	+	−	+	−	+	−
Encuestas	76%	24%	100%	0%	92%	8%	100%	0%
Cómo ser [...]	84%	16%	100%	0%	91%	9%	86%	14%
Mañana [...]	71%	29%	68%	32%	74%	26%	36%	64%

De estos resultados se desprende que si los factores sociolectales y cronolectales son decisivos en el proceso de gramaticalización del OI, el factor tipo de registro es predominante. En *Cómo ser una mujer*, texto que se dirige a todo tipo de lector: nivel culto, medio, popular –si tomamos en cuenta el tema y el estilo– los porcentajes de duplicación del OI antepuesto

3. Gramaticalización del objeto indirecto en el español actual

son categóricos como en las *Encuestas*; en cambio en *Mañana en la batalla*, texto que se dirige a lectores del mismo nivel sociocultural de su autor: nivel culto, los porcentajes de duplicación en la anteposición si bien sobrepasan el 60% no llegan a ser categóricos como en *Cómo ser una mujer*. Es en la posposición en donde se ve claramente que es el tipo de registro el predominante, independientemente de si trata de lenguaje escrito u oral. En *Cómo ser una mujer* la duplicación en la posposición es bastante más alta que en las *Encuestas*. Esto muestra que *Cómo ser una mujer* es de registro coloquial y que en las *Encuestas*, si bien el texto es conversacional, el hablante conserva el nivel de formalidad que observamos en *Mañana en la batalla*. De las *Encuestas* se desprende que la gramaticalización en la anteposición ya ha sido alcanzada en todos los niveles culturales, que está a punto de ser alcanzada tratándose de un OI de rasgo animado, y que es categórica tratándose de un OI de rasgo inanimado. Registramos un 83% de casos de duplicación de un OI inanimado en la primera generación culta y sólo un 25% en la tercera generación, en cambio en el nivel popular la duplicación de OI inanimado es categórica en las tres generaciones (cf. tabla 39 sin distinción sociolectal). Comportamiento semejante observamos en *Cómo ser una mujer*, que con esto se aleja de los resultados observados en *Mañana en la batalla*, que conserva su expresión formal también en este contexto.

3.3.1.6. Recapitulación.

En estudios anteriores se ha señalado que cuando se registra la ausencia de duplicación, tal vez se deba a que el argumento con la función de OI es una «expresión definida de referencia no específica», «expresiones definidas genéricas» (Vázquez Rozas 1995: 95). Dik (1997, TFG 2: 359-361), por su parte, afirma que «Dative Clitic Doubling is obligatory in Spanish when the argument term refers to a specific human being. It is not used with argument terms that refer to non-humans or to non-specific humans». A primera vista esta explicación parece valedera, pero nuestra base de datos muestra que no corresponde a la realidad lingüística actual, ya que de forma regular encontramos ejemplos que lo desmienten o registramos que hay otros factores que están en juego, por ejemplo estructuras de carácter marcado: estructuras con objeto directo incorporado (v. § 3.2.4): *Bueno, yo creo que ella es frígida, que <u>tiene miedo al hombre</u>* (Puig: *El beso de la mujer araña* 1981: 21. Cit. en Vázquez Rozas 1995: 95). Esto no quita que, durante el proceso de gramaticalización del OI, el hablante en su afán de acomodar la expresión lingüística al tipo de lengua que caracteriza la lengua española, vaya quemando etapas, de tal manera que la duplicación se registra primero cuando la unidad con la función de OI es de carácter humano y definido, para ir pasando poco a poco a otros contextos y en un momento determinado se hace uso de la ±duplicación para dar expresión al grado de objetividad y subjetividad con que el hablante se expresa en relación con el contenido de la predicación. Otra explicación que se aduce es que «La diferencia entre información dada e información nueva permite dar cuenta de buena parte de las variaciones entre presencia y ausencia de duplicación pronominal del CIND» (Vázquez Rozas 1995: 101), argumentación que está en oposición con la propia expresión lingüística de la autora. Citamos a modo de contra-ejemplo su propio uso de la ±duplicación del OI: *En esta novela el protagonista escribe durante todo el tiempo en que se desarrolla la narración, una carta* a Francesa, *quien durante varios años fue su compañera sentimental y ahora está recluida en una institución para enfermos mentales. Al final de la novela la expectativa que tiene el lector de que la carta será enviada* a Francesa *se rompe*. Nuestra explicación a la ausencia de duplicación es que además de tratarse de un texto de carácter formal, en el segundo ejemplo tenemos una construcción perifrástica pasiva, estructura de carácter marcado, en que –tal como en otras estructuras de carácter marcado (de objeto directo incorporado y las oraciones de relativo)– el proceso de gramaticalización es más tardío. Demás está decir que esto requiere un estudio por separado, el cual por razones obvias no hemos podido abarcar en este trabajo.

Nuestros resultados para el español peninsular muestran que el fenómeno de la ±duplicación del objeto indirecto es un proceso de gramaticalización en que el clítico pronominal, siempre adosado al verbo, viene a ser «marca de función sintáctica», de la misma manera que el sujeto; con la sola diferencia de que si el sujeto se expresa en forma morfológica, el OI se expresa en forma analítica. El proceso de gramaticalización, que no se da en forma pareja en todos los contextos, ya que esto está determinado por los principios de marca, ha sido alcanzado en:

(i) las primeras personas del discurso y también en la tercera –siempre y cuando se trate de un objeto pronominal personal– en todo tipo de registro;

(ii) la anteposición tanto en el lenguaje oral conversacional y oral narrativo como en el lenguaje escrito narrativo de carácter coloquial y en el lenguaje escrito conversacional (teatro moderno) –textos producidos por todas las edades y en todos los niveles socioculturales.

La lengua muestra que la presencia del término en función de OI requiere en estos casos la presencia del clítico pronominal, pero que la presencia del clítico pronominal no exige la presencia del término en función de OI, de tal manera que sólo es marca de función, igual que los flexivos verbales lo

3. Gramaticalización del objeto indirecto en el español actual

son para el sujeto. La concordancia de sujeto es del tipo llamado referencia cruzada, asimismo la duplicación del OI es también una manifestación de referencia cruzada (§ 2.0).

En el proceso de gramaticalización del objeto indirecto confluyen diversos factores que más que excluirse, están todos en estrecha relación mutua. Entre los factores que hemos tratado en particular se encuentran: la posición, los rasgos de animado e inanimado del OI, el tipo de registro; entre los que hemos comentado, sin entrar en un estudio más profundo se encuentran las estructuras marcadas: estructuras oracionales con objeto directo incorporado, las oraciones de relativo; y entre los factores que sólo hemos mencionado, pero que requieren un estudio más profundo se encuentran la frecuencia de los verbos y las estructuras pasivas: perifrásticas y con *se*.

3.3.2. Referencia cruzada del objeto indirecto en el español de América.

Los estudiosos estiman, que si bien la duplicación del objeto directo y del objeto indirecto es un fenómeno frecuente en algunos contextos y generalizado en otros en el español peninsular, es en general mucho más común en el español de América. En el cap. 2 y en los apartados anteriores de este capítulo hemos visto que el fenómeno de la duplicación del OI es un proceso de gramaticalización evolutiva en que el clítico pronominal de ser un elemento pleonástico pasa a ser «marca de referencia cruzada» con el OI en el español peninsular. En este apartado se verá en qué medida la actualización de este cambio lingüístico a largo plazo ha tenido lugar en el español de América.

En nuestro estudio partimos del supuesto de que, el proceso de gramaticalización del OI es un proceso que abarca la lengua española en su totalidad a pesar de registrarse diferencias ligadas al factor geolecto. Dentro de cada zona geográfica –la Península frente a América– no cabe duda que hay diferencias «dialectales», pero en todo caso, cada una de ellas en su totalidad presenta tendencias generales que la identifican, criterio que nos permitió analizar el español peninsular como una totalidad y nos va a permitir analizar también, en las páginas que siguen, el español de América como una totalidad.

En § 2.2.3, adelantábamos que en los registros hablados (lengua culta) de Buenos Aires la duplicación del objeto indirecto léxico antepuesto es categórica y que en la posposición, la duplicación del OI es un poco más baja (Barrenechea et al. 1970); en cambio en el español hablado de Santiago de Chile (lengua popular) la duplicación es categórica en forma independiente de su posición y de sus rasgos semánticos (Silva Corvalán 1984). En el español de México en el s. XX, hablado y escrito, la referencia cruzada se registra en un 90% con verbos transitivos y en un 96% con verbos intransitivos (P. Jeong 1996, cit. en Company 2001). Para el español de América de los siglos anteriores, un estudio de Sánchez, que abarca lenguaje culto en el español peninsular y de América, muestra que la duplicación del OI se registra en un 40% (172 / 430) en el s. XVIII y en un 83% (365 / 439) en el s. XX (apud Company 2001).

Los españoles que llegan a América en el s. XV traen consigo una lengua que no es ajena al fenómeno de la duplicación. Como ya hemos visto prende en el s. XVI en el español peninsular, siglo en el que empiezan a llegar las primeras obras literarias a América, como por ejemplo el *Lazarillo* (1554).

Valgan a modo de ejemplo del español de México de los siglos XVI – XIX los siguientes:[14]

(i) Siglo XVI
cada día se les *acreçientan nuevos trabajos* a estos pobrezitos naturales (1533; Company et al. 2002: 667).
pues a Dios le *plaze que assi sea, Él sea bendito* (1535; Company et al. 2002: 664).
le *dio* a la puerta de la Inquisicion, *de reves, por dentro* (1576; Company et al. 2002: 769).

(ii) Siglo XVII
esas raizes, que las quiero para llevarsselas, quando yo vaya a Pazcuaro, a la pobre de doña Anna (1621; Company et al. 2002: 667).
*diziendo*les a todos *a grandes boses que lo matasen* (1629; Company et al. 2002: 233).
Y otros papelillos sueltos que tambien le di a guardar a Xavier (1691; Company et al. 2002: 221).
a poner en el memorial de la delatasion todo el derecho que le pretenesia a los delitos (1692; Company et al. 2002: 659).

---

[14] Los ejemplos citados provienen del *Léxico del español de México* de Concepción Company y Chantal Melis (2002). Sus autoras indican que la base documental la constituyen documentos elegidos por su carácter coloquial, los que «fueron transcritos con un respeto absoluto a los rasgos lingüísticos –los diminutivos, los sandhis e incluso los errores– propios del habla», lo cual se ha respetado también en este trabajo.

3. Gramaticalización del objeto indirecto en el español actual

(iii) Siglo XVIII
y ella le *besaba la mano* al retrato (1797; Company et al. 2002: 232).
Le decía el padre a la monja cuando se acercaba a confesarla: ¿te lastima el túnico tus pechitos? Porque ustedes son delicaditas de esas partes, y por eso los traen apretaditos. ¡Pobrecita, m' hija![15]

(iv) Siglo XIX
lo alcansaron Alexandro y Santos, a quienes les preguntó por Dionicio (1811; Company et al. 2002: 685).
si salen con aviso, que se *lo dé* al deponente y subdelegado (1812; Company et al 2002: 783).

El proceso de la duplicación sigue evolucionando en el español de América y en el s. XX es categórica en algunos contextos y la actualización del proceso incluso ha llegado más lejos que en el español peninsular. A simple vista pareciera que el proceso va más de prisa en el español de América.

Nuestro afán en este apartado es demostrar que la referencia cruzada en el español de América está condicionada por los mismos factores que condicionan la evolución de la referencia cruzada en el español peninsular.

Nuestra base de datos comprende entrevistas de prensa (conversación pública) y discursos, textos que corresponden al lenguaje oral; y ficción, prosa académica y documentos oficiales, textos todos que corresponden al lenguaje escrito (cf. Biber et al. 1998; v. § 3.1). A excepción de la prosa académica en que se abarcan textos publicados entre 1919 y 2001, el resto de los textos han sido publicados todos en la segunda mitad del s. XX. Están representados el español de Chile, México, Argentina, Colombia y Cuba. La lengua hablada está representada por los resultados de Barrenechea et al. (ob. cit.) y de Silva Corvalán (ob. cit.).

En lo que sigue vamos a analizar los resultados para el español de América, teniendo siempre presentes los resultados para el español peninsular. En el § 3.3.2.1 se van a analizar los resultados de acuerdo al tipo de registro, en este apartado se plantean algunas cuestiones en relación con las estructuras de pasiva y la referencia cruzada del OI ; en el § 3.3.2.2 se analizan los resultados en relación con las personas del discurso; el tema central del § 3.3.2.3 es el OI en relación con su posición preferencial en relación con el verbo; los rasgos de animado e inanimado del OI en rela-

---

[15] Ejemplo recogido de documentos coloquiales de la vida de la colonia que data de 1716, citado por Company (2000) al comentar el uso de los diminutivos en el español de México.

ción con la referencia cruzada se ven en el § 3.3.2.4 y en el § 3.3.2.5 hacemos una pequeña recapitulación del proceso de gramaticalización del OI en el español de América.

3.3.2.1. Referencia cruzada y el tipo de registro.
Hemos visto que en el español de América, en el lenguaje conversacional, popular (el español de Chile) la duplicación del OI es catégorica, independientemente de su rasgo semántico y de su posición. En el español peninsular, habla popular, la duplicación alcanza un 96% (tabla 41); en cambio en el lenguaje conversacional culto (español bonaerense) los porcentajes son bastante más bajos: 60% (tabla 42) y son incluso más bajos que en el español peninsular, habla culta: 75% (tabla 41).

Tabla 41.
ESPAÑOL PENINSULAR, ENCUESTAS DEL HABLA URBANA. [SIN LAS DOS PRIMERAS PERSONAS]

Lenguaje conversacional	Con duplicación		Sin duplicación		Total
	Pospuesto	Antepuesto	Pospuesto	Antepuesto	
Nivel popular	93	57	7	0	
	150 (96%)		7 (4%)		157
Nivel culto	35	41	25	0	
	76 (75%)		25 (25%)		101

Tabla 42.
EL ESPAÑOL BONAERENSE, HABLA CULTA. DATOS DE BARRENECHEA ET AL. (OB. CIT.: 76, TABLA 1.5.4.1). [SIN EL OI PRONOMINAL PERSONAL]

Lenguaje conversacional	Con duplicación		Sin duplicación		Total
	Pospuesto	Antepuesto	Pospuesto	Antepuesto	
OI animado	17	9	16	0	42
OI inanimado	6	1	6	0	13
Total	23	10	22	0	
	33 (60%)		22 (40%)		55

La diferencia que presentan estos textos de alta interacción comunicativa muestra, por un lado, que la duplicación está ligada en primer lugar al fac-

3. Gramaticalización del objeto indirecto en el español actual 151

tor sociolectal, y, por otro, que el fenómeno de la duplicación, si bien, en general, va más de prisa en el español de América, no se puede negar que en algunas zonas de América va más lento que en el español peninsular, al menos en el lenguaje hablado, habla culta.

En los textos de alto carácter informativo, en cambio, la duplicación es un fenómeno ajeno en el español peninsular (tabla 10, v. § 3.3.1.1), situación de la que no se alejan mayormente los textos de la misma naturaleza en el español de América: (i) en la Constitución de la Nación Argentina de 1994 [12.713 palabras] de un total de 28 casos de OI (6 de OI animado y 22 de OI inanimado), todos en posposición, no se registra la duplicación, (ii) en la Constitución política de la República de Chile de 1980 [26.690 palabras] de un total de 32 casos de OI (36 ejemplos de OI animado y 16 de OI inanimado, se observa sólo un caso de duplicación para un objeto indirecto de rasgo animado pospuesto al verbo (la posposición es la norma: 30 de 32 casos).

Los textos constitucionales que hemos seleccionado han sido redactados en la segunda mitad del s. XX y el comportamiento que presentan en cuanto a la expresión del objeto indirecto –la no-duplicación– no es más que otro rasgo que hay que sumar a los que definen un texto de alto carácter informativo, y por consiguiente de carácter objetivo, esto es la ausencia de la participación emotiva / afectiva del que produce el texto, que en los textos constitucionales, por su propio carácter es absoluta.

3.3.2.1.1. Referencia cruzada en la prosa académica.
Hemos visto al estudiar los textos de alto carácter informativo para el español peninsular que la referencia cruzada es más bien baja, pero también hemos señalado que éstos muestran diferentes grados de formalidad, lo cual se refleja en la ±duplicación: como ya veíamos, en los documentos oficiales la referencia cruzada no se registra en el español peninsular y viene a ser la excepción en el español de América. En los textos de carácter informativo, que no sean documentos oficiales, se registra la duplicación tanto en el español peninsular como de América. Los resultados para el español de América muestran que la evolución de la referencia cruzada en este tipo de textos va, en cierta medida, un paso más adelante que el español peninsular.

De la misma manera que para el español peninsular, hemos estudiado textos ensayísticos que marcan tres períodos del s. XX. Los períodos se han definido de acuerdo a la fecha de publicación / producción de los textos y de acuerdo a la fecha de nacimiento de sus autores. Así el primer período corresponde a textos publicados entre 1919 y 1945; el segundo corresponde a textos publicados entre 1950 y 1995, aunque la mayor parte ha sido publicada entre 1950 y 1956; el tercer período corresponde a textos publicados entre 1965 y 2001, aunque la mayor parte ha sido publicada después de 1995.

En el primer período se registra un 28% de casos de duplicación (tabla 43) frente a sólo un 12% (tabla 12) para el español peninsular. Nótese que los textos para el español peninsular son todos ensayos filosóficos, mientras que los textos para el español de América son textos ensayísticos de diverso carácter, entre ellos una pequeña autobiografía, lo cual contribuye, tal vez, a que el hablante recurra a la duplicación para expresar participación afectiva o emotiva con lo expresado en la predicación (§§ 1 y 3.3.2.1.2).

Los resultados que arrojan los textos para el segundo período (tabla 44) son análogos a los del primer período (tabla 43). Pensamos que si la duplicación, a simple vista, no ha evolucionado del primer al segundo período, no se debe a que el proceso haya sufrido un estancamiento sino a que los resultados del segundo período corresponden a ensayos filosóficos los cuales se caracterizan por un mayor grado de formalidad que los del período anterior.

Tabla 43.
GABRIELA MISTRAL (1889-1957): CINCO TEXTOS ENSAYÍSTICOS (1919-1945) [11.522 PALABRAS]

Prosa académica Primer período	Con duplicación		Sin duplicación		Total
	Pospuesto	Antepuesto	Pospuesto	Antepuesto	
OI animado	8	5	27	3	43
OI inanimado	1	1	8	0	10
Total	9	6	35	3	
	15 (28%)		38 (72%)		53

Tabla 44.
OCTAVIO PAZ (1914-1998): SEIS ENSAYOS PUBLICADOS EN SU MAYORÍA EN LOS AÑOS CINCUENTA (1950-1995) [33.686 PALABRAS]

Prosa académica Segundo período	Con duplicación		Sin duplicación		Total
	Pospuesto	Antepuesto	Pospuesto	Antepuesto	
OI animado	2	4	14	0	20
OI inanimado	5	1	21	1	28
Total	7	5	35	1	
	12 (25%)		36 (75%)		48

3. Gramaticalización del objeto indirecto en el español actual

Ahora si comparamos los resultados del segundo período del español de América con los del español peninsular, observamos un comportamiento un tanto diferente a lo esperado: el español peninsular muestra porcentajes más altos de duplicación: 33% (15 ejemplos de 45) (tabla 15), frente a sólo 25% (12 ejemplos de 48) para el español de América. Pensamos que la explicación hay que encontrarla nuevamente en el tipo de registro: los textos para el español peninsular corresponden a conferencias sobre temas filosóficos, mientras que los textos para el español de América corresponden a ensayos filosóficos, no escritos para ser pronunciados como los anteriores.

El español de América en el tercer período dista considerablemente de los dos períodos anteriores: la referencia cruzada muestra una tendencia uniforme en todos los autores registrándose ésta en un 65% de los casos (tabla 45). Al comparar estos resultados con los del español peninsular, no queda duda de que el proceso de gramaticalización en el español de América va evolucionando mucho más rápido que en el español peninsular: 30% (v. tabla 16), de tal manera que es en el español de América donde primero se empieza a observar el cambio de marca.

Tabla 45.
Che Guevara (1927-1967): Ensayo (1965); Camilo Torres (1929-1966): Ensayo (1965); Carlos Fuentes (1928-): Seis textos ensayísticos (1995-2001); Gabriel García Márquez (1928-): Seis textos ensayísticos (1995-2001); María Elena Walsh (1930-): Cinco ensayos (1979)
[en total 44.712 palabras]

Prosa académica Tercer período	Con duplicación		Sin duplicación		Total
	Pospuesto	Antepuesto	Pospuesto	Antepuesto	
OI animado	41	18	25	0	84
OI inanimado	28	2	23	0	53
Total	69	20	48	0	
	89 (65%)		48 (35%)		137

3.3.2.1.2. Cambio de marca, lenguaje formal y empatía.
En el § 1 planteábamos que la referencia cruzada es la herramienta que el hablante emplea para expresar empatía con lo enunciado en la predicación, forma de expresión que también se hace presente en textos de carácter más formal.

Cuando este uso se generaliza, su valor subjetivo se desgasta (cf. la devaloración retórica del tónico pronominal enfático, § 2.2.1.4) produciéndose una devaluación retórica, de tal manera que la referencia cruzada del clítico pronominal con el OI pierde el valor subjetivo y pasa a ser marca de función sintáctica.

De la tabla 46 se desprende el cambio de marca que vemos tan claramente en la evolución que la referencia cruzada ha llevado en la prosa de carácter formal: en la *primera etapa* la duplicación: expresión de empatía, aparece en forma esporádica en los textos de carácter formal, al generalizarse su empleo como expresión de empatía, la no-duplicación (–empatía) se registra en la lengua como un uso arcaico, ésta es la *segunda etapa* –es la etapa en que nos encontramos en el lenguaje formal en el español de América. La *tercera etapa*, lógicamente, es aquella en que se produce la devaluación retórica de la expresión de empatía, y la duplicación sin el valor subjetivo es el uso marcado. Así como evoluciona el proceso de gramaticalización del clítico pronominal, observamos la coexistencia de la duplicación empleada con valor subjetivo y sin valor subjetivo en todos los contextos, lo que trae consigo que la presencia del clítico pronominal es marca de referencia cruzada con el OI y la duplicación como expresión de empatía pierde su fuerza expresiva, esta es la *cuarta etapa* –es la etapa que registramos en el lenguaje hablado en la lengua española.

Tabla 46.
CAMBIO DE MARCA EN EL LENGUAJE FORMAL

	Marcado	No-marcado	Obsoleto
Etapa 1	+duplicación +empatía	–duplicación –empatía	—
Etapa 2	—	+duplicación +empatía	–duplicación –empatía
Etapa 3	+duplicación –empatía	+duplicación +empatía	—
Etapa 4	—	+duplicación –empatía	+duplicación +empatía

3.3.2.1.3. Algunas observaciones en relación con los textos de carácter formal y la expresión de los contenidos pasivos.
En la lengua española las estructuras de pasiva perifrásticas se emplean de preferencia en lenguaje escrito y sobre todo de carácter formal, expresándose habitualmente los contenidos pasivos «en construcciones activas (bien activas «puras» o con *se*)» (Lapesa 2000b: 798 y ss.). Nuestro supuesto es que siendo la pasiva sintagmática una estructura marcada, regis-

traría también más tardíamente la duplicación de un objeto indirecto que en las estructuras de contenido pasivo con *se*. En los textos ensayísticos, cuyos resultados presentamos en la tabla 45, los ejemplos de pasiva sintagmática con objeto indirecto no presentan la duplicación de éste, a diferencia de aquellos en que el contenido pasivo se expresa con *se*. Veamos algunos ejemplos:

(i) El OI en la pasiva sintagmática.
   a. La iniciativa parte en general de Fidel o del alto mando de la Revolución y *es explicada al pueblo* que la toma como suya. (Che Guevara: El hombre nuevo 1965)
   b. El 24 de enero la Secretaria de Estado adjunta para asuntos consulares, embajadora Mary A. Ryan, pidió de manera expresa y pública que el niño *fuera devuelto a su padre* a la mayor brevedad, y advirtió que [...]. (García Márquez: Náufrago en tierra firme 2000)
   c. En 1960, bajo la administración de Eisenhower, cuando la CIA inventó letra por letra y puso a circular en Cuba una falsa ley según la cual los niños cubanos *serían arrebatados a sus padres* por el gobierno revolucionario y enviados para adoctrinamiento precoz en la Unión Soviética. (García Márquez: Náufrago en tierra firme 2000)

(ii) OI en construcciones de contenido pasivo con *se*.
   a. Dentro del país, los dirigentes tienen que cumplir su papel de vanguardia; y, hay que decirlo con toda sinceridad, en una revolución verdadera, *a la que se le da todo*, de la cual no se espera ninguna retribución material, la tarea del revolucionario de vanguardia es a la vez magnífica y angustiosa. (Che Guevara: El hombre nuevo 1965).
   b. Las aptitudes vienen a menudo acompañadas de sus atributos físicos. Si *se les canta* la misma nota musical *a varios niños*, unos la repetirán exacta, otros no. Los maestros de música dicen que los primeros tienen lo que se llama el oído primario, importante para ser músicos (García Márquez: Un manual para ser niño 1995).

3.3.2.1.4. Referencia cruzada en los discursos.
En lo que sigue vamos a analizar discursos preparados de antemano, que, de acuerdo a Biber et al. (1998), corresponden a los registros hablados, pero que gozan, por un lado, de características propias de los textos de alta interacción comunicativa y, por otro, de características propias de los textos de alto carácter informativo. Son textos cuyo propósito es tanto

informar como lograr la interacción comunicativa con el oyente. Son textos que han sido producidos bajo circunstancias óptimas de tiempo y de preparación. Estos textos (tablas 47 y 48) se comportan de manera similar a los textos de prosa académica de los dos primeros períodos (tablas 43 y 44): la duplicación no sobrepasa el 31%.

Tabla 47.
RICARDO LAGOS (1938-): CUATRO DISCURSOS (2000-2001) [15.374 PALABRAS]

Discursos	Con duplicación		Sin duplicación		Total
	Pospuesto	Antepuesto	Pospuesto	Antepuesto	
OI animado	6	0	2	0	8
OI inanimado	3	0	21	0	24
Total	9	0	23	0	
	9 (28,2%)		23 (71,8%)		32

Tabla 48.
FIDEL CASTRO (1927-): SIETE DISCURSOS Y DECLARACIONES (2000-2002) [21.770 PALABRAS]

Discursos	Con duplicación		Sin duplicación		Total
	Pospuesto	Antepuesto	Pospuesto	Antepuesto	
OI animado	10	1	16	2	29
OI inanimado	3	1	16	0	20
Total	13	2	32	2	
	15 (30,6%)		34 (69,4%)		49

Los interrogantes que se plantean en este momento son (i) ¿qué motiva este comportamiento tratándose de textos que pertenecen a los registros hablados, textos que si bien son de carácter formal también apelan, en cierta medida, a la interacción comunicativa?, (ii) ¿a qué se debe que su comportamiento sea semejante al comportamiento que observamos para la prosa académica de los primeros dos períodos (tablas 43 y 44), textos que no pertenecen a los registros hablados y que son de alto carácter informativo?

3. Gramaticalización del objeto indirecto en el español actual

Al intentar dar una respuesta a estos interrogantes, se plantean nuevas preguntas, por un lado, ¿es dable argumentar que es el receptor y la situación bajo la cual los discursos son pronunciados los que desempeñan un papel en la expresión lingüística del hablante? y en caso de ser así ¿en qué medida son un factor determinante?; y, por otro, ¿qué importancia tiene el idiolecto del hablante?

Los discursos aquí analizados, que presentan porcentajes de duplicación bastante cercanos entre sí: 28% para el español de Chile (tabla 47) y 30,6% para el español de Cuba (tabla 48), mostrarían que no es una cuestión de idiolecto –aunque ese factor no se pueda descartar tajantemente– dado que los textos de representantes de dos zonas diferentes muestran tendencias semejantes, por lo que nos atrevemos a argumentar que es tanto el receptor como la situación en la que son pronunciados los discursos, en su totalidad, los que tienen relevancia en la expresión lingüística. Los discursos son presentados en situaciones ante las cuales se guarda un mayor grado de formalidad, que el receptor, por su parte, también espera que se respete –sea el receptor el pueblo de Cuba o los miembros de las Naciones Unidas. Una situación marcada: situación formal, se acompaña de una forma de expresión marcada: bajos porcentajes de duplicación siendo un registro hablado. Nótese, además, que los discursos incluso son más restrictivos en su expresión que la prosa académica de los dos primeros períodos: presentan una baja tendencia a la anteposición del OI, lo cual concuerda perfectamente con que sea la prosa académica y no aquellos los que muestren claramente el cambio de marca en la actualidad.

Las preguntas que nos planteábamos más arriba nos llevó a analizar textos producidos por el mismo hablante de los discursos, pero ahora en situaciones no-formales y en otro tipo de registro: entrevistas públicas. Las entrevistas corresponden a un tipo de registro relativamente informativo, caracterizándose por su interacción comunicativa y por ser realizadas simultáneamente durante el coloquio (Biber et al., ob. cit.). Los resultados que obtuvimos en dos entrevistas de radio hechas en el mismo período que los discursos son totalmente opuestos: la duplicación se registra en un 74% de los casos en las entrevistas (tabla 49) frente a un 28,2% en los discursos (tabla 47).

Tabla 49.
RICARDO LAGOS (1938-): *HABLA EL PRESIDENTE EN COOPERATIVA* (2001)
[19.709 PALABRAS]

Prensa	Con duplicación		Sin duplicación		Total
	Pospuesto	Antepuesto	Pospuesto	Antepuesto	
OI animado	35	9	15	1	60
OI inanimado	7	0	2	0	9
Total	42	9	17	1	
	51 (74%)		18 (26%)		69

A la luz de estos resultados se podría pensar que es el dialecto el factor relevante, sin embargo en entrevistas de prensa y televisión –realizadas entre 1995 y 2001 a un hablante probablemente de la misma generación: Subcomandante Marcos,[16] procedente del otro extremo del continente americano, representante del español de México, quien se manifiesta, al igual que Ricardo Lagos, sobre cuestiones políticas– se registran resultados similares a los anteriores: la duplicación se da en un 72% de los casos (tabla 50). El español peninsular muestra resultados similares a los del español de América: 68% para la duplicación (410 / 605) (v. tabla 15).

Tabla 50.
SUBCOMANDANTE MARCOS (1957-): *CUATRO ENTREVISTAS* (1995-2001)
[20.977 PALABRAS]

Prensa	Con duplicación		Sin duplicación		Total
	Pospuesto	Antepuesto	Pospuesto	Antepuesto	
OI animado	29	8	11	1	49
OI inanimado	12	0	7	0	19
Total	41	8	18	1	
	49 (72%)		19 (28%)		68

---

[16] No se conoce la fecha exacta de su nacimiento, pero de acuerdo con los datos que se tienen, se presume que debe haber nacido en 1957.

3. Gramaticalización del objeto indirecto en el español actual

Los resultados de las entrevistas públicas y de los discursos que hemos visto hasta ahora, nos parecen ser prueba suficiente para afirmar que más bien es el factor tipo de registro y no el «dialecto» dentro de una misma zona geográfica, el que juega un papel decisivo en la evolución del proceso de referencia cruzada.

3.3.2.1.5. Referencia cruzada en la prosa narrativa.

Después de haber analizado los resultados en registros no-narrativos, veamos ahora cuál es la situación en la prosa narrativa del español de América a fines del s. XX. Hemos visto que en el lenguaje conversacional, nivel popular, del español de Chile actual la referencia cruzada es obligatoria. A mediado del s. XX ya se registran resultados muy similares en *Papelucho*: la duplicación alcanza un 94% (tabla 51). Se trata de un texto de literatura infantil en forma de diario de vida en que la escritora le da la palabra a un niño de nueve años. En este texto la escritora se esmera en reproducir el lenguaje de un niño que se dirige a otros niños que hablan como él, que se expresan como él en la cotidianidad de esos años. Los resultados que observamos en este texto serían un índice de que en el lenguaje conversacional la evolución del proceso de gramaticalización del OI estaría ya bastante avanzado en los años cincuenta.

Tabla 51.
MARCELA PAZ (1904-1985): *PAPELUCHO* (1947). LITERATURA INFANTIL
[APROX. 20.280 PALABRAS]

Texto narrativo	Con duplicación		Sin duplicación		Total
	Pospuesto	Antepuesto	Pospuesto	Antepuesto	
OI animado	54	42	5	0	101
OI inanimado	3	0	1	0	4
Total	57	42	6	0	
	99 (94%)		6 (6%)		105

En el español actual se registran en algunos textos narrativos resultados similares a los que arroja *Papelucho*, textos de prosa narrativa que no se puede decir que sean de carácter coloquial. Los textos que vamos a analizar fueron publicados a fines del s. XX, pero escritos por narradores de diferentes edades, por lo que al analizarlos se han tomado en cuenta los factores edad y fecha de publicación de las obras: (i) textos escritos por narradores cuyas edades oscilaban entre los 54 y los 60 años al momento de publicar sus obras; (ii) textos escritos por narradores que tenían entre 44 y 46 años al momento de publicar de las suyas.

(i) Textos escritos por narradores cuyas edades oscilan entre los 54 y los 60 años al publicar sus obras.

Tanto *La mujer imaginaria* (tabla 52) como *El jardín de al lado* (tabla 53) muestran altos porcentajes de duplicación: 90,5% y 91,6% respectivamente; en cambio *Novios de antaño: 1930-1940*, (tabla 54) arroja porcentajes de duplicación bastante más bajos llegando sólo a un 68,4%.

Tabla 52.

JORGE EDWARDS (1931-): *LA MUJER IMAGINARIA* (1985) [1^{ERA} PARTE 29.168 PALABRAS]

Texto narrativo	Con duplicación		Sin duplicación		Total
	Pospuesto	Antepuesto	Pospuesto	Antepuesto	
OI animado	39	22	7	0	68
OI inanimado	5	1	0	0	6
Total	44	23	7	0	
	67 (90,5%)		7 (9,5%)		74

Tabla 53.

JOSÉ DONOSO (1924-1985): *EL JARDÍN DE AL LADO* (1981) [APROX. 34.500 PALABRAS]

Texto narrativo	Con duplicación		Sin duplicación		Total
	Pospuesto	Antepuesto	Pospuesto	Antepuesto	
OI animado	148	49	14	0	211
OI inanimado	20	2	5	1	28
Total	168	51	19	1	
	219 (91,6%)		20 (8,4%)		239

Tabla 54.
Mª. E. WALSH (1930-): *NOVIOS DE ANTAÑO* (1990) [39.668 PALABRAS]

Texto narrativo	Con duplicación		Sin duplicación		Total
	Pospuesto	Antepuesto	Pospuesto	Antepuesto	
OI animado	51	27	31	2	111
OI inanimado	2	0	3	1	6
Total	53	27	34	3	
	80 (68,4%)		37 (31,6%)		117

La mujer imaginaria (tabla 52) y *El jardín de al lado* (tabla 53), dos testimonios de la lengua chilena escrita, que presentan, la primera, la sociedad chilena tradicional de clase alta y la segunda una pareja de académicos, en los cincuenta, que viven en el exilio en Madrid, no se diferencian en absoluto: 90,5% y 91,6%. Se puede decir que la actualización del reanálisis en la prosa narrativa del español de Chile ha sido casi alcanzada. En cambio en el español de Argentina la situación es diferente: *Novios de antaño* (tabla 54) –novela autobiográfica ubicada en los años 1930-40– con personajes también representantes del nivel sociocultural culto, no muestra los porcentajes de duplicación de las novelas chilenas anteriores. Ya hemos visto que en el lenguaje conversacional culto del español bonaerense la duplicación alcanzaba sólo un 60% (33 / 55) (v. tabla 42). Ahora bien, si en la prosa narrativa (contextos en los que el proceso es más tardío que en el lenguaje hablado) de fines del s. XX los porcentajes de duplicación son más altos que en los registros hablados: habla culta de los setenta, seguramente el proceso en la lengua hablada de fines del s. XX debe haber avanzado mucho más. Es nuestro supuesto.

Ahora, si observamos los resultados para la prosa narrativa en las dos zonas geográficas, registramos que los porcentajes de duplicación de *Novios de antaño* son incluso más bajos que en la novela española *Mañana en la batalla piensa en mí* (tabla 19) que arroja un 74% de casos de duplicación. ¿Es esto señal de que el español de Argentina es más conservador que el español peninsular? Pensamos que este comportamiento es más bien una muestra de que aunque el proceso en general va más de prisa en el español de América, muestra también uniformidad de comportamientos entre el español de América y el español peninsular, de tal manera que en algunos contextos llega a haber más semejanza entre una determinada variedad del español de América con el español peninsular en general o en particular. Con un estudio más detallado que reflejara las diferencias dialectales del español peninsular, por su parte, y las diferencias dialectales del español de América por la suya, se podrían trazar unas líneas más finas, que para el objetivo de este trabajo, sin embargo, no nos parecieron relevantes, dado que el corpus que presentamos muestra claramente las tendencias generales en cada tipo de registro y en cada zona geográfica: América y la Península.

(ii) Textos escritos por narradores de 44 y 46 años al momento de publicar sus obras

El español de Chile, en lo que a la prosa narrativa se refiere, nos guarda sorpresas. Los resultados que muestran las novelas escritas por narradores que tenían entre 46 y 44 años al momento de su publicación, *El cartero de Neruda (Ardiente paciencia)* (tabla 55) y *Un viejo que leía novelas de amor* (tabla 56) muestran resultados que difieren bastante de las obras chilenas recién vistas.

Tabla 55.
ANTONIO SKÁRMETA (1940-): *EL CARTERO DE NERUDA* (1986) [APROX. 28.800 PALABRAS]

Texto narrativo	Con duplicación		Sin duplicación		Total
	Pospuesto	Antepuesto	Pospuesto	Antepuesto	
OI animado	35	17	11	0	63
OI inanimado	8	2	3	0	13
Total	43	19	14	0	
	62 (81,6%)		14 (18,4%)		76

Tabla 56.
L. SEPÚLVEDA (1949-): *UN VIEJO QUE LEÍA NOVELAS* [...] (1993) [APROX. 33.210 PALABRAS]

Texto narrativo	Con duplicación		Sin duplicación		Total
	Pospuesto	Antepuesto	Pospuesto	Antepuesto	
OI animado	8	17	8	1	34
OI inanimado	5	0	1	0	6
Total	13	17	9	1	
	30 (75%)		10 (25%)		40

3. Gramaticalización del objeto indirecto en el español actual

Un viejo que leía novelas de amor –en donde se registra un 75% de casos de duplicación (tabla 56)– y *El cartero de Neruda* –con un 81,6% (tabla 55)– no se puede decir que sean novelas más formales que las dos anteriores (tablas 52 y 53), al contrario, sin embargo presentan porcentajes de duplicación más bajos. Pensamos que la disparidad de estos resultados se debe, por una parte, a la combinación de diferentes registros en el mismo texto y, por otro, a la presencia significativa de estructuras marcadas, como por ejemplo estructuras de predicado complejo (entre ellas las de objeto directo incorporado), estructuras de relativo o la presencia de verbos de baja frecuencia. Situación similar veíamos para el español peninsular. Valgan a modo de ejemplo los siguientes casos:

(i) La duplicación no se registra tratándose de verbos de baja frecuencia como *condonar*.
   a. la madre [...] condonó el pago del frustrado consumo a sus clientes (*El cartero de Neruda*, 1986: 51);

(ii) Se registra proporcionalmente menos en estructuras de objeto directo incorporado.
   a. El poeta lamentó en ese momento haber suscrito la doctrina materialista de la interpretación del universo, pues tuvo urgencia de pedir misericordia al señor. (*El cartero de Neruda*, 1986: 69).
   b. *Quiso* cobrar derecho de usufructo a los recolectores de leña (*Un viejo que leía novelas*, 1993: 24).
   c. [...], salvo que jamás diste muerte a un cachorro, ni de tigrillo ni de otra especie (*Un viejo que leía novelas*, 1993: 122).

(iii) Tampoco se registra, en general, en estructuras del tipo verbo finito + infinitivo / oración con *que* (el verbo finito es, por ejemplo: *aconsejar, consentir, encargar, exigir, impedir, ofrecer, ordenar, pedir, permitir, prohibir, proponer, recomendar, reprochar, rogar*).[17]
   a. Al ver al dentista, ordenó a un hombre que se le acercase (*Un viejo que leía novelas*, 1993: 34).

---

[17] Los ejemplos que Skydsgaard registra en las estructuras con infinitivo, que provienen del español peninsular, muestran que la duplicación se registra en dos casos de un total de 12. De los ejemplos en los que se registra la duplicación, uno proviene de la lengua hablada: Le *encargué* a Trille *preguntarte si tienes el Diccionario de literatura* (Skydsgaard 1977: 273) y el otro es de primera persona: *El momento debe de ser muy especial cuando la madre hace eso que otras veces* me *prohibe hacer* a mí (ob. cit.: 290)

b. El alcalde ordenó a su mujer serviles café y patacones de banano verde [...]. (*Un viejo que leía novelas*, 1993: 95).
c. [...], pero luego, como si él fuera una marioneta y Neruda su ventrílocuo, logró una fluidez que permitió a las imágenes tramarse con tal encanto que [...] (*El cartero de Neruda*, 1986: 51);

(iv) La presencia de registros más formales la encontramos en párrafos como el siguiente:
a. «En conclusión, debo decir a los hombres de buena voluntad, a los trabajadores, a los poetas, que el entero porvenir fue expresado en esta frase de Rimbaud: sólo con una ardiente paciencia conquistaremos la espléndida ciudad que dará luz, justicia y dignidad a todos los hombres.» (*El cartero de Neruda*, 1986: 112; en el original entre comillas).

Ninguno de los ejemplos de objeto indirecto en este párrafo presenta la duplicación, aún tratándose de verbos de alta frecuencia como *decir* y *dar*. Ya hemos mencionado que en los registros más formales la no-duplicación, en general, es más usual, lo cual concuerda con formas de expresión en las que el hablante se mantiene neutral, en que el hablante se manifiesta de una manera general que no comprenda a nadie en particular, pero sí a todos en general. Es lo que hemos llamado expresarse en forma «objetiva» (v. §§ 1 y 3.3.2.1.2). El segundo ejemplo, además, es una estructura de objeto directo incorporado (una estructura marcada) (v. § 3.2.4).

Tabla 57.
RESULTADOS CON ESTRUCTURAS MARCADAS Y RESULTADOS SIN ESTRUCTURAS MARCADAS EN DOS TEXTOS LITERARIOS

±duplic. del OI	+ estructuras marcadas		− estructuras marcadas	
	Con duplic.	Sin duplic.	Con duplic.	Sin duplic.
El cartero [...]	81,6% (62)	18,4% (14)	94% (62)	6% (4)
Un viejo que [...]	75% (30)	25% (10)	91% (30)	9% (3)

Si observamos los resultados que arrojan estas dos últimas novelas (tabla 57), primero todos los ejemplos y luego sin las estructuras marcadas, estos últimos resultados no difieren de los que hemos visto en las tablas 52 y 53, lo cual no hace más que confirmar nuestro supuesto de que en la prosa narrativa del español de Chile la actualización del reanálisis ha sido casi alcanzada.

3. Gramaticalización del objeto indirecto en el español actual

Los resultados que arrojan los textos de prosa narrativa del español de América y peninsular muestran que el fenómeno de la duplicación no se puede ver en forma aislada, es necesario considerar los diferentes factores que hemos venido viendo hasta ahora, dado que todos ellos en su conjunto son significativos en la evolución del proceso de gramaticalización del OI.

3.3.2.2. Referencia cruzada y las personas del discurso.

Hemos visto que la actualización del reanálisis del clítico pronominal como marca de referencia cruzada con el OI es casi categórica en las dos primeras personas del discurso ya en la primera mitad del s. XX. En el español peninsular actual (§ 3.3.1) es categórica en todos los contextos, evolución que coincide con la del español de América hablado (Silva Corvalán 1984: 555 y Barrenechea et al. 1970: 62) y escrito (nuestros resultados). La presencia del OI pronominal exige la presencia del pronombre átono en todas las variedades del español actual.

En lo que sigue se va a analizar la referencia cruzada en las terceras personas en el español de América. En los textos analizados la presencia de OI pronominal es mínima, por lo que los resultados de las terceras personas son casi absolutamente de OI léxico.

En el español de Chile, habla popular, la duplicación es categórica; en cambio en el habla culta del español bonaerense se registra una marcada diferencia en la evolución del fenómeno en las primeras y las terceras personas: 100% y 60% respectivamente. Estas tendencias se manifiestan también en la prosa narrativa: *Novios de antaño* registra la referencia cruzada en un 100% en las primeras personas y en un 66% en las terceras, lo cual es señal de que el habla culta del español de Argentina no se aleja de la norma escrita. En cambio en el español de Chile en la prosa narrativa ya se ha producido el cambio de marca: *La mujer imaginaria* arroja un 90,5% (67 / 74) y *El jardín de al lado* un 91% (195 / 215). En lo que se refiere a *Un viejo que leía novelas de amor* y *El cartero de Neruda* los porcentajes son más bajos: 73% (27 / 37) y 81% (58 / 72) respectivamente, mas si no contabilizamos los casos que corresponden a situaciones marcadas, los resultados cambian considerablemente: 90% (27 / 30) y 94% (58 / 62) respectivamente. Entre la lengua hablada popular y la prosa narrativa no hay casi diferencia, por lo que nos atrevemos a decir que en el habla culta de Chile seguramente, al igual que en la lengua popular, la actualización del reanálisis ya ha hecho su entrada.

Si comparamos ahora los resultados para el habla culta y popular de ambos lados del Atlántico (tabla 58), observamos que en el habla popular la evolución va más o menos pareja; en cambio el habla culta bonaerense evoluciona más lentamente que incluso la lengua culta del español peninsular.

Tabla 58.
Encuestas nivel culto: español de América (1970) y peninsular (1973). Encuestas nivel popular: español de América (1980) y español peninsular (1984-1986)

±duplicación del OI de 3^{era} persona	Habla culta		Habla popular	
	Con duplic.	Sin duplic.	Con duplic.	Sin duplic.
América	60%	40%	100%	0%
Peninsular	75% (76)	25% (25)	95,5% (150)	4,5% (7)

3.3.2.3. Referencia cruzada en relación a la posición del objeto indirecto.
En lo que sigue y en forma breve vamos a comentar los porcentajes de duplicación en relación con la posición del objeto indirecto, primero en el lenguaje oral, luego en la prosa académica y documentos oficiales y finalmente en la prosa narrativa, pero antes vamos a analizar qué relación hay entre la posición del OI y el tipo de registro.

De los datos de que disponemos se desprende que la tematización del OI se da de preferencia en el lenguaje oral conversacional (popular): 43% (Silva Corvalán 1984), y en la prosa narrativa, sobre todo en la que se acerca a los registros conversacionales como es el caso de *Papelucho*: 40% (42 / 105). La anteposición no se registra en la misma medida en el lenguaje oral conversacional culto, que muestra sólo un 18% en la anteposición (Barrenechea et al. 1970). En la conversación pública (entrevistas) la anteposición es más bien baja: *Entrevistas a Marcos*: 13% (59 / 68) y *Entrevistas a Lagos*: 14% (59 / 69). Estos resultados se deben seguramente a que el diálogo que se establece en la entrevista, por el hecho de ser pública, pone restricciones a la expresividad del hablante, de tal manera que se apela a registros más formales. La prosa académica, por definición de carácter formal, presenta porcentajes de OI antepuesto también bajos: *Ensayos* 15% (20 / 137). Estos resultados no están lejos de los resultados de la prosa académica del español peninsular con un 22,5% (20 / 89) en la anteposición. La prosa académica oral (los discursos) y los documentos oficiales registran porcentajes insignificante de anteposición. Ahora, si comparamos la posición del OI en el español de América con el español peninsular, se observa que también es en la conversación y en la prosa narrativa donde se registra una mayor tendencia a la tematización del OI en el español peninsular. Los resultados de los dos niveles socioculturales muestran que el hablante culto hace uso de la tematización del OI, incluso en mayor medida que el nivel popular: nivel culto 41% (41 / 101); nivel popular 36% (57 / 157). En la prosa narrativa se registran los siguiente resultados para la anteposición de OI: *Cómo ser una mujer* 40% (41 / 103);

3. Gramaticalización del objeto indirecto en el español actual

Mañana en la batalla 38% (44 / 117). A la luz de estos datos para el español de América y peninsular, la tematización del OI no está determinada ni por el tipo de registro ni por el nivel sociocultural. Tampoco está determinada por los valores de interacción comunicativa ni por el grado de información del texto: en los documentos oficiales y los discursos la anteposición es bastante esporádica, incluso no se registra ni en la Constitución Española ni en los discursos de Lagos (v. tabla 47). De acuerdo con Biber et. al. (1998) los discursos son registros de carácter intermedio por englobar al mismo tiempo propósitos informativos y actividad intercomunicativa; en cambio los documentos oficiales, como la prosa académica son antes que nada de carácter informativo (v. § 3.1, figura I).

Estudiemos ahora la duplicación del OI en relación con la posición en los registros orales. De la tabla 59 se desprende que la duplicación es categórica en la anteposición en el lenguaje hablado popular y culto. Igual situación se registra para el español peninsular (v. tabla 37). En la posposición, en cambio, sólo en el lenguaje hablado popular de América la duplicación es categórica, alcanzando en el español peninsular un 93%; en el lenguaje hablado culto de América los porcentajes se asemejan a los del español peninsular: 51% (v. tabla 59) y 58% (v. tabla 37) respectivamente. En la conversación pública, si bien la anteposición del OI no es muy frecuente, los porcentajes de duplicación son significativos tanto en el español de Chile (90%) como en el español de México (88,9%).

Tabla 59.
LENGUAJE ORAL [ENTRE PARÉNTESIS: FECHA DE PUBLICACIÓN]

±duplicación del OI con relación a su posición	OI Pospuesto		OI Antepuesto	
	Con duplic.	Sin duplic.	Con duplic.	Sin duplic.
Habla popular (Chile)	100%	0%	100%	0%
Habla culta (Argentina)	51% (23)	49% (22)	100% (10)	0%
Entrevistas con Marcos (1995-01)	69% (41)	31% (18)	88,9% (8)	11,1% (1)
Entrevistas con Lagos (2001)	71% (42)	29% (17)	90% (9)	10% (1)
Discursos de Lagos (2000-2001)	26% (14)	74% (40)	0% (0)	0% (0)
Discursos de Castro (2000-02)	29% (13)	71% (32)	50% (2)	50% (2)

Ahora bien, si comparamos el lenguaje de prensa oral de América (las entrevistas) con el lenguaje de prensa escrito del español peninsular (entrevistas) se observa que la duplicación en la anteposición también es alta: 94% (v. tabla 31). No cabe duda que la duplicación y la tematización del OI van de la mano en estos registros. En otras formas de lenguaje oral (los discursos), la anteposición o no se registra (discursos de Ricardo Lagos) o se registra sólo en dos casos de un total de cuatro (discursos de Fidel Castro). Si comparamos estos resultados con otras formas de lenguaje oral del español peninsular, la duplicación se registra en los *Cuentos populares andaluces* en un 95% (37 / 39). Esto es señal de que la ±formalidad del texto, sumado al nivel sociocultural tienen gran importancia en la duplicación de un OI tematizado. En la posposición, se registra una curva ascendente. En las entrevistas alcanza un 69% en el español de México y un 71% en el español de Chile. Estos resultados sumados a los resultados para la lengua hablada de Chile muestran que el proceso lleva cierta ventaja en estas variedades del español, si los comparamos con el español hablado de Buenos Aires y el del español peninsular. Nótese las diferencias de expresión en un mismo hablante en dos registros diferentes: los porcentajes de duplicación en la posposición, en las entrevistas con Lagos (71%), casi triplican los de sus discursos (26%); la anteposición se registra sólo en las entrevistas siendo la duplicación casi categórica (90%). Esta diferencia de comportamiento la observamos también en Marcos, quien en las entrevistas, en la anteposición duplica casi en la totalidad de los casos (89,9%) y en la posposición un 69%; en cambio su forma de expresión cambia considerablemente en otro tipo de registros: cartas privadas –registro que, de acuerdo con los estudios de Biber et al. (1998), hay que ubicar entre la conversación privada y la conversación pública (las entrevistas) (v. § 3.1, figura. I), de un total de 12 ejemplos de objeto indirecto pospuesto, se registra la duplicación en 11 de ellos (91,7%), el único ejemplo sin duplicación es un objeto indirecto de rasgo inanimado en una estructura de objeto directo incorporado: *Verá cómo el cuento sale así nomás, como un dibujito que se pone a bailar y a* dar calor a los corazones *que para eso son los bailes y los corazones* (Cartas de Marcos dirigidas a Eduardo Galeano en los años 1995 y 1996 [3.790 palabras]); los dos ejemplos de anteposición registran la duplicación.

Anteriormente comentábamos que el cambio de marca se registra claramente en la prosa académica del español de América. La duplicación en la anteposición traza una curva ascendente estable en los tres períodos, alcanzando la duplicación la obligatoriedad en el español actual y los porcentajes de duplicación en la posposición casi se han triplicado (tabla 60). En el español peninsular (tabla 30), en cambio, si bien la evolución es

3. Gramaticalización del objeto indirecto en el español actual

ascendente tanto en la anteposición como en la posposición, el proceso muestra ir mucho más lento que en el español de América.

Tanto la Constitución chilena como la argentina, se diferencian de la española al registrar la anteposición de un OI, empero sin duplicación, la primera y al registrar un OI pospuesto duplicado la segunda: *El Presidente de la República así elegido asumirá sus funciones en la oportunidad que señale esa ley, y durará en el ejercicio de ellas hasta el día en que* le *habría correspondido cesar en el cargo* al electo *que no pudo asumir y cuyo impedimento hubiere motivado la nueva elección*. (Constitución de la República de Chile. Capítulo IV, artículo 28).

Tabla 60.
Lenguaje escrito ensayístico y documentos oficiales [entre paréntesis: fecha de publicación]

±duplicación del OI con relación a su posición	OI Pospuesto		OI Antepuesto	
	Con duplic.	Sin duplic.	Con duplic.	Sin duplic.
Che Guevara y otros (tabla 43) (1965-01)	59% (69)	41% (48)	100% (20)	0% (0)
Octavio Paz (1950-1996)	17% (7)	83% (35)	83% (5)	17% (1)
Gabriela Mistral (1919-1945)	20% (9)	80% (35)	67% (6)	33% (3)
Constitución de Chile (1980)	3% (1)	97% (29)	0% (0)	0% (0)
Constitución de Argentina (1994)	0% (0)	100% (26)	0% (0)	100% (2)

Si la duplicación del OI antepuesto en el lenguaje narrativo del español peninsular alcanza el 68% de los casos en *Mañana en la batalla*, el 100% en *Cómo ser una mujer* (prosa narrativa de carácter más coloquial) y el 95% en los *Cuentos populares andaluces* (prosa narrativa oral) (v. tabla 29), en el español de América, como se desprende de la tabla 61, la no-duplicación del objeto indirecto antepuesto es tan esporádica que ya va cayendo en desuso también en estos registros. Incluso la novela argentina *Novios de antaño* registra porcentajes altos de duplicación en la anteposición (84%), si lo comparamos con el español peninsular. Este comportamiento va a la par con el lenguaje hablado culto en el que la duplicación en la anteposición es categórica. Es decir que la tematización del OI exige más y más la presencia del clítico pronominal, difundiéndose este uso a otros registros. El reanálisis del clítico pronominal como marca de referencia cruzada con el OI ha sido adoptado. Sin embargo no se puede decir que el proceso haya alcanzado aún la actualización en la anteposición.

Tabla 61.
LENGUAJE ESCRITO NARRATIVO [ENTRE PARÉNTESIS: FECHA DE PUBLICACIÓN]

±duplicación del OI de 3^{era} pers. con relación a su posición	OI Pospuesto		OI Antepuesto	
	Con duplic.	Sin duplic.	Con duplic.	Sin duplic.
Un viejo que leía novelas de amor (1993)	55% (11)	45% (9)	94,1% (16)	5,9% (1)
El cartero de Neruda (1986)	75% (42)	25% (14)	100% (16)	0% (0)
La mujer imaginaria (1985)	86% (44)	14% (7)	100% (23)	0% (0)
El jardín de al lado (1981)	89% (155)	11% (19)	97,6% (40)	2,4% (1)
Papelucho (1947)	90% (57)	10% (6)	100% (20)	0% (0)
Novios de antaño (1990)	60% (54)	49% (36)	84% (27)	16% (5)

Hemos visto hasta ahora que en la posposición –posición no marcada del objeto indirecto– la duplicación siempre ha ido más tardía que en la anteposición, pero siempre manteniendo la curva ascendente. La prosa narrativa no es una excepción (tabla 61): 86% en *La mujer imaginaria*, 89% en *El jardín de al lado* y 90% en *Papelucho*. Todos estos resultados coinciden con los que arroja *Cómo ser una mujer*: 84% (tabla 29). Sin embargo, *El cartero de Neruda* y *Un viejo que leía novelas de amor* arrojan resultados considerablemente más bajos. Decíamos anteriormente (§ 3.3.2.1.5) que estas novelas se caracterizan por hacer uso de diferentes registros y de un empleo significativo de construcciones marcadas, lo que influye en que los porcentajes de duplicación sean menores. En el español peninsular (§ 3.3.1.3.2) *Mañana en la batalla piensa en mí* que registra estructuras de relativo, estructuras marcadas que proporcionalmente duplican menos que las estructuras no marcadas arroja un 71% (tabla 29) de duplicación en la posposición. En el español de Argentina: *Novios de*

3. Gramaticalización del objeto indirecto en el español actual

antaño –lo mismo que el lenguaje hablado bonaerense– la evolución va más tardía en la posposición (60%). Hacemos notar que en la posposición se registran 5 ejemplos de objeto directo incorporado con duplicación (5 / 54) y 7 ejemplos de objeto directo incorporado sin duplicación (7 / 36). A la vista de estos resultados se puede decir que el reanálisis está siendo adoptado en la prosa narrativa del español actual.

3.3.2.4. Referencia cruzada en relación con los rasgos de animado e inanimado.

El rasgo prototípico del OI es ser una unidad de carácter animado, lo que no significa, como hemos visto anteriormente, que también se registren casos en que el rasgo semántico del OI sea el de inanimado. También hemos comentado (y volvemos a este punto en los capítulos siguientes) que cuando el OI es de rasgo inanimado, se trata de (i) usos metafóricos, o (ii) de situaciones en las que se describe una relación orgánica o una relación de posesión entre la entidad a que se refiere el objeto indirecto y la entidad a la que se refiere el objeto directo, o (iii) puede tratarse de entidades que representan personas.

En general se puede decir, de acuerdo a los datos de que disponemos, que no sólo hay una estrecha relación entre el tipo de registro y el rasgo semántico del OI sino también entre el tema tratado y el rasgo semántico del OI.

De nuestros resultados se desprende que en el lenguaje hablado de nivel popular el rasgo semántico por eminencia del OI es el rasgo animado tanto en el español peninsular: 96% (tabla 34) como en el español de América: 90% (Silva Corvalán 1984); en cambio en el habla culta, en que los temas versan, entre otros, sobre cuestiones académicas, los porcentajes del OI de rasgo inanimado son mayores en el nivel culto: 24% en el español de América (frente a 76% de rasgo animado) y 11% en el español peninsular (frente a 89% de rasgo animado) (tabla 35). En otras formas de lenguaje oral: las entrevistas a Marcos arrojan 28% (19 / 68) de OI inanimado y las entrevistas a Lagos 13% (9 / 69); los discursos de Lagos 75% (24 / 32) y de Castro 41% (20 / 49). Pensamos que esta variedad está determinada exclusivamente por los temas que se tocan: mientras estos giren en torno a cuestiones estatales, de organización política, etc., la tendencia será mayor a que el argumento OI sea de rasgo inanimado. El lenguaje académico, por su naturaleza, hace referencia en mayor escala también a entidades de rasgo inanimado: en el español de América (tabla 43) se registra un 39% (53 / 137) y en el español peninsular un 52% (46 / 89). En la prosa narrativa como era de esperar se registran bajos porcentajes de OI de rasgo inanimado. El español peninsular: *Mañana en la batalla* arroja 8% (11 / 133) y 4,5% (7 / 156) en *Cómo ser una mujer*. El español de América arroja

5% (6 / 117) en *Novios antaño* y 8% (6 / 74) en *La mujer imaginaria*; sin embargo hay otras en las que los porcentajes son más altos: *El cartero de Neruda*: 17% (17 / 80); *Un viejo que leía novelas de amor*: 15 % (6 / 40); *El jardín de al lado*: 12% (28 /239). Recapitulando, pensamos que las características descritas anteriormente de un OI de rasgo inanimado, y los temas tratados en cada uno de los textos tienen en su conjunto gran importancia en el rasgo semántico del OI.

De acuerdo con la jerarquía de animacidad, la entidad de rasgo humano es más prominente que otra entidad animada y ésta a su vez tiene prioridad ante una entidad inanimada con el rol semántico de Fuerza («Force»), como por ejemplo el viento o la tormenta, entidad que a su vez es más prominente que cualquier otra entidad inanimada:

<blockquote>human > other animates > inanimate force > other inanimate (Dik 1997, TFG 1: 35)</blockquote>

Esto concuerda perfectamente con el proceso de gramaticalización. Hemos visto que la referencia cruzada del objeto indirecto en el habla popular del español de América es categórica independientemente del rasgo semántico del OI y casi categórica si el OI es de rasgo animado en el español peninsular (95%, tabla 37). Este comportamiento está en estrecha relación con la teoría de marca, dado que es en los contextos no-marcados (registros orales de nivel popular, OI humano) donde se alcanza primero la gramaticalización para luego pasar a los contextos marcados (registros orales de nivel culto, OI humano). En el lenguaje hablado de nivel culto la referencia cruzada de OI animado alcanza un 62% en el español de América (tabla 62) frente a un 81% (tabla 37). En los otros registros de la lengua hablada, son las entrevistas de carácter público (contexto no-marcado en relación a los discuros) las que aventajan a los discursos en la referencia cruzada (tabla 62, v. también tabla 32: ENTREVIS).

La tendencia general que se observa en los registros hablados es que no es necesario que se haya alcanzado la actualización del reanálisis del clítico pronominal como marca de referencia cruzada con el OI en los contextos no-marcados (por ej.: OI de rasgo animado) antes de dar paso a la actualización del reanálisis en los contextos marcados (por ej.: OI de rasgo inanimado).

3. Gramaticalización del objeto indirecto en el español actual

Tabla 62.
LENGUAJE ORAL [ENTRE PARÉNTESIS: FECHA DE PUBLICACIÓN]

±duplicación del OI en relación con los rasgos ±animado	OI animado		OI inanimado	
	Con duplic.	Sin duplic.	Con duplic.	Sin duplic.
Lenguaje hablado nivel popular	100%	0%	100%	0%
Lenguaje hablado nivel culto	62% (26)	38% (16)	54% (7)	46% (6)
Entrevistas con Marcos (1995-01)	76% (37)	24% (12)	63% (12)	37% (7)
Entrevistas con Lagos (2001)	73% (44)	27% (16)	78% (7)	22% (2)
Discursos de Lagos (2000-2001)	43% (10)	57% (13)	13% (4)	87% (27)
Discursos de Castro (2000-2002)	38% (11)	62% (18)	20% (4)	80% (16)

En la prosa académica se observan las mismas tendencias que para las entrevistas (tabla 63): El OI de rasgo inanimado duplica en un 57% y el OI de rasgo animado en un 70% en el español actual. Se registra, además, que la curva ascendente a favor de la duplicación, en el correr de los años, ha dado un salto cuantitativo tanto en la evolución del proceso para el OI de rasgo animado como de rasgo inanimado. Al comparar los resultados de ambas variantes, a pesar de que el español peninsular es mucho más conservador que el de América: un OI de rasgo inanimado duplica en un 26% y uno de rasgo animado en un 35% (v. tabla 32: Lázaro Carreter), los porcentajes de duplicación del OI de rasgo animado e inanimado siguen una curva ascendente, siendo siempre la de OI animado más alta que la de OI inanimado en ambas variantes.

Tabla 63.
Lenguaje escrito ensayístico y documentos oficiales [entre paréntesis: fecha de publicación]

±duplicación del OI en relación con los rasgos ±animado	OI animado		OI inanimado	
	Con duplic.	Sin duplic.	Con duplic.	Sin duplic.
Che Guevara y otros (1965- 2001)	70% (59)	30% (25)	57% (30)	43% (23)
Octavio Paz (1950-1996)	30% (6)	70% (14)	21% (6)	79% (22)
Gabriela Mistral (1919-1945)	30% (13)	70% (30)	20% (2)	80% (8)
Constitución de Chile (1980)	7% (1)	93% (13)	0% (0)	100% (16)
Constitución de Argentina (1994)	0% (0)	100% (6)	0% (0)	100% (22)

Los procesos innovativos, como ya decíamos, se dan primeramente en las unidades no marcadas en ambos lados del Atlántico, los resultados son prueba de ello, sin embargo se registra –tal como lo hemos visto para los registros hablados– que la innovación abarca tanto las unidades no marcadas como las unidades marcadas, pero siempre con una curva ascendente más alta para el OI de rasgo animado, curvas que se acercan en la prosa académica y en los registros hablados (con excepción de los discursos). En el español de América se conserva la rigurosidad del español peninsular en los textos constitucionales y en los discursos políticos (tabla 63). El único ejemplo de duplicación que hemos registrado en la Constitución de Chile, lo consideramos señal de que la evolución que el proceso tiene en el español de América es de tal envergadura y está tan arraigado en las reglas de expresión del OI de todo hablante, que tampoco es ajeno a la expresión lingüística del legislador, lo cual hace que el proceso también llegue a estos contextos marcados.

En la prosa narrativa, registro con altos porcentajes de OI de rasgo animado, los porcentajes de duplicación para el OI de rasgo inanimado en la prosa de Chile siguen el mismo esquema que hemos visto para los registros hablados (entrevistas) y la prosa académica: la actualización del reanálisis en los contextos no-marcados (OI de rasgo animado) no necesariamente ha sido alcanzada cuando se empieza a dar paso al proceso de

3. Gramaticalización del objeto indirecto en el español actual

actualización del reanálisis en los contextos marcados (OI de rasgo inanimado). En la prosa narrativa del español peninsular encontramos resultados semejantes a los de la prosa narrativa chilena: en *Cómo ser una mujer* (tabla 33) el OI inanimado duplica en un 86% y el OI animado duplica en un 91%.

Tabla 64.
Lenguaje narrativo [entre paréntesis: fecha de publicación]

±duplicación del OI de 3ª en relación con los rasgos ±animado	OI animado		OI inanimado	
	Con duplic.	Sin duplic.	Con duplic.	Sin duplic.
Un viejo que leía novelas (1993)	71% (22)	29% (9)	83,3% (5)	16,7% (1)
El cartero de Neruda (1986)	81,4% (48)	18,6% (11)	76,9% (10)	23,1% (3)
La mujer imaginaria (1985)	90% (61)	10% (7)	100% (6)	0% (0)
El jardín de al lado (1981)	92,5% (173)	7,5% (14)	78,6% (22)	21,4% (6)
Papelucho (1947)	93,7% (74)	6,3% (5)	75% (3)	25% (1)
Novios de antaño (1990)	70% (78)	30% (34)	30% (3)	70% (7)

La diferencia en las variedades del español, que venimos observando, también se refleja en la prosa narrativa. En el español de Argentina: *Novios de antaño*, el OI de rasgo animado duplica en un 70% y el de rasgo inanimado en un 30%, resultados que se asemejan a los del español peninsular representado por *Mañana en la batalla* (tabla 33): el OI de rasgo animado duplica en un 74% y el de rasgo inanimado en un 36%. Resultados que coinciden solo parcialmente con los del español de Chile (tabla 64) y se alejan de los del español peninsular, representado por *Cómo ser una mujer* (tabla 34: 91% / 86%). Los resultados para el español peninsular son el reflejo del tipo de texto: uno de carácter más formal y el otro de carácter más coloquial. El español de Chile se distingue por llevar un proceso de gramaticalización más avanzado. Observamos que si la actualización del reanálisis ya ha sido alcanzada en la lengua hablada, está en vías de hacerlo en la prosa narrativa.

3.3.2.5. Recapitulación.
Veíamos que así como el proceso de gramaticalización no se da en forma pareja en todos los contextos en el español peninsular, tampoco se da en forma pareja en el español de América. El proceso de gramaticalización del OI, esto es, la actualización del reanálisis del clítico pronominal como marca de referencia cruzada con el OI léxico o pronominal, está condicionada por el carácter de ±marcado:

(i)   en el campo de la morfosintaxis:
    a. las personas del discurso
    b. la animacidad
    c. orden de los constituyentes
    d. el tipo de oración: principal / subordinada
    e. las estructuras transitivas de objeto ±referencial / ±incorporado
(ii) el tipo de registro, el estilo
(iii) las diferentes motivaciones pragmáticas: ±énfasis, ±empatía.

Dicho en otras palabras, factores internos y externos motivan el cambio lingüístico. En el español de América la actualización del reanálisis ha sido alcanzada:

(i)   en las primeras personas del discurso en todos los registros,
(ii) en la lengua hablada popular no sólo en las primeras personas del discurso sino también en la tercera persona sea un OI léxico o pronominal,
(iii) en todas las personas en la anteposición en la lengua hablada culta,
(iv) en todas las personas en la anteposición en la prosa académica (representada por el español de México, Colombia y Argentina),
(v)   en todas las personas en la anteposición en la prosa narrativa de Chile.

La actualización del reanálisis no necesariamente ha sido alcanzada en el contexto no-marcado (OI de rasgo animado) antes de que se empiece a registrar la actualización en la forma marcada (OI de rasgo inanimado), registrándose un emparejamiento en los porcentajes de duplicación para las formas no marcadas y marcadas como observamos en los registros hablados que comprenden desde los textos menos formales (habla popular) a los más formales (discursos) (v. tabla 66). En todos los registros se ve una marcada tendencia a que la actualización del reanálisis ocurra en la anteposición antes que en la posposición; en el OI de rasgo animado antes que en el OI pospuesto; en la posposición antes que en el OI de rasgo inanimado:

3. Gramaticalización del objeto indirecto en el español actual

OI antepuesto > OI pospuesto
OI animado > OI pospuesto
OI pospuesto > OI inanimado

Estas tendencias son las mismas que se han visto no sólo para el español peninsular actual sino también desde el comienzo del proceso de gramaticalización del objeto indirecto.

3.4. Conclusión

Los datos que hemos presentado en el cap. 2 y en este capítulo son prueba fehaciente de que el fenómeno de la duplicación es un fenómeno de «drift» (Andersen 1987), el cual está en estrecha relación con los *principios de marca* (Andersen 2001 a). Este proceso a largo plazo, en que se cuentan muchas generaciones, es un proceso que abarca innumerables actos innovativos, producto del reanálisis. Cuando estos usos innovativos se generalizan podemos hablar de la *gramaticalización del OI* que no es más que la *actualización del reanálisis*: el clítico pronominal como marca de referencia cruzada con el OI.

Así como en los morfemas flexivos del verbo encontramos el *sujeto gramatical* que concuerda por referencia cruzada con el *sujeto léxico* (en caso de estar presente), así el clítico pronominal viene a ser lo que hemos denominado *objeto gramatical* que concuerda por referencia cruzada con el *objeto léxico* (en caso de estar presente). La situación ideal, aquella situación en que se marquen todas las funciones primarias en el verbo, no ha sido alcanzada aún en todos los contextos. Los resultados que hemos visto a través de los siglos muestran que el proceso, poco a poco, va abarcando todos los contextos y que este proceso se rige de modo indudable por los principios de marca.

Al hablar de los comienzos del proceso no se puede desligar la jerarquía de animacidad de la de persona, ya que el proceso comienza en las primeras personas y por ello en las unidades de rasgo animado; los datos muestran que siempre es en la anteposición donde se registran porcentajes de duplicación más altos y que la duplicación tiene su caldo de cultivo en los contextos coloquiales y las capas populares: desde su más temprana manifestación hasta nuestros días la duplicación siempre se ha registrado –sin distinción geográfica– en forma dominante en estos contextos.

Muchas generaciones han contribuido a la evolución de este cambio lingüístico y sólo el tiempo podrá determinar cuántas generaciones más serán necesarias para que la referencia cruzada llegue a ser categórica en todos los contextos y de esta manera el sistema y la norma se adecúen a su tipo, es decir se adecúen al tipo de lengua «pro drop» que es la que codifica la información valencial en el verbo.

3.5. Apéndice al § 3.1.1

3.5.1. Ejemplificación de las tablas empleadas.
En lo que sigue se presenta una versión detallada de las tablas que se utilizaron en el cómputo de los resultados para cada texto estudiado. Los resultados que presentamos a continuación corresponden a una cala hecha a la base de datos del lenguaje periodístico del español peninsular: ENTREVIS que comprende entrevista de las revistas *Cambio 16* y *Tiempo*.
En las tablas, las abreviaturas *oi* y *od* corresponden al clítico pronominal que marca la función de objeto indirecto y objeto directo respectivamente; *OD* y *OI* corresponden, respectivamente al objeto directo y al objeto indirecto léxicos; (*V Inc*) corresponde al predicado verbal complejo, estructura que se compone de un predicado huésped (V) y un co-predicado incorporado (Inc); el co-predicado incorporado corresponde a un objeto directo no referencial (v. § 3.2.4). Dado que la posición del clítico pronominal no tiene relevancia en el fenómeno de la duplicación, se eligió indicar en las tablas sólo la posición que corresponde a la de las estructuras simples de verbo finito, aún habiendo ejemplos de imperativo o de gerundio con *OI*. Las estructuras de pasiva con *se* se registran bajo los esquemas con *OD* en caso de que se encuentren en algunas de estas estructuras, véase más adelante algunos ejemplos bajo: *oi V OD OI* , *OD V OI* y *OI V OD*. En la tabla I se registran los casos con duplicación y en la tabla II sin duplicación.

Tabla I.
ENTREVIS (1990 Y 1995): ENTREVISTAS DE PRENSA: CAMBIO 16 Y TIEMPO [1.294.000 PALABRAS]

pospuesto	con duplicación				
	oi V OD OI	oi V OI OD	oi od V OI	OD oi V OI	OD oi od V OI
OI animado	8	50	21	21	
OI inanimado	7	10		7	
total	15	60	21	28	0

con duplicación		
oi (V Inc) OI	oi V OI	total
15	53	168
9	4	37
24	57	205

3. Gramaticalización del objeto indirecto en el español actual

antepuesto	con duplicación					
	OI oi V OD	OI oi od V	OD OI oi V	OI oi (VInc)	OI oi V	total
OI animado	44	3		13	132	192
OI inanimado	7				6	13
total	51	3	0	13	138	205

Tabla II.
ENTREVIS (1990 Y 1995): ENTREVISTAS DE PRENSA: CAMBIO 16 Y TIEMPO [1.294.000 PALABRAS]

pospuesto	sin duplicación				
	V OD OI	V OI OD	od V OI	od V OD OI	OD V OI
OI animado	14	48		1	10
OI inanimado	8	4	2		13
total	22	52	2	1	23

sin duplicación		
(V Inc) OI	V OI	total
33	16	122
33	1	61
66	17	183

antepuesto	sin duplicación			
	OI V OD	OI (V Inc)	OI V	total
OI animado	7		3	10
OI inanimado	1	1		2
total	8	1	3	12

3.5.2. Ejemplificación de las diferentes estructuras.
En lo que sigue se ejemplifica cada una de las estructuras indicadas en las tablas con ejemplos de diferentes fuentes de la base de datos que analizamos.[18]

3.5.2.1. OI con duplicación, pospuesto.
oi V OD OI

Alejandro está borracho, cínico y agresivo. Minondo vuelve a la cocinita y pone más café, llevándo*le* el vaso *a Alejandro*, que lo coge. (Teatro moderno: *Cosa de dos* 1987)

[...] y va a hacer la Primera Comunión porque la niña quiere hacer la Primera Comunión y yo no *le* voy *a crear* un trauma *a la niña* porque yo la hice también, ¿no?, (Encuestas. Nivel popular, segunda generación [1984-86])[19]

Lo de los curas, hay... el proyecto que tienen es de levantar*les* un piso encima *a ellos*, la orga ... el organismo. (Encuestas. Nivel popular, tercera generación [1984-86])[19]

[...] porque el pueblo chileno, democráticamente, *le* hubiese negado su apoyo *a Salvador Allende* en las siguientes elecciones si las tradiciones de libertad y pluralismo chilenas hubiesen sido violadas por su Gobierno. (Carlos Fuentes: *¡Viva Chile mierda!* 1998)

No ha tardado Bush en dar*le* las gracias *a quienes financiaron su campaña* y lo llevaron al poder. (Carlos Fuentes: *El peor presidente* 2001)

[...] Lo que me parece es que Jesús se pasó de listo y *le* quitó la cartera *a Mercedes Milá*. (CAM16.4-6-90)

No hay manera de sacar*le* una palabra *a Antonio Banderas* sobre Melanie Griffith (CAM16.20-2-95)

A mí me dio tanta rabia que le dije: - ¿Por qué *le* roba el pan *a los perros*? ¿Con qué derecho? -Con el derecho del hambre -me contestó - y tenía una cara de furia. (Marcela Paz: *Papelucho* 1947)

Mire usted, vamos a ir a quitar*le* las hierbas *al trigo*. (Cuentos populares andaluces: *La zorra y el sapo* [1986])[19]

El bártulo es muy práctico; multiplica hasta el infinito el poder audiovisual para alegrar*le* las pajarillas *a la lengua española*. Y como esto es bastante serio,

---

[18] Todos los ejemplos han sido copiados directamente de su fuente sin hacer ningún cambio o corrección que adultere el texto original. Los puntos suspensivos sin corchetes corresponden a las pausas transcritas en los textos de corte conversacional (v. nota 2).

[19] Entre corchetes: fecha de transcripción de las *Encuestas del habla urbana de Sevilla* –nivel popular y culto (v. nota 1) y fecha de grabación de los *Cuentos populares andaluces* (v. nota 3).

no conviene echar los acentillos de unos a la mar, ni las paellas de otros a la basura. (Lázaro Carreter: *El dardo en la palabra: Telefonía sin tildes* 1999-2000)

Xavier Elorriaga es un elemento muy positivo, que además de dar*le* una unidad estética *a la serie*, transmite seriedad y credibilidad (CAM16.19-11-90)

Era una tertulia abierta donde se discutían en caliente los temas de cada sección y se *le* daban los toques finales *a la edición de mañana*. (García Márquez: *El mejor oficio del mundo* 1996)

¿Pudieron los revolucionarios calumniados y asesinados por Stalin -Trotski, Kamenev y sobre todo Bujarin- dar*le* otro cariz *a una revolución posiblemente socialista y democrática*? (Carlos Fuentes: *En busca de una figura para el siglo XXI* [s.d.])

oi V OI OD

Yo *les* he consentido *a estos infelices* que me alzaran la mano, porque lo que estoy buscando es un hombre. Andan por ahí unos bolaceros diciendo que en estos andurriales hay uno que tiene mentas de cuchillero, y de malo, y que le dicen el Pegador. Quiero encontrarlo pa que *me* enseñe *a mí*, que soy naides, lo que es un hombre de coraje y de vista. (Borges: *Hombre de la esquina rosada* 1935)

Yo *le* regalé *a Soto* mi frazada y doña Rosarito y mi mamá armaron una pelotera y querían que se la fuera a quitar, pero yo no fui. (Marcela Paz: *Papelucho* 1947)

-¿Es verdad que *le* pidió *a Fellini* un autógrafo? (TIE.24-12-90)

Le dije *al director de fotografía* que colocara la cámara en el gallinero (CAM16.12-04-95)

Hemos intentado dar*le a esa España profunda* una calidad y una valoración de la que carecía. (CAM16. 20-8-90)

[...] porque para decir*le a una imagen* que es bonita y es guapa no hay que decírselo de la forma que se lo está diciendo hoy la juventud por la calle. (Encuestas. Nivel popular, tercera generación [1984-1986])[19]

Tal vez la solución sea que se vuelva a la pobre libretita de notas para que el periodista vaya editando con su inteligencia a medida que escucha, y *le* deje *a la grabadora* su verdadera categoría de testigo invaluable. (García Márquez: *El mejor oficio del mundo* 1996)

oi od V OI

Y había muchas señoras que se han llevado muchas cosas y luego *se* la han vendido *a las pobrecillas de las señoras de los médicos de allí*. (Encuestas. Nivel culto, primera generación [1973])

Mire, sólo le digo que si a Aznar le pasara algo, el pueblo español no *se* lo perdonaría *al PSOE*. (TIE.11-13-95)

OD oi V OI

Era un homenaje que *le* tributaron los dueños del Hotel de Inglaterra *a la hija de los príncipes*, doña Esperanza y don Pedro, que van a contraer matrimonio. (Encuestas. Nivel culto, tercera generación [1973])[19]

Ahora, después, escuché por la... creo que ha sido por la televisión, hablando el ... cómo *le* dicen *a eso*... el eso de la la facultad, ¿cómo le dicen? (Encuestas. Nivel popular, segunda generación [1984-1986])[19]

OD oi od V OI / oi od V OD OI / oi od V OI OD

Y le dio todos los caramelitos, todas las cositas que llevaba, todo *se* lo entregó *a la niña* (Cuentos populares andaluces: *La madre que mató a su hijo y lo guisó* [1986])[19]

¡Dios mío! ¿Cómo *se* lo doy yo el agua *a mis niños*? Es imposible. (Cuentos populares andaluces: *La niña sin brazos* [1986]) [*lo*: concordancia de género externo = *la*][19]

No, todo no. Yo *se* lo dejo *a mi madre* todo, pero que vamos, que... que no... ella no se queda con todo ni muchos menos; (Encuestas. Nivel popular, primera generación [1984-1986])[19]

oi (V Inc) OI

Desde que tengo uso de razón mi madre me decía que las mujeres teníamos que valernos por nosotras mismas, que era humillante tener que <u>pedir*le* dinero</u> *a un hombre*. (TIE 07-10-95)

Oye... que *le* vas a <u>hacer daño</u> *a la chica*...Nos sentamos y hablamos tranquis, tíos, entre colegas, ¿no? (Teatro moderno: *Bajarse al moro* 1987)

Pura y simplemente, unos y otros han amordazado el viejo y noble sustantivo Parlamento, que es donde aquel asunto debiera discutirse. *Le* <u>han quitado voz e imagen</u> *a tal vocablo*, para sustituirlo por la memez citada. (Lázaro Carreter: El dardo en la palabra: *En sede parlamentaria* 1999-2000)

No le quiero dar ni más ni menos importancia, pero no puede pasar a ser el paradigma de la proeza periodística. ¿Cree qué esa actitud de Quintero *le* <u>quitó valor</u> *a su propia entrevista*? (CAM16.4-6-90)

Los autodidactas suelen ser ávidos y rápidos, y los de aquellos tiempos lo fuimos de sobra para seguir <u>abriéndo*le* paso</u> en la vida *al mejor oficio del mundo* - como nosotros mismos lo llamábamos. (García Márquez: *El mejor oficio del mundo* 1996)

3. Gramaticalización del objeto indirecto en el español actual

> Quizá nuestro tradicionalismo —que es una de las constantes de nuestro ser y lo que *le* <u>da coherencia y antigüedad</u> *a nuestro pueblo*— parte del amor que profesamos a la forma. (Octavio Paz: *Máscaras mexicanas* 1950)

oi V OI

> Y en esto, *le* guste o no *a la oposición*, estamos obteniendo resultados. (CAM16.10-30-95)

> ¿Usted sabe lo que *le* pasa *a este psicópata*? (Teatro moderno: *Cosa de dos* 1987)

> Esto *le* importa un comino *al cowboy de la Casa Blanca*. (Carlos Fuentes: *El peor presidente* 2001)

> La oscuridad *le* sienta bien *al eterno adolescente*. (CAM16.10-02-95)

> El Presidente de la República [...] asumirá sus funciones [...] y durará en el ejercicio de ellas hasta el día en que *le* habría correspondido cesar en el cargo *al electo que no pudo asumir* y [...]. (Constitución de la República de Chile 1980)

> Y entonces, me quedo así mirando y veo que se *le* cae el bolso, pum!, al suelo *al chiquillo*; (Encuestas. Nivel popular, tercera generación [1984-1986]).[19]

> Hablo de toda esa excrecencia postiza que *le* salió *a la literatura*. (CAM16.20-2-95)

> Y es que, [...], tío Sam había venido, con su afición y falta de respeto al latín, y super-, pegado con el mayor desparpajo a nombres y adjetivos, *le* llovía *a Europa* desde los alrededores de 1940. (Lázaro Carreter: *El dardo en la palabra*: *Supertriste* 1999-2000)

3.5.2.2. OI con duplicación, antepuesto.
OI oi V OD

> ¿Tú crees? ¿Conoces a alguien *a quien* una separación *le* haya resuelto el problema? (Teatro moderno: *Cosa de dos* 1987)

> *A mis libros les* pongo mi nombre. (Teatro moderno: *Ayer sin ir más lejos* 1988)

> Pues mira, yo voy a los sitios y a mí me gusta cada sitio. Yo *a cada sitio le* encuentro su encanto. (Encuestas. Nivel culto, segunda generación [1973])[19]

OI oi od V

> *A mí* no *me* lo dijo. (CAM16.19-2-90)

OD OI oi V

> [...] y... y con respecto a la educación, ni idea, la verdad. No sé, pero algo que... algo distinto a la que *a mí me* han dado (Encuestas. Nivel popular, primera generación [1984-1986])[19]

OI oi (V Inc)

A mí esas cosas *me* dan mucho asco, qué quieres que te diga. (Teatro moderno: *Bajarse al moro* 1987)

Pero al final del otoño vinieron las lluvias, y *al misterioso juego de los valores* se *le* puso buena cara, según decían, aunque bastantes continuaron demacrados (Lázaro Carreter: *El dardo en la palabra*: *Entrando en año* 1999-2000)

OI oi V

Si *a un futbolista le* gusta la ópera y yo puedo conseguir entradas, voy con él y nada más. (TIE.05-01-95)

¿*A quién* no *le* ha ocurrido llamar a alguien importante por teléfono, y que le salga al paso su secretaria con un «Está reunido», en vez de en una reunión? (Lázaro Carreter: *El dardo en la palabra*: *En repulsa* 1999-2000)

Armas Marcelo, *a muchos les* sorprendió su intervención tan optimista sobre el momento actual de España, contraria a las tesis del libro. (TIE.112-11-95)

Decías que *a Marta le* habían aparecido arrugas y alguna cana. Y que había perdido un diente. (Teatro moderno: *Cosa de dos* 1987)

3.5.2.3. OI sin duplicación, pospuesto.
V OD OI

Alejandro enciende un cigarrillo. Comienza a doblar la sotana con cuidado. Inmediatamente después ofrece un cigarrillo *a Carmen*. (Teatro moderno: *Cosa de dos* 1987)

Entonces cedió el sillón de Ajuria Enea *a José Antonio Ardanza*. (TIE.22-10-90)

La resolución que otorgue la libertad provisional *a los procesados* por los delitos a que se refiere el Artículo 9, deberá siempre elevarse en consulta. (Constitución de la República de Chile 1980)

[...]: por ejemplo, tal secretario general dirige un fervorín *a los cargos electos de su partido*, que asisten píamente a escucharlo (Lázaro Carreter: *El dardo en la palabra* 1999-2000)

V OI OD

La próxima hora y media me la paso al teléfono pidiendo *a la gente* en la redacción y el Congreso que no puedo ir a la hora que debía (Rico Godoy: *Como ser una mujer* 1990: 64)

Y que el gasto esté limitado para que cada una tenga que dar la cara al pedir *a los ciudadanos* más ingresos. (CAM16.06-12-95)

Cuando un enfermo se exaltaba –[...]– lo soltaban al parque para que prendido de las rejas asustara a los vecinos, que decidían emigrar, ceder *al mejor postor* sus chalecitos flamantes. (María Elena Walsh: *Novios de antaño* 1990)

3. Gramaticalización del objeto indirecto en el español actual

Naturalmente habría que preguntar *a las mexicanas* su opinión; ese «respeto» es a veces una hipócrita manera de sujetarlas e impedirles que se expresen. (Octavio Paz: *Máscaras mexicanas* 1950)

[...], el torero es la imagen de la soledad; por eso, en el momento decisivo, el matador dice *a su cuadrilla* la frase sacramental: ¡Dejarme solo! Solo frente al toro y solo frente al público. (Octavio Paz: *Picasso: el cuerpo a cuerpo con la pintura* 1982)

Los derechos de los particulares sobre las aguas, reconocidos o constituidos en conformidad a la ley, otorgarán *a sus titulares* la propiedad sobre ellos; (Constitución de la República de Chile. 1980)

Pecho a la desgracia, y no des *a esto* el valor de un acto extraordinariamente meritorio. En estos tiempos putrefactos se estima como virtud lo que es deber de los más elementales. (Pérez Galdós: *Tristana* 1892)

od V OI

Ahora, que si tengo un hijo, y si yo no lo quiero o... lo... lo de ... lo den ... ; sí, lo pueden dar *a personas que* ... [...]. (Encuestas. Nivel popular, segunda generación [1984-1986])[19]

Una pareja caritativa nos abre las puertas de una botica y las cierran *a la turba de devotos que patean las persianas y apedrean los cristales*, desgañitándose en su cruzada redentora ignorada al parecer por los curas. (María Elena Walsh: *Novios de antaño* 1990)

OD V OI

Alejandro se levanta, abre el frigorífico y del congelador saca dos cajas de langostinos que da *a Minondo*. (Teatro moderno: *Cosa de dos* 1987)

[...] y no sé, que es una cosa muy nuestra y... y que desde luego hay que venir a verla; yo creo que no es una cosa que se pueda explicar *a nadie*, vamos, que tendrían que venir aquí el que fuera. (Encuestas. Nivel popular, primera generación [1984-1986])[19]

Quizá nuestro tradicionalismo —que es una de las constantes de nuestro ser y lo que le da coherencia y antigüedad a nuestro pueblo— parte del amor que profesamos *a la forma*. (Octavio Paz: *Máscaras mexicanas* 1950)

(V Inc) OI

Los padres deben <u>prestar asistencia de todo orden</u> *a los hijos habidos dentro o fuera del matrimonio*, durante su minoría de edad y en los demás casos en que legalmente proceda. (Constitución Española 1978)

No tienes por qué <u>dar explicaciones</u> *a nadie*. (Teatro moderno: *Bajarse al moro* 1987)

Momentos hay, sin embargo, en que se <u>rinde culto</u> *al chisme brillante y a los fastos de la vida social*; ¿cómo olvidar a este apuesto actor yanqui con quien tantas mujeres aspirarían a un vis a vis, a pesar de que hoy festeja su sesenta onomástica? (Lázaro Carreter: *El dardo en la palabra*: Calcinar 1999-2000)

Este lenguaje [...], ya anuncia su amenaza contra la escritura normal. Es inservible aún, por ejemplo, para muchos guionistas de cine y televisión, pues carece de esos insultos que <u>dan viveza y naturalidad</u> *a los diálogos*, con los cuales los personajes se clasifican [...]. (Lázaro Carreter: *El dardo en la palabra*: Escritura electrónica 1999-2000)

Considero que aun en los lenguajes humanos no hay proposición que no implique el universo entero; decir el tigre es decir los tigres que lo engendraron, los ciervos y tortugas que devoró, el pasto de que se alimentaron los ciervos, la tierra que fue madre del pasto, el cielo que <u>dio luz</u> *a la tierra*. (Borges, *La escritura del dios* 1949)

A solas bajo la higuera <u>paso revista</u> *a las pertenencias masculinas en desuso*. (María Elena Walsh: *Novios de antaño* 1990)

V OI

Carmen vuelve a coger la maleta. Sonríe *a Alejandro*, dispuesta, ya, a abandonar la buhardilla. (Teatro moderno: *Cosa de dos* 1987)

Los problemas morales interesan poco *a Lope*, que ama la acción, como todos sus contemporáneos. (Octavio Paz: *Máscaras mexicanas* 1950)

El Gobierno y la administración del Estado corresponden *al Presidente de la República*, quien es el Jefe del Estado. (Constitución de la República de Chile 1980)

3.5.2.4. OI sin duplicación, antepuesto.
OI V OD

Y, como suele ocurrir, fue invención (y es uso) de gente *a quien* se retiró la lactancia idiomática antes de tiempo. (Lázaro Carreter: *El dardo en la palabra*: En repulsa 1999-2000)

Más tarde, en 1914, la Academia cambió de participio, prefirió elegido conforme a la etimología, [...]. Enlaza de ese modo con el obispo de Covarrubias, aportando esa precisión, *a la que* ahora propinan el pase del desprecio quienes torean con el idioma. (Lázaro Carreter: *El dardo en la palabra* 1999-2000)

La táctica femenil daba resultado con su débil padre, que siempre les contestaba: - ¡Cómo no, my darling! ¿Cuánto querés? Sin preguntarles para qué! Y *a la infame donación* añadía mimos y piropos, en la más abyecta babosidad, [...] (María Elena Walsh: *Novios de antaño* 1990)

OI (V Inc)

A otra obligación, [...], puedo <u>dar más fácil cumplimiento</u> en este acto, pues aunque los estudios y trabajos a que consagró toda su vida mi digno [...] (Pérez Galdós: *La sociedad presente como materia novelable* 1897)

3. Gramaticalización del objeto indirecto en el español actual

Después declama largas historias en verso *a las que* María querría <u>prestar atención</u> porque ciertas imágenes la llenan de curiosidad (María Elena Walsh: *Novios de antaño* 1990)

OI V

Para los que no conocen este adjetivo aplicado a una escuela literaria, doy la explicación que *a los demás* sobra. (Gabriela Mistral: *Impresiones de Estados Unidos* 1924)

Lo han tramado quizá publicitarios foráneos *a quienes* la lengua española importa un pepión: [...] (Lázaro Carreter: *El dardo en la palabra*: *Telefonía sin tildes* 1999-2000)

Sí debe ponerse el grito en la tierra, ya que *al cielo* importa poco, ante la gansa denominación cargos electos que los políticos y sus tornavoces mediáticos repiten hasta el hartazgo: [...]. (Lázaro Carreter: *El dardo en la palabra* 1999-2000)

Segunda parte

Sincronía

«Pero la lengua no pertenece al *orden causal* sino al *orden final*, a los hechos que se determinan por su *función*. Si se entiende la lengua funcionalmente, *primero como función y luego como sistema* –y es así como hay que entenderla, pues la lengua no funciona *porque* es sistema, sino, al contrario, es sistema *para* cumplir una función, para corresponder a una finalidad–, entonces resulta evidente que los términos del problema deben invertirse. Lejos de funcionar «en ne changeant pas», como sucede con los «códigos», la lengua cambia *para seguir funcionando* como tal.» (Coseriu 1988 [1957]: 30-31)

4.
El objeto indirecto en las construcciones predicativas: la noción de Adjeto

> The adject, as we use the term, is an argument bearing a relation of a predicative nature to some other argument besides its relations to the verb. A crucial point is that the argument to which the adject is related is not just any argument, but always and invariably the fundamental argument, i.e. the O of the transitive, the S of the intransitive construction, never the S of the transitive construction. (Herslund y Sørensen 1996: 11)

4.0. Introducción
De los diferentes tipos de estructura oracional que encontramos en la lengua, hay aquéllas en que de manera regular encontramos, además de un adyacente atributivo (predicado nominal), un objeto indirecto. En general, a esta particularidad de nuestra lengua, no se le ha prestado mucha atención en las gramáticas.

   Nuestro corpus de datos muestra que la presencia de un objeto indirecto se da en estructuras de predicado nominal en que el tipo de verbo abarca desde los que tradicionalmente se consideran verbos copulativos: *ser* y *estar*, verbos que se caracterizan por ser semánticamente vacíos y cuya tarea, además de permitir la expresión temporal, es la de servir de lazos de unión entre el sujeto y el predicado, hasta verbos predicativos como por ejemplo *ir, salir, venir*, que se caracterizan por poseer contenido léxico pleno, pasando por verbos que se caracterizan por su uso predicativo y copulativo: *parecer*. *Parecer* como verbo copulativo, guarda en común con *ser* y *estar* la posibilidad de conmutar el predicado nominal con el invariable *lo*, lo cual no comparte ningún otro verbo que se usa como copulativo. En definitiva, se trata de verbos inacusativos, que a diferencia de los verbos inergativos, son los únicos verbos intransitivos que aparecen en construcciones predicativas (Herslund et al. 1996: 117).

Siguiendo las directrices que nos fijamos en la introducción de este trabajo: tratar en amplitud, además de las teorías del cambio lingüístico, dos modelos gramaticales del funcionalismo europeo, vamos, en lo que sigue a presentar, la Teoría del Adjeto –teoría de valencia y transitividad– de Herslund y Sørensen, en inglés Adject Theory (Herslund y Sørensen 1994, 1996a,b; Herslund et al. 1996; Herslund 1995, 2002), concentrándonos en el análisis de los adyacentes atributivos y la función de la cópula en la estructura oracional, que en la lengua española están en estrecha relación con el objeto indirecto.

En la gramática tradicional, el objeto indirecto y los adyacentes atributivos son funciones que no guardan nada en común, en cambio para la Teoría del Adjeto de Herslund y Sørensen son dos manifestaciones de la misma relación gramatical, i.e. dos manifestaciones del «Adjeto».[1]

La teoría asume tres relaciones gramaticales: Sujeto, Objeto y Adjeto. De estas tres, el objeto transitivo y el sujeto inacusativo son las relaciones más estrechamente ligadas al verbo, constituyendo lo que denominan «argumento fundamental». El verbo y su argumento fundamental constituyen el «fundamento predicativo» («predicate formation»). Mientras que el sujeto, al mismo tiempo que depende de la valencia del verbo, rige la flexión de éste y de esta manera constituye la predicación (el nexo, en la terminología de O. Jespersen, 1968 [1924]), mediante la cual se establece la oración (en términos lógicos: la proposición). Cuando el verbo especifica otras funciones valenciales, se establece una relación de naturaleza predicativa doble entre el verbo y otro argumento y entre este otro argumento y el argumento fundamental del verbo: el objeto en las construcciones transitivas o el sujeto inacusativo en las construciones intransitivas. Este otro argumento, por medio del cual el verbo establece la segunda predicación, es lo que se denomina Adjeto.

---

[1] «The term was coined as a parallel to subject and object as a substitute for what we, ill-advisedly, used to call an indirect object. Because the generalised function we want to describe has not hitherto been recognised, and hence had no name, we needed a new term which didn't mean anything else to anybody than the content we put into it. The term has however been used before, we later discovered: Feuillet (1980) had used it in French (*adject*) to characterise a class of locative complements only partially coinciding with our use of the term. But since we had coined the term independently of Feuillet and the two uses of it were not contradictory, we stuck to it» (Herslund y Sørensen 1996: 11).

4. El objeto indirecto en las construcciones predicativas

La relación gramatical de Adjeto comprende –además de las funciones mencionadas antes, esto es adyacentes atributivos y objeto indirecto– el objeto preposicional y los adyacentes circunstanciales ligados. En tanto que estas funciones se tratan en la gramática tradicional, como ya mencionamos, de forma diferente, para esta teoría son manifestaciones de la misma relación gramatical, que están unidas por el mismo fundamento semántico, i.e. el rol semántico de «Lugar» / «Locación». Estas diferentes manifestaciones de la relación gramatical de Adjeto, si están regidas por el mismo verbo, se excluyen mutuamente; esto se fundamenta en el principio gramatical de que en la misma estructura oracional no puede aparecer la misma relación gramatical más de una vez.

La teoría asume que la cópula es un verbo pleno y por lo tanto es el predicado de la oración, y que la función del adyacente atributivo es llenar una posición argumental a la cual se le atribuye la relación gramatical de Adjeto. De acuerdo con este análisis, no hay cabida para otra variante más de la relación Adjeto, sin embargo en la lengua española el objeto indirecto y los adyacentes atributivos no se excluyen mutuamente, sino que aparecen en la misma estructura oracional, lo cual es un problema para la teoría.

Para salvar este inconveniente de análisis, proponemos que la cópula o cualquier verbo que sea usado como verbo copulativo y el adyacente atributivo (predicado nominal) sean analizados como una unidad semántica-sintáctica, unidad que constituye un «predicado complejo» («Complex Predicate») en oposición a un «predicado simple» (Nedergaard Thomsen 1996). En este predicado complejo la cópula y el predicado nominal / atributo se complementan, de tal manera que la cópula expresa «modo de acción» («aktionsart») –a la par que cualquier verbo– siendo portadora de morfemas verbales, y el predicado nominal / atributo aporta con un contenido léxico más específico. Esto permite el establecimiento de la predicación y en consecuencia el establecimiento de la oración / proposición. Es entonces el «predicado complejo» –al igual que el «predicado simple»– junto con su «argumento fundamental» los que constituyen el «fundamento predicativo». El predicado complejo pasa a ser una forma de verbo inacusativo en la estructura intransitiva y una forma de verbo transitivo en la estructura transitiva. El predicado complejo, de la misma manera que el predicado simple, impone restricciones de selección a su sujeto. Este análisis permite salvar el problema que se le plantea a la teoría de tal manera que pueda conservar su legitimidad: el objeto indirecto ya no es Adjeto de un Adjeto, sino un argumento del predicado complejo que junto con éste establece la segunda predicación.

En el § 4.1, *Valencia y transitividad*, se va a dar una visión de conjunto de la Teoría del Adjeto de Herslund y Sørensen; en el § 4.2, *La noción de cópula y las construcciones predicativas*, se da primeramente y a grandes rasgos una visión histórica de la noción de cópula, para pasar luego, primero, a la descripción tradicional de las estructuras predicativas y después al análisis de la lingüística moderna, entre ellos el de la Gramática Funcional de Dik y el de la Teoría del Adjeto de Herslund y Sørensen; en el § 4.3, *Las construcciones predicativas y el objeto indirecto en la lengua española*, se tratan las construcciones predicativas y el objeto indirecto en la estructura intransitiva y transitiva de la lengua española. Empleamos la denominación «verbo copulativo» –sin perjuicio de que usemos el término «cópula gramatical» al referirnos a *ser*– como una denominación general para referirnos: (i) a los verbos considerados tradicionalmente copulativos: *ser* y *estar*; (ii) al verbo *parecer*; (iii) como también a los verbos que, por ejemplo, Alcina y Blecua (1975) y otros denominan «seudo-copulativos», por ejemplo: *ir, resultar, quedar, ponerse, ofrecerse, resultar, salir, caer, venir*; (iv) y a los verbos que Fernández Leborans (1999) denomina «semi / cuasiatributivos», por ejemplo: *dejar, poner, tener*. Se trata de verbos intransitivos del tipo inacusativo (i, ii, iii) y de verbos transitivos (iv) usados en forma copulativa en una estructura predicativa intransitiva o transitiva respectivamente. En el § 4.4, *Predicado complejo*, se argumenta por el análisis del verbo copulativo y el adyacente atributivo como un todo, como una unidad semántica y sintáctica denominada *predicado complejo*; el § 4.5: la *Conclusión*. El capítulo termina con un *Apéndice*: § 4.6 donde se documenta la presencia del objeto indirecto en construcciones predicativas en la lengua española.

4.1. Valencia y transitividad

La Teoría del Adjeto de Herslund y Sørensen tiene el mismo punto de partida que otras teorías que trabajan con el concepto de valencia: el verbo tiene el papel central en la constitución de la oración, de tal manera que determina qué constituyentes pueden o deben estar presentes en ella. El concepto de valencia –dicen Herslund et al.– que Tesnière ha tomado de la química se basa en esta noción de vínculo léxico: de la misma manera que ciertos átomos, se combinan de acuerdo a sus especificaciones valenciales con otros átomos para llegar a constituir moléculas bien formadas, de la misma forma se combinan los predicados con sus argumentos para dar forma a la estructura de una proposición bien formada (1996: 3). Este concepto sirve de base para establecer un modelo de valencia y transitividad que: (i) permite describir la red de relaciones que establece el núcleo de la oración; (ii) permite hacer una clasificación de los verbos: de predicado monádico, diádico, triádico; (iii) da la posibilidad de hacer una tipología de las oraciones que se encuentran en una lengua dada.

4. El objeto indirecto en las construcciones predicativas

En este modelo, el concepto de valencia tradicional es reestructurado presentando un nivel semántico y un nivel sintáctico. En el nivel semántico el verbo corresponde al «predicado» y las unidades nominales que han sido determinadas por la unidad léxica verbal, a sus «argumentos», a los que el predicado a su vez asigna diferentes «roles semánticos». Los argumentos del predicado y sus roles semánticos, se ordenan en un sistema de «relaciones gramaticales» expresando en forma sintáctica la relación que se establece entre el predicado y sus argumentos. A los argumentos les son asignadas funciones sintácticas precisas que, a su vez, contribuyen a la constitución de la oración, de suerte que las especificaciones valenciales de los verbos son las que asignan las relaciones gramaticales y por consiguiente determinan su realización sintáctica. Este concepto de valencia permite desde una perspectiva más amplia definir los tipos de oración existentes en una lengua dada. Todo lo anterior regido por el principio universal de que el verbo no tiene cabida para una misma relación gramatical más de una vez en la predicación, asimismo los argumentos del verbo no pueden expresar una misma relación gramatical más de una vez por cada nucleo oracional (v. Herslund et al. 1996: 34).

Resumiendo, el esquema valencial de cualquier verbo comprende dos partes: una estructura argumental con sus roles semánticos y una estructura gramatical que refleja relaciones gramaticales, las cuales se expresan o codifican de diferente manera y cada una de ellas tiene su propia función en la estructura oracional. Son los argumentos con sus roles semánticos los que se organizan en un sistema de relaciones gramaticales (ob. cit.: 57).

Entre los lingüistas hay, en general, acuerdo en que la valencia del verbo en una lengua natural sólo puede determinar tres argumentos. Este punto de vista lo encontramos, entre otros, en Dik (1997, TFG 1: 79): «In natural languages, however, the maximum quantitative valency of basic predicates seems to be three, and that of derived predicates four»; en Lyons (1980: 430) «El número de conjuntos de valencia que hay en un sistema lingüístico es muy reducido, y son muy pocos los verbos, si es que los hay, en alguna lengua, con valencia mayor que 3». Herslund et al. (1996: 16-17) señalan que, si bien en la literatura, de tiempo en tiempo, se citan ejemplos de verbos con una valencia de cuatro, esto no está relacionado con la valencia de los verbos ya que la mayoría de los estudios ponen a la vista la limitación universal de que el predicado semántico de una lengua natural nombra sólo situaciones de hasta tres participantes, de suerte que pueden aducir que no son necesarias más que tres relaciones gramaticales: Sujeto, Objeto y Adjeto. Esta tercera relación gramatical, como ya lo hemos mencionado, incluye: objeto indirecto, objeto preposicional, adyacente adverbial ligado y adyacente atributivo del sujeto y del objeto, funciones todas que no son más que diferentes manifestaciones de una misma y única relación gramatical: el Adjeto, con el rol semántico de Lugar / Locación.

De acuerdo con la teoría, y como lo hemos mencionado anteriormente, los argumentos del verbo y sus roles semánticos –asignados por el predicado y la valencia del verbo– determinan qué tipo de situación describe el predicado, estableciéndose relaciones que no son idénticas, de suerte que se establece un valor jerárquico entre los argumentos y por consiguiente hay siempre uno que juega un papel esencial en la estructura de la oración. «[...] the arguments of the predicate from the outset occurs in a hierarchical structure, i.e. our predicate *cum* argument(s) structures are not of the «flat» kind familiar from predicate logic, viz. P (x, y). One of the arguments of the predicate is in fact its **fundamental argument**, the notionally most closely integrated argument, the one without which, in extreme cases, the predicate cannot be conceptualised» (Herslund y Sørensen 1996a: 9; en negrita en el original). Veamos uno de los ejemplos clásicos:

(a) *Mercedes rompe* el palo
(b) El palo *se rompe*

El argumento fundamental en ambas oraciones es *el palo*, entidad que en la oración (a) cumple la función de objeto de un verbo transitivo y en la segunda (b) la de sujeto de un verbo inacusativo. El argumento fundamental, sea el objeto transitivo (O) o el sujeto inacusativo (S_i), junto con el predicado constituyen la unidad semántica y sintáctica «fundamento predicativo».

La relación gramatical de objeto, en la estructura transitiva y la relación gramatical de sujeto, en la estructura intransitiva –dada la polisemia de los verbos– juegan un rol primordial al precisar el significado de éstos. En la estructura transitiva, el sintagma objeto, al llenar la ranura argumental fundamental del verbo, completa y delimita el significado de éste, estableciendo una situación verbal determinada que, conforme a la teoría, no es posible imaginar sin su argumento fundamental. Si la situación verbal varía en concordancia con el tipo de sintagma objeto, la variación de sintagma sujeto no trae consigo cambios de significado de esa naturaleza; en cambio el verbo establece junto con su argumento fundamental no sólo la elección del sujeto, sino también la elección de la relación gramatical Adjeto. Es el objeto la relación gramatical que hace posible que se manifieste, por ejemplo, un Adjeto dativo o un Adjeto locativo en la estructura oracional (v. ob. cit.: 83 y ss.).

Si el rol del argumento fundamental, en la estructura transitiva, es que haga posible junto con el verbo el establecimiento del «fundamento predicativo», el rol que juega el sujeto es de otra naturaleza. El «fundamento

4. El objeto indirecto en las construcciones predicativas

predicativo» en sí mismo no constituye una expresión lingüística plena, i.e. una oración. Necesita de un referente, le es necesario un argumento predicable para que se establezca la predicación. El argumento que cumple esta función es el sujeto. En efecto, el tipo de situación que denota el verbo –fijada por su valencia y por sus argumentos– al ser ubicada en el tiempo y el mundo real o ficticio es posible identificarla. Esta identificación está en estrecha relación con la elección del sujeto y la relación que se establece entre éste y el verbo, lo cual se refleja en la concordancia. Ya no se trata de una descripción de estado de hechos, de situaciones verbales sino de juicios que pueden ser declarados verdaderos o falsos. El sujeto y el predicado constituyen, en rigor, una proposición, una unidad lingüística a la cual se le puede atribuir un valor de verdad. El sujeto es la unidad obligatoria de cualquiera primera predicación, es el argumento imprescindible en el establecimiento de la oración. «In our view a predication, in order to qualify as a linguistic expression, must contain a subject, which es the pivot of the predication, the argument on which hinges the assignment of a truth value to the proposition» (Herslund y Sørensen 1994: 84).

Resumiendo, el «argumento fundamental» de la estructura transitiva es el objeto (O) que junto con el verbo constituye el «fundamento predicativo». El sujeto (S_t) es el argumento de importancia primordial en el establecimiento de la predicación, es el argumento sin el cual no se puede atribuir un valor de verdad a una estructura determinada.

Ahora bien, si en una estructura transitiva el argumento fundamental es el O, en una estructura intransitiva, no habiendo más que un participante en la estructura clausal que fije el sentido exacto del verbo, el argumento fundamental será el sujeto inacusativo (S_i) que en combinación íntima con el verbo establece el «fundamento predicativo» de la estructura intransitiva. El S_i comporta asimismo una doble función, además de ser el argumento que establece el «fundamento predicativo» es la relación gramatical que constituye la oración. El S_i establece, a más de esto, la predicación secundaria con el Adjeto.

Resulta claro, pues, que para la teoría la transitividad no se puede definir sin asumir la existencia de dos funciones primordiales: establecimiento del «fundamento predicativo» («predicate formation») y «constitución de la oración» («predication formation»). Funciones que establecen una clara distinción entre las construcciones transitivas e intransitivas, de tal manera que no sólo se diferencian por la presencia del argumento objeto en la estructura transitiva, sino además por el estatus que el sujeto adquiere en la estructura oracional.

En efecto, en la estructura transitiva (esquema I) (Herslund et al. 1996: 43 y ss; Herslund y Sørensen 1996 a) las funciones primarias están repartidas en dos argumentos: el argumento objeto (O) que es fundamental para el establecimiento del «fundamento predicativo», y el argumento sujeto (S_t) que lo es para la constitución de oración:

Esquema I.
ESTRUCTURA TRANSITIVA

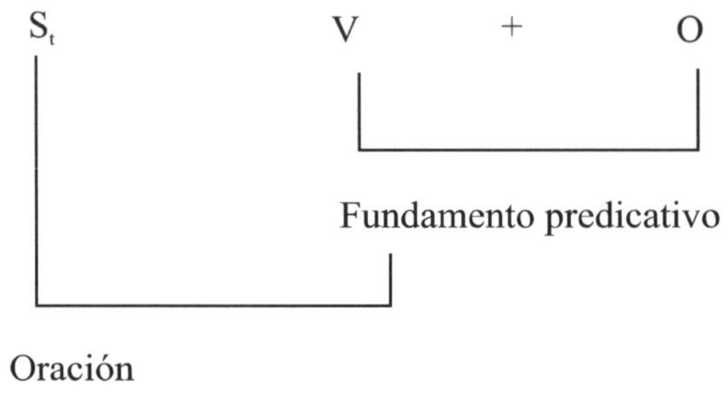

$$S_t \qquad V \quad + \quad O$$

$$\underbrace{ \underbrace{V \quad + \quad O}_{\text{Fundamento predicativo}}}_{\text{Oración}}$$

En cambio, en la estructura intransitiva (esquema II) (ibid.) el argumento sujeto (S_i) desempeña ambas funciones escenciales: establecimiento del fundamento predicativo y constitución de la oración:

Esquema II.
ESTRUCTURA INTRANSITIVA

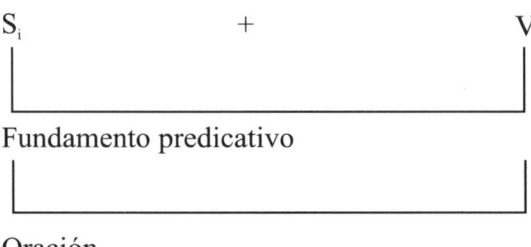

Oración

4.1.1. La intransitividad.

Por lo que concierne al sujeto de la estructura intransitiva, sólo nos hemos referido al sujeto inacusativo. La teoría asume que de los dos tipos de verbos intransitivos: «inacusativos» e «inergativos», los inacusativos son verbos intransitivos «puro», en cambio los inergativos son verbos transitivos «disfrazados». Los inergativos –dice Herslund et al.– son verbos que

4. El objeto indirecto en las construcciones predicativas

pueden construirse transitivos e intransitivos, de tal manera que su sujeto presenta dos variantes (Herslund et al. 1996: 152).

Los verbos intransitivos (ob. cit.: 113-114, 138-142) presentan una clara diferencia en cuanto al «modo de acción» («aktionsart»): entre los verbos inacusativos se cuentan: (i) los «verbos de estado» como por ejemplo *subsistir, permanecer, ser, existir, florecer, crecer* y (ii) «verbos de acción» como los verbos de movimiento que indican cambio de posición y tienen dirección, por ejemplo: *ir, llegar, salir, venir*, los verbos reflexivos y la variante intransitiva de los verbos simétricos.[2] El sujeto de los verbos inacusativos comparte características con el objeto de los verbos transitivos: su rol semántico es preferentemente el de Paciente / Tema. Es la entidad que se encuentra en un lugar o cambia de posición (cf. Tema), o en la cual «se produce o manifiesta la eventualidad que denota el verbo» (cf. Paciente) (Mendikoetxea 1999: 1579). En cambio, todos los verbos inergativos son «verbos de actividad» como por ejemplo los verbos de movimiento que no indican cambio de posición ni tiene dirección (*pasear, viajar, bailar, saltar*) y otros verbos dinámicos como por ejemplo: *trabajar, dormir, llorar, toser*. El sujeto de estos verbos, a diferencia del sujeto de los verbos inacusativos, comparte características con el sujeto de los verbos transitivos, su rol semántico es de preferencia el de Agente o de Efector (que produce efecto, por ejemplo: *trabajar*). La semántica de los verbos inacusativos comprende en sí la descripción de «estado», lo que subraya la distinción entre los dos tipos de verbos intransitivos.

A grandes rasgos, la diferencia entre los verbos inacusativos y los verbos inergativos estriba en que los inacusativos obtienen su significado preciso al combinarse con su sujeto (S_{inac}), el argumento que goza del estatus de argumento fundamental y que junto con el verbo establece el fundamento predicativo; en cambio, los inergativos no necesitan de un elemento externo para obtener su sentido exacto, ya que tienen un objeto interno o «det prædikatskonstituerende fundamentale argument rummes allerede leksikaliseret i verbal-roden»[3] (Herslund et al. 1996: 139).

---

[2] Verbos simétricos son aquellos que gozan tanto de una estructura transitiva como de una estructura intransitiva inacusativa. El argumento fundamental (O) de la estructura transitiva corresponde al argumento fundamental (S_{inac}) de la estructura intransitiva y viceversa. De suerte que en ambas construcciones el argumento fundamental es un argumento Paciente. Cf. el ejemplo de más arriba: *Mercedes rompe* el palo (O) y El palo (S_{inac}) *se rompe*.

[3] «el argumento fundamental que establece el fundamento predicativo ya está lexicalizado en el lexema verbal» (Traducción mía SBB)

Ahora bien, la semejanza de comportamiento que encontramos entre el objeto (O) y el sujeto inacusativo (S_{inac}), esto es, constituir argumento fundamental, no la encontramos entre el objeto (O) y el sujeto inergativo (S_{iner}) ya que el S_{iner} no constituye el argumento fundamental del verbo, por las razones antes mencionadas. Lo único que el sujeto inacusativo y el sujeto inergativo tienen en común es ser relaciones gramaticales que junto con el verbo establecen la oración.

Herslund et al. (1996: 139) representan las propiedades de las relaciones gramaticales como la reproducimos en la tabla 1. De ésta se desprende que: (i) el sujeto transitivo (S_t), el sujeto inergativo (S_{iner}) y el sujeto inacusativo (S_{inac}), ejes sintácticos en la estructura clausal, son el argumento que constituye la primera predicación mediante la cual se establece la oración; (ii) el sujeto inacusativo (S_{inac}) y el objeto (O) en combinación íntima con el verbo constituyen el fundamento predicativo, y (iii) en la estructura intransitiva, las dos funciones primarias: constitución del fundamento predicativo y constitución de la oración, se conjugan en el argumento sujeto.

Tabla 1.

	S_t	S_{iner}	S_{inac}	O
Fundamento predicativo	–	–	+	+
Oración	+	+	+	–

La teoría arguye que como con los argumentos sujeto y objeto –argumentos centrales para el establecimiento del fundamento predicativo y de la oración / proposición– no hay más lugares disponibles en torno al verbo; cuando es requerido especificar más argumentos valenciales, lo único que resta es el establecimiento de una «segunda predicación» por medio de la cual se vuelven a establecer las dos funciones escenciales de la estructura oracional. Son los verbos transitivos e inacusativos los únicos capaces de establecer esta segunda predicación, la cual trataremos en el apartado siguiente.

4.1.2. El Adjeto.
La segunda predicación, que se codifica por medio de una preposición o un adyacente atributivo, es la relación gramatical que se establece entre el argumento fundamental del verbo y el Adjeto (A) que tiene, como ya se ha mencionado, el rol semántico de «Lugar» / «Locación». La relación que se establece por medio del Adjeto es una relación de naturaleza predicativa doble, ya que no sólo se establece una relación valencial entre el verbo y el

4. El objeto indirecto en las construcciones predicativas

argumento Adjeto sino que al mismo tiempo se establece una relación entre el Adjeto y otro argumento que no es cualquier argumento sino que es invariablemente el argumento fundamental del verbo, es decir el sujeto inacusativo (S_{inac}) de la estructura intransitiva (esquema III) o el O de la estructura transitiva (esquema IV) y nunca su sujeto. Por medio de la relación Adjeto establece el verbo, por consiguiente, la segunda predicación en la oración. Este análisis «is a radical departure from classical valence theory where it is stated as a matter of principle that there are only relations between the verb and its complements, not mutually between the complements» (Herslund y Sørensen 1996 a: 11).

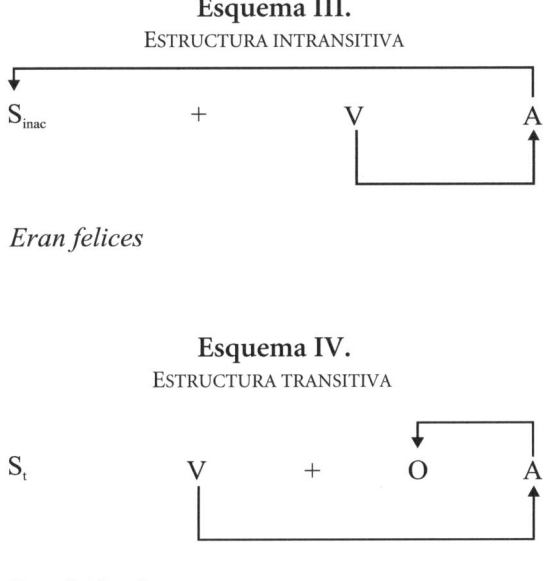

La naturaleza doble de la relación Adjeto se aprecia claramente tanto en las estructuras transitivas atributivas, en que la segunda predicación se expresa por medio de la concordancia entre el O y el Adjeto (A) (adyancente atributivo del objeto) (esquema IV); como en las estructuras intransitivas atributivas en que la concordancia entre sujeto (Sinac) y el verbo expresa la constitución de la oración / proposición y el fundamento predicativo, mientras que la concordancia entre el sujeto inacusativo (Sinac) y A (adyacente atributivo del sujeto) expresa la segunda predicación (esquema III) (Herslund et al.1996: 46-47).

Como decíamos en el § 4.0, no sólo los adyacentes atributivos de sujeto y de objeto están comprendidos en la relación gramatical de Adjeto, sino también otras funciones que tanto para la gramática tradicional como para la lingüística funcional son diferentes relaciones gramaticales. Se trata del objeto preposicional, el objeto indirecto y el adyacente circunstancial ligado, que como lo indicábamos anteriormente, son para la teoría nada más que manifestaciones de la misma relación gramatical. Su argumento principal es que los diferentes tipos de Adjeto: predicativo, locativo, neutro o dativo no se combinan sino que alternan en una misma estructura oracional, en otras palabras se excluyen unos a otros. (ob. cit.: 175).

4.1.2.1. El rol semántico de «Locación» / «Lugar».
Las diferentes variantes de la relación gramatical de Adjeto muestran una evidente semejanza no sólo sintáctica sino también semántica. El verbo —argüyen— asigna al constituyente Adjeto diferentes roles semánticos, que son expresiones del contenido del verbo. Aquéllos se pueden agrupar bajo tres tipos: «Locación», «Experimentante» y «Poseedor» («Possessor»), que para la teoría son diferentes manifestaciones de un mismo significado básico que es la «Locación», como dice Herslund et al.: «el fundamento semántico de la relación Adjeto es locativo y las diferentes manifestaciones semánticas del Adjeto no son más que una ampliación metafórica con diferentes variantes de este significado esencial» (ob. cit.: 179).[4]

Ahora bien, la relación entre el argumento fundamental (O o S_{inac}) y el Adjeto hay que interpretarla como la localización que experimenta el argumento fundamental en relación a algo así como un «lugar». El término «lugar» no hay que entenderlo en el sentido que normalmente le damos, sino más bien hay que entenderlo en forma metafórica como un «espacio». El «espacio» y el argumento fundamental se requieren mutuamente, de tal manera que para que el «espacio» adquiera la categoría de «lugar», necesita de la presencia del argumento fundamental y únicamente cuando el argumento fundamental se ubica en este «espacio», se puede hablar de éste como «lugar». Es por consiguiente esta conceptualización metafórica la que hace posible que se puedan describir todas las variantes del Adjeto con el mismo molde semántico. En efecto, se trata de un macro-rol, esto es rol semántico de «Locación » / «Lugar».

Grosso modo, si la localización que el verbo establece es concreta, tenemos un Adjeto locativo, si la localización es más abstracta y se describe la

---

[4] Traducción libre mía (SBB) de la cita: «det semantiske grundlag for A-relationen er lokativt og dens forskellige manifestationer kan ses som varierende metaforiske udvidelser af denne kerne-betydning»

4. El objeto indirecto en las construcciones predicativas

localización en relación a una actividad, se trata de un Adjeto neutro; si la localización es abstracta y se caracteriza por expresar «Posesión» o porque el «Lugar» tiene el rol semántico de por ejemplo «Experimentante» o «Receptor», estamos ante un Adjeto dativo, y si la localización adquiere el carácter de un estado, entonces tenemos un Adjeto predicativo. Asimismo, cuando el Adjeto se corresponde sintácticamente con adverbios locativos como *aquí, ahí, allí, donde*, etc., estamos ante un Adjeto locativo; el Adjeto dativo, de carácter más abstracto, tiene como forma de expresión un clítico pronominal de dativo *le, les* (en español estándar) y el Adjeto neutro –que no expresa ni localización abstracta como el dativo, ni concreta como el locativo y que su constituyente es a menudo un infinitivo o un nombre verbal– no tiene en español una forma particular de expresión como en francés en que se expresa con (*y*) o en catalán en que se expresa con (*hi*) (Herslund et al. 1996, Herslund 2002).

4.1.2.2. Relación entre segunda predicación y primera predicación.

Como veíamos anteriormente, sólo en construcciones predicativas transitivas e intransitivas es posible reconocer la segunda predicación directamente gracias a la concordancia entre el argumento fundamental (O o S_{inac}) y su Adjeto. En las manifestaciones preposicionales del Adjeto no hay nada en la expresión lingüística que permita hacerlo, por lo que la teoría recurre a paráfrasis semánticas que muestren la estructura locativa, es decir paráfrasis que muestren la localización de una entidad (*x*), que es el referente del argumento fundamental, en relación con un «lugar» (*y*) que corresponde al referente del argumento Adjeto. En otras palabras, la existencia de la segunda predicación –predicación entre el argumento fundamental y el Adjeto– se puede parafrasear por medio de *ÊTRE* en francés y de *ESTAR* en español, entendido *ÊTRE / ESTAR* como un predicado semántico abstracto. El símbolo *ÊTRE / ESTAR* denota diferentes grados de localización concreta, que es lo que encontramos en el Adjeto locativo y el Adjeto neutro (Herslund et al. 1996: 183 y ss.). Si decimos por ejemplo: *El florero está en la mesa* o *La reunión es mañana*, la localización del referente del argumento fundamental (*x*) está localizado / tiene su espacio en el referente del argumento Adjeto (y_{Loc}) (v. esquema V).

Esquema V.
SEGUNDA PREDICACIÓN, ADJETO LOCATIVO Y NEUTRO

	x	ESTAR	y_{Loc}
a.	El florero(x)	*está*	en la mesa(y_{Loc})
b.	La reunión(x)	*es*	mañana(y_{Loc})

En cambio, cuando se trata del Adjeto dativo, en que la idea de «lugar» adquiere un valor más bien metafórico, la predicación locativa se invierte y ahora el argumento Adjeto es el que tiene la función de sujeto en la paráfrasis con el predicado *AVOIR* en francés y *TENER* en español (esquema VI). *TENER* es un predicado que denota localización razón por la cual elige el «lugar» como sujeto de la paráfrasis (ibid.).

Esquema VI.
SEGUNDA PREDICACIÓN, ADJETO DATIVO

> y_{Loc} *TENER*   x
> c. $Me(y_{Loc})$ *TENER*   el sol(x)

La estructura dativa comprende algo más que la localización concreta, de tal manera que los significados de Recipiente, de Poseedor, de Experimentante, entre otros, se hacen presentes en el Adjeto dativo. Lo que caracteriza estos roles es ser el «lugar» donde se localiza algo, «lugar» que hay que entender como un «lugar activo» dado que el sujeto de la paráfrasis tiene de una u otra manera control sobre el referente del argumento fundamental o lo experimenta. Si decimos por ejemplo: *Me gusta el sol* (v. esquema VI), el referente del argumento Adjeto (y_{Loc}) es aquel donde se localiza la experiencia del referente del argumento fundamental (x).

La relación entre la segunda y la primera predicación se puede parafrasear por medio de una predicación de naturaleza causativa, de suerte que la predicación de naturaleza causativa corresponde a la primera predicación, que a su vez contiene una predicación de naturaleza locativa. Esta predicación de naturaleza locativa corresponde a la segunda predicación (ibid.).

Esquema VII.
RELACIÓN ENTRE LA SEGUNDA Y LA PRIMERA PREDICACIÓN

> z *HACER* [x *ESTAR* en y_{Loc}]
> z *HACER* [y_{Loc} *TENER* x]
> d. María(z) *HACER* [le / a Joaquín(y_{Loc}) *TENER* un libro(x)]

Si decimos por ejemplo: *María le regaló un libro a Joaquín* (v. esquema VII), el referente de argumento sujeto: *María*(z) es causa de que el referente del argumento Adjeto *Joaquín* reciba el referente del argumento fundamental: *un libro*(x). Esta es la primera predicación; en cambio la

4. El objeto indirecto en las construcciones predicativas

segunda predicación es: el referente del argumento Adjeto: *Joaquín*(y_{Loc}) tiene el referente del argumento fundamental: *un libro*(x).

Si bien los verbos que rigen Adjeto son prototípicamente transitivos causativos (*dar*), hay otros que no son causativos pero que también rigen Adjeto, se trata, en particular, de los verbos intransitivos de estado (*ser, crecer*). La primera predicación, tratándose de verbos no causativos, coincide con la segunda. En efecto, la primera y segunda predicación se forman con los mismos dos argumentos, i.e. sujeto inacusativo y Adjeto (v. ejemplos (a) y (b), esquema V).

En lo que atañe a los Adjetos predicativos, el argumento Adjeto es un sintagma predicativo: un adjetivo, un sustantivo o un sintagma preposicional. Estas unidades de carácter intencional / no referencial pueden funcionar como predicado en la predicación secundaria, pero necesitan sintácticamente de un verbo para establecer la predicación. Semánticamente la predicación secundaria viene a semejar la relación sustantivo – adjetivo atributivo.

4.1.2.3. Recapitulación.

Para la Teoría del Adjeto es cardinal la distinción entre estructuras transitivas e intransitivas, estructuras potencialmente abiertas a la presencia de la relación gramatical de Adjeto (A). Esta relación extra, si se quiere marginal, que se puede manifestar de cuatro maneras diferentes, como Adjeto locativo, neutro, dativo o predicativo, y por medio de la cual se establece la segunda predicación en relación a las relaciones gramaticales centrales: S y O, es la única que permite –dicen Herslund et al.– dar explicación a una serie de fenómenos no tratados en la gramática tradicional, como por ejemplo: «hvorfor er der ikke nogen verber, der konstrueres med både et dativobjekt og et stedsadverbial, med subjektsprædikativ og dativobjekt, eller med subjektsprædikativ og objektprædikativ, etc.»[5], y «hvorfor udelukker alle disse ledtyper gensidigt hinanden? Og mere specielt igen: hvorfor findes der ikke noget "prædikativ til indirekte objekt", hvis indirekte objekt faktisk er et objekt bare med præposition»[6] (Herslund et al.1996: 51). La respuesta es muy simple, dicen sus autores, como se trata de la

---

[5] «por qué no existe ningún verbo que se construya tanto con un objeto dativo y un adyacente adverbial de lugar (ligado), o con un adyacente predicativo de sujeto y un objeto dativo o con un adyacente predicativo de sujeto y un adyacente predicativo de objeto, etc.» (Traducción libre mía SBB).

[6] «¿por qué se excluyen estas funciones unas a otras? y más específicamente: por qué no tropezamos con un "adyacente predicativo" de objeto indirecto teniendo en cuenta que el objeto indirecto no es más que un objeto con preposición» (Traducción libre mía SBB).

misma relación gramatical (A), combinaciones como las señaladas no pueden manifestarse al mismo tiempo, por el principio general, ya mencionado: sólo puede haber una manifestación de cada relación gramatical por oración. La lengua española –como lo planteamos en la introducción– sin embargo, presenta un problema para la teoría, puesto que es usual encontrar construcciones predicativas con un objeto indirecto.

Antes de entrar a tratar el Adjeto predicativo, nos parece valedero dar una visión de conjunto de cómo se ha analizado la cópula en el correr de los tiempos. En el apartado que sigue vamos primeramente a tocar, en forma somera, la idea de cópula en Aristóteles, Abelard y Russell, a quienes no podemos dejar de lado, ya que los gramáticos de todos los tiempos hacen referencia explícita e implícita a la inspiración que han recibido de ellos; para luego pasar a comentar también la noción de cópula en la gramática tradicional; y finalmente exponemos la idea de cópula que prima en el funcionalismo europeo, representado por la Teoría del Adjeto que hemos venido tratando hasta ahora y la Gramática Funcional (Hengeveld 1986, Dik 1997, TFG 1: 198 y ss.)

4.2. La noción de cópula y las construcciones predicativas
En el análisis de la estructura de las proposiciones, desde un punto de vista tradicional, la noción de predicado se halla estrechamente ligada al análisis bipartito de la oración en que de los dos constituyentes inmediatos en ella, uno será sujeto y el otro predicado, análisis este que proviene de la lógica aristotélica (Lyons 1980). Ahora bien, en la inmensa mayoría de las lenguas del mundo, dice Lyons, existe una diferencia distribucional entre los lexemas nombres y verbos, de tal manera que, determinado por diferencias sintácticas y flexivas, aparecen en función nominal y verbal respectivamente. Esta diferencia gramatical, dice Lyons, se refleja en que los nombres pueden aparecer en expresiones verbales, pero, cuando lo hacen, deben estar en combinación con lo que se llama un verbo copulativo y los verbos pueden aparecer en expresiones nominales, pero, cuando lo hacen, deben estar incorporados en una cláusula relativa o emplearse en su forma participial como modificadores de un nombre, esto es en forma adjetiva. Así en el núcleo de la oración simple el constituyente nominal cumple la función de sujeto y el constituyente verbal cumple la función de predicado.

La tradición española también se ajusta a este análisis bipartito de la oración. Hay acuerdo general en que, según la naturaleza del predicado, las oraciones se pueden dividir en (i) oraciones atributivas o de predicado nominal, que son las que encuentran su expresión principalmente en un nombre, adjetivo o sustantivo; y (ii) en oraciones predicativas en que el predicado es verbal, esto es, se expresa por un verbo. Sin embargo, cuando

4. El objeto indirecto en las construcciones predicativas

se tratan las de predicado nominal, no hay unidad de criterio. Esto está estrechamente ligado a la concepción que los gramáticos tienen de la noción de «cópula», que en definitiva está determinada por diferentes corrientes filosóficas, que, de una u otra manera, han servido de modelo a los estudiosos de todos los tiempos. La teoría de la cópula está en estrecha relación con las lenguas indoeuropeas, en particular el griego y el latín, y agrega que sin una definición de lo que se entiende por cópula no se puede determinar en una lengua dada si a cierto elemento se le puede considerar como tal (Moro 1997). En la lengua española todos los gramáticos coinciden en que *ser* y *estar* son verbos copulativos, Alarcos Llorach (1994), entre otros, agrega *parecer*, Bello (1954 [1847]) y Alcina & Blecua (1975) *parecer* y *semejar*.

4.2.1. La historia de la cópula.

Antes de pasar al análisis que los gramáticos hacen de las oraciones de predicado nominal y de la función de la cópula, vamos dar un visión de conjunto de la herencia que hemos recibido de grandes pensadores como Aristóteles, Abelard y Russell, quienes han tenido una importancia primordial en la definición de la cópula. Para lograr este objetivo nos basamos en la historia de la cópula que nos proporciona Andrea Moro en el apéndice de su obra *The raising of predicates* (Moro 1997).

4.2.1.1. Aristóteles.

La cópula es analizada por Aristóteles «as the element which provides the affirmative sentence with the necessary tense specification when this is not realized in direct combination with the predicate» (ob. cit.: 250). Moro subraya que se desprende de diferentes pasajes de la obra de Aristóteles que la cópula no establece predicación, que no se puede considerar como predicado, dado que si lo fuera, no podría estar ausente en las oraciones declarativas, como es el caso de las oraciones nominales, y agrega «what we find in Aristotle is a theory of the declarative sentence as consisting of a predicational link plus tense specifications; intimately connected with this is the theory of the copula as an expression of tense in complementary distribution with verbal inflection» (ob. cit.: 250-251).

4.2.1.2. Abelard y la escuela de Port Royal.

Abelard, por su parte, observa Moro, recoge la teoría de Aristóteles, enfatizando que el rol de la cópula más que ser un elemento que suple la especificación de tiempo en la oración, es el elemento «that can turn a noun into a predicate». Por ejemplo en oraciones como *Socrates is a man*, la cópula hace posible que el sintagma *a man* juegue el papel del predicado.

Este cambio de perspectiva, observa Moro, que además de servir de base para la creación del término «cópula», que viene del latín *copulare* (unión, enlace), juega un rol fundamental en el desarrollo de la teoría de la estructura de la cláusula, ya que siglos más tarde, la definición de Abelard es recogida por la escuela Port Royal, asumiendo la distinción gramatical entre sujeto, predicado y cópula «to reflect the distinction between two fundamental activities of the 'spirit' (in the sense of the human intellect): i.e. conceiving (that is establishing names for substances and accidents) and judging (that is, connecting names in a predicative relation by means of a copula)» (ob. cit.: 252).

Entre tanto, la idea aristotélica de que todas las oraciones son básicamente copulativas y de que la cópula en sí misma no es predicado, persiste. Así en la tradición de la escuela de Port Royal, continúa Moro, la cópula no sólo es el elemento «that provides the affirmative sentence with the necessary tense specifications; it is also the prototypical element that allows predicative linking to take place» (ob. cit.: 253).

La teoría de la cópula de Bertrand Russell surge en un momento, observa Moro, en que la idea sostenida por Port Royal —de que toda oración equivale a una oración copulativa— resulta demasiado abstracta en un contexto «that was grounded on the observation of historical and comparative data». Coincidiendo, asimismo, con el descubrimiento de la frase nominal en las lenguas indoeuropeas y de la existencia de oraciones sin cópula en lenguas como por ejemplo el ruso. Todo esto conjugado, lleva a que se retome, ya en forma explícita ya en forma implícita la idea aristotélica de la cópula como elemento que aporta los morfemas flexivos «when they are not realized 'within the predicate'». Moro cita, como representantes de estas nuevas tendencias, a Vendryes y Meillet. Vendryes (1921: 146) dice que: «l'introduction de la copule dans la phrase nominale s'explique aisément. Il y a en effet une notion que le simple rapprochement du sujet et du prédicat ne suffit pas à exprimer: c'est la notion de temps [...]. Une fois introduite dans la phrase nominale lorsqu'il y avait lieu d'exprimer le mode ou le temps, la copule s'y est parfois installée, même lorsqu'elle n'ajoutait rien au sens. Le verbe, en tant que symbole de temps, devenait alors nécessaire», y Meillet (1934: 356) dice que: «Si le prédicat, qui est l'élément essentiel de la phrase, est un nom, la phrase est dite nominale; si le prédicat est un verbe, ou du moins un verbe autre que le verbe "être" ou copule, elle est dite verbale» (ob. cit.: 251), puntos de vista que también encontramos en los gramáticos de la lengua española.

4. El objeto indirecto en las construcciones predicativas

4.2.1.3. Russell.

La teoría de Russell analiza, por un lado, la cópula como el elemento de enlace entre sujeto y predicado (la idea de Abelard) y, por otro, como el predicado mismo, en este caso la cópula expresa identidad. La idea de que «the copula is ambiguous between predication and identity has been widely accepted» (ob. cit.: 254), dice Moro y agrega: «Russell's original passage has not been taken literally: it is worth emphasizing that, despite the fact that Russell considered the copula as a sign of identity if and only if it is followed by a noun phrase, in most frameworks the ambiguity of the copula between predication and identity is claimed to hold even when the copula is indeed followed by a noun phrase» (ob. cit.: 254).

4.2.2. La cópula en la gramática tradicional de la lengua española.

Resumiendo lo que decíamos anteriormente, los estudiosos tradicionales están de acuerdo en que existen dos clases de predicado: un predicado verbal y un predicado nominal, también coinciden en que el núcleo o palabra esencial en un predicado verbal es un verbo pleno. En cambio no hay acuerdo en cuanto al estatus del verbo copulativo en las oraciones atributivas, como tampoco con respecto a cuáles verbos se consideran como tales.

De una u otra manera, las ideas de los grandes pensadores se reflejan no sólo en el pensamiento de los gramáticos españoles sino también de los estudiosos de la lengua en general. No se puede decir tajantemente que haya influencia exclusiva de uno u otro en ellos, pero si se puede ver que ya las ideas o de uno u otro han dejado su huella en el pensamiento de nuestros gramáticos. Sin entrar en una exposición detallada sobre la cuestión, pasamos a presentar a grandes rasgos algunos puntos de vista.

4.2.2.1. Bello.

Por un lado tenemos la opinión de Bello (1954 [1847]: 45 Nota II) para quién «El verbo que significa la existencia en abstracto no es una mera cópula: la existencia en abstracto es un atributo[7] como otro cualquiera, y el verbo que la denota se desenvuelve en las mismas formas de persona, tiempo y modo que los otros». «El verbo *ser* se junta con adjetivos que lo determinan y que, ejerciendo este oficio, se refieren al mismo tiempo al sustantivo. Pero ésta no es una particularidad que distinga a *ser*, pues como se dice *es bueno, es malo*, se dice también *está ciego, está sordo, nació enfermo, murió pobre, duerme tranquilo, corre apresurado, anda triste, se muestra esforzado*, etc.».

---

[7] Bello denomina atributo lo que para la gran mayoría es predicado.

4.2.2.2. El Esbozo.

El análisis que nos ofrece el *Esbozo* (RAE 1973: § 3.3.1-3.3.2. b) se diferencia del análisis de Bello en que la cópula no se considera un verbo pleno. En el análisis del *Esbozo*, *ser* y *estar* se usan o como verbos copulativos o como verbos predicativos y auxiliares –concepción que es el común denominador de todos los gramáticos de la lengua española. Como verbos copulativos, se emplean en las oraciones de predicado nominal, en que el papel principal de *ser* y *estar* es el de servir de nexo entre el sujeto y el complemento predicativo, pero expresan también tiempos, modos y aspectos, siendo el adjetivo o sustantivo del complemento predicativo el núcleo o base del predicado. El verbo copulativo y atributo comprenden el predicado nominal. Se podría decir que la idea de Abelard es la que prima en esta conceptualización de la cópula.

4.2.2.3. La herencia aristotélica.

En el pensamiento de la gran mayoría de nuestros gramáticos prima la idea aristotélica –que también encontramos, entre otros, en Lyons (1980) y Otto Jespersen (1968 [1924]: 150-151: 173, n. 9), Dik (1997, TFG 1) y Hengeveld (1986).

Gili y Gaya (1975) y Seco (1978), por ejemplo, son de la firme opinión que la cópula no es indispensable, no porque se sobreentienda, sino porque son el sujeto y el predicado los que «llevan en sí la esencialidad de la oración», y que «la terminación temporal y el vago matiz de cosa permanente o pasajera, no es sino meramente accidental y, por ende, prescindible». Las cualidades predicativas que se afirman de los sujetos se aplican o por simple yuxtaposición como en ¡*Hermosa noche*! o mediante las formas verbales *es* y *está* (Seco, ob. cit.). Este elemento eventual, que es la cópula para estos gramáticos, tiene la tarea, a falta de contenido léxico, de servir de nexo, de lazo de unión entre el sujeto y el predicado nominal, además de localizar en el tiempo las cualidades que se predican de los sujetos. Lenz (1935), por su parte, tiene un punto de vista mucho más radical, ya que para él no se trata de que se prescinda del verbo cuando no interese señalar el tiempo, sino que su presencia es decididamente «superflua».[8]

---

[8] Lenz (1935: § 25) dice: «La primera clase de oraciones la llamaremos oración atributiva. En ella la representación total se analiza en un sujeto substantivo y un atributo adjetivo, mediante el cual se expresa la cualidad: «El árbol es alto», «El árbol está seco». Tal juicio se llama *descriptivo*. El verbo cópula que aparece en ellas es lógicamente no sólo superfluo, sino a menudo falso. Como las cualidades son inherentes a las substancias, a lo menos las

4. El objeto indirecto en las construcciones predicativas

Cierto es que expresiones como *Tú, autor de comedias?, Tú, amigo suyo?, Quién mejor él para eso?, Qué tonto!, Qué bien!, ¿Juan, aquí?* tienen sentido cabal, eso no lo podemos discutir, pero hay que tener en cuenta también que se trata de locuciones de carácter exclamativo o interrogativo, matizadas de afectividad, en que la idea de tiempo no es necesaria, son locuciones que se asemejan a refranes y proverbios como *El mejor camino, el recto; Cual la madre, tal la hija* que expresan –en palabras de Gili y Gaya (ob. cit.)– juicios permanentes e intemporales. No se trata aquí de que se prescinda o no de la cópula, se trata de locuciones gramaticalizadas con un determinado valor pragmático. Son este tipo de ejemplos con los que Gili y Gaya (ob. cit.) y Seco (ob. cit.) documentan el carácter de prescindible de la cópula.[9]

Otros estudiosos españoles, no obstante su apego al trato tradicional de la cópula, se alejan de la concepción anterior, prestando atención a la función que la cópula juega en las oraciones tradicionalmente calificadas de copulativas. Alarcos Llorach (1978 y 1994) quien considera como verbo copulativo sólo *ser, estar* y *parecer*, que por su referencia demasiado vaga –dice– requieren de la noción léxica del atributo, hace hincapié en que desde el punto semántico esto es válido, pero que desde el punto de vista sintáctico «el núcleo oracional es siempre el verbo, por impreciso que sea su contenido léxico, puesto que en el verbo residen los morfemas de persona y número que como sujeto gramatical establecen la oración» (ob. cit.: 300 y ss.).

Fernández Leborans (1999) –para quien «el verbo propiamente copulativo es *ser*, porque es el único verbo semánticamente vacío»– caracteriza los

---

cualidades esenciales no pueden faltar sin que se cambie la naturaleza de la substancia: «El oro es amarillo». Sin ser amarillo no puede ser oro. De consiguiente, es una limitación indebida la restricción del juicio al presente, que expresa la forma verbal *es*. Se comprende, pues, que digamos que es lógico, y a veces lo único lógico, que no se ponga el verbo en tales juicios generales, como es la regla en chino y en muchas otras lenguas, como, por ejemplo, las semíticas.

Lo mismo es el caso cuando el atributo es un substantivo: «El árbol es una encina». En tal caso hay una correspondencia completa entre sujeto y atributo: el juicio es *explicativo*. Pero se comprende fácilmente cómo pudo perderse esta particularidad de las oraciones atributivas, cuyos restos se observan también en sánscrito y aun en latín. Frases como *Omnia praeclara rara*, que antes se explicaban como elipsis del verbo *esse*, hoy, según Delbrück y otros filólogos, se aceptan como frases sin verbo, lo mismo que las exclamativas de que hablábamos más arriba»

[9] Los ejemplos aquí citados provienen del *Esbozo* (RAE 1973), Gili y Gaya (1975) y Seco (1978).

verbos copulativos (*ser* cópula y los verbos pseudo-copulativos) como verbos «desemantizados» o «gramaticalizados», en que «su significado léxico originario se ha modificado, para adquirir un valor propiamente aspectual ('relativo al modo de acción')» (ob. cit.), que no impone restricciones de selección a su sujeto. Fernández Leborans (ob. cit.) y Alarcos Llorach (1994) comparten la opinión de que para que un predicado nominal pueda funcionar como predicado oracional, precisa del verbo copulativo. Pues bien, si para Alarcos Llorach (ob. cit.) el atributo llena la valencia del verbo copulativo, Fernández Leborans (ob. cit.: 2361 y ss.) va más allá al afirmar que los verbos copulativos «forman con el atributo una especie de predicado complejo no disociable, no prescindible de sus dos constituyentes en que su núcleo léxico es una categoría nominal (la categoría que funciona como atributo)». De una u otra manera, estos puntos de vista se acercan, en cierta medida a nuestro análisis de los verbos copulativos y el atributo, asunto que vamos a tratar más ampliamente en el § 4.4.

4.2.3. La cópula en el funcionalismo europeo.
Tanto la Teoría del Adjeto de Herslund y Sørensen –que venimos tratando en este capítulo– como la Gramática Funcional (Hengeveld 1986, Dik 1997, TFG 1: 198 y ss.) –que tratamos ampliamente en el capítulo 5, en lo que concierne a la asignación de funciones sintácticas– analizan la cópula desde dos puntos de vista totalmente diferentes.

4.2.3.1. Gramática Funcional.
La Gramática Funcional (Dik 1997, TFG 1) distingue tres tipos de predicado semántico: predicado verbal, predicado nominal y predicado adjetival, que se distinguen por la función prototípica que tienen en la construcción de la predicación, de suerte que un predicado verbal es el que se usa primordialmente en función predicativa, el predicado nominal como núcleo de un término («head of a term») y el predicado adjetival en función atributiva. Cada uno de estos predicados puede ser usado en otras funciones diferentes a las prototípicas. El predicado adjetival «in predicative function usually requires a copular verb», (Dik, ob. cit.:196), aunque la presencia de la cópula no se requiere de la misma manera en todas las lenguas. Hay lenguas en que «adjectives can be put to predicative use without any further support» y hay otras (como el inglés y el español) que presentan estructuras sin cópula como *Mmmm, very intelligent, that man!; John intelligent? Good heavens, no!* (cit. en Dik, ob. cit.); *¡Hermoso día!; Cual la madre, tal la hija!* (cit. en Hengeveld 1986), estruturas que deben ser interpretadas como una predicación adjetiva sin cópula; y estructuras con cópula en que la presencia de ésta está condicionada a ciertos factores.

4. El objeto indirecto en las construcciones predicativas

La GF ha desarrollado la teoría de «copula support» que parte del supuesto que la cópula – semánticamente vacía– sólo es requerida cuando es preciso expresar morfemas de tiempo, modo y aspecto –la idea aristotélica de cópula– mientras que el atributo, que impone las restricciones de selección, es el verdadero predicado. «A copula is only inserted in those contexts in which it has to appear: that is when predicate operators are specified and are to be coded on a verbal predicate but no such predicate is present in the underlying predication» (Hengeveld 1986: 393); en palabras de Dik: «the copula only figures in underlying structure if it also appears in the actual linguistic expression» (1997, TFG 1: 199).

Estamos de acuerdo con la GF en que las estructuras antes mencionadas –sin cópula– son estructuras en que no se ha omitido la cópula, sino estructuras que no la tienen. En español, como dice Roca Pons (1970), «las proposiciones nominales sin verbo copulativo son raras y se hallan reducidas a los adagios o máximas y a los títulos» y agrega «No se trata, en tales casos, de elipsis, pues la presencia del verbo daría otro carácter a la expresión y perdería, precisamente, el que tiene como máxima o refrán, título, etc. Estas expresiones, además, se nos ofrecen, por su mismo carácter, como frases hechas, a la disposición de los hablantes». Bühler, citado en Roca Pons, subraya su carácter proverbial y pone de relieve el papel relevante que puede tener en ellas el orden de las palabras; característica que presenta la mayor parte de estas estructuras. Los ejemplos con que se documentan estas construcciones en la actualidad son siempre los mismos: ejemplos ya citados en las gramáticas tradicionales una y otra vez. Esto nos parece un indicio de que nos encontramos frente a un tipo de estructuras no productivas en la lengua –que a la par de otras «expresiones hechas» («idiom»)– constituyen predicados básicos, que tal como otros predicados básicos deben encontrarse almacenados en el lexicón. Dado el carácter pragmático de estas estructuras, la cópula no es necesaria. No son expresiones que necesiten constituir oración, en términos lógicos: proposición, i.e. una estructura que pueda ser declarada verdadera o falsa.

En lo que no estamos de acuerdo con la GF es en considerar la cópula «copula support», esto es como un «operador», un mero soporte portador de operadores de tiempo, aspecto y modo –por el hecho de ser forma verbal. Tampoco estamos de acuerdo en que la cópula sólo figura en la estructura profunda si aparece en la expresión lingüística actual. La lengua española muestra que las estructuras sin cópula se reducen, en efecto, a los casos antes mencionados y como Roca Pons (1970: 360) muy bien señala «en español la proposición sin verbo –copulativo o predicativo– es excepcional». No hay que olvidar que el verbo –cuyo lexema contiene el modo de acción– con sus argumentos valenciales es el núcleo de la oración.

Además, la lengua española pertenece al tipo de lenguas que codifican las funciones centrales en el núcleo («Headmarking»), i.e. la función de sujeto en los morfemas verbales y la función de objeto indirecto –como lo hemos demostrado en los capítulos 2 y 3– vía referencia cruzada con el clítico pronominal.

En la medida que se opere con el criterio de «copula support», tenemos un problema, ya que de seguir el análisis de la GF, las relaciones gramaticales (sujeto y objeto indirecto) se estarían codificando en un simple operador funcional: la cópula y no en el atributo predicativo, que conforme a la GF es el predicado. Además, la GF asigna el rol semántico de localización a los sintagmas preposicionales en función predicativa, lo cual comporta que le asigna un rol semántico a un predicado, que no posee las propiedades propias de un verbo: indicar la relación de localización, lo cual sólo el verbo, gracias al modo de acción, puede establecer.

No es la unidad predicativa aislada la que impone las restricciones de selección. En el ejemplo (a) se expresa la localización de un evento y en (b) la localización de un objeto físico. Si en ambas estructuras es posible expresar localización, en (a) por medio de *ser* y en (b) por medio de *estar*, es porque tanto *ser* como *estar* contienen en su lexema la idea de localización; lo que las diferencia es que en (a) se trata de la localización de un evento y en (b) de la localización de un objeto físico. Quienes imponen las restricciones de selección al sujeto son el verbo y la unidad predicativa en su conjunto. Es la cópula *ser* y un sintagma locativo los que en conjunto seleccionan un evento en (a), lo que no es posible con *estar* y un sintagma locativo como en (a'); en cambio, la cópula *estar* y un sintagma locativo seleccionan un objeto físico como en (b), lo que no es posible con *ser* y un sintagma locativo como en (b'):

(a)   La reunión es en el aula magna
(a') *La reunión está en el aula magna
(b)   El catedrático está en el aula magna
(b') *El catedrático es en el aula magna

4.2.3.2. Teoría del Adjeto.

Herslund y Sørensen arguyen por el contrario que la cópula es el verdadero predicado y que el atributo llena el lugar argumental de la relación Adjeto. El verbo, en este caso la cópula, establece por medio de la relación Adjeto una segunda predicación, i.e. una relación de naturaleza predicativa entre el verbo y el Adjeto predicativo y entre éste y el argumento fundamental del verbo –el sujeto inacusativo o el objeto– según se trate de una estructura intransitiva o transitiva respectivamente (v. § 4.1.2). Por

4. El objeto indirecto en las construcciones predicativas

consiguiente, la cópula adquiere estatus de verbo pleno y al atributo se le asigna la relación gramatical de Adjeto, el llamado Adjeto predicativo, una relación gramatical a la par del sujeto y del objeto.

4.2.3.3. Nuestra propuesta de análisis.

En la introducción a este capítulo ya habíamos abordado el tema, planteando que para salvar las dificultades de análisis que ofrecen la Gramática Funcional (GF) y la Teoría del Adjeto, se hacía urgente recurrir a otro tipo de análisis que nos permitiera explicar estructuras de la lengua española no tratadas por estas teorías ni por la gramática tradicional.

Según nuestro parecer, el único análisis que da explicación a estas estructuras –siempre teniendo presente que la lengua española marca las funciones sintácticas centrales en el núcleo oracional («Headmarking») y tiene referencia cruzada– es, en rigor, el análisis de la cópula y su atributo como «predicado complejo» (Nedergaard Thomsen 1996, 1997).

En la introducción a este capítulo (§ 4.0) planteábamos que el predicado complejo constituye una unidad semántico-sintáctica, de suerte que la cópula se analiza como «Predicado Huésped» («Host Predicate») y el atributo, i.e. el predicado non-verbal como «Co-Predicado» («Co-Predicate») (Nedergaard Thomsen, ambas ob. cit.). Este análisis soluciona, a nuestro parecer, los problemas que se le presentan a la Teoría del Adjeto: dos manifestaciones de la relación Adjeto en la misma estructura clausal y los que se le presentan a la GF que trata la cópula como un mero operador formal / funcional soslayando y desconociendo que el lexema de la cópula, como cualquier otro verbo, contiene un valor aspectual léxico-semántico relativo al modo de acción. En el § 4.4 retomamos y ampliamos la noción de «predicado complejo».

En este apartado (§ 4.2), además de dar una visión de conjunto de la noción de cópula, hemos introducido la idea de «predicado complejo» como alternativa valedera tanto a la idea de verbo pleno y Adjeto predicativo que ofrece la Teoría del Adjeto como al concepto de «copula support» que ofrece la GF.[10] En el apartado siguiente, se verá en amplitud la estructura predicativa y el objeto indirecto en relación a la Teoría del Adjeto.

4.3. Las construcciones predicativas y el objeto indirecto

Como lo hemos mencionado en su momento, es regla gramatical que no aparezca la misma función sintáctica más de una vez en la misma estruc-

---

[10] Estas ideas se profundizan en Becerra Bascuñán (en vías de publicación. *Indirect Object in Predicative Constructions in Spanish: Copula Support, the Adject Relation, and Complex Predicates*).

tura oracional, por consiguiente se cierra la posibilidad de que encontremos más de una manifestación de la relación Adjeto en la misma oración y en consecuencia más de una segunda predicación. Sin embargo, en la lengua española no es raro encontrar en la misma estructura oracional un atributo predicativo y un objeto indirecto (OI), lo cual es un problema para la teoría de Herslund y Sørensen (1994). Véase los ejemplos de (1) a (4):

(i) Construcciones predicativas con adyacente atributivo de sujeto y objeto indirecto

(1) ¿*A Aznar le* sería *más fácil* gobernar con Anguita enfrente [...]? (TIE.02-13-95)

(2) La novia de su hijo *le* pareció *encantadora*.

(3) Si un autor deja transcurrir dos o tres años entre el imaginar y el imprimir su obra, podría resultar*le envejecida* el día en que viera la luz. (Benito Pérez Galdós: *La sociedad presente como materia novelable* 1897)

(ii) Construcciones predicativas con adyacente atributivo de objeto y objeto indirecto

(4) María *le* hace la vida *imposible a su hijo*.

En el ejemplo (1) el atributo *fácil* hace posible la presencia del rol de Benefactivo, mientras que el verbo copulativo, por un lado, codifica los morfemas de persona y número y, por otro, permite, con la presencia del clítico pronominal, que se codifique la función de OI. La presencia del objeto indirecto léxico en la estructura clausal es manifestación de referencia cruzada («crossreference»). Siguiendo la teoría del Adjeto, estaríamos ante dos predicaciones segundas, una entre el argumento fundamental (S_i) y el atributo y la otra entre el argumento fundamental y el OI. El rol de Benefactivo en la función de OI puede alternar con un adyacente circunstancial introducido con la preposición *para* (1').

(1') ¿*Para Aznar* sería más fácil gobernar con Anguita enfrente [...]?

En el ejemplo (2) el verbo copulativo es de denotación léxica más concreta. Este también adopta un atributo, además de un objeto indirecto con el rol de Experimentante. La codificación de OI es obligatoria: *parecer* exige la presencia de un dativo, por lo cual la alternancia con un adyacente circunstancial introducido por *para* está descartada (2'). De suerte que estamos ante dos predicaciones secundarias obligatorias:

(2') *La novia de su hijo pareció encantadora para ella.

El predicado *resultar*, en el ejemplo (3) se comporta de una manera semejante al verbo copulativo *parecer*. Exige la presencia de un OI Experimen-

4. El objeto indirecto en las construcciones predicativas

tante y no cabe la posibilidad de alternancia con un adyacente circunstancial, cf. (3a'); en (3) el sujeto de la estructura oracional es de carácter humano o se le puede considerar como tal. En el ejemplo (3b) *resultar* se comporta, por el contrario como el verbo copulativo gramatical *ser*, el atributo *fácil* hace posible la presencia del rol de Benefactivo, y el verbo copulativo permite, con la presencia del clítico pronominal de dativo, que se codifique la función de OI. El OI con el rol de Benefactivo tiene la posibilidad de alternar con un adyacente circunstancial introducido por *para*, cf. (3b').

(3) a'. * [...] podría resultar para él envejecida [...]
    b. ¿No *le resultaría más fácil a José María Aznar* esperar el final natural del ciclo?
    b'. ¿No *resultaría más fácil para José María Aznar* esperar el final natural del ciclo?

En el ejemplo (4) *María le hace la vida imposible a su hijo*, se presenta el mismo problema: dos Adjetos para el mismo predicado, en efecto, un adyacente atributivo de objeto y un OI Experimentante / Benefactivo.

4.3.1. La magnitud del problema.

Los ejemplos del apartado anterior –en que el verbo copulativo abarca desde la cópula gramatical *ser* hasta verbos de referencia más amplia– comprenden construcciones predicativas con adyacente atributivo de sujeto y un OI (1) – (3), y con adyacente atributivo de objeto y un OI (4), estructuras oracionales tan comunes como cualquier otra en la lengua española.

Nuestra base de datos [que abarca desde 1897 hasta el año 2000, muestra ejemplos que provienen de diversos tipos de texto –texto de corte formal y no formal, lenguaje escrito y oral– tanto del español peninsular como de América] y ejemplos recolectados de fuentes diferentes, muestran que la construcción no es una excepción dentro de la lengua española, sino más bien un uso sistemático, que ya existía, en todo caso, en el siglo 16. Para ilustrar algunos ejemplos, el primero citado en el *Esbozo*: *Séale blanda la tierra* (Cervantes: *Quijote*, II, 70), y los restantes citados en Keniston (1937a) *Syntax of Castilian prose: A mí assí me parece.* (8.72), *a quien de esta manera proçede le es necesario* (8.72), *a la rica sería más útil tener una espada de oro* (8.711).

Motivo de estudio han sido siempre las construcciones predicativas, sin embargo, no nos parece que las construcciones predicativas con objeto indirecto hayan sido motivo de estudio sistemático. Una referencia explícita a estas construcciones la encontramos en la *Gramática histórica de la lengua española* de Federico Hanssen (1913: 193), quien dice: «Varios adjetivos, como *útil, agradable, desagradable, grato, oculto* rigen el dativo». En el estudio de Navas Ruiz (1963) *Ser y estar. Estudio sobre el sistema atributivo del español,* encontramos una buena cantidad de ejemplos con dativo, además de interesantes comentarios respecto a estas construcciones: «Los adjetivos *simpático* y *antipático* dan lugar a una especial construcción con *ser*. Si éste va acompañado de un pronombre de interés, significa con dichos adjetivos *resultar: Pero me eres antipático como ninguno.* Sensualidad, 910. *Cuando se puso blanda al hablarme mal de Gloria, mi tía me fue muy antipática.* Nada, 27» [...] «Este valor especial de *ser* constituye una anomalía dentro de sus valores y de su lugar en el sistema» (ob. cit.: 182); refiriéndose al verbo *estar* y los adjetivos de medida, comenta: «Sólo hay una posibilidad para el empleo de *estar* con tales adjetivos que vaya acompañado de un pronombre personal de interés y adquiera el significado de *sentar*» (ob. cit.: 186); Fernández Leborans (1999) comenta el uso del dativo sólo en relación con el verbo *parecer*. Entre las gramáticas tradicionales, desde el *Esbozo* (RAE 1973) en adelante y en *A New Reference Grammar of Modern Spanish* (1994: § 11.9) de Butt y Benjamin, se comenta el uso del dativo en estructuras predicativas sólo con *ser* y *resultar*; Fernández Ramírez (1951: 191-192), por su parte, en su *Gramática española* dice: «Encontramos el dativo, con referencia a persona predominantemente, en dependencia de predicados nominales adjetivo» [...] «Muchos de estos son usos exclusivamente cultos y literarios». El verbo de los ejemplos citados por Fernández Ramírez es *ser*, como se puede ver en el apéndice a este capítulo. Vázquez Rozas (1995: 242) en su estudio *El complemento indirecto en español* comenta que en ciertas construcciones adscriptivas en que el sujeto es o una cláusula introducida por *que* o una cláusula de infinitivo y en que la función de predicativo está desempeñada por adjetivos como *fácil, difícil, probable, conveniente, posible, necesario, falso*, etc. frecuentemente se admite la presencia de un OI y cita a Gutiérrez Ordóñez (1977-78: 425) que dice: «Que no todas las construcciones con *ser* + *atributo* admiten tales átonos, sino solamente aquellas en que aparecen unos adjetivos muy concretos (*grato, penoso,* etc.) y no otros (**me es azul, *nos es alto...*)». Nuestros ejemplos muestran, no obstante, que, aunque en la construcción predicativa con *ser*, típicamente aparecen adjetivos en la función atributiva y oraciones sustantivas e infinitivos en la función de sujeto, también se registran sustantivos en la función atributiva y entidades humanas en la función de sujeto: *Había muerto la señorita de la casa, que le era hermana de leche* (E. d'Ors, *Oceanografía del Tedio* 147. Cit. en Fernández Ramírez 1951); *La tierra le era una diosa* (Ortega y Gasset. *Ideas y creencias* II 2 46. Cit. en Fernández Ramírez 1951). Estamos de acuerdo con Gutiérrez en que un sólo tipo de adjetivos aparece en esta

4. El objeto indirecto en las construcciones predicativas

construcción, se trata, a nuestro parecer, más bien de adjetivos de valoración o que adquieren un carácter valorativo en la construcción, en efecto, se trata de adjetivos relacionales y no de adjetivos concretos como él los define.[11] Gutiérrez Ordóñez en su artículo *Los dativos* (1999: 1893-1898) concentra su atención sólo en las construcciones predicativas con *ser* y OI.

El objetivo nuestro es documentar los diferentes tipos de construcciones predicativas que son controversiales para la teoría de Herslund y Sørensen. Por consiguiente, si aplicamos a la lengua española el concepto de Adjeto –así como ha sido elaborado en la Teoría– nos encontramos con que aquellas construcciones que permiten la presencia de un OI, registran dos Adjetos: el uno predicativo y el otro dativo y en consecuencia, dos predicaciones segundas. Pero antes de dar paso a ello, vamos a hacer algunas observaciones generales sobre estas construcciones.

En primer lugar, pronunciarse sobre la evolución y las características de las estructuras predicativas intransitiva con dativo requiere de otro estudio, sin embargo, podemos deducir del material de que disponemos que:

(i) el OI aparece primero con los verbos *ser* y *parecer*, uso que luego se extiende al verbo *estar* y a los verbos llamados seudo-copulativos. Todos los ejemplos con *estar* y con los verbos con contenido léxico abarcan desde principios del siglo XX hasta nuestros días;

(ii) el atributo predicativo cubre no sólo sintagmas adjetivos sino también nominales, preposicionales y adverbiales, todos con un carácter valorativo. Como se desprende de la tabla 2 –que refleja sólo los ejemplos presentados en el apéndice– se introducen adjetivos de valoración y sustantivos o unidades sustantivas con carácter valorativo con los verbos *ser, parecer, resultar*. Con *resultar* se introducen, además, participios y con *parecer*, sintagmas preposicionales. Con el verbo *estar* se introducen participios y adjetivos «de medida» (Navas Ruiz 1963) que en la estructura predicativa con OI adquieren carácter valorativo; con los otros verbos inacusativos, que aparecen en estructura predicativa con dativo, se introducen en general adjetivos de valoración, salvo con *ir, sentar, darse*, que se introducen sólo adverbios que adquieren aquí un carácter valorativo. Todas estas unidades o segmentos, corresponden en la Teoría del Adjeto a la función de Adjeto predicativo;

---

[11] Son adjetivos que implican un segundo participante, algún tipo de transferencia que se marca con la presencia de *le* como Ricardo Maldonado me lo hizo ver (Seminario de lingüística romance, 2002).

(iii) el sujeto, por su parte, el que normalmente es de carácter inanimado, i.e. una oración sustantiva, un infinitivo, un sintagma nominal, también puede ser de carácter humano, como ya lo hemos mencionado;

(iv) documentación para pronunciarnos sobre si la presencia de OI en estas construcciones comienza en contextos marcados o no marcados no tenemos, pero de los comentarios de Fernández Ramírez y de los ejemplos por él citados, podemos inferir que, tal vez, las estructuras predicativas con OI se usan primeramente en contextos marcados, i.e. lenguaje escrito culto, lo cual no contradice las teorías del cambio lingüístico, dado que se puede dar comienzo a éste en contextos marcados (Andersen 2001a).

Tabla 2.

verbos	tipo de atributo	tipo de sujeto	rol semántico OI	alternancia
Ser	adjetivo de valoración sustantivo	oración sustantiva infinitivo sintagma nominal +/–humano pronombre relativo	Benefactivo	con adyacente adverbial con *para*
			Experimentante	con *(para)* *con* si el atributo=*sincero*
Estar	adjetivo de medida participio	infinitivo sintagma nominal + humano si el atributo=*agradecido*	Experimentante	—
Parecer	adjetivo de valoración sustantivo término de preposición adverbio	oración sustantiva infinitivo sintagma nominal +/–humano pronombre relativo	Experimentante	—
Resultar	adjetivo de valoración participio sustantivo	infinitivo sintagma nominal +/–humano	Experimentante Benefactivo	—
Ponerse	adjetivo de valoración	sintagma nominal	Poseedor	con adjetivo posesivo
	↓		↓	↓

4. El objeto indirecto en las construcciones predicativas

Hacerse	adjetivo de valoración término de preposición	sintagma nominal pronombre relativo	Experimentante	—
Aparecerse	adjetivo de valoración	sintagma nominal	Experimentante	—
Ofrecerse	adjetivo de valoración	sintagma nominal	Experimentante	—
Tornarse	adjetivo de valoración	sintagma nominal	Experimentante	—
Antojarse	adjetivo de valoración sustantivo	sintagma nominal +/–humano	Experimentante	—
Figurarse	sustantivo	sintagma nominal	Experimentante	—
Quedar	adjetivo de medida, participio adverbio	sintagma nominal	Experimentante	—
Venir	adjetivo de medida participio adverbio	sintagma nominal	Experimentante	—
Salir	adjetivo participio adverbio	sintagma nominal +/– humano	Experimentante	—
Caer	adjetivo de valoración adverbio	sintagma nominal +/– humano	Experimentante	—
Ir	adverbio	sintagma nominal	Experimentante	—
Sentar	adverbio	sintagma nominal	Experimentante	—
Darse	adverbio	sintagma nominal	Experimentante	—

En segundo lugar, de los roles semánticos que se le asignan al OI –desde el de Recipiente, en efecto, el más prominente y el rol prototípico en las construcciones ditransitivas, hasta otros roles como del de Benefactivo y de Experimentante– el rol de Experimentante es el rol prototípico en las construcciones predicativas, lo cual está en concordancia con que el Adjeto predicativo sea de carácter valorativo. Efectivamente, el OI en estas construcciones es una entidad humana que experimenta algo, que percibe, siente o concibe algo de una determinada manera. Pero también encontramos el de Benefactivo en aquellas estructuras en que el OI alterna con un adyacente adverbial introducido por *para* e incluso el OI puede expresar al poseedor, que concurre −como dicen Alcina y Blecua (1975)− con un adjetivo posesivo, pero siempre y cuando se trate de posesión inalienable.

En tercer lugar, la obligatoriedad del clítico pronominal, como lo hemos visto en los capítulos 2 y 3, es indicio indiscutible de que el OI, en algunos contextos ya ha alcanzado la gramaticalización y en otros va en vía de hacerlo y que no se trata de una cuestión de dativos concordados en algunos casos y de dativos no concordados en otros. En las estructuras predicativas con OI −con el rol de Benefactivo, de Experimentante, o que expresa al Poseedor− la presencia del objeto léxico exige la presencia del clítico pronominal (referencia cruzada), de la misma manera que en otras estructuras con OI, esto evidencia que el proceso de gramaticalización en estas estructuras va a la par de cualquier otra estructura con OI, es decir que se adecua a los principios que hemos descrito en los capítulos recién mencionados.

4.3.2. Verbo copulativo, Adjeto predicativo y objeto indirecto.
En este apartado nos vamos a ocupar de los diferentes tipos de estructura oracional con un verbo copulativo (v. § 4.0) y Adjeto predicativo que admitan un OI. Primero vamos a centrar nuestra atención en los verbos tradicionalmente considerados copulativos *ser, estar, parecer*, para luego tratar los verbos léxicos que rigen adyacente predicativo de sujeto, para después ocuparnos de los verbos léxicos que rigen adyacente predicativo de objeto. A nuestro propósito baste citar algunos ejemplos por cada tipo de verbo copulativo, puesto que en el apéndice (§ 4.6) se ejemplifica cada uno de ellos en forma más extensa, sin pretender ser una documentación exhaustiva.

4.3.2.1. Los verbos copulativos «ser», «estar», «parecer».
Algunos estudiosos consideran verdaderos verbos copulativos no sólo *ser* y *estar*, sino también *parecer*, recurriendo a un criterio formal para considerarlos como tales. El elemento atributivo de estos verbos puede ser conmutado por la forma *lo*, lo cual le está negado a otros verbos usados en forma copulativa. Ahora bien, ante la presencia de un OI como bien lo menciona Kuhlmann Madsen (1981: 233) la conmutación del Adjeto predicativo por la forma *lo* no es posible:

(5) a. ¿Te es necesario este libro para tu trabajo?
       Sí, *me lo es
    a'. Este libro le es necesario para su trabajo
       *Se lo es

b. Éste me está chico
*Me lo está
c. A Juan Miguel le pareció normal en su rutina de divorciado (García Márquez, *Náufrago en tierra firma* 2000)
*A Juan Miguel se lo pareció en su rutina de divorciado

Si en una estructura predicativa con un OI, no es posible conmutar el Adjeto predicativo, debe ser indicio de que el verbo copulativo y el Adjeto predicativo comprenden un todo, comprenden una unidad semántico-sintáctica que debe ser tratada como un predicado complejo a la par de un predicado simple.

Es interesante hacer un par de observaciones más: por un lado tenemos el atributo, un argumento atípico al no gozar de la referencialidad, característica propia de los otros argumentos del verbo y, por otro, la forma *lo* que por ser invariable en género y número tiene un campo referencial mayor. *Lo* es «compatible con sujetos de cualquier número y de cualquier género. Por ejemplo: en *Todo el siglo ha sido carnaval y sigue siéndolo*, *lo* se refiere al singular y masculino *carnaval*; (…); en *Parecían fantásticas sus ideas, pero no lo eran*, la referencia *lo* indica un plural femenino.» (Alarcos Llorach 1994: § 261). Podemos, por consiguiente, argüir que *lo* representa no sólo el atributo sino también el sujeto, argumento que se suma a favor del análisis de predicado complejo. La cópula y el atributo concebidos como predicado complejo vendrían a constituir fundamento predicativo con el sujeto inacusativo. A esto volvemos en el § 4.4.

4.3.2.1.1. Análisis de las construcciones con «ser».
Del corpus que manejamos, se desprende que en las construcciones con el verbo copulativo *ser* desempeñan el papel de adyacente atributivo, adjetivos como:

afín, ajeno, agradable, antipático, blando, conveniente, caro, cobarde, dable, desagradable, desconocido, difícil, extraño, fácil, familiar, favorable, fiel, franco, grato, habitual, imprescindible, inconveniente, indiferente, infiel, ingrato, innecesario, leal, lícito, malo, menester, molesto, necesario, normal, pendejo, penoso, posible, preciso, revelador, sincero, traidor, útil, verdadero.[12]

---

[12] Gutiérrez Ordóñez (1999) registra, además de unos pocos en los que coincidimos, los siguientes adjetivos: *aconsejable, ajeno, amargo, benigno, bueno, cabrón, consustancial, costoso, cruel, doloroso, dulce, hermético, hostil, imposible, improbable, impropio, intrínsico, inútil, justo, malo, nocivo, probable, propicio, propio, provechoso, saludable*, lo cual es prueba de lo productiva que es la construcción.

Todos ellos adjetivos de valoración y por tanto relacionales, los únicos que permiten la presencia de un OI en una estructura predicativa, o más bien los únicos que conjuntamente con la cópula lo permiten. Esta idea no es absolutamente nueva, ya Fernández Ramírez (1951: 192) observaba que «En algunos de estos casos el complemento pronominal depende, más que del adjetivo, del grupo entero *ser* + adj.º». Gutiérrez Ordóñez (1999: 1893-1898), recogiendo el punto de vista de Fernández Leborans (1999: 2363) afirma, por su parte, que los verbos copulativos «Forman con el atributo una especie de predicado complejo no disociable (el atributo no es un predicado secundario), no prescindible de ninguno de sus dos constituyentes, y cuyo núcleo léxico es una categoría nominal (la categoría que funciona como atributo)».

El objeto indirecto tiene el rol de Benefactivo y el sujeto es, en general, una oración sustantiva, un infinitivo, un sintagma nominal de carácter ± humano o un pronombre relativo. Este tipo de construcciones puede alternar con un adyacente circunstancial introducido por *para*. Gutiérrez Ordóñez (ob. cit.) al buscar una explicación a esta particularidad de nuestra lengua, plantea que se trata de una cuestión de complementos indirectos incorporados a partir de adjetivos, argumentando de la siguiente manera: «Cuando el adjetivo funciona como atributo del verbo *ser* (en algunos casos también de *estar*), caben dos posibilidades: o bien mantener el complemento con la preposición que rige, o bien geminar un clítico pronominal que se apoya en el verbo y que en sus expansiones sólo es compatible con la preposición *a*. [...] cuando dicho complemento se incorpora al verbo, es obligatorio el uso del *le* y la única preposición posible es la del complemento indirecto (*a*) [...] en el proceso de incorporación que va desde la construcción adjetiva a la verbal (o viceversa) se produce un cambio de régimen preposicional» (ob. cit.: 1983-1984).

Lo que a esta explicación le falta es el por qué la lengua permite estas alternancias, pero antes debemos hacer la siguiente observación: nosotros pensamos que, dado que la estructura con Adjeto predicativo y OI, en sus comienzos, muestra ser más bien esporádica, la estructura con Adjeto predicativo y adyacente circunstancial debe ser la estructura básica. Ahora bien, estas dos estructuras no son más que la presentación de un mismo «estado de cosas» («State of Affairs») desde diferentes perspectivas o «puntos de vista» («points of view»), estado de cosas señalado por la predicación o más bien dicho, codificado en una predicación dada (Dik 1997, TFG 1: 64-65 y 247 y ss.), de tal manera que cuando el estado de cosas se presenta de la perspectiva del Benefactivo se expresa en forma argumental, siendo codificado con el clítico pronominal, normalmente en caso dativo, y la marca adposicional de OI *a* (referencia cruzada). Si el

4. El objeto indirecto en las construcciones predicativas

estado de cosas no se presenta desde el punto de vista del Benefactivo, se expresa en forma adverbial por medio de la preposición *para*, quedando el rol de Benefactivo relegado a la periferia de la predicación. Alternancias equivalentes encontramos en estructuras ditransitivas como por ejemplo: *Compré un libro para Joaquín* y *Le compré un libro a Joaquín*, que vamos a tratar en el capítulo siguiente.

Hemos visto que la alternancia es posible siempre y cuando la función de atributo la llene un adjetivo valorativo, relacional. Cuando la llena un adjetivo que no cumple estas características, observamos que el Benefactivo se presenta en la periferia de la predicación (6a) frente a (6a') o se recurre a otro verbo copulativo si es necesario presentar el estado de cosas desde la perspectiva del Benefactivo (6b):

(6) a. La casa era demasiado blanca *para mí* (Cit. en Butt y Benjamin 1988: 132)
   a'. *La casa *me* era demasiado *blanca*
   b. La casa *me resultaba* demasiado blanca (Cit. en Butt y Benjamin 1988: 132)
   b'. La casa *resultaba* demasiado blanca *para mí*.

El OI exige en la predicación nuclear un adjetivo de la misma naturaleza, i.e. de carácter relacional, por eso el ejemplo (6a') no se puede aceptar. Si esto es efectivo, ¿por qué entonces son posibles las estructuras (6b) y (6b')? Pensamos que es la naturaleza léxica del verbo copulativo que permite la presencia del adjetivo de no-valoración. Es el lexema del verbo el que lo provee del carácter valorativo necesario para que pueda aparecer un OI en la estructura clausal, surgiendo, de esta manera, además, la posibilidad de alternancia entre una estructura con OI. El estado de cosas se presenta desde el punto de vista del Benefactivo (6b) o el Benefactivo aporta con información adicional al estado de cosas, información que no es requerida por el predicado nuclear (6b'). A continuación algunos ejemplos de esta construcción:

(7) a. a quien de esta manera proçede *le es necesario*. (Keniston: *Syntax of Castilian prose* 1937: § 8.72)
   b. Para esta obra – obra religiosa – *me ha sido menester*, en pueblos como estos pueblos de lengua castellana, carcomidos de pereza y de superficialidad de espíritu, adormecidos en la rutina del dogmatismo católico o del dogmatismo librepensador o cientificista, *me ha sido preciso* aparecer unas veces impúdico e indecoroso, otras duro y agresivo, no pocas enrevesado y paradójico. (Unamuno: *Mi religión* 1907)

c. – Don Roque, sus enseñanzas no *pueden serme* sino *muy gratas*. (Valle Inclán: *Tirano Banderas* 1926)
d. Desde mi punto de vista personal la Semana Santa, personalmente, es ... *Me es más agradable* que la Feria. (Encuestas del habla urbana de Sevilla. Nivel culto 1983 [1973])

Hasta aquí hemos comentado las estructuras predicativas que muestran la posibilidad de alternancia entre OI y adyacente adverbial introducido por *para*; sin embargo ésta no es la única posibilidad de alternancia que muestran estas estructuras, dada la diferentes preposiciones que rigen los adjetivos. En el ejemplo (8a) el estado de cosas se presenta desde la perspectiva del argumento Experimentante a diferencia del ej. (8b) en que se expresa el mismo estado de cosas, pero no de la perspectiva del Experimentante. Éste es desplazado fuera de la predicación nuclear y se formaliza por medio de un adyacente adverbial introducido por *con* –antiguamente: (*para*) *con*– (8b). Sólo algunos adjetivos permiten esta alternancia. En nuestra documentación registramos los adjetivos *sincero, malo, cobarde, pendejo, traidor*. Gutiérrez Ordóñez (ob. cit.) registra además los adjetivos: *benigno, cabrón, cruel, franco, hermético*.

(8) a. *Le voy a ser muy sincera*, a Juan Mari Arzak le considero un gran amigo mío [...] (CAM16.01-02-95)
b. Voy a *ser muy sincera con usted*, a Juan Mari [...].

Un grupo reducido de adjetivos, entre los que se registran *propio, impropio, característico*, permite la alternancia entre la estructura predicativa con OI (9a) y con adyacente adverbial introducido por *de* (9b):

(9) a. [...] Esta humedad constante ha propiciado el bello paisaje verde que *le es característico*, de tal tipismo con sus pequeñas aldeas dispersas, muy próximas [...] (le = Galicia)
(www.red2000.com/spain/region/1r-galic.html)
b. [...] Esta humedad constante ha propiciado el bello paisaje verde que *es característico de Galicia*

Cuando se trata de adjetivos que rigen la preposición *a* como *fiel, infiel, ajeno, extraño, familiar* (*ajeno, extraño, familiar* pueden regir la preposición *para*) la alternancia entre la estructura con OI y la estructura con adyacente adverbial no se ve formalmente tan clara como en los casos anteriores. Esto se debe, por un lado, a que el sintagma argumental y el sintagma adverbial son introducidos por la preposición *a* –en la variante gramaticalizada el primero y en la variante de caso «allative» en el segundo– y por otro, a que la presencia del clítico pronominal no ha llegado a ser totalmente obligatoria aún –lo que haría posible distinguir una función de otra. Por consiguiente, dado que la estructura con adyacente adverbial

4. El objeto indirecto en las construcciones predicativas

es la básica y a falta de la referencia cruzada o de referencia anafórica, no se puede decir con seguridad, si estamos frente a una estructura con OI o con adyacente circunstancial. A la luz de lo dicho proponemos que en (10a) y (10b) el sintagma preposicional se analice como OI y que en (10a') y (10b') se analice como adyacente circunstancial.

(10) a. Un soldado que no *le es fiel a su Comandante en Jefe* no será un buen soldado.
(www.ewtn.com/Nuestrafeenvivo/Letters/2002/Carta_febrero.htm)
a'. No es una idea que los germanos tuvieran, ya que para los germanos lo importante era pertenecer a tal o cual tribu, *ser leales a tal o cual caudillo* (*Diálogos con Borges* Tiempo 1984)
b. [...] que hay que remitirse a las declaraciones del presidente Jacques Chirac: Francia *le es fiel al concepto de no emplear armas atómicas*, pero [...] (www.clarin.com/diario/2002-03-12/)
b'. Cypher, el traidor, aparentemente *es fiel a la causa de los rebeldes*, [...].(www.pobladores.com/territorios/cine/)

No sólo los adjetivos sino también los sustantivos pueden aparecer como Adjeto predicativos. En el ejemplo (11a) el grupo nominal adquiere carácter valorativo a causa del adjetivo relacional. Cf. (11 a'): sin el adjetivo relacional la estructura oracional no parece posible.

(11) a. ¿Qué le sucede al hijo del lamentado Doctor Rosales? ¡Aquel conspicuo patricio hoy *nos sería un auxiliar muy valioso* para el sostenimiento del orden! ¡Doña Rosita, exponga su pleito! (Valle Inclán: *Tirano Banderas* 1926)
a'. * [...] Aquel conspicuo patricio hoy *nos sería un auxiliar* para [...]

4.3.2.1.2. Análisis de las construcciones con «estar».

Como mencionamos en su oportunidad, los verbos copulativos abarcan desde los más gramaticalizados hasta los más léxicos, y asimismo presentan un valor aspectual relativo al modo de acción («aktionsart»): las oraciones predicativas con *ser* expresan estados de cosas de carácter no delimitado, «imperfectivo»; mientras que aquellas con el verbo *estar* expresan, estados de cosas de carácter limitado, «perfectivo». Esto se refleja en el hecho de que los adjetivos que introducen no son de valoración –por ende de carácter delimitado– sin embargo, los adjetivos que introducen son de carácter relacional, que en definitiva es lo que permite la presencia del OI. Se trata de adjetivos de medida como *amplio, ancho, chico, holgado* y *largo* –los únicos posibles en una estructura predicativa con OI. *Estar* y el OI adquiere un significado cercano al de *sentar* y OI o de *quedar* y OI o de *venir* y OI. Decimos cercano, puesto que cada uno de éstos tiene su propio valor léxico, aportando con algo de su significado a la estructura en cuestión. El adjetivo, ante la presencia del OI, expresa una forma de valoración, cf. (12a). La presencia del clítico pronominal aquí es obligatoria. Con *estar* aparece normalmente como Adjeto predicativo un participio, cf. (12b). Si el Adjeto predicativo es *agradecido* es posible la alternancia entre un OI Experimentante (13a) y un adyacente circunstancial introducido por *con* (13b):

(12) a. Pero no me sienta bien ninguno: fíjese: éste *me está chico*. (Joaquín Jiménez: *Carta a París* 1953. Cit. en Navas Ruiz 1963)
b. Yo puedo hacer lo que *te está negado* por tu responsabilidad al frente de Cuba y llegó la hora de separarnos. (Carta de Che Guevara a Fidel Castro 1965)

(13) a. *Le estoy agradecido*. ¡Ya hemos ganado! Debemos repartir. (Valle Inclán: *Tirano Banderas* 1926)
b. Estoy agradecido *con* usted.

4.3.2.1.3. Análisis de las construcciones con «parecer».
Algunos de los adjetivos que desempeñan el papel de adyacente atributivo del verbo copulativo *parecer* son los siguientes:

absurdo, aconsejable, administrativo, alucinante, anonadador, claro, difícil, dudoso, enrevesado, escéptico, evidente, fácil, formal, gracioso, gravísimo, idiota, justo, lindo, normal, oportuno, oscuro, positivo, práctico, pueril, raro, ridículo, superguay, sutil, tonterías, tremendo, verdadero.

El objeto indirecto es, como en todas las construcciones predicativas hasta aquí tratadas, de rasgo humano o que metafóricamente se puedan considerar de rasgo humano (v. algunos ejemplos en el apéndice), mientras que el sujeto intransitivo, al igual que el sujeto de la cópula *ser* es una unidad de rasgo in/animado (v. tabla 2 en el § 4.3.1).
Parecer (en uso atributivo), a diferencia de *ser* y *estar* encierra en sí su propio contenido léxico. Los verbos de opinión son los que presentan dos esquemas:[13] uno con dativo y otro sin dativo. Sólo en la medida en que se

---

[13] «En construcción con predicados nominales –dice Fernández Leboránz (1999: 2443)– *parecer* puede ser empleado como verbo de 'percepción' o como verbo de 'cognición' u 'opinión'.» Nosotros pensamos que *parecer* contiene en su lexema ambos significados y que cuando decimos (empleando un ejemplo de ella): «Pedro parece cansado/enfermo/enfadado...», no sólo se está indicando que «algo o alguien presenta cierta apariencia o aspecto –como objeto de percepción» (usando su definición), desde la perspectiva del hablante, sino también que éste está dando su opinión sobre lo observado; ahora bien, de la misma manera que se percibe y se da la opinión desde la

4. El objeto indirecto en las construcciones predicativas

requiera presentar el estado de cosas desde la perspectiva de una entidad que percibe, que opina sobre el estado de cosas presentado en la predicación nuclear, es posible la presencia de un Experimentante. No se trata de que se pueda alternar libremente entre estos dos esquema, ya que –como en todas las estructuras predicativas que hemos visto y que vamos a ver más adelante– se le imponen ciertas restricciones al constituyente en la función de Adjeto predicativo.

Tratándose del verbo copulativo *parecer* el constituyente tiene que ser:

(i)   un adjetivo relacional (14a)
(ii) un sintagma nominal cuyo núcleo sea un adjetivo relacional sustantivado (14b)
(iii) un sintagma nominal que contenga un adjetivo relacional o que, en su totalidad, comprenda una valoración (14c)
(iv) un sintagma preposicional (14d) o un adverbio con las mismas características anteriores (14e).

Los Adjetos de carácter relacional pueden aparecer tanto con *parecer* con dativo: *El mutismo* le parece *aconsejable* (Lázaro Carreter: *El dardo en la palabra: Buenas madrugadas* 1999-2000), como con parecer sin dativo: *El mutismo* parece *aconsejable*. Un Adjeto no-relacional bloquea la posibilidad de que aparezca un dativo: *La madre (*me) parece conmovida*.[14]

(14) a. Había algo que *le parecía más anonadador* que el morir: el vivir prisionero. (María Zambrano: *Pensamiento y poesía en la vida española* 1939)
     b. Sé que *a muchos parecerá* lo que voy a decir *una atrocidad*, casi una herejía, pero creo y afirmo que esa fusión que se establece entre el patriotismo y la religión daña a uno y a otra. (Cartas de Unamuno a Ganivet: *El porvenir de España* 1898)

---

perspectiva del hablante, también se percibe y opina, pero desde la perspectiva del Experimentante cuando decimos (usando su ejemplo) «Pedro me parece una buena persona».

[14] Fernández Laborans (1999: 2443) llega a la misma conclusión, pero nuestros puntos de partida son diferentes ya que ella opera con *parecer* de 'percepción' que selecciona predicados nominales del tipo P-I (*individual-level predicates; prédication non-événementielle*) y *parecer* de 'cognición', 'opinión' que selecciona predicados nominales del tipo P-E (*stage-level predicates; prédication événementielle*), mientras que nosotros partimos de la base que es *parecer* y el predicado nominal seleccionado por éste en su totalidad lo que determina la presencia del OI.

c. El punto de vista individual me parece *el único punto de vista desde el cual puede mirarse el mundo en su verdad*. (Ortega y Gasset: *Verdad y perspectiva* 1939)
d. Meterse contra la exposición de Beuys *me pareció de gente atrasada*, que no ha pensado, gente inmovilizada: añadir algo al arte me parece fundamental [...]. (CAM16.30-1-95)
e. Las cosas están cambiando y nos atrevemos a afirmar que *a d. Miguel no le parecería mal* la internacionalización de la justicia y el papel que en él están desempeñando sus connacionales respecto de las ex colonias. [N. del E.] (Unamuno: Epílogo a *Vida y Escritos del Dr. José Rizal* de W.E. Retana 1907)

En algunos contextos *parecer* puede aparecer con la cópula gramatical *ser*, pero en esos casos la presencia del clítico pronominal produciría una estructura no-gramatical como se puede apreciar de los ejemplos (15a)-(15d):

(15) a. le parece difícil
b. le es difícil
c. *le parece ser difícil
d.   parece ser difícil

4.3.2.2. Otros verbos copulativos con adyacente atributivo del sujeto.

4.3.2.2.1. Análisis de las construcciones con «resultar».

En lo que respecta al verbo copulativo *resultar*, como lo muestran los ejemplos antes tratados (3, 3a, 3a', 3b, 3b') el rol del OI es de Experimentante (16a) y (16b) o es de Benefactivo (17a) y (17b). El rol de Benefactivo muestra la posibilidad de alternancia con un adyacente adverbial introducido por *para* (17a'b'):

(16) a. Después, si la conozco y abre la boca, *me* puede resultar *tonta*. (CAM16.11-06-95)
b. Rizal, el soñador valiente, me resulta una voluntad débil é irresoluta para la acción y la vida. (Unamuno: Epílogo a *Vida y Escritos del Dr. José Rizal* de W.E. Retana 1907)

(17) a. *Le debe resultar a usted un poco pesado* tener que ir de gracioso permanentemente por la vida.
a'. *Para usted debe resultar un poco pesado* tener que ir de gracioso permanentemente por la vida (TIE.09-04-95)
b. Mi temporada aquí *me está resultando un verdadero viaje de estudios* (Borges. Cit en Butt y Benjamin 1994)
b'. Mi temporada aquí *está resultando un verdadero viaje de estudios para mí*.

4. El objeto indirecto en las construcciones predicativas 231

Aburrido, barato, complicadísimo, difícil, fácil, inquietante, noble, raro, respetable, tonto, son algunos de los adjetivos registrados como Adjeto predicativo de *resultar.*

Antes de continuar con nuestra ejemplificación, vemos necesario hacer algunas reflexiones. Si partimos del supuesto que el lexema del adjetivo es el que permite la presencia del OI, sería también de esperar que éste siempre tuviera uno de los roles semánticos comprendidos por macro-rol de «Lugar» / «Locación», independientemente del verbo copulativo, siempre y cuando se tratara del mismo adjetivo en la función de Adjeto predicativo. Sin embargo, el rol semántico del OI en una estructura predicativa con *ser* es prototípicamente un Benefactivo si el Adjeto predicativo es, por ejemplo, alguno de los adjetivos relacionales o de carácter relacional vistos hasta aquí, *difícil* y *fácil*, mientras que tratándose del verbo *parecer* cuando introduce los mismos adjetivos, el rol semántico del OI es prototípicamente un Experimentante y si el verbo es *resultar* –verbo en uso copulativo que conserva su contenido léxico– el rol semántico del OI es o de Experimentante o de Benefactivo. Todo esto nos parece que son indicios en favor de que el verbo copulativo y el predicado nominal / atributo conforman un predicado complejo, que sólo se diferencia de un predicado simple en que está compuesto de dos elementos y que no obstante su complejidad se comporta como cualquier otro predicado.

4.3.2.2.2. Análisis de las construcciones con «ponerse».

La presencia de un OI en una estructura predicativa, la encontramos también con el verbo *ponerse*. Si con los otros verbos copulativos nos encontramos ante un dativo Experimentante o Benefactivo, con el verbo *ponerse* nos encontramos con el llamado tradicionalmente *dativo posesivo*. En estas estructuras –en que se da una relación de posesión entre el todo, que corresponde al «poseedor» («possessor») que en la oración es el OI, y la parte, que corresponde a lo «poseído» («possessum»), que en la oración es un sintagma nominal (en estos casos el sujeto oracional)– se expresa la posesión alienable (18a) o inalienable (18'a). La misma relación de posesión, en principio, se puede expresar también en forma interna, i.e. por medio de un pronombre posesivo (18b y 18'b). Si el estado de cosas se describe desde la perspectiva de la entidad que posee –el poseedor– la relación de posesión se expresa en forma externa, i.e. a nivel oracional por medio de un dativo. En cambio, si el estado de cosas se describe desde un punto de vista diferente al del poseedor, la relación de posesión se expresa en forma interna, i.e. por medio de un pronombre posesivo en un sintagma nominal.

(18) a. Se *te* ha puesto un poco fea *esa chaqueta*.

b. Se ha puesto un poco fea *tu chaqueta*.

(18') a. *La cara* se *le* puso roja de ira e hizo intención de irse.

b. *Su cara* se puso roja de ira e hizo intención de irse.

4.3.2.2.3. Análisis de las construcciones con «hacerse».

Aparecen en la función de Adjeto predicativo del verbo *hacerse*, además de adjetivos como *angustioso, largo, habitual, imposible, patente* (19a), sintagmas preposicionales (19b). El OI tiene, como era de esperarse, también el rol de Experimentante:

(19) a. Así como cree con terca ignorancia que le bastarían los recursos de su suelo para vivir la vida que hoy *se le ha hecho habitual*, encerrado en sí, cree también que tiene en su fondo tradicional con qué nutrir su espíritu, satisfaciendo a la vez a la necesidad imperiosa de progreso. (Cartas de Unamuno a Ganivet: *El porvenir de España* 1898/1912)

b. En cuanto al comprenderlas *se le hacía de imposible realidad*. (Pedro Salinas, *La bomba increíble* 1950. Cit. en Navas Ruiz 1963.)

4.3.2.2.4. Análisis de las construcciones con «aparecerse», «ofrecerse», «tornarse», «antojarse», «figurarse».

Con estos verbos el constituyente del Adjeto predicativo es un adjetivo valorativo y con ello relacional (20), (21), (23a), aunque no sólo se restringe a adjetivos valorativos sino que se extiende además a adjetivos que no son relacionales en sí como por ejemplo los adjetivos de color (22) o a sustantivos (23b) y (24). Estos constituyentes adquieren en la construcción misma su carácter relacional dado que el verbo aporta con su contenido léxico. Encontramos ejemplos en que la posesión se expresa con un dativo posesivo como en en el ejemplo (22) o se expresa en forma interna como en (22'). En los ejemplos restantes se trata de un dativo Experimentante.

(20) La vieja Olmeda, ¡qué *silenciosa, qué remota y postrada se les aparecía*! (Gabriel Miró: *Las cerezas del cementerio* 1930. Cit. en Navas Ruiz 1963)

(21) Pero esta traducción castellana *se nos ofrece llena de dificultades*. (Ramón Menéndez Pidal: *Miscelánea histórico-literaria* 1952. Cit. en Navas Ruiz 1963.)

(22) *A Osuna se le van tornando blancos* los rubios tufos. (Antonio Marichalar: *Riesgo y ventura del Duque de Osuna* 1946. Cit. en Navas Ruiz 1963)

4. *El objeto indirecto en las construcciones predicativas*   233

(22')   Vi temblar sus labios que se tornaron blancos. (Valle Inclán: *Sonata de Invierno* 1941. Cit. en Navas Ruiz 1963)

(23)   a. La corte rusa *se le antojaba churrigueresca*. (Antonio Marichalar: *Riesgo y ventura del Duque de Osuna* 1946. Cit. en Navas Ruiz 1963)
b. Tantos diplomas, tantas bandas y tan poca suficiencia. *Se me está usted antojando un impostor*, y voy a dar órdenes para que le afeiten en seco la melena de sabio alemán. No tiene usted derecho a llevarla. (Valle Inclán: *Tirano Banderas* 1926)

(24)   Valladolid *se me figuró un Villazar aumentado*. (Pío Baroja: *La sensualidad pervertida* 1947. Cit. en Navas Ruiz 1963)

4.3.2.2.5. Análisis de las construcciones con «quedar», «venir», «salir», «caer».
El constituyente del Adjeto predicativo de estos verbos de movimiento o de estado –que implican un lugar– es un adjetivo, un participio o un adverbio. El rol del OI es de Experimentante.

(25)   Y así en las ideas: ninguna que no *le venga chica*, que no *le quede despegada*, ninguna que pueda contenerle en cierta amplitud y lo represente dignamente. (María Zambrano: *Pensamiento y poesía en la vida española* 1939)

(26)   [...]Para ver si el cinturón de seguridad *le queda bien a su niño*, haga la siguiente prueba [...] Le *queda* el cinturón de regazo *bien ajustado* sobre los muslos?[...]
(depts.washington.edu/booster/booster %20seat%20flyer% 20spanish.htm)

(27)   Aquí, sí, aquí tienes mucho más espacio. A *mí*, desde luego, *me viene estupendamente* porque me coge al ladito de casa y no veas tú lo agradable que es (Encuestas del habla urbana de Sevilla. Nivel medio 1992)

(28)   ¿No querías tener un hijo?, pues venga, a echarlo; si las cosas *te van bien* y el amante que escojas no *te sale impotente*, ponte a parir y críalo, cuídale mucho, edúcale [...]. (Teatro moderno: *Cosa de dos* 1987)

(29)   Le cogen de buen talante y ya *le caen simpáticos* por in sécula seculorum. (Cit. en Navas Ruiz 1963)

4.3.2.2.6. Análisis de las construcciones con «ir», «sentar», «darse».
El Adjeto predicativo sólo puede ser un adverbio y el Adjeto dativo Experimentante.

(30)   Por lo demás, yo creo que los grandes también se aburren porque todo lo encuentran caro, y van a la Ruleta y cada vez *les va peor* (Marcela Paz: *Papelucho* 1947)

(31)   [...] La Verdad Obrera. Argentina. Si le va bien a Duhalde, *nos va mal a nosotros*. Autor: Manolo Romano. Fecha: 2/4/02. Fuente: LVO 99. Malas noticias.[...] (www.pts.org.ar/contenido/lvo99duhalde.htm)

(32) La primera impresión que uno tiene al verlo es la de que ese viaje *le ha sentado muy bien,* y que usted tiene el aire de haber hecho nuevos descubrimientos. (*Diálogos con Borges.* Tiempo 1984)

(33) Lo que pasa es que *se me da muy mal* la gramática. La gramática *se me daba fatal.* (Encuestas del habla urbana de Sevilla. Nivel popular 1987 [1984-1986])

Tenemos, por consiguiente, que estas estructuras predicativas muestran no sólo un Adjeto predicativo sino también un Adjeto dativo en la misma estructura oracional. Se observa, además, que si la cópula gramatical requiere siempre de un adjetivo valorativo, mientras más léxico es el verbo, encontramos no sólo adjetivos valorativos, sino también unidades que por el valor léxico que aporta el verbo, adquieren el valor relacional necesario para que sea posible que se presente el estado de cosas desde la perspectiva de un Experimentante, un Benefactivo o un Poseedor; en efecto, una entidad, con el macro-rol de Lugar. Esto deja ver con claridad que hay un enlace semántico-sintáctico entre el verbo copulativo y la unidad en función de Adjeto predicativo.

No sólo las estructuras predicativas con adyacente atributivo de sujeto presentan esta particularidad, también se registran ejemplos en estructuras con adyacente atributivo de objeto.

4.3.2.3. Verbos con adyacente atributivo del objeto.

De nuestra documentación se desprende que el grupo de verbos que permiten la presencia de OI se restringe –a diferencia de las estructuras con adyacente atributivo de sujeto– a un grupo reducido, entre los que se cuentan *dejar, poner, tener.* Observamos que el estado de cosas se presenta desde la perspectiva de un argumento Experimentante, o de un argumento que expresa posesión, o de un argumento Benefactivo. Esto dependerá no sólo del tipo de verbo sino también del estado de cosas expresado por la predicación nuclear.

4.3.2.3.1. La construcción con «dejar».

(34) a. Me hace usted ver el Chile minero en el capítulo ejemplar de la desolación norteña y sólo *me deja vacante un deseo*: la noticia del cobalto, cuya posesión nos tocó en suerte y del que no hemos dicho cosa alguna. (Gabriela Mistral: Prólogo a *Chile o una loca geografía* de B. Subercaseaux 1940)
b. Anoche *te dejamos abierta la puerta de la calle.*

4. El objeto indirecto en las construcciones predicativas

4.3.2.3.2. La construcción con «poner».

(35) –Mi jefecito, el solazo de estas campañas *le ha puesto la piel muy delicada*. (Valle Inclán: *Tirano Banderas* 1926)

4.3.2.3.3. La construcción con «tener».

(36) Le llenaba de terror angustioso el absurdo de aquel providencialismo maléfico, que, dándole tan obstinada ventura en el oso juego, *le tenía decretada la muerte*. Sentíase bajo el poder de fuerzas invisibles, las advertía en torno suyo, hostiles y burlonas. (Valle Inclán: *Tirano Banderas* 1926)

4.4. Predicado complejo

La documentación empírica, aquí presentada, es prueba irrefutable de que en la lengua española las estructuras con verbo copulativo, Adjeto predicativo y OI no son construcciones esporádicas. Aunque se registran en un comienzo principalmente con la cópula *ser* y *parecer*, la construcción abarca más tarde de la misma manera otros verbos en uso copulativo.

A través de todo el capítulo hemos venido subrayando la necesidad de asumir que la cópula y un predicado nominal o adyacente atributivo o atributo –en la terminología tradicional– o un Adjeto predicativo –en la terminología de la Teoría del Adjeto– constituyen una unidad semántica-sintáctica que debe ser considerada como predicado complejo (§ 4.2.3.3), precisando más: un tipo de predicado complejo, tal como otros tipos de formación de predicado complejo (Nedergaard Thomsen 1997; Nedergaard Thomsen y Herslund 2002) bajo los cuales se cuentan, por ejemplo, la «incorporación» («Incorporation») y las construcciones de «verbo soporte» («support verb constructions») (v. § 3.2.4). Cuando hablamos de predicado complejo nos estamos refiriendo a «construcciones gramaticales» con su propia forma de expresión, cuyo contenido es producto de la liga de dos elementos que designan propiedades o relaciones (Nedergaard Thomsen 1996, 1997: 75). Estos elementos, como lo explicamos en el § 4.2.3.3 corresponden a un «Predicado Huésped» («Host Predicate»), que es el predicado verbal, y a un «Co-Predicado» («Co-Predicate»), que es el predicado no-verbal, de manera que la asignación de función (el primer nexo) es expresado únicamente por el Predicado Huésped, mientras que las propiedades o relaciones son codificadas, en conjunto, por el Predicado Huésped y el Co-Predicado. La tarea del Predicado Huésped es codificar un significado relacional general que el Co-Predicado especifica, de modo que se puede decir –dice Nedergaard Thomsen– que es el Predicado Huésped el que tiene valencia para el Co-Predicado (Nedergaard Thomsen

1996, 1997: 74), en otras palabras, el Predicado Huésped elige su Co-Predicado.[15]

Pero antes de ampliar el concepto de predicado complejo elaborado por Nedergaard Thomsen (1996, 1997), que es nuestro punto de partida para el análisis de las construcciones con verbo copulativo, predicado nominal y OI, retomemos las ideas centrales de la Teoría del Adjeto en cuanto a la cópula y el Adjeto. Para la Teoría del Adjeto, además de la regla gramatical que no debe aparecer la misma función sintáctica más de una vez en una misma estructura oracional, se considera: (i) el verbo copulativo como un verbo pleno y el Adjeto predicativo como un argumento del verbo, (ii) la relación Adjeto comprende el Adjeto predicativo, el Adjeto locativo, el Adjeto neutro y el Adjeto dativo.

Además, la Teoría del Adjeto analiza el predicado nominal / atributo en el mismo nivel oracional que el OI, lo que trae consigo la presencia de dos Adjetos dependientes del mismo verbo en la misma estructura oracional: un Adjeto predicativo y un Adjeto dativo. Pues bien, si analizamos el predicado nominal en otro nivel de la estratificación oracional, diferente del nivel donde se expresa el OI, de tal manera que no sean manifestaciones de la misma relación gramatical y asumimos, asimismo que el predicado nominal y la cópula constituyen un predicado complejo –que desde la perspectiva funcional se comporta de la misma manera que un predicado simple– se soluciona el problema que la lengua española le presenta a la teoría.

En las construcciones copulativas, la cópula –que corresponde al Predicado Huésped– y el predicado nominal –que corresponde al Co-Predicado– comparten la función verbal de tal manera que la primera predicación (el primer nexo) la establece la cópula, mientras que las propiedades o relaciones son asignadas en conjunto por los dos elementos que forman el predicado complejo. La cópula / Predicado Huésped codifica un significado relacional general que el predicado nominal / Co-Predicado especifica, un significado relacional tan general, que la cópula, necesita del predicado nominal ya que éste es el que señala las relaciones o propiedades. Se puede

---

[15] Traducción libre mía (SBB) de la siguiente cita: «et komplekst prædikat er et prædikat, hvor prædikativiteten er opsplittet på to led, nml. et værtsprædikat og et co- prædikat, således at tilskrivnings-funktionen (den primære neksus) udtrykkes af værtsprædikatet alene, mens relationen/egenskabsbetydningen kodes af værts- og co-prædikat i fælleskab: værtsprædikatet koder en generel relationel betydning, som co-prædikatet specificerer – man kan således sige, at værtsprædikatet har valens for co-prædikatet» Nedergaard Thomsen (1997: 74).

decir que mientras más léxico es el Predicado Huésped, más aporta con contenido léxico a la totalidad del predicado complejo, de tal manera que es difícil argumentar que sea el adjetivo el que selecciona el OI, por el contrario mientras más gramatical sea la cópula, no cabe duda que ambos componentes: el adjetivo y el verbo copulativo en conjunto son los que seleccionan el dativo.

El predicado complejo es, en definitiva, un predicado que funciona como cualquier otro predicado. Es tanto una categoría gramatical como una relación gramatical que como tal funciona estableciendo no sólo la primera predicación y en consecuencia la oración, sino también el fundamento predicativo. Es como cualquier otro predicado, un concepto relacional que atribuye relaciones o propiedades a los términos de la oración, y que se caracteriza por el modo de acción, la transitividad y la valencia (Nedergaard Thomsen y Herslund 2002).

En español, como se desprende de nuestra ejemplificación anterior y de lo ejemplos que se encuentran en el apéndice a este capítulo, la presencia de un OI en relación con estructuras predicativas es absolutamente productiva. El Predicado Huésped abarca todo tipo de cópula, desde la más gramatical a verbos léxicos; la unidad en la función de Co-Predicado es también productiva y comprende todo tipo de unidades, desde adjetivos, sintagmas nominales, sintagmas preposicionales y adverbios, los cuales tienen como común denominador el ser expresiones valorativas y como consecuencia relacionales.

Al asumir que la cópula y el predicado nominal constituyen predicado complejo, el OI, seleccionado por éste, pasa a ser el único Adjeto en relación con el argumento fundamental de la construcción.

4.5. Conclusión

De lo expuesto, podemos concluir que considerar las construcciones copulativas como predicado complejo, resuelve el problema que se le presenta a la Teoría del Adjeto, al mismo tiempo que respeta sus fundamentos teóricos. La restricción de que en el mismo nivel de la estructura oracional no puede haber más de una manifestación de cada relación gramatical, ya no es un problema, puesto que el Adjeto predicativo en español, es uno de los dos elementos que constituyen el predicado oracional. El OI establece dos relaciones, una con el predicado complejo y otra de carácter predicativo con el argumento fundamental del verbo, i.e. el sujeto inacusativo.

Además, como la teoría lo predice, no cabe la posibilidad de que en la misma estructura oracional figuren Adjetos predicativos de sujeto transitivo o del OI mismo. Los adyacentes predicativos no valenciales, que no son propiamente Adjetos sino adyacentes circunstanciales no contemplados en el estado de cosas que expresa la predicación nuclear, no sufren tales restricciones.

4.6. Apéndice al § 4.3.2

La documentación que comprende este apéndice –que de ninguna manera pretende ser exhaustiva, que por lo demás sería imposible dado no sólo por el carácter de las lenguas en constante evolución sino porque se trata de estructuras de carácter productivo– se suma a todos los ejemplos que comprende este capítulo y por lo tanto que comparten las mismas características: son construcciones todas funcionalmente iguales, resultado de la regla de formación de predicado complejo. Se trata de un «predicado complejo analítico» (Nedergaard Thomsen 1997) en que la plaza del Predicado Huésped es ocupada por un verbo copulativo, es decir un verbo que se emplea en estructuras predicativas, que abarca desde los verbos tradicionalmente considerados copulativos hasta los verbos tradicionalmente considerados seudo-copulativos, y la plaza del Co-Predicado la llena una amplia gama de unidades, empezando por adjetivos, sustantivos, además de sintagmas nominales y preposicionales y también adverbios. Los predicados complejos en que el Predicado Huésped es un verbo léxico y el Co-Predicado es un adverbio llegan a tener un significado propio, particular, como por ejemplo *ir bien / mal, darse bien / mal, sentar bien / mal*. Los ejemplos se presentan en el mismo orden que lo hemos dispuesto en este capítulo: primero los verbos tradicionalmente copulativos y luego el resto ordenados de acuerdo a la naturaleza de las unidades que ocupan la plaza del Co-Predicado.

4.6.1. *Los verbos copulativos «ser», «estar», «parecer».*
Ser
 Séale blanda la tierra (Cervantes: *Quijote*, II, 70. Cit. en *Esbozo* RAE 1973)

 mas *a mi* sin esas ayudas *ha sido gran dicha*. (Cit. en Keniston *Syntax of Castilian prose* 1937: § 8.711)

 a la rica sería más útil tener una espada de oro. (Cit. en Keniston: *Syntax of Castilian prose* 1937: § 8.711)

 a quien de esta manera proçede le es necesario (Cit. en Keniston: *Syntax of Castilian prose* 1937: § 8.72)

 la despedida de todo lo que en Petrel *le es caro* (Azorín: *El enfermo* XXX 160. Cit. en Fernández Ramírez 1951)

 Puede que *le sean a usted útiles* durante el camino. (Baroja: *Juan van Halen II 7 101*. Cit. en Fernández Ramírez 1951)

 Por *muy habitual* que *nos sea*. (Ortega y Gasset: *La rebelión de las masas XIII 147*. Cit. en Fernández Ramírez 1951)

4. El objeto indirecto en las construcciones predicativas

Sólo la idea que vives *te es verdadera* (Unamuno: *Ensayos II 210*. Cit. en Fernández Ramírez 1951)

Vio que *le era bueno* (Unamuno: *Ensayos II 215*. Cit. en Fernández Ramírez 1951)

¿puede *serte verdad* aquello en que no crees? (Unamuno, *Ensayos II 239*. Cit. en Fernández Ramírez 1951)

No *me era posible* prepararme bien (Cit. en Keniston 1937: § 37.241)

Quiera Dios proteger una vez más a este hijo tardío, que, como todos los hijos de la locura, suele *ser más útil a los amigos de un día que al padre apasionado que lo engendró por distracción*. (Benjamín Subercaseaux: Nota a *Chile o una loca geografía* 1941)

No puede negarse, sin embargo, que *nos es normal* regir nuestro comportamiento conforme a muchas «verdades científicas». (José Ortega y Gasset: *Creer y pensar* 1940)

[...] su religión es la de Séneca. Antes que fe, caridad, como la Filosofía de Séneca, antes que conocimiento, es consolación. Pero ¿*le será posible a un pueblo* existir con sólo esto, aunque sea mucho? (María Zambrano: *Pensamiento y poesía en la vida española* 1939)

Todavía hay otra razón de esta necesidad de dirigir nuestra atención hacia el ayer [...]. Y es que siempre *nos es más revelador* porque a él nos dirigimos con interés verdadero, pero no tan inmediato como vamos al presente. (María Zambrano: *Pensamiento y poesía en la vida española* 1939)

Por el contrario, la realidad selecciona entre esos órdenes posibles, entre esos esquemas, *el que le es más afín*. (Ortega y Gasset: *El sentido histórico de la teoría de Einstein* 1924)

Al esforzarse el castellano por penetrar en los matices de una lengua que no es la suya y al trabajar por traducir un pensamiento que *le es algo extraño*, ahondará en su propia lengua y en su pensamiento propio [...]. (Cartas de Unamuno a Ganivet: *El porvenir de España* 1898)

Me es antipático el mecanismo material de la vida y lo tolero sólo cuando lo veo a la luz de un ideal; [...]. (Cartas de Ganivet a Unamuno: *El porvenir de España*. 1898)

¿Se entregará a lo recibido, desoyendo las íntimas voces de lo espontáneo? ¿*Será fiel a éstas e indócil a la autoridad del pasado*? Ha habido generaciones que sintieron una suficiente homogeneidad entre lo recibido y lo propio. (Ortega y Gasset: *La idea de las generaciones* 1923)

La esposa es mi hermana y sé que su marido *le está siendo infiel*. (CAM16.5-11-90)

No es una idea que los germanos tuvieran, ya que para los germanos lo importante era pertenecer a tal o cual tribu, *ser leales a tal o cual caudillo*. (*Diálogos con Borges*: Tiempo 1984)

[...] *le era más fácil* soportar los dolores ajenos que los propios (García Márquez: *El amor en los tiempos del cólera* 1985: 21. Cit en Vázquez Rozas 1995: 242)

Sin embargo todavía *le era posible* ocuparse de una conversación seria sin perder el hilo de un concierto (García Márquez: *El amor en los tiempos del cólera* 1985: 62. Cit. en Vázquez Rozas 1995: 242)

No *le fue difícil* que lo llevara de regreso a cambio del camarote que él había cedido al representante de la reina Victoria (García Márquez: *El amor en los tiempos del cólera* 1985: 218. Cit. en Vázquez Rozas 1995: 242)

Le es penoso recordar los acontecimientos de aquella tarde (Cit. en Vázquez Rozas 1995: 242)

El cargo de director de Radio Nacional *le es familiar* porque ya lo desempeñó durante la etapa de Calviño. (TIE.19-11-90)

Si recela hacer trato, vuélvame la tumbaguita. Ándele, mi jefecito, y no *me sea* horita *malo*, que siempre ha sido para mí muy buena reata. (Valle Inclán: *Tirano Banderas* 1926)

Posiblemente le alcanza una sentencia de pena capital. Licenciadito, por qué *me ha sido tan pendejo*? Quién le inspiró la divulgación de las resoluciones presidenciales? (Valle Inclán: *Tirano Banderas* 1926)

Me ha sido usted traidor, divulgando mis secretos en vitando comercio con una mundana [...]. (Valle Inclán: *Tirano Banderas* 1926)

[...] Lo que *le es característico a la realidad virtual* es que se trata de algo deliberado, buscando un fin prestablecido. Relación hombre-máquina [...] (funredes.org/liendo/charlas/virtual/virtua l3.htm)

[...] El líder de Perú Posible abrió los brazos en gesto que *le es característico* y desató una verdadera explosión de júbilo. (www.upaz.edu.uy/informes/peru/2001jun01b.htm)

A *otro le sería dable* posar su mano en la azucena (López de Haro: *La imposible* 1912. Cit. en Keniston: *Spanish syntax list* 1964: § 8.587)

Al hombre no le es dado ningún mundo ya determinado. Sólo *le son dadas* las penalidades y las alegrías de su vida (Ortega y Gasset: *Creer y pensar* 1940)

Pensé que algún día *seríame dado* regir a la Cristiandad (Valle Inclán: *Sonata de primavera* 1904. Cit. en Keniston 1964: § 37.243)

Ahora bien: ese cuerpo exento de todo influjo *nos es desconocido*. ¿Por qué tal afirmación? Sencillamente porque el espacio tiene una estructura rectilínea, euclidiana, y,... (Ortega y Gasset: *El sentido histórico de la teoría de Einstein.* 1924)

La iniciativa parte en general de Fidel o del alto mando de la Revolución y *es explicada al pueblo* que la toma como suya. (Che Guevara: *El hombre nuevo* 1965)

4. El objeto indirecto en las construcciones predicativas

Esta fue su propia poesía, que *les era una facultad connatural* (Unamuno: *Del sentimiento trágico* VII 137. Cit. en Fernández Ramírez 1951)

Había muerto la señorita de la casa, que *le era hermana de leche* (E. d'Ors: *Oceanografía del Tedio* 147. Cit. en Fernández Ramírez 1951)

La tierra *le era una diosa* (Ortega y Gasset: *Ideas y creencias* II 2 46. Cit. en Fernández Ramírez 1951)

Ahora bien, de la mayor parte de las cosas con que de hecho contamos, no tenemos la menor idea, y si la tenemos —por un especial esfuerzo de reflexión sobre nosotros mismos— es indiferente, porque no *nos es realidad* en cuanto idea, sino, al contrario, en la medida en que no *nos es sólo idea*, sino creencia infraintelectual (Ortega y Gasset: *Creer y pensar* 1940)

Estar

Respondiole la dueña, diz: «Non *m'estaría bien* (Hita: 759, a. Cit. en Roca Pons 1958: 337)

yo a considerar si *me estaba bien* (Espinel: 141, 3-4. Cit en Roca Pons 1958: 337)

a los quales les estuviera mejor el nunca ser señores (Keniston: *Syntax of Castilian Prose* 1937: § 8.721)

Mi hermana estuvo a punto de pelearse con la de Rebolledo, que bien sabe Dios, y no es sólo Dios el que lo sabe, que *mejor le estaría* no puritanizar, porque, después del escándalo de la boda de su hija [...].(Jacinto Benavente: *Alfilerazos* 1925. Teatro. Cit. en Poston 1953)

Te regalaré unos zapatos en buen uso que *me están grandes* (P.B.Alarcón: *El sombrero de tres picos*. Cit. en Roca Pons 1958: 334)

Cuya piel *le estaba ancha y larga.* (Gabriel Miró: *Las cerezas del cementerio* 1930. Cit. en Navas Ruiz 1963)

Pero no me sienta bien ninguno: fíjese: éste *me está chico.* (Joaquín Jiménez: *Carta a París* 1953. Cit. en Navas Ruiz 1963)

Viste un pijama detonante que *le está bastante amplio.* (Alfonso Paso: *No se dice adiós, sino hasta luego* 1956. Teatro. Cit. en Navas Ruiz 1963)

E: Y ¿tienen traje de flamenca?
I: Tienen; ayer, por cierto, fue a probarse otro porque ya *le están chicos* los [...] (Encuestas del habla urbana de Sevilla. Nivel popular 1987 [1984-1986])

[...] y por primera providencia, para templar esa carne tan ardorosa, *le está indicado* el cepo. Licenciadito, reléguese a un rincón, arrodíllese y [...]. (Valle Inclán: *Tirano Banderas* 1926)

Sólo de cintura *le estaba holgado.* (Alberto Insúa: *Humo, dolor, placer* 1957. Cit. en Navas Ruiz 1963)

Hay una poesía platónica que es la mejor venganza, la única que *le ha estado permitida al poeta*, de la severa sentencia del filósofo erigido en poder. (María Zambrano: *Pensamiento y poesía en la vida española* 1939)

Por eso habría que *estar agradecido a los novelistas indoamericanos*, y usted recuerda con razón a Mariano Latorre, que desbrozó el campo chileno en una primera excursión corajuda. (Gabriela Mistral: Prólogo a *Chile o una loca geografía* de B. Subercaseaux 1940)

Soy un político de poca monta y *nos está prohibido* hablar en serio para que a la gente no le choque luego lo que dicen los políticos importantes. (Teatro moderno: *Alta seducción* 1990)

[...] se pueden decir que poseen amante un magnate o una dama de antigua sangre ambos maduros. Pero el término *le está casi vedado*, [...], *a quien es joven* o, sin serlo mucho, tiene un impuesto sobre la renta negativo o de risa. (Lázaro Carreter: *El dardo en la palabra*: *El Rollo* 1999-2000)

Parecer

Le parecía mejor debutar con una comedia (Felipe Trigo: *Así paga el diablo* 1912. Cit. en Keniston 1964: § 37.265)

¿*Te parece más lindo* quedarte soltera? (Florencio Sánchez (Uruguay): *M'hijo el dotor* 1919. Cit. en Keniston 1964: § 37.261)

Por esto *me repugna todo dogmatismo y me parece ridícula toda inquisición.* (Cartas de Unamuno a Ganivet: *El porvenir de España* 1898)

Por este motivo, *al provinciano* el vecino de la gran ciudad *parece* siempre *escéptico*, cuando sólo es más avisado. (Ortega y Gasset: *El sentido histórico de la teoría de Einstein* 1924)

[...] no admitiremos en nosotros un pensamiento distinto ni opuesto a ese que *nos parece evidente*. (Ortega y Gasset: *Creer y pensar* 1940)

Esta legislación británica que *le parece ridícula*. (Julio Camba: *Londres* 1956. Cit. en Navas Ruiz 1963)

No *le parece más justo*, al iniciar mi era. (CAM16.01-16-95)

Y *me parece alucinante* que se trate de focalizar alguna atención en qué tipo de relaciones ha tenido El Mundo con Amedo y Domínguez. (CAM16.01-23-95)

Somos una anomalía al respecto, no somos una ortodoxia periodística, y eso *me parece gravísimo*. (CAM16.01-23-95)

Medirlo todo sobre algo tan improbable y que obedezca a lo que la gente realmente piensa *me parece tremendo*. (CAM16.01-23-95)

No me he dado de baja del PCE porque *me parece idiota* darse de baja de las dos terceras partes de mi vida. (CAM16.02-20-95)

Muchos matrimoniados de juzgado o de iglesia, talludos incluso, se refieren uno al otro como mi chico o mi chica, *pareciéndole* eso de esposo y esposa,

4. El objeto indirecto en las construcciones predicativas

marido y mujer *demasiado formal y administrativo* (Fernando Lázaro Carreter: *El dardo en la palabra*: El rollo 1999-2000)

El mutismo *le parece aconsejable* (Lázaro Carreter: *El dardo en la palabra: Buenas madrugadas* 1999-2000)

No sé, sacrificar demasiado así a la gente, no *me parece oportuno*. (Encuestas del habla urbana de Sevilla. Nivel medio 1992)

Pero tragarte desde que empieza la televisión hasta el final, verlo todo, pues, *me parece absurdo*. Hay programas que gustan más o menos, depende del gusto de cada persona, vamos. (Encuestas del habla urbana de Sevilla. Nivel medio 1992)

E: ¿Y los coches furgoneta, *te parecen prácticos* para la vida familiar? (Encuestas del habla urbana de Sevilla. Nivel culto 1983 [1973])

¿No os parece pueril preocuparos tanto de vuestro Club? (Teatro moderno: *Alta seducción* 1990)

Y así como, referido a una bella, lo de físico importante *me parecía sutil y gracioso y verdadero*, cuando se dice de estos fornidos, lo encuentro un poco ridículo. (Lázaro Carreter: *El dardo en la palabra: Chuzos sin punta*. 1999-2000)

[...] super- puede crecerle a cualquier adjetivo (o sustantivo) y hay miles de hablantes que se sentirían desvalidos si no ornaran sus calificaciones con ese bubón: su ligue *les parece superguay*, gozan de una pareja muy supercálida, [...] (Lázaro Carreter: *El dardo en la palabra: Supertriste*. 1999-2000)

Todo aquello *me pareció raro, afectado, congruente*. No entendemos normalmente por «indisposición» un malestar leve y efímero, un trastorno sin importancia, un achaque aislado y olvidable? (Christina Fernández: *La flor de España* 1999)

[...] su antigua esposa y madre del niño, se lo había llevado al mediodía y no lo había devuelto en la tarde. *A Juan Miguel le pareció normal* en su rutina de divorciado. (García Márquez: *Náufrago en tierra firme*. Granma International Digital 21.3.00)

El ciclo dedicado a las fuerzas ocultas *me está pareciendo muy interesante* (Cit. en Fernández Laborans 1999)

[...] que cuantas razones se quieren dar de que existe un Dios *me parecen razones basadas* en paralogismos y peticiones de principio. (Unamuno: *Mi religión* 1907)

No creo en esa fuerza de las ideas, que antes *me parecen resultantes que causas*. (Cartas de Unamuno a Ganivet: *El porvenir de España* 1898)

[...] pero mientras las tenga *nos parecería un acto de sumisión* acudir a quien sigue siendo nuestro señor. (Cartas de Ganivet a Unamuno: *El porvenir de España* 1898)

A una sensibilidad como ésta que transluce en la teoría de la relatividad, semejante indocilidad a la localización tiene que *parecerle una avilantez.* (Ortega y Gasset: *El sentido histórico de la teoría de Einstein* 1924)

El castigo a la fantasía *llegó a parecerme una corrida de baqueta en forma*, y varios corajudos la probamos en carne viva, sin que ella lograse arrancarnos un «mea culpa». (Gabriela Mistral: Prólogo a *Chile o una loca geografía* de B. Subercaseaux 1940)

Si Ud. conociera a Londres como lo conozco yo, *le parecería a Ud. una especie de Guadalajara.* (P. Angulo: *Sol sin sombra* 1947. Cit. en Navas Ruiz 1963)

Lo que antes eran gambas *nos parecen* hoy *langostas.* (A. de Laiglesia: *Se prohíbe llorar* 1953. Cit. en Navas Ruiz 1963)

A mí Lerroux *me pareció un hombre ordinario y brutal.* (Julio Camba: *Londres* 1956. Cit. en Navas Ruiz 1963)

Todas estas cosas *le parecen sofismas y tonterías.* (Julio Camba: *Londres* 1956. Cit. en Navas Ruiz 1963)

No, *me parece una broma amistosa* porque como usted sabe yo soy ateo, y no creo ni en el cielo (CAM16.02-20-95)

Todo esto *me parece una novela*, un relato escrito por alguien que no son los que lo firman. (CAM16.01-23-95)

A mí eso *me parece una perversión.* (CAM16.01-23-95)

A mí me parece una estupidez hacerme el listo para que los cuatro amiguetes del pub me den palmaditas en la espalda o para que los colegas de la prensa escriban una columnita. (CAM16.30-1-95)

Todos estos manjares tan calientes y tan dulces *me parecen de un egoísmo espantoso.* (Julio Camba: *Londres* 1956. Cit. en Navas Ruiz 1963)

A mí assí me parece. (Cit. en Keniston 1937: § 8.72)

Les parecía mal a los padres el casamiento de la muchacha. (Cit. en RAE 1973)

usted era el primero *a quien no le parecía mal* nada de eso. (Benavente: *La losa de los sueños II 126.* Cit. en Fernández Ramírez 1951)

Cuando *le parecía bien* se paraba y le llamaba al asistente (Baroja: *El escuadrón del brigante II 5 98.* Cit. en Fernández Ramírez 1951)

Y esto *me pareció muy bien* (Julio Camba: *Londres* 1956. Cit. en Navas Ruiz 1963)

El hecho de que en Sevilla se impusiera ahora, pues, *a mí me parece realmente bien.* (Encuestas del habla urbana de Sevilla. Nivel medio 1992)

4.6.2. Los verbos copulativos «resultar», «ponerse», «hacerse».
Resultar

Me resulta mucho más noble matar toros que moscas. (Julio Camba: *Londres* 1956. Cit. en Navas Ruiz 1963)

4. El objeto indirecto en las construcciones predicativas

[...] lo apretaba [el palillero] ansiosamente para que los palotes, letras y palabras *le resultaran irreprochables* (M. Andújar: *Vísperas*, 215. Cit. en Alcina y Blecua 1975: 898)

Yo todavía no ... . No *me resulta difícil* porque, como ya te digo que tiene tres años, la veo que depende tanto de mí, ... (Encuestas del habla urbana de Sevilla. Nivel medio 1992)

Me gusta la playa. *A mí el campo me resulta aburrido.* Yo en la playa cojo el camino ... . O mi hermana y yo nos bajamos, ... (Encuestas del habla urbana de Sevilla. Nivel medio 1992)

Otros me saludaban y ... y querían que tomara algo, y a otros los invitaba y *a ellos les resultaba raro* y ... (Encuestas del habla urbana de Sevilla. Nivel medio 1992)

Y pues medran con el lenguaje, parece que nada debería *resultarles más respetable*; sin embargo, no muestran mucho miramiento con el que usan. (Lázaro Carreter: *El dardo en la palabra: Telefonía sin tilde* 1999-2000)

A mí, a la una y media o a las dos, eso de buenas madrugadas *me resulta inquietante* -como las avecillas germanas- porque sugiere que la noche se me ha pasado en blanco y que está llegando el quiquiriquí. (Lázaro Carreter: *El dardo en la palabra: Buenas madrugadas* 1999-2000)

Mi temporada aquí *me está resultando un verdadero viaje de estudios* (Borges. Cit. en Butt and Benjamin 1994)

Ponerse

... yo me mareo un poco y me tengo que venir de la Feria y además, me tiene que dar algo y me pongo el estómago que *se me pone fatal*, [...] (Encuestas del habla urbana de Sevilla. Nivel popular 1987 [1984-1986])

Al nombre rumor -aunque menos afrentoso que chisme, es cierto-, *se le ha puesto* el rabo *prestigioso* de nombres de ciencias y saberes, para que nazca el pipiolo y medre y arrumbe a la vieja chismografía. (Lázaro Carreter: *El dardo en la palabra: Entrando en año* 1999-2000)

Eso pasó una vez, a una chica que era alérgica a un tipo de mascarilla y la confundieron, y *la pobre se le puso* toda la cara *roja*, y tuvo que estar allí una hora con otras cremas y otras cosas (Encuestas del habla urbana de Sevilla. Nivel popular 1987 [1984-1986])

Y súbitamente el cuerpo *se le puso rígido*; los labios le temblaron un momento [...] (legolass.galeon.com/11elpalantir.htm)

[...] Al verla entrar, Biann sintió que *se le ponía* la piel *de gallina* [...] (www.iespana.es/autoestopista/fics/saint/amazonas/amazonas06.html)

Hacerse

[...] porque, si Cristo fue hombre, cabe que lleguemos los demás hombres adonde él llegó; pero, si fue un Dios, *se nos hace imposible* el igualarle. (Unamuno: Epílogo a *Vida y Escritos del Dr. José Rizal* de W.E. Retana 1907)

El intelectualismo que ha tiranizado, casi sin interrupción, el pasado entero de la filosofía ha impedido que *se nos haga patente* y hasta ha invertido el valor respectivo de ambos términos. (Ortega y Gasset: *Creer y pensar* 1940)

La espera *se me hizo larga y angustiosa*. (Cristina Fernández: *La flor de España* 1999)

La espera *se me está haciendo larga y angustiosa*.

4.6.3. Los verbos «aparecer», «ofrecerse», «antojarse».

Aparecerse

La vieja Olmeda, ¡*qué silenciosa, qué remota y postrada se les aparecía*! (Gabriel Miró: *Las cerezas del cementerio* 1930. Cit. en Navas Ruiz 1963)

La plaza de la Universidad *se me apareció quieta y enorme*. (Carmen Laforet: *Nada* 1954. Cit. en Navas Ruiz 1963)

La muerte *se me aparece mucho más sencilla*. (P. Angulo: *Sol sin sombre* 1954. Cit. en Navas Ruiz 1963)

El mundo *se le aparecía como una óptica ilusoria*. (R. de Maeztu: *Don Quijote, Don Juan y la Celestina* 1941. Cit. en Navas Ruiz 1963)

España *se me aparece como un hombre con más cólera que energía*. (Julio Camba: *Londres* 1956. Cit. en Navas Ruiz 1963)

Ofrecerse

Pero esta traducción castellana *se nos ofrece llena de dificultades* (Menéndez Pidal: *Miscelánea histórico-literaria* 1952. Cit. en Navas Ruiz 1963)

El autor de aquella tramoya *se ofrecía como maniquí a quien quisiera*. (Salina: *La bomba increíble* 1950. Cit. en Navas Ruiz 1963)

Antojarse

La intimidad gozada antes y durante el viaje *se le antojaba distante, soñada*. (I. Agustí: *Mariona Rebull* 1948. Cit. en Navas Ruiz 1963)

Un secreto que *a mí se me antojaba alto y maravilloso*. (Carmen Laforet: *Nada* 1954. Cit. en Navas Ruiz 1963)

Era como si aquella que *a Alberto se le antojaba negra brutalidad*. (Pérez de Ayala: *La pata de la raposa* 1923. Cit. en Navas Ruiz 1963)

Eres capaz de pelearte con las que *se te antojan tus rivales* (Muñoz Seca: *El rayo; juguete cómico* 1917. Cit. en Keniston 1964: § 35.56)

4.6.4. Los verbos «quedar», «salir»,«venir», «caer».
Quedar

A la cara ovalada le *queda bien* el cabello corto (www.encolombia.com/estetica/elcabello3.htm)

[...] Para ver si el cinturón de seguridad *le queda bien a su niño*, haga la siguiente prueba. (depts.washington.edu/booster/booster%20seat%20flyer%20spanish.htm)

Le quedaron de ganancia doce duros limpios (A. de Laiglesia: *Se prohibe llorar* 1953. Cit. en Navas Ruiz 1963)

Salir

A lo mejor el hijo *le sale a uno calandria* (Carlos Arniches: *Del Madrid castizo; sainetes* 1919. Cit. en Keniston 1964: § 35.56)

¡Si *nos habrá salido chirle* con lo bonito que es ! (P. Angulo: *Sol sin sombra* 1954. Cit. en Navas Ruiz 1963)

Le ha salido respondona (Cit. en Lapesa 2000: 797)

Venir

¡Mi chaqueta! Toma, mírala, *un poco ancha te vendrá* (Ant. de D. Plaja: *Fígaro*. Cit en Roca Pons 1958: 334)

La[16] *venía* el sostén *que ni pintado*. (Miguel Delibes: *Diario de un emigrante*. Cit. en Navas Ruiz 1963)

Por ser justa la medida, había de *venirle* siempre *colmada*. (Marichalar: *Riesgo* 1946. Cit. en Navas Ruiz 1963)

Aquí, sí, aquí tienes mucho más espacio. A mí, desde luego, *me viene estupendamente* porque me coge al ladito de casa y no veas tú lo agradable que es ... (Encuestas del habla urbana de Sevilla. Nivel medio 1992)

El abrigo *le viene* ya *pequeño*. (Moliner 1975)

Llevaba unos zapatos que *le venían mal* y casi no podía andar. (Moliner 1975)

Caer

Y tú *me caes simpático*. (Calvo Sotelo: *El jefe* 1953. Cit. en Navas Ruiz 1963)

Le cogen de buen talante y ya *le caen simpáticos* por in sécula seculorum. (Miguel Delibes: *Diario de un emigrante*. Cit. en Navas Ruiz 1963)

Me cae gordo (Cit. en Lapesa 2000: 797)

---

[16] laismo

4.6.5. Los verbos «ir», «sentar», «darse».

Ir

[...] La Verdad Obrera. Argentina. Si *le va bien* a Duhalde, nos *va* mal a nosotros. (Autor: Manolo Romano. Fecha: 2/4/02. Fuente: LVO 99. Malas noticias. (www.pts.org.ar/contenido/lvo99duhalde.htm)

A Philip Morris *le va bien*. La compañía norteamericana Philip Morris, principal fabricante mundial de cigarrillos, ganó el 33% más en el [...] (www.portalentrepreneur.com/novedades)

Sentar

Ese peinado *le sienta desastrosamente*. (Moliner 1975)

No *le sentó bien* que le escribieras a él mismo. (Moliner 1975)

Colonia no *le sienta bien al Gaucho*. (www.basanez.org/news/archives/00000052.shtml ... 23/09/2001)

A Pau no *le sienta bien* el descanso ni los viernes.[...] A Pau no *le sienta bien* el relax. (marca.recoletos.es/marca_usa/nba/temporada0102/enero_gasol/020204curiosidades.html)

El azul *le sienta bien al Baile de la Opera de Viena* Será el color predominante en la próxima edición del famoso evento. (Río Negro on line 21-01-2002-06-17)

A Aforasa *le sienta bien* la fusión con Egaña. [...] (es.biz.yahoo.com/020408/111/1wahc.html. 8 de abril de 2002, 19h00)

El mayor peso *le sienta mal a los frenos*. [...] (www.km77.com/marcas/porsche/911_02/ carrera2_p/sumario3.asp)

[...] La actriz, que triunfa con la serie de televisión Ana y los siete, ha podido comprobar *cómo le sienta* este nuevo tono de cabello, [...] (www.hola.com/belleza/2002/05/07/obregonpelo)

[...] Qué color *le sienta mejor a su Corolla 3 Puertas*? Pulse sobre el color que le guste para ver como *le sienta a su nuevo Corolla 3 Puertas*. [...] (www.toyota.es/g/g01_02_08.html)

Pues pensé que *me sentaba bien este traje...* (Teatro moderno: *Alta seducción* 1990)

Darse

se le da bien escribir a máquina (Moliner 1975)

[...] Desde pequeño me ha encantado pintar, y aunque no soy un artista tampoco *se me da mal*; esta afición mia por la pintura me llevó a investigar sobre cuadros [...] (usuarios.lycos.es/SALVARAYA/Introduccion/Introduccion.html)

[...] me gustaria organizar una partida de vampiro la mascarada para novatos (aunque advierto si organizamos una partida yo no hago de master que *se me da fatal*, jeje [...] (www.ociojoven.com/forum/message/14405/)

4. El objeto indirecto en las construcciones predicativas 249

4.6.6. *Verbos con adyacente atributivo de objeto.*
Dar

> Dímosle en caución la casa (Concha Espina: *La Esfinge maragata* 1955. Cit. en Navas Ruiz 1963)
>
> *Dándoles de propina* cuanto hubiere puesto (Julio Camba: *Londres* 1956. Cit. en Navas Ruiz 1963)

Tener

> Al esforzarse el castellano por penetrar en los matices de una lengua que no es la suya [...] ahondará en su propia lengua y en su pensamiento propio, descubriendo en ellos fondos y rincones que el confinamiento *le tiene velados*. (Cartas de Unamuno a Ganivet: *El porvenir de España* 1898)
>
> Yo no necesité ir al psiquiatra ni me escapé de casa porque mi padre rezaba el rosario en familia y *le tenía puesto un piso a una querida*. (Teatro moderno)

Hacer

> Pero no se trata de una rivalidad en donde, desde un punto de vista profundo, una hermandad *le haga la vida imposible a la otra*, sino que es una rivalidad competitiva [...] (Encuestas del habla urbana de Sevillas. Nivel culto 1983 [1973])

5.
El objeto indirecto y la Gramática Funcional: la noción de Perspectiva

> The concepts of Subject and Object are used to capture such oppositions as that between active and passive constructions, and these oppositions are usually described in terms of syntactic or grammatical relations. However, the notions Subject and Object as used in FG will undergo a reinterpretation in such a way that they will be regarded as making their own contribution to the semantics of the expression, a contribution consisting in defining different perspectives over States of Affairs designated by the predication. For that reason, "perspectival functions" might be a better term to cover their essential nature. (Dik 1997, TFG 1: 26-27)
>
> Formally, such different perspectives are coded through different assignment of Subject and Object function to the terms of the predication. Through the expression rules, this finally leads to such alternative constructions as active vs. passive [...], or to pairs related through what is sometimes called "dative shift" [...]. (ob. cit.: 64).

5.0. Introducción

Hemos visto, a grandes rasgos, en el capítulo anterior la Teoría del Adjeto de Herslund y Sørensen («Adject Theory») (Herslund and Sørensen 1994, 1996a,b; Herslund et al. 1996; Herslund 1995, 2002). Resumiendo, esta teoría asume –en concordancia con la mayoría de las teorías lingüísticas– tres argumentos valenciales. El predicado –que corresponde al verbo– y sus argumentos –que corresponden a los complementos del verbo– constituyen el esquema de la estructura sintáctica. A estos complementos se le asignan las relaciones gramaticales Sujeto, Objeto y Adjeto (v. § 4.1). El Adjeto, que se caracteriza por el rol semántico de «Locación», un argumento que viene a ser el «locus» de la acción en desarrollo, abarca diferentes funciones sintácticas, entre las que se cuentan los adyacentes atributivos, el objeto preposicional, los adyacentes circunstanciales obligatorios o ligados, además del objeto indirecto. Para la teoría del Adjeto los argumentos del predicado están organizados en una estructura jerárquica, constituyendo uno de ellos el «argumento fundamental». En una estructura intransitiva el argumento fundamental es el sujeto inacusativo y en una estructura transitiva el objeto. La diferencia entre estas dos estructuras estriba en que el argumento fundamental de la estructura intransitiva cumple una función doble: establecimiento de la predicación o nexo y el ser «fundamento predicativo» («predicate formation»). Estas dos funciones están repartidas en dos argumentos en la estructura transitiva, de tal manera que la función de nexo recae en el argumento sujeto –igual que en la estructura intransitiva– y el argumento objeto, que es el argumento fundamental, constituye fundamento predicativo. Ciertos verbos abren la posibilidad de introducir una predicación secundaria, predicación que se establece entre el argumento fundamental del predicado y el argumento Adjeto. Esta relación de naturaleza predicativa se establece en forma paralela a la relación que se establece entre el argumento Adjeto y el predicado. Esta es la característica que distingue a la teoría del Adjeto de otras teorías valenciales. La Teoría de la Gramática Funcional (TGF), en cambio, no opera con una estructura jerárquica en la estructura subyacente; la TGF opera exclusivamente con el concepto de «predicado semántico». El predicado semántico constituye el núcleo absoluto de la oración, de tal manera que no existe para la teoría el concepto «argumento fundamental» ni la concepción de que es el primer argumento del predicado –el sujeto– el que establece el nexo. Asimismo, como no se opera con un concepto equivalente a «predicación secundaria» no se tiene en cuenta que el tercer argumento –el Adjeto– establece una relación de «locus» con el argumento fundamental y dado que la TGF tampoco comprende en sí una teoría de transitividad no reconoce una estructura jerárquica semántico-sintáctica de los argumentos del predicado (Goossenss 1994, Herslund y Sørensen 1994). En la TGF se tiene únicamente una idea cuantitativa de los argumentos (A) del predicado, así que un verbo monovalente (intransitivo) tiene un argumento (A1), un verbo divalente (monotransitivo) tiene dos argumentos (A^1 y A^2) y un verbo trivalente (ditransitivo) tiene tres (A^1, A^2 y A^3).

5. El objeto indirecto y la Gramática Funcional

Si bien la TGF no reconoce una organización jerárquica en la estructura nuclear, opera en cambio con una estructura jerárquica a nivel de oración (fig. I). En la estructura jerarquizada de la oración se distinguen semánticamente los argumentos y satélites, los cuales corresponden, a complementos obligatorios, los primeros, y a complementos opcionales del predicado verbal, los últimos. Los niveles con que opera la TGF son: «estado de cosas» («State of Affairs»), proposición («proposition») e ilocución («illocution») (v. cap. 1 Introducción, cf. Maldonado 2002). El estado de cosas abarca tanto la predicación nuclear («nuclear predication») como la predicación central («core predication»). «The core predication appears to be the level where the "syntactic" or "perspectivizing" functions Subject and Object come to play» (Dik 1997, TFG 1: 64).

Figura I.
Modelo lingüístico de la TGF (ob. cit.: 60) (operadores π – satélites σ)

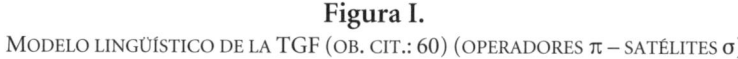

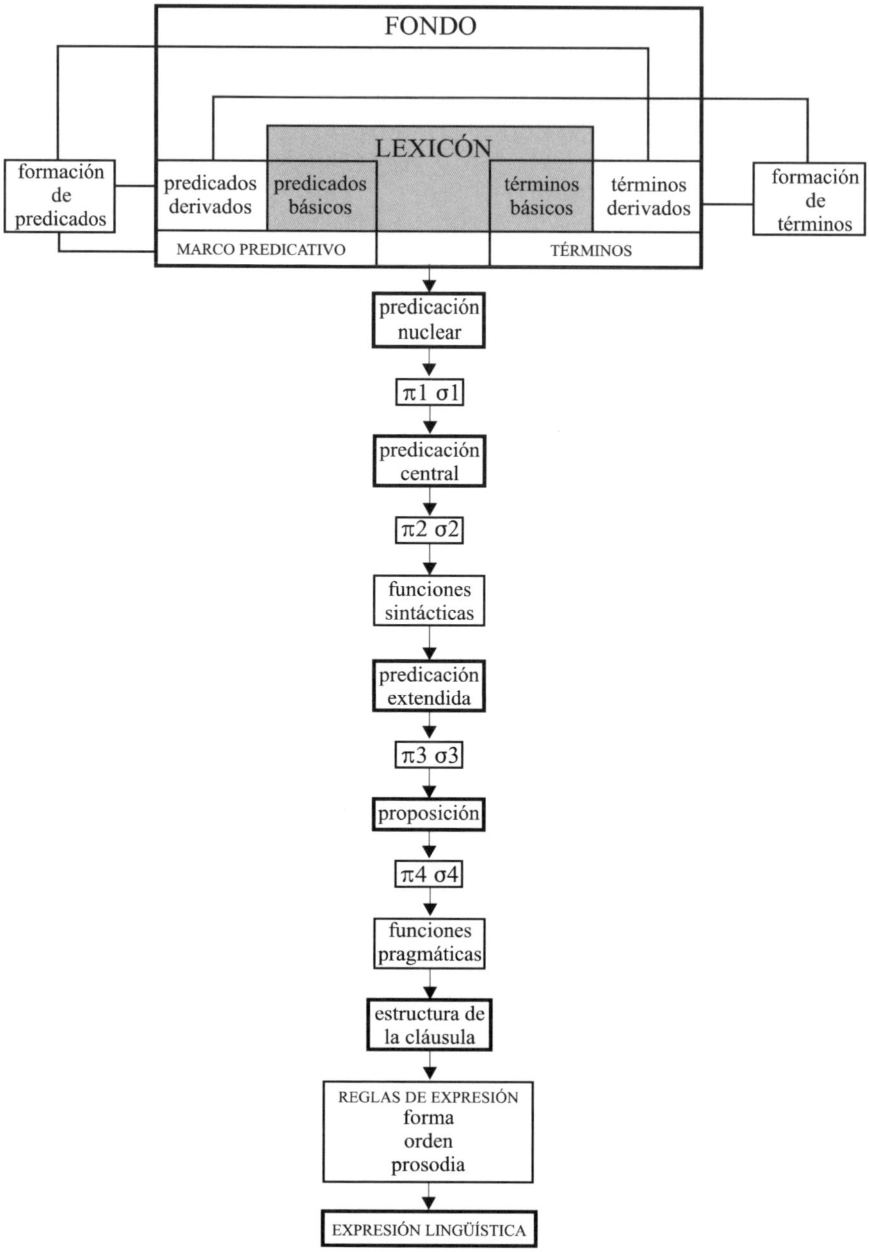

5. El objeto indirecto y la Gramática Funcional

5.1. Funciones sintácticas en la GF: el estado de cosas desde diferentes perspectivas funcionales

En este capítulo se van a tratar las «funciones sintácticas» en la lengua española, de acuerdo a como han sido normalizadas en la GF. La GF, a diferencia de la gramática tradicional, reconoce un número limitado de funciones sintácticas en una lengua dada. Estas funciones sintácticas son: Sujeto y Objeto. Fundamenta su punto de vista en que las funciones sintácticas no son funciones inherentes al lenguaje, sino funciones que se asignan a los argumentos especificados en el marco o esquema predicativo («predicate frame») de una predicación nuclear, pero siempre y cuando el estado de cosas designado por la predicación sea susceptible de ser presentado de diferentes puntos de vista («vantage points»). Para la GF las funciones sintácticas no son nociones primarias en la descripción gramatical –como lo son las funciones semánticas– sino que son funciones en estrecha relación con la noción de perspectiva funcional («perspectival functions»). En resumidas cuentas, la asignación de funciones sintácticas determina que una misma estructura semántica se exprese en forma diferente lingüísticamente (cf. diátesis activa, pasiva).

La función de Sujeto es relevante para una lengua, siempre y cuando esta lengua muestre una oposición sistemática entre la construcción activa y la correspondiente construcción pasiva. Cuando hablamos de construcción pasiva no es más que una expresión alternativa de una misma predicación que también puede ser expresada en una estructura activa («voice alternation»). La valencia del predicado en la pasiva debe ser la misma que en la activa (ob. cit.: 259). Únicamente cuando se registra esta alternación semántica que se expresa por medio de la categoría gramatical diátesis se puede decir que es posible la asignación de la función de Sujeto. En palabras de Dik: «We can then say that Subj assignment allows for alternative specifications of the "perspective", the "vantage point" from which the SoA [State of Affairs] is to be presented» (ibid.: 251). De esta manera, y en concordancia con sus principios fundamentales, la GF se aleja tanto de la descripción tradicional –que describe la voz activa y pasiva como una oposición binaria– como de la gramática generativa –que describe la relación activo-pasivo en términos transformacionales– «we shall see, dice Dik, the active and the corresponding passive construction(s) as alternative realizations of the same underlying predication» (ibid.: 249). El Objeto, en cambio, se reconoce como una clara función sintáctica al registrarse una alternación entre el argumento Paciente y el argumento Receptor o un satélite Benefactivo (no obligatorio). Si el estado de cosas se presenta desde el punto de vista del argumento Paciente será éste el que llene la función sintáctica de Objeto, en cambio si se presenta desde el punto de vista del argumento Receptor o de un satélite Benefactivo, uno de éstos será el que llene la función de Objeto. En este contexto hay que tener presente, asimismo, que la existencia de un Objeto presupone la de un Sujeto, es decir que en una lengua dada es requisito que la función de Objeto esté supeditada a la existencia de la función de Sujeto, pero al mismo tiempo, ninguna lengua requiere funciones sintácticas. Conjuntamente con lo anterior, aunque el Objeto prototípico sea un argumento Paciente y el sujeto prototípico sea un argumento Agente, no implica esto que las funciones sintácticas se puedan reducir a funciones semánticas «For the whole point of Subj and Obj is that they may be assigned to terms with DIFFERENT semantic functions, thus reorganizing the basic orientation inherent in the predicate frame» (ibid.: 254).

Ante estos supuestos de la GF, se plantean los siguientes interrogantes: (i) ¿se puede asumir que para reconocer funciones sintácticas se requiere la existencia de alternaciones, es decir, la noción de perspectiva?; (ii) ¿es esta exigencia un criterio tipológico adecuado?; (iii) ¿se puede aplicar a la lengua española?

Antes de entrar a dar respuesta a las preguntas planteadas, es necesario dejar en claro un par de cuestiones centrales que caracterizan la lengua española. La primera es las diferentes normas que el sistema pronominal permite en las terceras personas de los clíticos pronominales. Nos referimos a los fenómenos llamados *le*ísmo, *la*ísmo y *lo*ísmo tan arraigados en el español peninsular y que –como lo comentábamos en la introducción a este trabajo– también son un fenómeno conocido en el español de América, aunque sin alcanzar la magnitud que ha alcanzado en la Península. Como el objetivo de este trabajo –lo que ya se ha mencionado en su oportunidad– no es hacer un estudio de las llamadas desviaciones del sistema pronominal, tampoco se incluyen aquí en forma particular, de tal manera que si no se menciona en forma explícita otra cosa, el clítico de caso dativo *le*, *les*, sin especificación de género, se emplea como pronombre de dativo; *lo*, *los* y *la*, *las*, masculino y femenino respectivamente, se emplean como pronombre de acusativo. La segunda cuestión es que la voz pasiva –necesariamente sintagmática, como en las demás lenguas románicas y a diferencia del latín en que había morfemas de pasiva– se emplea mucho menos en español moderno que, por ejemplo, en latín, francés, italiano, e incluso que en español antiguo. (Lapesa 2000c: 800 y ss.). «Es mucho más habitual, dice Lapesa, expresar esos contenidos en construcciones activas (bien activas «puras» o con *se*)» (ob. cit.). No obstante la pasiva sintagmática es una posibilidad productiva que ofrece el sistema.

5. El objeto indirecto y la Gramática Funcional

5.1.1. Los argumentos y la perspectiva funcional de la oración.

Como ya se ha dicho, el mismo estado de cosas se puede evidenciar desde diferentes perspectivas de la oración, de diferentes puntos de vista, lo cual es codificado por medio de la la voz del verbo (diátesis activa, pasiva) y el caso o adposiciones. Según la GF, solamente dos perspectivas son posibles, la «perspectiva funcional del Sujeto» (Sj) y la «perspectiva funcional del Objeto» (Obj). Dik ilustra esto en su libro TFG 1 (1997: 247 y ss.) con los siguientes ejemplos de la lengua inglesa (1):

		(A^1)	(A^2)	(A^3)
(1)	a. John gave the book to Peter	(AgSj)	(PacObj)	(Rec)
	b. The book was given to Peter by John	(Ag)	(PacSj)	(Rec)
	c. John gave Peter the book	(AgSj)	(Pac)	(RecObj)
	d. Peter was given the book by John	(Ag)	(Pac)	(RecSj)

En el estado de cosas del ejemplo (1) se expresa un acto de transferencia, que comprende tres argumentos (A^1, A^2, A^3), cada cual con su rol semántico: Agente (Ag), Paciente (Pac) y Receptor (Rec) respectivamente. El mismo estado de cosas es presentado desde diferentes perspectivas. Si comparamos el ejemplo (1a) con (1b) constatamos la alternancia: estructura activa y estructura pasiva, que de acuerdo con la GF indica que hay un Sujeto. En (1a) el estado de cosas es presentado desde el punto de vista de «John» y en (1b) desde el punto de vista de «the book». Ahora, al comparar (1a) con (1c) observamos la alternancia de punto de vista entre el argumento Paciente y el argumento Receptor, lo cual presupone la existencia de un Objeto, es decir una diátesis secundaria, «a secondary "vantage point", once the primary vantage point has been fixed through Subj assignment» (ob. cit.: 249). Esta diátesis se denomina alternancia de dativo («dative shift»). En (1a) el punto de vista está en el Objeto Paciente y en (1c) en el Objeto Recipiente. El ejemplo (1d) muestra que en inglés se le puede asignar la función de Sujeto incluso a un argumento Receptor (tercer argumento).

En la lengua española la situación es totalmente diferente, esto se desprende de los ejemplos de (1'a) a (1'd'), de más abajo. Pero antes de continuar se debe mencionar además que los estados de cosas monotransitivos permiten la alternancia estructura activa-estructura pasiva, tal como en inglés y en danés, como se muestra en (i) y (ii):

		(A^1)	(A^2)
(i)	Pedro construyó la casa	(AgSj)	(Pac)
	Peter built the house		
	Peter byggede huset		

(ii) La casa fue construida por Pedro   (Ag)   (PacSj)
    The house was built by Peter
    Huset blev bygget af Peter

Como se desprende de (ii) en la estructura monotransitiva pasiva perifrástica es posible expresar el Agente. Pero si observamos los estados de cosas ditransitivos de (1'a) a (1'd), la lengua no da cabida para que la función de Agente se exprese en la pasiva sintagmática (1'b).

		(A^1)	(A^2)	(A^3)
(1')	a. Juan *le* dio el libro *a Pedro*	(AgSj)	(Pac)	(Rec)
	b. El libro *le* fue dado *a Pedro*.(*por Juan)(ØAg)		(PacSj)	(Rec)
	b'. *Le* dieron el libro *a Pedro*	($Ag_{de\text{-}spec}$)	(Pac)	(Rec)
	b". Se *le* dio el libro *a Pedro* (*por Juan)	(*Ag)	(PacSj)	(Rec)
	c. *Juan (le) dio Pedro el libro	(AgSj)	(Pac)	(*RecObj)
	c'. Juan *le* dio *a Pedro* el libro	(AgSj)	(Pac)	(RecFoc)
	d. *Pedro fue dado el libro por Juan	(Ag)	(Pac)	(*RecSj)
	d'. A Pedro le dio Juan el libro	(AgSj)	(Pac)	(RecTop)

En el ejemplo (1'b") tenemos una estructura con *se*. En este tipo de estructuras el argumento Agente está fuera de la conceptualización lingüística. Se trata de una regla de formación de predicado en que un argumento del estado de cosas básico es «reprimido», descartándose la posibilidad de que aparezca el argumento Agente en forma explícita, a pesar de que se presupone un Agente. El ejemplo (1'b') es una construcción activa, pero funcionalmente pasiva ya que el Agente se ha «de-especificado» ($Ag_{de\text{-}spec}$). Que el Agente se haya «desespecificado» significa que lingüísticamente se le quita importancia: se expresa en plural, trayendo consigo la no especificidad de la referencia.

En español no se registra la alternación de dativo, una estructura como la de (1'c) no sería gramatical, en cambio se registran estructuras en las que se asigna la función Focal (Foc) al argumento Receptor, ocupando éste la plaza delante del argumento Paciente (1'c'). El ejemplo (1'd) no es gramatical, dado que en español no se le puede asignar la función de sujeto al argumento Receptor como en inglés (1d). La única función que se le puede asignar al Receptor es la de tópico (Top) ocupando la primera plaza de la estructura clausal, es decir, la de complemento tematizado, como lo muestra el ejemplo (1'd'). De lo anterior se desprende que, no hay ninguna semejanza entre la lengua inglesa y la española en cuanto a la asignación de la función de Objeto, por lo que se podría concluir que en español, tal como en inglés y danés, por ejemplo, se puede hablar de la asignación de la función de Sujeto, por tener el español pasiva sintagmática, pero no se puede hablar de la asignación de función de Objeto como lo propone Dik, puesto que en español no se permite la alternación de dativo de la

5. El objeto indirecto y la Gramática Funcional

manera que es posible en la lengua inglesa, que es el punto de partida del análisis de Dik.

5.1.2. Los satélites desde diferentes perspectivas funcionales de la oración.
En el apartado anterior hemos visto que el estado de cosas designado por la predicación puede presentarse en una lengua dada desde diferentes perspectivas, dicho en otras palabras, la perspectiva básica de un estado de cosas –como está determinada en el marco predicativo de un predicado dado– puede presentarse o de la perspectiva del primer argumento (A^1) o del segundo argumento (A^2) o del tercer argumento (A^3) estando presente. Sin embargo los argumentos no son los únicos que pueden elegirse como perspectiva, como punto de vista desde el que se presenta un mismo estado de cosas, los satélites también pueden ser elegidos como perspectiva, es decir, los complementos no requeridos por el predicado, los complementos opcionales. Se trata de los satélites del nivel 1 ($\sigma 1$) en la estructura clausal (v. fig. I). Como se desprende de los ejemplos citados más abajo (2 a-f), un Benefactivo (Ben) puede ser elegido o como segundo punto de vista o como primer punto de vista, esto es, como Objeto o Sujeto de un estado de cosas monotransitivo en inglés (ob. cit.: 254, 264).

			(A^1)	(A^2)	(Sat_1)
(2)	a.	John bought the book	(AgSj)	(Pac)	
	b.	The book was bought by John	(Ag)	(PacSj)	
	c.	John bought the book for Peter	(AgSj)	(PacObj)	(Ben)
	d.	John bought *Peter* the book	(AgSj)	(Pac)	(*BenObj*)
	e.	*Peter* was bought the book by John	(Ag)	(Pac)	(*BenSj*)
	f.	The book was bought for Peter(by John)	(Ag)	(PacSj)	(Ben)

Al comparar los ejemplos (2c) y (2d), observamos que la función de Objeto le es asignada a un Benefactivo; el ejemplo (2e) muestra que a un Benefactivo también le puede ser asignada la función de Sujeto. Esto lleva a la siguiente conclusión: en inglés se le puede asignar a un Benefactivo, satélite del nivel 1, tanto la función de Objeto (2d) como de Sujeto (2e), puesto que el inglés no sólo registra «alternación de dativo» entre un argumento Paciente y un Benefactivo en la función de Objeto sino también la «alternación de pasivo» entre un argumento Agente y un Benefactivo en la función de Sujeto. La lengua inglesa, entonces, registra «cambio de perspectiva».

De los ejemplos (2'c) y (2'd) se desprende que la lengua española muestra un comportamiento totalmente diferente al de la lengua inglesa: en español no hay cabida para la «alternación de dativo» entre un Objeto-Paciente y un Objeto-Benefactivo como en inglés. El argumento Paciente y el Benefactivo, tratándose de Objetos léxicos, son codificados en inglés de la misma manera, es decir, ocupando la plaza inmediatamente después del verbo.

		(A^1)	(A^2)	(Sat_1)
(2')	a. Juan compró el libro	(AgSj)	(Pac)	
	b. El libro fue comprado por Juan	(Ag)	(PacSj)	
	c. Juan (*le) compró el libro *para Pedro*	(AgSj)	(Pac)	(*Ben*)
	d. Juan *le* compró el libro *a Pedro*	(AgSj)	(Pac)	(*BenObj*)
	e. *Pedro fue comprado el libro por Juan	(Ag)	(Pac)	(*BenSj*)
	f. El libro (*le) fue comprado para Pedro	(Ø Ag)	(PacSj)	(Ben)
	g. El libro le fue comprado a Pedro (*por J.)	(Ø Ag)	(PacSj)	(BenObj)

Ahora bien, en español se puede hablar de alternación, pero es aquella que se observa entre un Benefactivo expresado en forma adverbial introducido por la preposición *para* (2'c) y un Benefactivo codificado de la misma forma como se expresa el argumento Receptor (v. más arriba 1'), por medio del dativo pronominal *le* y la preposición *a*, es decir el tercer argumento de un estado de cosas ditransitivo de un verbo de transferencia (cf. 2'd). Es preciso indicar aquí que el término dativo en (2'd) también puede expresar «al vendedor» –un tipo de satélite en este tipo de estado de cosas monotransitivo (v. § 5.2)– lo que no le está permitido al Objeto en inglés. Esta es una diferencia tipológica entre la lengua española y la inglesa (y la danesa). La alternación entre (2'c) y (2'd) muestra que es imposible postular que en español se le pueda asignar la función de Objeto a un argumento Paciente en la estructura monotransitiva de (2'c). Ni el argumento Paciente de (2'c) ni el Objeto Benefactivo de (2'd) muestran la misma expresión lingüística (el mismo caso). De acuerdo con lo anterior es posible concluir que en la lengua española existe la posibilidad de asignar la función de Objeto a un Benefactivo, puesto que hay alternación entre un adyacente adverbial Benefactivo introducido por *para* y un dativo Benefactivo que se expresa por medio de *le* y un sintagma preposicional introducido por *a*. Esto muestra que el argumento Paciente, en español, no participa de esta alternación tan característica de la lengua inglesa. El Objeto en la lengua española en realidad es un Objeto Indirecto o Dativo (OI) y al argumento Paciente – a primera vista– no se le puede asignar la función de OI. El OI es el punto de vista secundario y el argumento Paciente no es candidato inmediato a esta función. Se puede entonces decir que hay Dativo, pero no alternación de dativo.

Si nuestra conclusión es correcta –esto es que un Benefactivo que se expresa por medio de un dativo es un Objeto Indirecto– debemos revisar el análisis de (1') de más arriba, en que no le es asignada la función de Objeto a un argumento Receptor, porque no hay alternación de dativo y

5. El objeto indirecto y la Gramática Funcional

decir más bien que la función de OI se le asigna en forma obligatoria al argumento Receptor que se expresa en forma categórica por medio del clítico pronominal *le* y la preposición *a*.

5.1.3. Los argumentos desde diferentes perspectivas funcionales una vez más.
En concordancia con los argumentos presentados en los apartados anteriores proponemos el siguiente análisis de (1'):

			(A^1)	(A^2)	(A^3)
(1")	a.	Juan *le* dio el libro *a Pedro*	(AgSj)	(Pac)	(RecOI)
	b.	El libro *le* fue dado *a Pedro* (*por Juan)	(Ø Ag)	(PacS)	(RecOI)
	b'.	*Le* dieron el libro *a Pedro*	($Ag_{de\text{-}spec}$)	(Pac)	(RecOI)
	b".	Se *le* dio el libro *a Pedro* (*por Juan)	(*Ag)	(PacSj)	(RecOI)
	c. *	(no existe)			
	c'.	Juan *le* dio *a Pedro* el libro	(AgS)	(Pac)	(RecOIFoc)
	d.*	(no existe)			
	d'.	*A Pedro le* dio Juan el libro	(AgS)	(Pac)	(RecOITop)

Nuestro análisis muestra que la función de Objeto Indirecto le es asignada en forma obligatoria a un argumento Receptor, esto es un tercer argumento que se expresa en todos los casos por medio del clítico pronominal dativo *le* y la preposición *a*. Esta descripción concuerda perfectamente no sólo con los resultados de Silva-Corvalán (1984) para el español hablado de Santiago de Chile y de Barrenechea y Orecchia (1970) para el español hablado bonaerense, sino también con los nuestros, los cuales muestran que en muchos contextos de la lengua española, el OI ha alcanzado la gramaticalización y que en otros va en vías de alcanzarla, como lo hemos visto en los capítulos 2 y 3. Lo anterior nos abre la posibilidad de concluir que en español le es asignada en forma obligatoria (en algunos contextos) la función de OI al Receptor, lo que estaría indicando que en español no se puede hablar de alternación de dativo, sino de dativo permanente. Nuestro análisis no concuerda en su totalidad con el de Dik en TGF, sin embargo es un análisis necesario si se quiere dar cuenta en forma razonable de los resultados obtenidos en nuestro estudio: en la lengua española se le asigna la función de OI a un Receptor en forma obligatoria, no hay alternancia entre un ObjetoReceptor y un Receptor oblicuo (con preposición léxica y no gramatical), como en inglés.

5.1.4. Jerarquía de Funciones Semánticas.
Ahora bien, si damos por sentado que nuestro análisis es adecuado, esto es que el clítico pronominal dativo expresa una función sintáctica –la de Objeto Indirecto– tenemos que revisar la Jerarquía de Funciones Semán-

ticas con que se opera en la GF de Dik: «Semantic Function Hierarchy» (1997, TFG 1: 266) y que reporducimos como tabla 1:

Tabla 1.
JERARQUÍA DE FUNCIONES SEMÁNTICAS SEGÚN DIK (TFG 1)

	Ag	>	Pac	>	Rec	>	Ben	>	Inst	>	Loc	>	Temp
Sj	+	>	+	>	+	>	+	>	+	>	+	>	+
Obj			+	>	+	>	+	>	+	>	+	>	0

La escala de prominenecia que muestra La Jerarquía de Funciones Semánticas, valida para la lengua inglesa, va desde las funciones semánticas más «centrales» hasta las más «periféricas», de tal manera que la asignación de funciones se hace más y más «difícil» y las construcciones llegan a ser más y más «marcadas» mientras más a la derecha de la escala nos encontramos (ob. cit.: 266). El argumento Agente es mejor candidato para la función de Sujeto que el argumento Paciente y así sucesivamente. Es decir que si el estado de cosas se quiere presentar desde el punto de vista de un constituyente con un rol semántico bastante más a la derecha de la jerarquía, la posibilidad que le sea asignada la función de Sujeto es menor. La asignación de la función de Objeto, no tratándose de una estructura oracional derivada, recae normalmente en un argumento Paciente –el candidato potencial a esta función– seguido en prioridad por el argumento Receptor y así sucesivamente. Los roles que se le asignan a los satélites del nivel uno (v. ob. cit.: § 9.1.3): Beneficiario (Ben) e Instrumento (Inst) se encuentran jerárquicamente antes que los roles que le son asignados a los satélites del nivel dos (ibid.: § 9.2.3): Locación (Loc) y Tiempo (Temp).

La Jerarquía de Funciones Semánticas para la lengua española, como se desprende de la tabla 2, es tipológicamente diferente de la jerarquía para la lengua inglesa.

Tabla 2.
JERARQUÍA DE FUNCIONES SEMÁNTICAS PARA LA LENGUA ESPAÑOLA

	Ag	>	Pac	>	Rec	>	Ben
Sj	+	>	+	>	*	>	*
Obj			*	>	+	>	+

Al observar los ejemplos de (1') (§ 5.1.1) y los de (2') (§ 5.2.2), se puede constatar que en estructuras ditransitivas (1') y monotransitivas –con

5. El objeto indirecto y la Gramática Funcional

posibilidad de un Benefactivo– (2'), no le puede ser asignada la segunda perspectiva (Objeto Indirecto) a un argumento Paciente. Al argumento Paciente sólo se le puede asignar la primera perspectiva: la de Sujeto, a diferencia del inglés en que esta función le puede ser asignada no sólo a un argumento Paciente sino también a un argumento Receptor y a un satélite Benefactivo (tabla 1).

Se plantean aquí las siguientes preguntas: (i) ¿por qué en español la segunda perspectiva se ciñe a roles semánticos prototípicamente de carácter animado y topical –Receptor y Benefactivo–, si en inglés abarca también el rol de Paciente, que no es prototípicamente de rasgo animado y no tiene una función topical?; (ii) ¿por qué la primera perspectiva no le puede ser asignada a un argumento Receptor o a un satélite Benefactivo, pero sí a un argumento Paciente en español, si en inglés a todos los roles les puede ser asignada la primera perspectiva?

La respuesta a la pregunta (i) es que en español la segunda perspectiva, es decir, el OI, es una función eminentemente topical y de rasgo animado, en cambio, en inglés, la segunda perspectiva no está condicionada a estos criterios de contenido, es más bien operacional: es de carácter exclusivamente sintáctico. La respuesta a la pregunta (ii) es que en español las funciones de Receptor y de Benefactivo, como se ha visto, se limitan a la segunda perspectiva, sin embargo ambas lenguas tienen en común la pasivización prototípica de una estructura monotransitiva.

5.1.5. Asignación de objeto indirecto a un argumento Paciente en una situación dinámica.
Ahora bien, tratándose de todos los estados de cosas de carácter físico, prototípicamente monotransitivos, y sin posibilidad de expresar un satélite Benefactivo, como es el caso de los actos de «dar golpes», se podría esperar, tal vez, que su segundo argumento –el argumento Paciente– fuera expresado por la marca de caso acusativo, esto es, como un Objeto Directo. De hecho así sucede con un verbo como *golpear* (v. el ejemplo (3)). Nótese que la presencia del clítico pronominal de caso acusativo *lo* normalmente no es exigida ante la presencia del objeto léxico, esta regla es también válida para las variantes *leí*stas del español:

(3) a. María (lo) golpeó a Juan
    b. Juan fue golpeado (por María)

Aparte del ejemplo recién mencionado, hay otros verbos que también expresan el acto de «dar golpes», pero que se diferencian de la situación anterior al expresar el argumento Paciente (de carácter humano) por medio del caso dativo, como se puede ver en el ejemplo (4a). El ejemplo

(4b) en cambio muestra que el verbo del tipo «dar golpes»: *pegar* tiene un lexema homónimo que significa 'adherir'; 'unir' o 'juntar'; 'arrimar':

(4) a. María *le* pegó a Juan
    b. María *lo* pegó   (A^2, de carácter inanimado, pueder ser: «el anuncio en la pared» o «el botón en la chaqueta»)

A la vista de estos ejemplos se podría argumentar que tanto el argumento Paciente de (4a) como de (4b) son Objetos (Objetos Directos) y que la diferencia en el uso del caso no es decisiva, sin embargo un test de pasiva —en términos tradicionales: la conversión a pasiva— muestra que es únicamente al argumento de caso acusativo (4b) al que se le puede asignar la función de sujeto en la pasiva (4b'):

(4') a. *Juan fue pegado por María
    b. El anuncio fue pegado en la pared /
       El botón fue pegado en la chaqueta

El argumento dativo del ejemplo (4a) –por analogía con nuestro análisis de (1")– es entonces un Objeto Indirecto. Este análisis va, naturalmente, en contra de la lógica de la GF. Para la GF los ejemplos (4b) – (4'b) muestran exclusivamente que el primer argumento del ejemplo (4b) es un Sujeto, mientras que el primer argumento del ejemplo (4a), no pudiendo expresarse el estado de cosas desde la perspectiva pasiva, tal vez no lo es. Mas el análisis estándar de la GF no nos parece tan adecuado. Nos parece más adecuado decir que una función sintáctica –es decir, la segunda perspectiva, que en este caso corresponde al OI– impide que se lleve a pasiva un argumento Paciente, esto es, el Objeto Indirecto. En otras palabras, a este argumento Paciente, al cual se le asigna la función de OI en la estructura activa, no se le puede asignar la función de Sujeto en la pasiva. Este argumento Paciente es, asimismo, de carácter animado / humano y por ende potencialmente topical y agentivo; se caracteriza, además, por su alto grado cognitivo lo cual lleva a que quizás sea también un argumento Experimentante (Exp) –dicho sea de paso, una función semántica de carácter secundario según la GF estándar (ibid.: 5.2.5). El que una entidad con el rol de Experimentante llene la plaza del segundo argumento no es lo prototípico: No se registra aquí la polarización animado ? inanimado entre el argumento Agente y el argumento Paciente. Se puede decir entonces que aquí hay una diferencia tipológica entre el inglés y el español: El inglés tiene Objeto Directo, en cambio el español tiene Objeto Indirecto.

    En nuestro análisis la función de Objeto Indirecto, tratándose de un estado de cosas monotransitivo que no encierre la posibilidad de un satélite Benefactivo, se le asigna a un argumento Paciente –segunda perspec-

5. El objeto indirecto y la Gramática Funcional

tiva– siempre y cuando éste sea de carácter animado / humano o que se considere metafóricamente como tal, es decir, que sea un argumento Experimentante. De ser aceptado este análisis, se evita el problema que presenta la Jerarquía de Funciones Semánticas así como la concibe la GF (v. § 5.1.4). Siguiendo nuestro análisis, la Jerarquía de Funciones Semánticas para la lengua española sería entonces la siguiente:

Tabla 3.
JERARQUÍA DE FUNCIONES SEMÁNTICAS PARA LA LENGUA ESPAÑOLA

	Ag	>	Pac	>	Rec	>	Ben
Sj	+	>	+	>	*	>	*
IO			+	>	+	>	+

En la lengua española se registran además estructuras ditransitivas con dativo comparables a las estructuras monotransitivas recién vistas en (4a), cf. (5a):

(5) a. María le dio *un golpe* a Juan(a Juan: RecExp)
  b. María le dio a Juan(a Juan: ?PacExp)
  c. María le pegó un tortazo a Juan(a Juan: RecExp)

En el ejemplo (5a) tenemos una construcción de «verbo soporte», es decir, una estructura transitiva cuyo argumento Paciente de cierta manera expresa una noción verbal (cf. *golpear*). El OI es un argumento Receptor-Experimentante. En (5b) se sobreentiende tal vez un argumento Paciente de carácter genérico o quizás el argumento Paciente ha sido reanalizado, es decir, ha sido reinterpretado, así que el dativo viene a expresar un OI Paciente-Experimentante de carácter animado / humano. En (5c) se emplea el verbo *pegar* con el significado de 'adherir' (cf. (4b)).

5.1.6. Asignación de objeto indirecto a un argumento Experimentante en una situación dinámica.

Hay verbos en español que muestran la posibilidad de ser construidos con un segundo argumento Paciente o con un segundo argumento con la función de OI como se desprende de los siguientes ejemplos:

(6) a.   Los niños Ø molestan *a Don Pedro*   (A1: +Control; A2: ÷Exp)
  a'.   Los niños *lo* molestan   (A2: Pac pronominalizado)
  a''. Los niños *le* molestan   (A2: Pac/Exp pronominalizado)
  b.   Los niños *le* molestan *a Don Pedro* (A1: ÷Control; A2: +Exp)
  b'. *Los niños Ø molestan *a Don Pedro* (÷referencia cruzada)
  c.   *A don Pedro le* molestan <u>los niños</u>   (A1: posverbal, ÷Control +animado)
  c'.. *A don Pedro le* molestan <u>los ruidos</u> (A1: posverbal, ÷Control ÷animado)

En el ejemplo (6a) el primer argumento (A^1) tiene el rol de Agente, esto es la entidad que determina si el estado de cosas se lleva a cabo o no, es el participante que por impulso de la voluntad controla una Acción [+control] (v. Dik 1997, TFG 1: §§ 5.2.5 y 5.3.1), el segundo argumento (A^2), el argumento Paciente, en cambio, es la entidad que se ve físicamente afectada por la actividad del Agente (v. ob. cit.: § 5.3.2); no se trata de un argumento Experimentante. El argumento Paciente –conforme los procesos de gramaticalización (v. cap. 2 y 3)– al no registrarse la referencia cruzada obligatoria, no es Objeto Directo (cf.: 6a y 6a'). Si en el ejemplo (6a) se trataba de una Acción, en el ejemplo (6b) se trata de un estado de cosas no controlado [÷control] ya que el primer argumento tiene el rol de Fuerza («Force») (v. ibid.: § 5.3.1), esto es una entidad que no controla el estado de cosas sino que «pone en marcha» un Proceso y su segundo argumento es, por un lado, una entidad afectada por el primer argumento, es decir un argumento Paciente y, por otro, una entidad que percibe, siente, concibe o experimenta el proceso puesto en marcha, es decir, un argumento Experimentante. A este argumento se le asigna la función de Objeto Indirecto que, como se desprende de los ejemplos (6b) y (6b'), tiene referencia cruzada pronominal obligatoria. El ejemplo (6b') con asterisco (*) muestra que la presencia del objeto léxico requiere la del clítico pronominal, esto es, la referencia cruzada, de otro modo el ejemplo (6b') se tiene que interpretar como el ejemplo (6a). Esta exigencia, como ya lo hemos visto en los capítulos 2 y 3, es válida –para el Objeto Indirecto– tanto cuando el objeto léxico en cuestión va pospuesto como en el ejemplo (6b) como cuando va antepuesto al verbo como en los ejemplos (6c) y (6c').

Como veíamos en el § 3.2.2.2 del capítulo 3 estos verbos –caracterizados por su esquema transitivo y su esquema intransitivo– muestran que si el estado de cosas es controlado [+control], hay una marcada tendencia a que el orden de los constituyentes corresponda al orden canónico S V O (v. 6a), en cambio si el estado de cosas no es controlado [÷control] la tendencia es que el segundo argumento, esto es, el argumento Experimentante, ocupe la plaza preverbal, mientras que el primer argumento con el rol semántico de Fuerza ocupa la plaza canónica del argumento Paciente, es decir, va pospuesto (O V S) (v. (6c) y (6c')).

Ahora bien, en zonas *leístas* los ejemplos (6a'') y (6c), tienen dos interpretaciones: o se trata de una Acción como en (6a) o de un Proceso como en el ejemplo (6b); únicamente con la ayuda del contexto se puede dilucidar la intención del hablante. Aunque hay que precisar que el orden de los constituyentes (O V S) en el ejemplo (6c) también estaría indicando que se trata de una estructura intransitiva. Nótese que el A^1 del ejemplo (6c'): *los ruidos* es un constituyente inanimado, un participante que no tiene con-

5. El objeto indirecto y la Gramática Funcional

trol del estado de cosas, por tanto este ejemplo no tiene más que una interpretación: la intransitiva.

Si damos por sentado que nuestro análisis es adecuado, podemos analizar estructuras en que el verbo corresponde a aquéllos que expresan actitud afectiva o de afección, o también verbos de los llamados psicológicos. Se trata de los verbos del tipo *gustar*, que son inversos a los verbos del mismo tipo en danés y en inglés (Jespersen 1968 [1924]: 186, García 1975: 370, Whitley 1995: 573). Asimismo podemos analizar estructuras que denotan posesión. Estas también se diferencian en su comportamiento lingüístico de las estructuras de posesión en inglés y danés.

5.1.7. Asignación de objeto indirecto a un argumento Experimentante en una situación estática.

En ese apartado vamos a analizar estructuras en que el predicado verbal es del tipo *gustar*. Se trata de estructuras que envuelven un «fenómeno», un estímulo registrado por un participante del estado de cosas que tiene el rol semántico de Experimentante. Se trata de situaciones en que se describe un estado de cosas que no entraña ningún cambio, se trata de la descripción de un «estado» cuyo el primer argumento (A^1) es una entidad con el rol semántico llamado «Cero» («Zero»), esto es una entidad esencialmente envuelta en este «estado» y otro argumento, si lo hay, con el rol de «Referencia» («Ref»), esto es, un segundo o tercer término de una relación con respecto a la cual atañe la relación (Dik 1997, TFG1: §§ 5.3.1 y 5.3.2).

De los ejemplos (7a), (7b) y (7b') se desprende que el estado de cosas que describe una situación estática se presenta en la lengua española de forma diferente que en las lenguas inglesa y danesa. En español el segundo argumento (A^2) que tiene el rol semántico de Referencia, es el argumento Experimentante, en cambio en inglés y en danés el argumento Experimentante, con el rol Cero es el primer argumento (A^1); en español el estímulo que provoca la reacción psíquica se encuentra en el primer argumento –con el rol Cero, en cambio el inglés y el danés tienen el estímulo en el segundo argumento –con el rol de Referencia.

(7) a. *Me* gusta el sol (A^2: antepuesto (RefExpOI) A^1: pospuesto (Cero))
    b. *I* like the sun (A^1: antepuesto (CeroExp) A^2: pospuesto (Ref))
    b'. *Jeg* kan godt lide sol(en) (A^1: antepuesto (CeroExp) A^2: pospuesto (Ref))

En español el argumento Experimentante, a excepción de usos dialectales que se reflejan en los fenómenos *laísmo* y *loísmo*, se expresa en dativo. En este tipo de estructuras, como se ha visto en el capítulo 3 (§ 3.2.2.1), la presencia del argumento Experimentante léxico exige la presencia del clítico pronominal, por lo que por analogía con el análisis del apartado anterior concluimos que es un Objeto Indirecto.

Anteriormente hemos mencionado que la GF no acepta como rol semántico –a la par de otros roles semánticos como por ejemplo: Agente, Paciente, Receptor, etc.– el de Experimentante. Dik argüye que no hay lenguas naturales que necesariamente muestren una forma gramatical especial de codificación del argumento Experimentante (ob. cit.: § 5.2.5), no obstante la lengua española, como lo hemos venido demostrando hasta aquí, codifica este rol semántico por medio de la referencia cruzada con un clítico pronominal adosado al verbo (v. capítulos 2 y 3).

Ahora bien, al hacer un paralelo entre las estructuras del apartado anterior y las de éste, se puede observar que se trata de estados de cosas no-controlados, es decir, que el A^1 envuelto en el evento (6b-6c') o en la situación (7a) no es agentivo. Asimismo el A^2, una entidad antes que nada Experimentante, es codificado por medio de la referencia cruzada: el clítico pronominal –normalmente de caso dativo– es obligatorio como marca de referencia cruzada. Además el orden de los constituyentes es usualmente OI V S; el orden de los constituyentes: S V OI se interpreta en este tipo de estructuras como marcado. Resumiendo, la lengua española, a diferencia del inglés y el danés, codifica en el A^1 el «fenómeno» y en el A^2 el participante Experimentante, ocupando éste la plaza más prominente de la estructura clausal, reservada normalmente al primer argumento de una estructura activa no marcada.

En el capítulo 3 (§ 3.2.2) veíamos que a causa del orden de los constituyentes: OI V S, se registran en la lengua hablada ejemplos esporádicos, pero tal vez significativos, con el verbo *gustar* en que el argumento Experimentante no registra la marca de función *a* (7c)-(7c'). Esto podría significar que tal vez se empieza a reinterpretar el A^2 como el primer argumento de la cláusula. Se registran, además, ejemplos como (7d) que muestran una estructura híbrida con un pronombre sujeto y un objeto pronominal con referencia al participante Experimentante.

(7) c. Vamos a llamar a Juan sin Miedo, si vemos que *la* [= a la] *reina le gusta*, pues se puede casar con él, pero si no, pues nada, le tiene que decir un acertijo a la reina, tiene ella que adivinar las cosas que hace. (Cuentos populares andaluces: *Juan sin Miedo* 1994 [1986])

c'. Hombre, es que *hay gente que* [= a la que / a quien] *le gusta* a lo mejor decir: «yo salgo en tal hermandad» (Encuestas del habla urbana de Sevilla. Nivel popular 1987 [1984-1986])

d. Yo que sé, la Feria de Sevilla, *yo me parece a mí* que ... que más que nada es ... lo que piensan lo que ... lo que no solamente el sevillano de ella, ¿no? (Encuestas del habla urbana de Sevilla. Nivel popular 1987 [1984-1986])

5. El objeto indirecto y la Gramática Funcional

5.1.8. Asignación de objeto indirecto a un Poseedor: La posesión externa.

Bello (1954 [1847]: § 955), en su *Gramática de la lengua castellana*, comentaba la propiedad que tiene «el dativo castellano de significar posesión: «Se le llenaron los ojos de lágrimas», en lugar de *sus ojos se llenaron*», agregando en la nota de la misma página que «El dativo de posesión sustituido al pronombre posesivo es una de las cosas que más diferencian las construcciones castellanas de las francesas». Este dativo «de posesión», «posesivo» o «simpatético» –como es denominado tradicionalmente, por ejemplo en el *Esbozo* (RAE 1973), o por Fernández Ramírez (1951), por Cano Aguilar (1981) y por Gutiérrez Ordóñez (1999) entre otros– «tiene una curva ascendente de desarrollo en la historia del latín, que no se interrumpe en el período romántico» [...] «El español especialmente ha extendido sus usos, frente a otras lenguas que en parte lo restringen: Rabelais decía: *le visage leur reluisoit*, uso que hoy está proscrito de la lengua francesa» (Fernández Ramírez 1951: § 104). Cano Aguilar (1981: 334) por su parte dice: «Este valor 'posesivo' del objeto indirecto se ha generalizado de tal modo que en la norma lingüística del español los determinantes posesivos, y aun los sintagmas con *de* y valor posesivo, tienden a sustituirse por el objeto indirecto, cuando el contexto lo permite».[1]

La lengua española también se diferencia de la lengua inglesa y la danesa en este tipo de construcciones. Si en inglés (v. Dik 1997, TFG 1: § 8.6) y en danés, el todo, esto es, el «Poseedor» («Possessor») es codificado con un adjetivo posesivo,[2] en la lengua española, en general, se codifica con un OI (v. también Picallo y Rigau 1999: 1011 y ss. y Gutiérrez Ordóñez 1999). Se puede decir entonces que el Poseedor, en español, es codificado en forma «externa», con esto se quiere decir que el Poseedor no sólo forma parte de la estructura del término («term structure») poseído («possessum») sino que, además, se le asigna una función sintáctica, esto es la de OI, lo cual no sucede al expresarse la posesión en forma «interna» codificada por medio de un término adposicional o un posesivo atributivo (cf.: 8a'). Velázquez-Castillo (1999: 78) dice al respecto: «I use EP [«external possession»] in a

---

[1] Véase también Picallo y Rigau (1999), Gutiérrez Ordóñez (1999), Velázquez-Castillo (1999) y Delbecque y Lamiroy (1992).

[2] En danés la posesión se expresa normalmente con un adjetivo posesivo o con un genitivo, no obstante la lengua muestra en forma esporádica que también se puede expresar la posesión inalienable en forma externa, como se desprende de los ejemplos a continuación: *De holdt hinanden i hånden* 'Se tomaron de la mano'; *Han råbte hende ind i ørerne* 'Le gritó en el oído'; *Den lille pige tog ham om halsen* (H.C. Andersen *Snedronningen* 1844) 'La niña lo abrazó por el cuello'. A diferencia de la lengua española, en danés el Poseedor es Objeto Directo.

broad sense that includes any construction in which a possessor (PR) NP is coded in a syntactic constituent different from that which contains the possessum (PM). Almost always, this means that the PR is coded as a core verbal argument in the same clause as its PM. For example, in a typical Spanish EP construction involving BPTs [«body-part terms»], the PR appears syntactically as an indirect object (*Me rompí la pierna*) [...]. In an EP construction, the PM is sometimes coded as an oblique or as a verbal argument, as in the Spanish examples above».

Ahora bien, como bien dice Velázquez-Castillo (ob. cit.: 80) en una relación de posesión se establece siempre una relación asimétrica entre el Poseedor y lo poseído, de tal manera que el Poseedor es conceptualmente más prominente y sirve como punto de referencia de lo poseído, así que el todo siempre es expresado como el Poseedor y la parte como lo poseído en la relación posesiva parte-todo. Esto concuerda perfectamente con la tendencia de la lengua española a expresar la posesión en forma externa: con un OI, segunda perspectiva funcional.

La relación de posesión puede ser tanto de carácter inalienable (8a)-(8i'''), como de carácter alienable (9a)-(9e'), pero también de carácter neutral ante la noción de inalienable-alienable como lo muestran los ejemplos (10a)-(10b'). El OI muestra tener, tal como en los apartados anteriores, el rol semántico de Experimentante.

Posesión inalienable
(8) a. El chiquillo le agarró las piernas a doña Ana.
    a'. El chiquillo agarró las piernas de doña Ana. / El chiquillo agarró sus piernas.
    b. A doña Ana le tiembla la voz.
    b'. La voz de doña Ana tiembla / Su voz tiembla.
    b". (*)A doña Ana le tiembla *su* voz.
    c. Le arrancó todas las hojas al libro.
    c'. Arrancó todas las hojas del libro / Arrancó todas sus hojas.
    d. A María le duele la cabeza.
    d'. *Duele la cabeza de María / *Duele su cabeza.
    e. A María le bulle la sangre.
    e'. *La sangre de María bulle / *Su sangre bulle.
    f. No llores, porque se me parte el corazón (Arniches: *Es mi nombre*. Cit. en Fernández Ramírez 1951).
    f'. *No llores, porque se parte mi corazón.
    g. En la noche había visitas a comer y se me cayó el diente suelto y tuve que tragármelo para que no lo notaran. (Marcela Paz: *Papelucho* 1982 [1947]).
    g'. *En la noche había visitas a comer y se cayó mi diente suelto y tuve que tragármelo para que no lo notaran.

5. El objeto indirecto y la Gramática Funcional

    h. La greña sudada y angustiada se le pegaba a la frente (Valle Inclán: *La corte de los milagros* III 9 124. Cit. en Fernández Ramírez 1951).
    h'. *La greña sudada y angustiada se pegaba a la frente de él.
    i. A doña Ana se le murió la madre.
    i'. Se murió la madre de doña Ana / Se murió su madre.
    i". *A doña Ana le murió la madre.

Posesión alienable

(9) a. Se sujetaba su ojo de cristal el teniente don Lauro Rovivosa. (Valle Inclán: *Los cuernos de don Friolera*. Cit. en Fernández Ramírez 1951)
    b. Un chico le ha quitado los sellos a Joaquín.
    b'. (*)Un chico ha quitado los sellos de Joaquín. / (*)Un chico ha quitado sus sellos.
    b". Un chico le ha quitado *sus* sellos a Joaquín.
    c. A Beltrán no le editan la segunda novela (*Tragaluz*: 241. Cit. en Cano Aguilar 1981)
    c'. No editan la segunda novela de Beltrán / No editan su segunda novela.
    c". A Beltrán no le editan *su* segunda novela.
    d. Juan le manchó el vestido a María.
    d'. Juan manchó el vestido de María / Juan manchó su vestido.
    d". (*)Juan le manchó *su* vestido a María.
    e. Ana se le prendió de la solapa.
    e'. Ana se prendió de la solapa de él / Ana se prendió de su solapa.
    e". (*)Ana se le prendió de *su* solapa.

Neutral en cuanto a posesión inalienable o alienable

(10) a. El médico me lavó y me curó la herida.
    a'. El médico lavó y curó mi herida (Baroja: *El escuadrón del brigante* I V 41. Cit. en Fernández Ramírez 1951).
    a". (*)El médico me lavó y me curó *mi* herida.
    b. El pastor le salió al encuentro (P. Valdés: *Tristán* I 9. Cit. en Fernández Ramírez 1951).
    b'. El pastor salió al encuentro de él / El pastor salió a su encuentro.
    b". (*)El pastor le salió a *su* encuentro.

La ejemplificación anterior –que de ninguna manera pretende ser exhaustiva– nos permite explicar qué factores semánticos-sintácticos entran en juego en la asignación de la función OI a un Poseedor en la relación de posesión.

Hay predicados verbales que permiten que el estado de cosas únicamente se presente de la perspectiva del Poseedor Experimentante (8d), es decir, no cabe la posibilidad de alternancia entre la posesión externa (8d) y la interna (8d' gramaticalmente incorrecto). Esta alternancia no es posible –indican Lamiroy y Delbecque (1998: 36)– cuando la entidad inalienable es el sujeto de la oración y en estos casos «there seems to be pragmatic motivation for marking with the dative the inherently relational character between the possessor and the nominal entities involved» (ob. cit.: 36). Sin embargo, esta explicación que es muy valedera, a la vista de nuestros ejemplos debemos matizarla. Los ejemplos (8b-b') y (8i-i') muestran claramente que la alternancia también es dable cuando el sujeto es lo poseído. La diferencia estriba en la perspectiva que el hablante elige para presentar el estado de cosas. Si presenta el estado de cosas desde la perpectiva del participante Experimentante, que es el poseedor, elige: (8b, 8i), pero si elige presentarlo desde el punto de vista de lo poseído, elegirá: (8b', 8i'). Además, se trata de estados de cosas que vienen a formar parte de nuestro entorno cognitivo sin la intermediación del participante Experimentante, son estados de cosas que registramos directamente, en cambio cuando el predicado verbal es *doler* como en (8d-d') nos enteramos del estado de cosas descrito en la predicación cuando el participante Experimentante nos hace partícipe de ello. Hay otros predicados verbales en que al cambiar de perspectiva se llegan a expresar estados de cosas totalmente diferentes. El estado de cosas descrito en (8e) sólo se puede presentar desde la perspectiva del Experimentante (cf. 8e'). En un contexto marcado sería posible recurrir al ejemplo (8e') con el significado concreto de 'hervir'. Con algunos predicados verbales en que el estado de cosas expresa la posesión alienable, si se expresa en forma externa (9b) el verbo adquiere un significado: 'tomar o coger algo ajeno, hurtar', pero si se expresa en forma interna (9b') el verbo cambia de significado: 'tomar algo separándolo y apartándolo de otras cosas, o del lugar o sitio en que estaba'.

En los casos de posesión inalienable, hay situaciones en que el hablante elige la perspectiva del Poseedor Experimentante, por ser inequívoca (8a), el ejemplo (8a') tiene dos interpretaciones: la equivalente a (8a) y otra que no expresa posesión inalienable sino pertenencia. En el ejemplo (8b-b') la diferencia estriba en que sólo en (8b) el estado de cosas se presenta de la perspectiva del Poseedor Experimentante; (8b') no tiene dos interpretaciones, dado que «la voz» sólo puede ser considerada inalienable. Situación semejante encontramos en (8c-c'). Si bien el estado de cosas es el mismo, en español moderno hay una marcada tendencia a presentar el estado de cosas de la perspectiva del Poseedor Experimentante, que tratándose de entidades no humanas como en (8c-c') hay que entenderlo en forma metafórica.

Los ejemplos (8f), (8g) y (8h) expresan estados de cosas que difícilmente podrían ser presentados de otra perspectiva que no sea la del Poseedor Experimentante, dada la naturaleza semántica de la predicación en su totalidad. Como bien dice Velázquez-Castillo (ob. cit.: 92-93), al explicar

5. El objeto indirecto y la Gramática Funcional

estructuras semejantes a las de (8f-f') y (8g-g'), «The speaker adopts his own perspective, viewing subjectively the event involving his body-part. Without the dative, [...] no such effect is obtained. The utterance reveals an objective construal, where the speaker is psychologically removed from the event involving his body-part. This would be an incoherent comment, with no relevance to the clear emotional emphasis of the description». De ser posible el ejemplo (8h') el primer argumento adquiere un carácter agentivo, que es subrayado por los adjetivos «sudado» y «angustiado» que se asocian normalmente a entidades de rasgo humano. Se trata en los tres casos de verbos inacusativos.

Si el estado de cosas es del tipo que se presenta en (8i-i") se elige un predicado verbal de naturaleza reflexiva cuando se presenta desde la perspectiva del Poseedor. La explicación a este comportamiento la encontramos en que «morirse» es un verbo inacusativo, en cambio «morir» es un verbo inergativo. De estos dos tipos de verbos, únicamente los inacusativos tienen un argumento fundamental que permite el establecimiento de la predicación secundaria (cf. cap. 4). En (8i) se establece la predicación secundaria con el OI, lo cual no es posible en (8i") que es gramaticalmente incorrecto.

Nos parece que –en lugar de decir que en la posesión inalienable la presencia del clítico pronominal y del posesivo atributivo provoca extrañeza en ejemplos como (8b") y que es más compatible en hechos de posesión alienable en ejemplos como (9d") y (9e") como dice Gutiérrez Ordóñez (1999: 1900)– es necesario observar qué función tiene el posesivo atributivo en estructuras como los ejemplos (9a) y (9b"). En primer lugar «In Spanish (as in the other Indo-European languages) the use of the possessive adjective in lieu of an EP [external possessor] construction signals a more objective construal in which the body-part is viewed as "an entity in and of itself" [...], and therefore not integral to the the PR's [possessor's] personhood» (Velázquez-Castillo 1999: 93) y en segundo lugar «Spanish EP constructions embody a subjective construal in which the narrator establishes a covert presence in the described events througt an empathetic link to a body-part PM [possessum]» (ob. cit.: 93). En (9a) al expresarse lo poseído con un pronombre posesivo, tratándose de partes del cuerpo susceptibles de separación, se subraya el hecho objetivo de la pertenencia indiscutible de esa parte del cuerpo. El estado de cosas se presenta de la perspectiva del Poseedor: la presencia del reflexivo es necesaria para indicar que el ojo aún lo tiene en su cuenca y no en la mano como sería el caso sin el reflexivo. De la misma manera se podría argüir que la presencia del dativo y del posesivo atributivo, en la misma estructura, favorecen la interpretación de que el hablante se expresa con ironía. En (9b") en que el estado de cosas también se presenta desde la perspectiva del Poseedor, con el posesivo atributivo se subraya la pertenencia. Con el artículo definido la oración podría tener dos interpretaciones: los sellos o son de Joaquín o de otra persona; el dativo sólo indica que son los sellos que tiene en su poder. En este caso se podría argüir que expresar la posesión en forma doble apoya la empatía que siente el hablante con el Poseedor.

La elección de la perspectiva puede acarrear diferencias semánticas como en (9c-c") y (9d-d'). Si se elige la perspectiva del Experimentante (9c), se está diciendo al mismo tiempo que el participante Experimentante está vivo o por lo menos es actual en la conciencia del hablante, en cambio en (9c') el foco de atención no está en el Experimentante y por lo tanto el Poseedor pasa a segundo plano, lo que indicaría que tal vez esté muerto. En (9d) María tiene el vestido puesto, en cambio en (9d') nada se dice si lo tiene puesto o no. A diferencia de los casos anteriores, en (9e-e') no se puede hablar de diferencias semánticas. El hablante al expresar la relación de posesión en forma externa, presenta el estado de cosas de la perspectiva del Experimentante.

Otras situaciones encontramos en (10a-a') y (10b-b'), aquí, desde nuestro punto de vista, no se puede hablar ni de posesión inalienable ni alienable. Lo único que se desprende de los ejemplos (10a-a') es que aún tratándose de un mismo estado de cosas no se puede hablar ni de posesión inalienable (cf. (10a)) ni de posesión alienable (cf. (10a')). Cuando el hablante presenta el estado de cosas de la perspectiva del argumento Experimentante, se le asigna a éste la función de OI (10a). Ahora bien, si miramos los ejemplos (10b-b') tenemos un mismo estado de cosas en que se expresa una relación figura-fondo –diferente a la relación de posesión semántica que hemos visto hasta ahora, pues se trata de una metáfora gramatical en que se usa el pronombre posesivo o un término introducido por *de*, para codificar un sujeto u objeto en la nominalización de un evento (*Salió a su encuentro / al encuentro de él*); la función de OI se le asigna a la figura (*le*) que viene a ser el Experimentante del estado de cosas descrito en la predicación. Al comparar (10a) con (10b), observamos que la relación figura-fondo no se expresa de la misma manera. Si en (10a) la parte («la herida») corresponde a la figura mientras el todo («le») corresponde al fondo, como era de esperar, en (10b) esta relación se presenta de forma inversa, puesto que la figura es la parte («le») mientras el evento –Adjeto neutral (v. cap. 4 § 4.1.2) corresponde al fondo («el encuentro»).

Masullo en su tesis doctoral *Incorporation and Case Theory in Spanish* 1992, citado por Gutiérrez Ordóñez (1999: 1890 y ss.) propone que los complementos indirectos que corresponden a poseedores, complementos del nombre y complementos preposicionales sean tratados como diferentes

5. El objeto indirecto y la Gramática Funcional

tipos de «incorporación», un fenómeno que «puede ser descrito como un caso de elevación o ascenso en la escala de jerarquía funcional», dice Gutiérrez Ordóñez (ob. cit.), en que «un complemento de naturaleza adjetiva, nominal o preposicional se incorpora a la dependencia directa del verbo bajo la forma de uno de sus adyacentes centrales, el 'complemento indirecto'». Para Masullo la presencia de un OI en las estructuras que aquí estamos tratando hay que explicarla como un fenómeno de transformación en que el Poseedor es promovido al estatus de argumento indirecto del verbo, en los casos en que esta función sintáctica no esté «prevista inicialmente en la valencia del lexema del verbo» (Gutiérrez Ordóñez, ob. cit.).

Como ya lo mencionábamos al comienzo de este apartado, nuestro análisis –que difiere del de Masullo– parte del supuesto que hay predicados verbales que presentan dos valencias: una básica, que desde el punto de vista de los roles semánticos es monotransitiva, y otra, que desde el punto de vista de las funciones sintácticas que se le asignan, es ditransitiva. Situaciones de esta naturaleza se presentan, por ejemplo, cuando la «estructura del término» del argumento Paciente de la estructura monotransiva expresa una relación de posesión. Normalmente se opera con una función por argumento, pero aquí nos encontramos con la particularidad de que un argumento envuelve dos funciones: el A^2 presenta una «estructura de término» de carácter complejo que comprende no sólo lo poseído sino también el Poseedor (Pos). Como el Poseedor es parte de este argumento, se puede hablar de posesión «interna» (*El médico lavó y curó mi herida*). Ahora bien, si el hablante presenta el estado de cosas desde la perspectiva del Poseedor, se le asigna al todo (Pos) de la estructura del término del A^2 de la estructura monotransitiva la función de Objeto Indirecto. A la parte, es decir, a lo poseído se le asigna la función de Objeto Directo. Esta posibilidad es una particularidad tipológica de la lengua española. El argumento Poseedor con el rol de Experimentante viene a corresponder al A^3 de una estructura ditransitiva y lo poseído (la parte) viene a ser el A^2 (*El médico me lavó y me curó la herida.*). De la misma forma, la estructura del término del A^1 de estructuras intransivas (S_{inac}, v. § 4.1.1) puede expresar una relación de posesión (*La voz de doña Ana tiembla*), que al presentar el estado de cosas desde la perspectiva del Posseedor, se le asigna a éste la función de OI (*A doña Ana le tiembla la voz*). Esta estructura intransiva que muestra la posesión en forma externa debe corresponder a las estructuras intransitivas con Adjeto (v. § 4.1.2).

En la actualidad hay acuerdo general entre los autores que en este tipo de estructuras la presencia del clítico pronominal en español moderno es obligatoria, entre otros podemos citar a Cano Aguilar (1981), Gutiérrez

Ordóñez (1999), Picallo y Rigau (1999). Nuestro corpus ya tratado en el capítulo 3 da testimonio fehaciente de ello.

5.1.9. Asignación de objeto indirecto en otros contextos.
Tomemos el ejemplo (2'd) nuevamente, ahora como (11a):

(11) a. Juan *le* compró el libro *a Pedro* (AgSj) (Pac) (BenOI)
        b. Juan *le* compró el libro *a Pedro* (AgSj) (Pac) (¿Fuen?OI)

El ejemplo (11b) muestra que el vendedor, o el que entrega la cosa de que se trata, también puede ser OI en español. La GF, como ya lo hemos mencionado, no describe en forma explícita esta función que podemos, tal vez, caracterizar de «ex-Poseedor», esto es una especie de «Fuente» («Source») –entidad o lugar desde donde algo se mueve o es trasladado– que en (11b) es de carácter personal.

En los ejemplos (12a-a'') la Fuente también es de carácter personal, pero del mismo modo puede ser de carácter personal entendido en forma metafórica (12b-b'):

(12) a. *A cada hijo* (BenOI) que *me* (FuenOI) nace *le* (BenOI) abro cuenta corriente.
        a'. El brazo y la pierna [...] *le* (FuenOI) colgaban inertes (Carlos Fuentes: *Artemio Cruz,* 176. Cit. en Lapeza 2000: 797)
        a''. [...] que alguien se atreva a decir, por ejemplo, «no me autoconfío», por 'no confío en mí', o «se ha auto enamorado de la jefa» queriendo significar que no la arrulla por interés, sino que el amor *le* (FuenIO) *ha brotado* de la entretela. (Lázaro Carreter: *El dardo en la palabra*: *El socio* 2000)
        b. Entre ellos, super- puede *crecerle* (FuenOI) *a cualquier adjetivo (o sustantivo)* y hay miles de hablantes que se sentirían desvalidos si no ornaran sus calificaciones con ese bubón [...] (Lázaro Carreter: *El dardo en la palabra*: *Supetriste* 2000)
        b'. Es uno de los más vistosos granillos que *le* (FuenOI) *han florecido al acné juvenil del idioma.* (Lázaro Carreter: *El dardo en la palabra*: *En repulsa* 2000)

Ahora bien, si hacemos un paralelo entre los ejemplos bajo el número (13), se desprende que la función de OI se le puede asignar a una «Fuente personal» (13a-a') –de la misma manera que en los ejemplos anteriores– mientras que tratándose de una «Fuente espacial» no se puede (13b), únicamente es posible (13b'):

(13) a. Se *le* cayó el florero
        a'. Cuando están en la barca, *al Papa se le cae el sombrero* al agua. (CAM16.01-23-95)
        b. *Se le cayó el florero al alféizar
        b'. El florero se cayó del alféizar

5. El objeto indirecto y la Gramática Funcional

Un Benefactivo en estructuras como las del ejemplo (14) puede interpretarse como un Agente «sustituto»:

(14)　La madre *le* hizo las tareas

Todos los ejemplos antes mencionados muestran claramente que la función de OI le puede ser asignada a una gama amplia de roles semánticos, abarcando incluso los roles que están más a la derecha de la Jerarquía de Funciones Semánticas, pero siempre y cuando éstos presenten la característica de animado, humano, personal o que metafóricamente hablando se les considere como tales.

5.1.10. Algunas complicaciónes en torno a las generalizaciones anteriores.

Los ejemplos bajo el número (13) muestran que sólo una Fuente personal puede ser OI, sin embargo la lengua muestra que el rol de «Dirección espacial» (punto terminal de un movimiento) no personal es un candidato potencial a la función de OI ora en sentido concreto (15a) y (15a') ora en sentido metafórico (15b) y (15b'):

(15)　a.　*Le* puse una radio *a mi coche*
　　　 a'.　*Le* coloqué las pilas *a la linterna*
　　　 b.　Otra vez -creo que la única en mi año con ella- me llamó para decirme una cosa agradable: «Está bien la letra que *le* han puesto *a la música* que le di destinada al colegio.» (Gabriela Mistral: Autobiografía *s.f.*)
　　　 b'.　Necesitamos de toda la energía, el buen juicio y la fuerza que las mujeres de Chile *le* pueden poner *a nuestro futuro*. (Lagos: *Mensaje presidencial* 2000)

Veíamos más arriba que a una Fuente espacial no se le puede asignar la función de OI (13b), sin embargo los ejemplos bajo el número (16), a primera vista, parecen desmentirlo:

(16)　a.　Se *le* cayó un botón *a mi chaqueta*
　　　 b.　Se *le* caen las hojas *a los árboles*
　　　 c.　Resulta que se me desparramó un tintero en mi cama cuando estaba escribiendo mi diario y no sé qué hacer. Lavé la colcha y la mancha no salió. Entonces tuve que *recortarle un pedazo* [...]. (Marcela Paz: *Papelucho* 1982 [1947])
　　　 d.　Caído se *le* ha un clavel / hoy *a la Aurora del seno* (Luis de Góngora)

Al comparar (13b) con los ejemplos bajo el número (16), constatamos que en estos últimos se expresa una relación de parte-todo, una relación de posesión que podríamos llamar de «carácter orgánico». Esta relación no existe en (13b). Los diferentes estados de cosas que presentamos bajo el número (15) se caracterizan también por expresar una relación de carácter orgánico. Podemos concluir entonces que tratándose de un estado de cosas en que la relación de posesión que se expresa es de carácter orgánico, al todo se le asigna la función de OI. Observemos a continuación los siguientes pares de estructuras oracionales:

(17) a. *Le* quité las manchas *al mantel*
a'. (?)Quité las manchas del mantel
b. *Le retiró los platos a la mesa
b'. Retiró los platos de la mesa
c. *Le* puso la pata *a la mesa*
c'. Puso la pata en la mesa
d. *Le puso los candelabros a la mesa
d'. Puso los candelabros a / en la mesa

Con estos ejemplos queremos mostrar que la totalidad del evento es la que determina un posible OI en el estado de cosas descrito en la predicación. En (17a) como consideramos que «las manchas» forman parte del «mantel» le asignamos la función de OI al todo, por eso nos parece más difícil recurrir al ejemplo (17a') que, además se podría entender en sentido concreto «quité las manchas que estaban encima del mantel». En cambio es poco probable imaginar que «los platos» en (17b) comporten un todo orgánico con «la mesa», esto determina que sólo sea posible (17b'). Situación paralela tenemos en (17d-d'). En (17c) «la pata» forma un todo orgánico con «la mesa», en cambio en (17c') se trata de un estado de cosas en que «la mesa» viene a ser «Dirección espacial no personal» y por tanto la relación orgánica entre la parte-todo no es dable.

En el § 5.1.1 se demostró que la lengua española no presenta alternancia entre un Objeto Paciente y un Objeto Receptor, no obstante los ejemplos a continuación parecieran ser una excepción a este comportamiento:

(18) a. Juan Ø regaló *a María* con un reloj
a'. Juan *le* regaló un reloj *a María*
b. La señorita *le* [*leísmo: le=lo*; referencia anafórica] obsequiaba siempre con alguna naranja, y le llevaba además una perra chica para que comprase cualquier chuchería de su agrado (Pérez Galdós: *Tristana* 1892)
b'. La señorita *le* obsequiaba siempre alguna naranja *a Saturno* (Pérez Galdós: *Tristana* 1892)

Si seguimos la lógica del análisis estándar de la GF (Dik 1997, TFG 1), en el ejemplo (18a) «a María» sería el Objeto con el rol de Receptor, en cambio en el ejemplo (18a') «un reloj» sería el Objeto con el rol de Paciente. A simple vista parece un análisis válido, mas los ejemplos (18a) y (18a') no describen un mismo estado de cosas visto de diferentes perspectivas. En el ejemplo (18a) «María» corresponde a un «objeto afectado» (Pac-afectado) que al mismo tiempo es un Experimentante (PacExp): «María» es el A^2, mientras que «con un reloj» es el A^3 con el rol de Referencia. En el ejemplo (18a'), en cambio, nos encontramos con una estructura ditransitiva común y corriente: «María» como A^3 Receptor y «un regalo» como A^2 Paciente. Los ejemplos (18b) y (18b') presentan el mismo comportamiento de (18a) y (18a'). En la actualidad el hablante siente los ejemplos (18a) y (18b) como más anticuados, siendo de uso corriente los ejemplos (18a') y (18b').

5.2 Asignación de funciones pragmáticas
Es sabido que las funciones sintácticas se expresan en muchas lenguas por medio de la flexión y la lengua española no es una excepción. Es una lengua de flexión en que la referencia cruzada (concordancia, en terminos tradicionales) (v. § 2.0.1) entre el sujeto y el verbo se expresa en la desinencia verbal, esto es en los morfemas gramaticales del verbo. Como dice Alarcos Llorach (1994: § 194) es en el signo morfológico del verbo en donde se manifiestan –en la lengua española– las variaciones de los morfemas de persona y número, y son éstos los que «cumplen la función de sujeto gramatical y hacen referencia a un ente comprometido en la actividad o el proceso designado por el signo léxico del verbo».

La referencia cruzada es de acuerdo con los supuestos de Dik (1997, TFG 1) y Alarcos (ob. cit.) un fenómeno gramatical, siempre y cuando (i) el factor semántico que la requiere sea una función sintáctica y no una función pragmática y (ii) si es de carácter obligatorio. En la lengua española, entonces, y como ya lo hemos visto en el capítulo 2, la función sintáctica de sujeto ya se ha gramaticalizada.

En este capítulo y a lo largo de todo este trabajo se ha venido demostrando que la presencia de un objeto indirecto léxico requiere obligadamente, en una gama amplia de contextos, la presencia del clítico pronominal. La presencia del clítico pronominal es obligatoria en los contextos en que ha alcanzado la gramaticalización, independientemente de si el objeto léxico ocupa la plaza preverbal o postverbal e independientemente, además, de la función pragmática de la entidad a que el clítico hace referencia: en posición preverbal una función topical o en posición postverbal una función más de foco. Nuestra conclusión general es que la gramaticalización del Objeto Indirecto está siendo alcanzando ampliamente.y que se manifiesta en forma gramatical. La lengua española se caracteriza de este modo por tener referencia cruzada de carácter analítico o «discontinua» al tratarse del OI (v. cap. 2, §§ 2.0 y 2.1.4).

En el § 5.1 demostramos –siguiendo los principios de la GF– que la lengua española tiene las funciones sintácticas: Sujeto y Objeto Indirecto, definida, la primera, por la posibilidad de pasivización y, la segunda, por aquellas construcciones que entrañan lo que podría llamarse una forma de diátesis a causa de la alternancia que muestran entre dativo y no dativo –en la terminología de Maldonado (2002): «objeto indirecto» y «dativo de afectación» o «Benefactivo» respectivamente– alternancia que está condicionada a la perspectiva desde la que se presenta el estado de cosas. No se trata de «cambio de perspectiva» en el sentido que lo define Dik (ob. cit.: 64-65, 247-268) sino de «implicación de perspectiva», es decir que un rol periférico también puede ser punto de vista desde el que se presenta un estado de cosas.

Siguiendo este razonamiento, no habría a primera vista fundamento para aceptar la existencia de un Objeto Directo, sin embargo los estudios de Silva Corvalán (1984), entre otros, muestran que la lengua española va en camino de gramaticalizar la referencia cruzada con el segundo argumento –que no sea Objeto Indirecto. En el caso del Objeto Directo también se trata de referencia cruzada de carácter analítico o «discontinua». El clítico pronominal es de caso acusativo, excepto en las zonas *leí*stas en que es de caso dativo. Esta regla de referencia cruzada analítica es estadística, y por tanto variable en relación a lo parámetros que se citan a continuación y facultativa en relación a la norma vigente. Las condiciones para que la referencia cruzada sea dable son (v. Silva Corvalán 1984):

(i) que la parte de la oración del término del A^2 sea una forma tónica del pronombre personal (*a mí, a ti, a él, etc*);

(ii) que el operador del término del A^2 sea un artículo definido o su contendio sea definido o específico;

(iii) que el rasgo semántico del término del A^2 sea humano o animado;

(iv) que la función pragmática asignada al término del A^2 sea de carácter topical y que el término del A^2 tenga posición preverbal.

Todos estos factores se pueden generalizar como indicios de alta topicalidad (v. también Dik TFG1, 1997: 279).

Otro asunto que se debe mencionar aquí es el fenómeno de la «referencia cruzada doble» (v. § 3.2.3). Como se ha visto más arriba, la referencia cruzada del argumento Objeto Directo en algunos contextos es la norma, de tal manera que en estructuras ditransitivas se llega a registrar esporádicamente la referencia cruzada doble, es decir, la referencia cruzada tanto del Objeto Indirecto como del Objeto Directo en la misma estructura oracional. Valgan a modo de ilustración algunos ejemplos del § 3.2.3, que reproducimos como (19):

5. El objeto indirecto y la Gramática Funcional

(19) a. Y le dio todos los caramelitos, todas las cositas que llevaba, *todo se lo entregó a la niña* (Cuentos populares andaluces: *La madre que mató a su hijo y lo guisó* 1994 [1986]) [OD od oi V OI]
b. No, todo no. Yo *se lo dejo a mi madre todo*, pero que vamos, que ... que no ... ella no se queda con todo ni muchos menos; (Encuestas del habla urbana de Sevilla. Nivel popular 1987 [1984-1986]) [oi od V OI OD]
c. –Ese conflicto es irremediable, y *eso se lo dijimos a Fox.* (Subcomandante Marcos en Canal 2 de Televisa: *La entrevista insólita* 2001) [OD oi od V OI]
d. [...] y puedo jurar que fue un trago *que* no *se lo deseo a ninguna madre.* (Rico Godoy: *Cómo ser una mujer* 1990) [OD oi od V OI]
e. Llegó ella a su casa, y cerró la puerta, le pilló la cabeza, al gigante, y apretó apretó y *se la cortó, la cabeza al gigante* (Cuentos populares andaluces: *La niña y los siete hermanitos* 1994 [1986]) [oi od V OD OI]

Ahora bien, si en una estructura monotransitiva, como la del ejemplo (20), hay referencia cruzada obligatoria y el A^2 es un término pronominal tónico (el factor (i) de más arriba) no cabe duda que la lengua está indicando que la perspectiva secundaria se sitúa en el segundo argumento, en este caso un Objeto Directo:

(20) *La vi a ella*

Ahora bien, si tomamos como punto de partida el dativo y el acusativo del pronombre personal de tercera persona usados en un esquema sintáctico ideal en que no se tomen en consideración –en palabras de Coseriu (1989 [1962]: 77)– toda una serie de posibilidades que el sistema permite: 1) *le-lo*; 2) *le-le*; 3) *lo-lo*; 4) *le-la*; 5) *la-la* –las llamadas desviaciones del sistema pronominal: *le*ísmo, *la*ísmo, *lo*ísmo– ni tampoco se atienda a la particularidad de que en las primeras personas hay coincidencia en la forma para el acusativo y el dativo, podemos sintetizar la discusión hasta aquí planteada en la tabla 4.

Tabla 4.
EL SISTEMA ACTUAL DE REFERENCIA CRUZADA DE LA LENGUA ESPAÑOLA

	Sujeto (Sj)	Objeto Indirecto (OI)	Segundo Argumento (OD)
Flexión	+	–	–
Clítico. Caso: 3^{era} pers.	–	DAT (le, les)	AC (la, las, lo, los)
Obligatorio	+	+	–

La tabla ilustra claramente nuestros puntos de vista sobre el sistema actual de referencia cruzada de la lengua española (cf. cap. 2 y 3): el Sujeto se expresa sintácticamente por medio de la flexión que es obligatoria; el OI, en cambio, se expresa por medio del caso, que es marca de referencia cruzada. La referencia cruzada, que se codifica en el verbo, es obligatoria en determinados contextos. El OD se expresa igualmente por medio del caso, pero condicionado a los parámetros descritos más arriba: (i), (ii), (iii) y (iv).

La pregunta que se hace urgente aquí es si dentro del canon de la GF está permitido operar con el Objeto Directo además del Objeto Indirecto, de la manera que nosotros lo hemos propuesto, esto es, un Objeto Indirecto completamente gramaticalizado en determinados contextos y un Objeto Directo en camino de serlo. El inconveniente que presenta el Objeto Directo español es que no concurre en alternancia de perspectiva (cf. «dativ shift»). Otra cuestión que hay que tener presente es que el Objeto Directo únicamente le puede ser asignado al segundo argumento en estructuras monotransitivas, mientras que el Objeto Indirecto –como se ha demostrado en los apartados anteriores– le puede ser asignado en estructuras ditransitivas al tercer argumento y en estructuras monotransitivas tanto al segundo argumento como a satélites. Este análisis sobre la asignación de funciones a argumentos y satélites en la lengua española (v. tabla 5) muestra sin lugar a dudas que ésta difiere tipológicamente de la lengua inglesa (v. tabla 6).

Tabla 5.
Español. Asignación de funciones a argumentos y satélites (sin estructuras derivadas ni impersonales).

	A^1	A^2	A^3	Sat_1
Sujeto	+	+	–	–
Objeto Directo	–	+	–	–
Objeto Indirecto	–	+	+	+

Tabla 6.
Inglés. Asignación de funciones a argumentos y satélites (sin estructuras derivadas ni impersonales).

	A^1	A^2	A^3	Sat_1
Sujeto	+	+	+	+
Objeto (OD)	–	+	+	+

5.3. Conclusión

A lo largo de este capítulo y de los anteriores hemos propuesto y argumentado que en la lengua española existe la función sintáctica Objeto Indirecto. El Objeto Indirecto español es una perspectiva secundaria que se expresa por referencia cruzada.

Nuestro análisis –que ha sido presentado en este capítulo a la luz de los principios de la GF– trae consigo asimismo la necesidad de aceptar la función de Objeto Directo en español, que si bien no ha alcanzado plenamente la gramaticalización, la documentación a nuestro alcance revela que poco a poco –y de acuerdo con los principios de marca (Andersen 2001 a)– va en camino de lograrla, de tal manera que el Objeto Directo también viene a ser una perspectiva secundaria. ¿Se puede hablar entonces de la posibilidad de que en una misma estructura oracional simple haya dos perspectivas secundarias? En las situaciones en que parecía posible es el Objeto Indirecto el que tiene la preeminencia. Los roles de Receptor y de Poseedor-Fuente, el rol de Benefactivo, a más de argumentos no primarios-Experimentantes son roles a los que se les asigna la función de Objeto Indirecto. La función de Objeto, esto es, OI y OD –perspectiva secundaria– se expresa por medio de la referencia cruzada analítica: el clítico pronominal adosado al verbo es marca/morfema de esta función sintáctica. La función de Sujeto –perspectiva primaria– por el contrario, se expresa por referencia cruzada morfológica, es decir en los morfemas flexivos del verbo. El Objeto Indirecto es dativo y el Objeto Directo es acusativo.

6.
Conclusión general

En el presente trabajo se ha demostrado que el fenómeno de la referencia cruzada del clítico pronominal con el objeto indirecto es un fenómeno de «drift», esto es un fenómeno de cambio lingüístico a largo plazo, motivado por la necesidad de las lenguas de adecuación a su tipo, esto es la situación óptima de conformidad interna entre el tipo y su sistema y entre el sistema y la norma. La norma, gradualmente, de una generación a otra, va aceptando los cambios innovativos que en definitiva no son más que manifestaciones de adecuación de ésta al sistema. En el sistema, que contiene las reglas productivas de la lengua, se encuentran las reglas categóricas de referencia cruzada que establecen que la presencia de un objeto indirecto léxico exige la co-presencia del clítico pronominal, independientemente de factores morfosintácticos, semánticos y pragmáticos. Las reglas que encontramos en el sistema son una respuesta al tipo de lengua que es la lengua española, a saber una lengua de tipo «pro drop», esto es una lengua que codifica las relaciones gramaticales en el verbo («Head marking»), mas esta situación óptima de conformidad interna entre el tipo y su sistema aún no es completa en la lengua española, puesto que sólo el argumento sujeto es el que se codifica en los morfemas flexivos del verbo de tal manera que el sujeto gramatical concuerda por referencia cruzada con el sujeto léxico en caso de estar presente.

La lengua española muestra, sin embargo, que el fenómeno de la duplicación, que se registra no sólo con el objeto indirecto sino también con el objeto directo, es manifestación de referencia cruzada del clítico pronominal, referencia cruzada que ha evolucionado primero con el objeto indirecto, lo que está en estrecha relación con la jerarquía de funciones sintácticas: S > OI > OD y las jerarquías de persona y animacidad:

1^{era} persona / 2da persona > 3^{era} persona: humano > animado > inanimado.

No cabe duda que el fenómeno de la duplicación del objeto indirecto, en sus inicios esporádico, es una forma de expresión de referencia cruzada en el español actual. La referencia cruzada del objeto indirecto vía el clítico pronominal adosado al verbo es lo que denominamos una forma de «flexión discontinua» de referencia cruzada. Mientras la morfología flexiva es gramaticalmente funcional para expresar el sujeto gramatical, la flexión discontinua lo es para expresar el «objeto indirecto gramatical». Como los morfemas concordantes / de referencia cruzada del sujeto gramatical y del objeto indirecto gramatical tienen valor anafórico o deíctico, la presencia del sujeto léxico y del objeto indirecto léxico sólo es necesaria a efectos comunicativos o para identificar el ente real que se corresponde con el sujeto gramatical y el objeto indirecto gramatical respectivamente.

Esta característica del sujeto en que los morfemas flexivos del verbo son suficientes para expresar el nexo, en algún momento se generaliza para que también sea valedera para con las otras funciones centrales, de acuerdo a la jerarquía S > OI > OD. El «reanálisis» del clítico pronominal durante siglos ha sido «actualizado» en un proceso evolutivo, proceso que se registra primero en los contextos no marcados, a grosso modo:

(i) en las unidades con alto grado de animacidad: primero en los pronombres personales (jeraquías de persona y animacidad);

(ii) en unidades con alto grado de topicalidad: anteposición (orden de los constituyentes de la oración);

(iii) en estructuras transitivas plenas, es decir en estructuras con objeto referencial antes que en estructuras con unidad incorporada;

(iv) en la lengua hablada antes que en la lengua escrita;

(v) en los registros no formales / coloquiales antes que en los registros formales;

(vi) en la generación más joven y en los niveles socioculturales populares (cronolecto y sociolecto).

En este proceso evolutivo global los factores recién mencionados se conjugan con factores locales de carácter pragmático caracterizados como cambio de marca («markedness shift», cf. Dik 1997, TFG 1), de tal manera que:

(i) el clítico pronominal que en sus comienzos se registra como una forma pleonástica para destacar un uso no-enfático del complemento pronominal tónico (pospuesto), es reanalizado como una unidad necesaria con referencia cruzada obligatoria, pasando el complemento pronominal tónico a ser una unidad de carácter enfático que «reduplica» el clítico pronominal;

(ii) en los comienzos cuando el objeto indirecto ocupaba la plaza preverbal, el clítico pronominal que funcionaba como marcador de dislocación a la izquierda, como marcador del límite de la

6. Conclusión general

estructura oracional, tenía sólo referencia anafórica con la unidad dislocada. Con el tiempo este orden de los constituyentes fue reanalizado y la unidad dislocada a la izquierda se considera parte de la estructura oracional pasando el clítico pronominal a ser marca de referencia cruzada;

(iii) el hablante en algún momento, en este proceso evolutivo, hace uso de la duplicación como una herramienta pragmática de tal manera que emplea la duplicación para expresar acercamiento, empatía, compromiso con el referente del objeto indirecto, expresándose así en forma subjetiva. Si el hablante, en cambio, desea mantenerse neutral, distante, ante su interlocutor sobre el contenido de la predicación no hace uso de la duplicación; decimos, entonces, que se expresa en forma objetiva. Esta herramienta pragmática, de la misma manera que la herramienta pragmática de ±énfasis, pierde la fuerza expresiva al generalizarse el fenómeno de la duplicación, produciéndose su devaluación retórica, que es lo que sin lugar a duda ha sucedido en los registros conversacionales. En cambio en los registros escritos y hablados de carácter más formal encontramos un difundido uso de este recurso pragmático.

El proceso de gramaticalización del clítico pronominal como marca de referencia cruzada con el objeto indirecto, aunque ha tenido una evolución relativamente paralela en el español de ambos lados del Atlántico –evolución que ha sido determinada por los mismos factores– lleva una curva más pronunciada en el español de América en algunos contextos.

Asumimos que el hablante muestra empatía con el referente de la unidad en que se pone la perspectiva funcional de la oración. De acuerdo con la jerarquía de funciones sintácticas el hablante ve el «estado de cosas» («Stat of Affairs») en una escala de prioridades, primero desde la perspectiva del sujeto, luego desde la perspectiva del objeto indirecto y finalmente desde la perspectiva del objeto directo. Es en una estructura ditransitiva en la que el hablante tiene a su disposición tres perspectivas funcionales, con las cuales tiene la posibilidad de expresar empatía. Empatía que se codifica por medio de la referencia cruzada. En una estructura ditransitiva, de los tres puntos de vista potenciales normalmente se registra empatía con dos unidades de la estructura oracional, a saber, aquellas de rasgo humano: el Agente y el Recipiente.

Nuestra explicación, para la lengua española, se distancia de la explicación que encontramos en la Gramática Funcional, que asume que en una estructura ditransitiva la segunda perspectiva se localiza básicamente en el argumento con el rol de Paciente y de localizarse en el argumento con el rol de Recipiente sólo es viable en la estructura marcada conocida como «dative shift».

En la lengua española la empatía es codificada vía la referencia cruzada que al mismo tiempo es marca de la función de objeto indirecto, función sintáctica que corresponde a la segunda perspectiva. La gramaticalización del clítico pronominal como marca de referencia cruzada con el objeto indirecto es al mismo tiempo gramaticalización del objeto indirecto. Esto implica que la lengua española no sólo tiene el sujeto codificado en el sistema sino también el objeto indirecto. La norma se ha ido adecuando en el correr de los siglos a este sistema.

La Teoría de valencia y transitividad –que no entraña la concepción de perspectiva– aporta, primeramente, toda la concepción de transitividad que la Gramática Funcional no tiene, además de ofrecer el análisis de la estructura jerarquizada de la predicación nuclear, al operar con el concepto de Adjeto.

La relación de Adjeto comprende diferentes funciones, cuyo denominador común es la noción de «locus» en relación con el argumento fundamental. Entre estas funciones el objeto indirecto y los adyacentes atributivos están distribuidos de una manera lineal, si bien la lengua española muestra que hay una relación jerarquizada entre éstos. Los adyacentes atributivos en conjunción con un verbo copulativo constituyen un predicado complejo que en general tiene valencia para el objeto indirecto.

Bibliografía

Textos que comprende el corpus

1. Español peninsular.

CONVERSACIÓN

Transcripción de entrevistas (1973) [Tres generaciones, ambos sexos: menores de 30; entre 30 y 45; mayores de 45]	*Encuestas del habla urbana de Sevilla* –nivel culto. Sociolingüística andaluza 2. PUS 1983.[1]	69.831 palabras
Transcripción de entrevistas (1984-1986) [Tres generaciones, ambos sexos: menores de 30 años; entre 30 y 45; mayores de 45]	*Encuestas del habla urbana de Sevilla* -nivel popular. Sociolingüística andaluza 4. PUS 1987.[1]	186.408 palabras

PRENSA

Entrevistas: ambos sexos, de diferentes edades; científicos escritores, ejecutivos, políticos, músicos, etc.	ENTREVIS *Cambio* 16 (CAM) (1990, 1995). *Tiempo*(TIE) (1990,1995).[2]	1.294.000 palabras

TEATRO

Fernando Almena	*¡Catacroc!* Teatro Joven. Castilla ed. Valladolid (1994).[2]	9.044 palabras
María Manuela Reina	*Alta seducción.* Colección Teatral de Autores Españoles, Ed. Antonio Machado. Madrid (1990).[2]	20.864 palabras
Jorge Díaz	*Ayer, sin ir más lejos.* Col.Teatral de Autores Españoles, Ed. Antonio Machado, Madrid (1988).[2]	13.283 palabras

José Luis Alonso de Santos	*Bajarse al moro.* Colección teatral de Autores españoles, Ed. Antonio Machado, Madrid (1987).[2]	20.517 palabras
Eduardo Ladrón de Guevara	*Cosa de dos.* Servicio de Publicaciones de la Junta de Comunidades de Castilla-La Mancha (1987).[2]	17.711 palabras

TEXTO NARRATIVO (ORAL)

Maria Ceballos Genicio (1910-?)	*Cuentos populares andaluces* (1994). Sociolingüística andaluza 9. PUS. [54 cuentos de la tradición oral. Grabados en 1986][1]	61.794 palabras

TEXTOS NARRATIVOS

Carmen Rico Godoy (1939-2001)	*Cómo ser una mujer y no morir en el intento* (1990). Temas de hoy, Madrid (1990)	≈ 56.840 palabras
Javier Marías (1951-)	*Mañana en la batalla piensa en mí* (primera parte) Ed. Anagrama 1994.[2]	55.698 palabras
Ramón del Valle Inclán (1866-1936)	*Tirano Banderas* (1926). Espasa-Calpe 1978.[1]	50.015 palabras
Benito Pérez Galdós (1843-1920)	*Tristana*, Capítulos 1-16, (1892).[3]	11.166 palabras

PROSA ACADÉMICA

Fernando Lázaro Carreter (1923-2004)	*El dardo en la palabra* (1999-2000). [20 artículos, diversos temas][4]	24.017 palabras
	El español brilla en todas sus letras (2001). [Discurso ante la R.A.E:][5]	2.097 palabras
María Zambrano (1904-1991)	*Pensamiento y poesía en la vida española.* (1939). [Conferencias en México][3]	34.618 palabras
José Ortega y Gasset (1883-1955)	«Verdad y perspectiva». En *El Espectador*, tomo I (1916).[3]	2.702 palabras

Textos que comprende el corpus

	«La idea de las generaciones». Primera parte de *El tema de nuestro tiempo* (1923).³	2.079 palabras
	«El sentido histórico de la teoría de Einstein». Apéndice en *El tema de nuestro tiempo*, OC-III (1924).³	4.867 palabras
	«La idea de la generación». Tercera lección de *Idea de las generaciones*. (1933).³	6.076 palabras
	«Creer y pensar». Primer capítulo de *Ideas y creencias* (1940).³	5.015 palabras
Benito Pérez Galdós (1843-1920)	*La sociedad presente como materia novelable* (1897). Discurso con motivo de su ingreso a la R. A. E.³	3.369 palabras
Miguel de Unamuno (1864-1936)	*Mi religión y otros ensayos* (1910).³	4.787 palabras
	«Epílogo a Vida y Escritos del Dr. José Rizal» de W.E. Retana (1907).³	10.367 palabras
Unamuno (1864-1936) Ganivet (1865-1898)	«El porvenir de España» (cuatro cartas abiertas, en *El Defensor* de Granada, 1898). Madrid, Renacimiento (1912).³	17.407 palabras

DOCUMENTOS OFICIALES

Constitución Española de 1978. (6 de diciembre de 1978)³	17.628 palabras

2. Español de América
CARTAS

Subcomandante Marcos (?1957-)	A Eduardo Galeano 02-05-1995.⁶	3.790 palabras
	A la reunión «Uruguay por Chiapas». Atención: Eduardo Galeano 08-07-1996.⁶	

PRENSA

Subcomandante Marcos (?1957-)	«La crisis, puerta al fascismo», en: *La Jornada*, México, 25-27 Agosto 1995. (Carmen Lira, periodista).[6]	6.325 palabras
	«Haremos política sin el 'glamour' del pasamontañas», en: *El País* 2001. (Ignacio Ramonet, escritor).[6]	1.869 palabras
	«Habla Marcos», en: *Revista Cambio*, México, 25-03-2001 (García Márquez, Roberto Pombo).[6]	5.282 palabras
	«La entrevista insólita» [10 de marzo *Canal 2 de Televisa*] 11-03-2001 (Julio Scherer, periodista).[6]	7.501 palabras
Ricardo Lagos (1938-)	«Habla el Presidente», 2001. *Radio Cooperativa* [Dos emisiones].[6]	19.709 palabras
Jorge L. Borges (1899-1936)	Conversaciones de Jorge L. Borges con Osvaldo Ferrari: «El orden y el tiempo; Borges con Platón y Aristóteles», en *Tiempo Argentino* 1984.[7]	4.038 palabras

DISCURSOS

Ricardo Lagos (1938-)	*Mensaje presidencial* Congreso Nacional. 21-05-2000.[8]	10.320 palabras
	Ceremonia de conmemoración de los 158 años de la Universidad de Chile. Nov. 2000.[8]	1.824 palabras
	Discurso de fin de año. Dic. 2000.[8]	1.268 palabras
	Discurso en la Asamblea General de las N.U. Nov. 2001.[8]	1.962 palabras
Fidel Castro (1927-)	Día Internacional de los Trabajadores 1-05-2000.[5]	3.930 palabras
	Día Internacional de los Trabajadores 1-05-2001.[5]	3.083 palabras
	Discurso 19-04-2001.[5]	1.265 palabras

Textos que comprende el corpus

	Declaración (s.d.).[5]	489 palabras
	Discurso 16-9-2002.[5]	3.111 palabras
	Discurso y aclaración 21-03-2002.[5]	748 palabras
	Discurso 11-09-2001.[5]	9.144 palabras

TEXTOS NARRATIVOS

Luis Sepúlveda (1949-)	*Un viejo que leía novelas de amor* (1993). Tusquets Editores Barcelona (1993)	≈ 33.210 palabras
Antonio Skármeta (1940-)	*El cartero de Neruda (Ardiente paciencia)* (1986). Plaza & Janes Eds. Barcelona (1986)	≈ 28.800 palabras
Jorge Edwards (1931-)	*La mujer imaginaria* (1985) Primera parte [Caps. I-XV].[1]	29.168 palabras
María Elena Walsh (1930-)	*Novios de Antaño: 1930-1940* (1990).[1]	39.668 palabras
José Donoso (1924-1997)	*El jardín de al lado* (1981). Seix Barral S. A. Barcelona (1981)	≈ 34.500 palabras
Marcela Paz (1904-1985)	*Papelucho* (1947) (Obra clásica de la literatura infantil chilena). Ed.Universitaria. Santiago Chile 1982, 36ªedición	≈20.280 palabras
Jorge L. Borges (1899-1936)	«La escritura del dios» y «La casa del asterión», en *El Aleph* (1949); *El hombre de la esquina rosada* y *La biblioteca total*, Emecé Editores, Buenos Aires, Argentina (1935).[7]	6.635 palabras

PROSA ACADÉMICA

María Elena Walsh (1930-)	Cinco ensayos, en *Clarín* 1979, reproducidos en *Desventuras en el País-Jardín-de-Infantes* (1993).[3]	6.550 palabras

Camilo Torres (1929-1966)	*Mensaje a la oligarquía* (1965).[3]	1.018 palabras
Carlos Fuentes (1928-)	«Introducción», en *El diario de Frida Kahlo. Un íntimo autoretrato* (1995). Círculo de lectores, Barcelona (1995)	≈ 9.702 palabras
	«Los Estados Unidos por dos lenguas», en *El País*, Agosto 1998.[4]	1.056 palabras
	«Carlos Fuentes habla de Julio Cortázar», en *La Nación* de Argentina (2000).[9]	2.117 palabras
	«En busca de una figura para el siglo XXI» (s.d.).[5]	1.569 palabras
	«El peor presidente», 26-04-2001.[4]	986 palabras
	«¡Viva Chile mierda!» (25-11-98).[4]	2.539 palabras
Gabriel García Márquez (1928-)	«El amante inconcluso», en *Clarín*, 24-01-1999. 7	1.961 palabras
	«Náufrago en tierra firme», en *Revista Cambio*. (2000).7	2.990 palabras
	«Homenaje al amigo» 16-12-2001[7]	1.913 palabras
	«Botella al mar para el dios de las palabras», en *La Jornada*, México, 8-04-1997.[7]	781 palabras
	«Un Manual para ser Niño»(1995), en *Documentos de la Misión, Ciencia, Educación y Desarrollo: Educación para el Desarrollo* (1995).[7]	2.612 palabras
	«El mejor oficio del mundo» (7-10-96). [Discurso ante SIP, Los Ángeles, EEUU][10]	2.718 palabras

Ernesto Che Guevara (1927-1967)	«El hombre nuevo», en *Marcha*, Montevideo (1965); en *Ideas en torno de Latinoamérica*. Vol. I. México, UNAM (1986).[3]	6.197 palabras
Octavio Paz (1914-1998)	«Todos Santos, Día de Muertos» (1950), en *El laberinto de la soledad*, OC-VIII (1996).[3]	5.976 palabras
	«Máscaras mexicanas» (1950), en *El laberinto de la soledad*, OC-III (1996).[3]	5.334 palabras
	«Tres momentos de la literatura japonesa» (1954), en *Las peras del olmo*. México, UNAM (1957).[3]	8.732 palabras
	«El ritmo» (1956), en *El arco y la lira*, OC-I (1995).[3]	6.939 palabras
	«Bombay» (1995), en *Vislumbres de la India*, OC-X (1996).[3]	3.407 palabras
	«Picasso: el cuerpo a cuerpo con la pintura» (1982), en *Los privilegios de la vista I*. OC-VI.[3]	3.298 palabras
Benjamín Subercaseaux. (1902-1973)	Prólogo y notas a *Chile o Una loca geografía*, Benjamín Subercaseaux (1940).[1]	3.110 palabras
Gabriela Mistral (1889-1957)	«Impresiones de Estados Unidos» (1924), en *Mapocho* No.43. (1998).[3]	985 palabras
	«Autobiografía» (s.d.), en *Mapocho: No.43* (1998).[3]	4.426 palabras
	«El patriotismo de nuestra hora» (1919), en La desterrada de su patria, Nacimiento (1977).[3]	2.340 palabras
	«Contadores de patrias» (1940), en *Chile o una loca geografía*, Benjamín Subercaseaux (1940).[1]	3.374 palabras

	Discurso ante la Academia Sueca, Premio Nobel de Literatura, 12-12-1945.[7]	397 palabras

DOCUMENTOS OFICIALES

Constitución política de la República de Chile, en *Diario Oficial Santiago*, 21 de octubre de 1980.[3]	26.690 palabras
Constitución de la Nación Argentina. 22 de agosto de 1994.[3]	12.713 palabras

Otros textos citados.
Carta de Che Guevara a Fidel Castro 1965: *Escritos y discursos, tomo 9*, Editorial de Ciencias Sociales, La Habana 1977, páginas 394-395 http://www.filosofia.cu/che/chet9g1.htm.
Christina Fernández: *La flor de España* 1999. Base de datos Depto. Filología Románica Universidad de Copenhague.
Ollero Toribio M. & Pineda Pérez M. Á. (eds.) (1992): *Sociolingüística andaluza 6. Encuestas del habla urbana de Sevilla. Nivel medio*. Sevilla: Secretariado de publicaciones de la Universidad de Sevilla.

Notas
1. Base de datos Depto. Filología Románica Universidad de Copenhague
2. Base de datos de Kjær Jensen The Aarhus School of Business, Dinamarca.
3. WESS: Western European Studies Section. European Literature, http://viva.lib.virginia.edu/wess/etexts.html
    a) Biblioteca Virtual Miguel de Cervantes
    Cervantesvirtual.com »Potales Institucionales» Biblioteca Nacional de Chile
    Cervantesvirtual.com »Portales temáticos» constituciones hispanoamericanas
    b) Antología del Ensayo Ibero e Iberoamericano
4. El País Digital, http://www.elpais.es/
5. Yahoo-español, http://es.yahoo.com/
6. La página del Subcomandante Marcos, http://patriagrande.net/mexico/ezln/
7. Literatura argentina contemporánea, http://www.literatura.org/
8. Mundo latino , http://www.mundolatino.org/cl.htm
9. Sololiteratura/literatura hispanoamericana.com, http://sololiteratura.com/
10. http://www.fnpi.org/download/elmejor.pdf

Referencias bibliográficas

Alarcos Llorach, Emilio (1951): *Gramática estructural (según la escuela de Copenhague y con especial atención a la lengua española)*, Madrid, Gredos.

Alarcos Llorach, Emilio (1970): *Estudios de gramática funcional del español*, Madrid, Gredos.

Alarcos Llorach, Emilio (1994): *Gramática de la Lengua Española*, Madrid, Espasa Calpe.

Alcina Franch, Juan y José Manuel Blecua (1975): *Gramática española*, Esplugues de Llobregat, Barcelona, Ariel.

Andersen, Henning (1973): «Abductive and deductive change», *Language* 49, pp. 765-793.

Andersen, Henning (1989): «Understanding linguistic innovations», en L. E. Breivik y E. H. Jahr (eds.): *Language Change. Contributions to the Study of Its Causes*, Berlin/New York, Mouton de Gruyter, pp. 5-27.

Andersen, Henning (1990): «The structure of drift», en H. Andersen y K. Koerner (eds.): *Historical Linguistics 1987 (8.ICHL)*, Amsterdam/Philadelphia, John Benjamins, pp. 1-20.

Andersen, Henning (2001a): «Markedness and the theory of linguistic change», en H. Andersen (ed.): *Actualization. Linguistic Change in Progress*, Amsterdam/Philadelphia, John Benjamins, pp. 21-57.

Andersen, Henning (2001b): «Actualization and the (Uni)directionality of Change», en H. Andersen (ed.): *Actualization. Linguistic Change in Progress*,Amsterdam/Philadelphia, John Benjamins, pp. 225-248.

Barrenechea, Ana María y Teresa Orecchia (1970): «La duplicación de objetos directos e indirectos en el español hablado en Buenos Aires», *Romance Philology* XXIV, pp. 58-83.

Becerra Bascuñán, Silvia (1999): *Diccionario del uso de los casos en el español de Chile*, Études Romanes 43, Copenhague, Museum Tusculanum Press.

Becerra Bascuñán, Silvia (2001): «Indirekte Objekt i Spansk og Grammatikalisering», *Ny Forskning i grammatik* 8, Odense, Odense University Press, pp. 35-54.

Becerra Bascuñán, Silvia (2002): «Indirekte objekt i spansk og adjektrelationen», *Ny Forskning i grammatik* 9, Odense, Odense University Press, pp. 7-28.

Becerra Bascuñán, Silvia (2002): *El objeto indirecto en español, diacronía y sincronía. Un estudio empírico*, tesis doctoral inédita, Universidad de Copenhague.

Becerra Bascuñán, Silvia (2004): «Objektsinkorporering og indirekte objekt i spansk», *Ny Forskning i grammatik* 11, Odense, Syddansk Universitetsforlag, pp. 29-50

Becerra Bascuñán, Silvia (en vías de publicación): «Grammaticalization of Indirect Object Cross-Referencce in Spanish as a case of Drift», en O. Nedergaard Thomsen (ed.): *Competing models of linguistic change*, Amsterdam/Philadelphia, John Benjamins.

Becerra Bascuñán, Silvia (en vías de publicación) «Indirect Object in Predicative Constructions in Spanish: Copula Support, the Adject Relation, and Complex Predicates», en homenaje a NN.

Becerra Bascuñán, Silvia y Ole Nedergaard Thomsen (2000): «Indirect Object in Spanish», 9th International Functional Grammar Conference, 20-23 de Sep. del 2000, Universidad Nacional de Educación a Distancia Madrid.

Bello, Andrés y Rufino Cuervo (1954 [1847]): *Gramática de la lengua castellana*, Buenos Aires, Sopena.

Biber, Douglas, Susan Conrad y Randi Reppen (1998): *Corpus linguistics. Investigating language structure and use*, Cambridge, Cambridge University Press [pp. 135-171].

Blansitt, Jr., Edward. L. (1984): «Dechticaetiative and Dative», en F. Plank (ed.): *Objects. Towards a theory of Grammatical Relations*, London/Orlando/etc., Academic Press, pp. 127-150.

Bentivoglio, Paola (1983): «Topic continuity and discontinuity in discourse: A study of spoken Latin-American Spanish», en T. Givón (ed.): *Topic continuity in discourse: A quantitative cross-language study*, Amsterdam/Philadelphia, JohnBenjamins, pp. 255-311.

Butt, John y Carmen Benjamin (1994 [1988]): *A New Reference Grammar of Modern Spanish*, London/New York/etc., Arnold.

Butler, Christopher et al. (eds.) (1999): *Nuevas perspectivas en gramática funcional*, Barcelona, Ariel.

Cano Aguilar, R. (1981): *Estructuras sintácticas transitivas en el español actual*, Madrid, Gredos.

Campos, Héctor (1999): «Transitividad e intransitividad», en I. Bosque y V. Demonte(eds.): *Gramática descriptiva de la lengua española*; Vol. 2, Madrid, Espasa, pp. 1519-1574.

Cartagena, Nelson (1972): *Sentido y estructura de las construcciones pronominales en español*, Concepción, *Publicaciones del Instituto Central de Lenguas de la Universidad de Concepción*, Chile.

Chafe, Wallace (1985): «Linguistic differences produced by differences between speaking and writing», en D. R. Olson, N. Torrance y A. Hildyard (eds.): *Literacy, language, and learning. The nature and consequences of reading and writing*, Cambridge, Cambridge University Press, pp. 105-123.

Cifuentes Honrubia, José Luis y Jesús Llopis Ganga (1996): *Complemento indirecto y complemento de lugar: Estructuras locales de base personal en español*, Alicante, Universidad de Alicante.

Company Company, Concepción (1997): «Prototipos y el origen marginal de los cambios lingüísticos. El caso de las categorías del español», en C. Company Company (ed.): *Cambios diacrónicos en el español*, México, UNAM, pp. 143-168.

Company Company, Concepción (1998): «The interplay between form and meaning in language change. Grammaticalization of cannibalistic datives in Spanish», *Studies in Language* 22, pp. 529-565.
Company Company, Concepción (2000): «En busca de la identidad cultural en la Lengua», en *Lunes en la Ciencia*, 15 de mayo del 2000, México, Yahoo-México.
Company Company, Concepción (2000): «La lucha de OD y OI por el estatus gramatical 'objeto' en el español», resumen, *LINGUIST List* 11.2371, 1 de Nov. del 2000, Syntax/Pragmatics/Conference on Romance Objects.
Company Company, Concepción (2001): «Multiple dative-marking grammaticalization. Spanish as a special kind of primary object language». *Studies in Language* 25, pp. 1-47.
Company Company, Concepción y Chantal Melis (2002): *Léxico histórico del español de México*, México, UNAM.
Comrie, Bernard (1989 [1981]): *Language Universals and Linguistic Typology*, Oxford, Basil Blackwell.
Contreras, Lidia (1974): «Usos pronominales no-canónicos en el español de Chile», en: *Estudios Filológicos y lingüísticos. Homenaje a Ángel Rosenblat en sus 70 años*, Caracas, Instituto Pedagógico, pp. 157-176.
Contreras, Heles (1976): *A theory of word order with special reference to Spanish*. Amsterdam/New York/Oxford: North Holland.
Coseriu, Eugenio (1968): «Sincronía, diacronía y tipología», *Actas del XI Congreso Internacional de Lingüística y Filología Románicas* I, pp. 269-281.
Coseriu, Eugenio (1988 [1957]): *Sincronía, diacronía e historia. El problema del cambio lingüístico*, Madrid, Gredos.
Coseriu, Eugenio (1989 [1952]): «Sistema, norma y habla», en E. Coseriu: *Teoría del lenguaje y lingüística general*, Madrid, Gredos, pp. 11-113.
Cuenca, María Josep y Joseph Hilferty (1999): *Introducción a la lingüística cognitiva*, Barcelona, Ariel.
Dahl, Östen (2001): «Inflationary effects in language and elsewhere», en Joan Bybee y Paul Hopper (eds.): *Frequency and the emergence of linguistic structure*, Amsterdam/ Philadelphia, John Benjamins, pp. 471- 480.
Davidsen-Nielsen, Niels. (ed.) (1996): *Sentence analysis, Valency, and the concept of Adject, Copenhagen Studies in Language* 19, Frederiksberg, Samfundslitteratur.
Delbeque, Nicole (1998) «La dimensión paradigmática de la alternancia a/Ø en la construcción transitiva, y más allá», en J. L. Cifuentes (ed.): *Estudios de Lingüística Cognitiva* II, Alicante, Universidad de Alicante, pp. 527-548
Delbecque, Nicole y Béatrice Lamiroy (1992): «The Spanish 'Dative': a problem of delimitation», *Leuvense Bijdragen* 81, pp. 113-161.
Delbecque, Nicole y Béatrice Lamiroy (1996): «Towards a typology of the Spanish dative», en W. Van Belle y W. Van Langendonck (eds.): *The Dative*, Vol. 1:

Descriptive studies (= *Case and grammatical relations across languages* 2), Amsterdam/Philadelphia, John Benjamins, pp. 73-117.

Demonte, Violeta (1995): «Dative alternation in Spanish», *Probus* 7, pp. 5-30.

Detges, Ulrich (en prensa: a) «La grammaticalización de los acusativos preposicionales en las lenguas iberorrománicas: Una hipótesis pragmática», en G. Knauer y V. Bellosta von Colbe (eds.): *Variación sintáctica en español: un reto para las teorías de la sintaxis*, Tübingen, Niemeyer.

Detges, Ulrich (en prensa: b): «Du sujet parlant au sujet grammatical. L'obligatorisation des pronoms sujets en ancien français dans une perspective pragmatique», en B. Combettes (ed.), *Grammatiaclisations en français*.

Dik, Simon C. (ed. K. Hengeveld) (1997): *The Theory of Functional Grammar*, Vol. 1-2, Berlin/New York, Mouton de Gruyter. (= TFG 1 y TFG 2)

Eynde, Karen van den, Sabine Kirchmeier-Andersen, Piet Mertens y Lene Schøsler (2003): «7. Distributional syntactic analysis and valency: Basic notions, procedures, and applications of the Pronominal Approach», en B. E. Nevin y S. B. Johnson (eds.): *The Legacy of Zellig Harris*, Amsterdam/Philadelphia, John Benjamins, pp. 163-202.

Fant, Lars M. (1985): «El pronombre clítico en las lenguas iberorrománicas y otros idiomas. Aspectos sobre una cuestión de tipología lingüística», *CEBAL* 7, pp. 29-64.

Fernández Laborans, María Jesús (1999): «La predicación: Las oraciones copulativas», en I. Bosque y V. Demonte (eds.): *Gramática descriptiva de la lengua española*, Vol. 2., Madrid, Espasa, pp. 2356-2460.

Fernández-Ordoñez, Inés (1993): «Leísmo, laísmo y loísmo: estado de la cuestión», en O. Fernández (ed.): *Los pronombres átonos*, Madrid, Taurus Ediciones, pp. 63-96.

Fernández Ramírez, Salvador (1951): *Gramática española. Los sonidos, el nombre y el pronombre*, Madrid, *Revista de Occidente*.

Fernández Soriano, Olga (ed.) (1993): *Los pronombres átonos*, Madrid, Taurus Ediciones.

Fernández Soriano, Olga (1993): «Los pronombres átonos en la teoría gramatical. Repaso y balance», en O. Fernández Soriano (ed.): *Los pronombres átonos*, Madrid, Taurus Ediciones, pp.13-62.

Fernández Soriano, Olga (1999): «El pronombre personal. Formas y distribuciones. Pronombre átonos y tónicos», en I. Bosque y V. Demonte (eds.): *Gramática descriptiva de la lengua española*, Vol. 1, Madrid, Espasa, pp. 1209-1273.

Fish, Gordon (1958): «The redundant construction in standard Spanish», *Hispania* 41, pp. 324-331.

Fogsgaard, Lene (1989): *Ser/estar og udsigelsen*, Copenhague, Basilisk.

García, Erica (1975): *The role of the Theory in linguistic analysis: The Spanish pronoun system*, Amsterdam, North-Holland.

García-Miguel, José María (1991): «La duplicación de complemento directo e indirecto como concordancia», *Verba* 18, pp. 375-410.

García-Miguel, José María (1995a): *Transitividad y complementación preposicional en español*, Santiago de Compostela, Universidad de Santiago de Compostela.

García-Miguel, José María (1995b): *Las relaciones gramaticales entre predicado y participantes*, Santiago de Compostela, Universidad de Santiago de Compostela.

García-Miguel, José María (1999): «Grammatical relations in Spanish triactant clauses», en L. de Stadler y C. Eyrich (eds.): *Issues in Cognitive Linguistics*, Berlin/New York, Mouton de Gruyter, pp. 447-424.

Gili y Gaya, Samuel (1975 [1943]): *Curso superior de sintaxis española*, La Habana, Instituto cubano del libro, Editorial Pueblo y educación.

Givón, Talmy (1976): «Topic, pronoun, and grammatical agreement», en Ch. N. Li (ed.): *Subject and topic*, New York, Academic Press, pp. 149-188.

Givón, Talmy (1983): «Topic continuity in discourse: An introduction», en T. Givón (ed.): *Topic continuity in discourse: A quantitative cross-language study*. Amsterdam/Philadelphia, John Benjamins, pp. 1-41.

Goossens, Louis (1994): «Transitivity and the treatment of (non)prototypicality in Functional Grammar», en E. Engberg-Pedersen, L. Falster Jakobsen y L. Schack Rasmussen (eds.): *Function and Expression in Functional Grammar*, Berlin/New York, Mouton de Gruyter, pp. 65-80.

Gutiérrez Ordóñez, Salvador (1999): «Los dativos», en I. Bosque y V. Demonte (eds.): *Gramática descriptiva de la lengua española*, Vol. 2, Madrid, Espasa, pp. 1854-1930.

Haberland, Hartmut y Ole Nedergaard Thomsen (1994): «Syntactic Functions, Topics, and Grammatical Relations», en E. Engberg-Pedersen, L. Falster Jakobsen y L. Schack Rasmussen (eds.): *Function and Expression in Functional Grammar*, Berlin/New York, Mouton de Gruyter, pp. 153-181.

Hanssen, Federico (1913): *Gramática histórica de la lengua castellana*, Halle, Max Niemeyer.

Harris, Alice y Lyle Campbell (1995): *Historical syntax in cross-linguistic perspective*, Cambridge, Cambridge University Press.

Heltoft, Lars (1996a): «On the alleged universality of the adject», en N. Davidsen-Nielsen (ed.): *Sentence analysis, Valency, and the concept of Adject, Copenhagen Studies in Language* 19, Frederiksberg, Samfundslitteratur, pp. 111-126.

Heltoft, Lars (1996b): «Grammatikalisering af semantiske roller i dansk», en L. Schack Rasmussen (ed.): *Semantiske roller, Odense working papers in language and communication* 10, Odense University Press, pp. 43-64.

Hengeveld, Kees (1986): «Copular verbs in a functional grammar of Spanish», *Linguistics* 24, pp. 393-420.

Herslund, Michael (1988): *Le datif en français*, Louvain/Paris, Peeters.

Herslund, Michael (1990): «Les verbes inaccusatifs comme problème lexicographique», *Cahiers de lexicologie* 56-57, pp. 35-44.

Herslund, Michael (1995a): «The Object Relation and the Notion of Incorporation», *Studies in Valency*, Vol. I, Odense, Odense University Press, pp.1-18.

Herslund, Michael (1995b): «Valens og grammatiske relationer», *Ny forskning i grammatik* 2, Odense, Odense University Press, pp. 48-72.

Herslund, Michael (1996): «En diskussion af semantiske roller», en L. Schack Rasmussen (ed.): *Semantiske roller, Odense working papers in language and comunication* 10, Odense University Press, pp. 7-20.

Herslund, Michael (1997): «Syntaktiske alternationer og funktionelle kategorier», *Ny Forskning i grammatik* 4, Odense, Odense University Press, pp. 49-69.

Herslund, Michael (2002a): «El dativo en una teoría de la valencia y transitividad», manuscrito inédito, Copenhague, Copenhagen Business School.

Herslund, Michael (2002b): «Incorporation and Transitivity in Romance», en O. Nedergaard Thomsen y M. Herslund (eds.): *Complex Predicates and Incorporation. A Functional Perspective, Travaux du Cercle Linguistique de Copenhague*, Vol. XXXII, Copenhague: C.A. Reitzel, pp. 175-206.

Herslund, Michael y Finn Sørensen (1985/1990): *De franske verber. En valensgrammatisk fremstilling*, Vol. I, *Verbernes syntaks*, Copenhague, Copenhagen Business School.

Herslund, Michael y Finn Sørensen (1987): *De franske verber. En valens-grammatisk fremstilling*, Vol. II, *Klassifikation af verberne*, Copenhague, Copenhagen Business School.

Herslund, Michael y Finn Sørensen (1994): «A Valence Based Theory of Grammatical Relations», en E. Engberg-Pedersen, L. Falster Jakobsen y L. Schack Rasmussen (eds.): *Function and Expression in Functional Grammar*. Berlin/New York, Mouton de Gruyter, pp. 81-95.

Herslund, Michael y Finn Sørensen (1996a): «Introduction», en N. Davidsen-Nielsen (ed.): *Sentence analysis, Valency, and the concept of Adject, Copenhagen Studies in Language* 19, Frederiksberg, Samfundslitteratur, pp. 9-13.

Herslund, Michael y Finn Sørensen (1996b): «Discussion», en N. Davidsen-Nielsen (ed.): *Sentence analysis, Valency, and the concept of Adject, Copenhagen Studies in Language* 19, Frederiksberg, Samfundslitteratur, pp. 143-157.

Herslund, Michael et al. (1996): *Det franske sprog*, Vol. III, *Valens og transitivitet*, Copenhague, Copenhagen Business School.

Herslund, Michael et al. (1997): *Det franske sprog*, Vol. I, *Grundlag*, Copenhague, Copenhagen Business School.

Hjelmslev, Louis (1978 [1935]): *La categoría de los casos*, Madrid, Gredos.

Hopper, Paul J. y Elizabeth Closs Traugott (1993): *Grammaticalization*, Cambridge, Cambridge University Press.

Jaeggli, Osvaldo A. (1993 [1986]): «Tres cuestiones en el estudio de los clíticos: el caso, los sintagmas nominales reduplicados y las extracciones», versión traducida, en O. Fernández Soriano (ed.): *Los pronombres átonos*, Madrid, Taurus Ediciones, pp. 141-173.

Jensen, Kjær (2001): «El verbo *caer*: estudio semántico-sintáctico», en J. de Kock (ed.): *Gramática española. Enseñanza e investigación. Apuntes metodológicos 7*. Salamanca, Ediciones Universidad de Salamanca, pp. 245-249.

Jespersen, Otto (1924): *The Philosophy of Grammar*, London, Georges Allen & Unwin.

Jespersen, Otto (1968 [1924]): *La filosofía de la gramática*, Barcelona, Editorial Anagrama.

Jespersen, Otto (1941): *Sproget. Barnet – Kvinden – Slægten*, København, Gyldendal.

Kany, Charles E. (1970): *Sintaxis hispanoamericana*, Madrid, Gredos.

Keniston, Hayward (1937a): *The syntax of Castilian prose. The sixteenth century*, Chicago, University of Chicago Press.

Keniston, Hayward (1937b): *Spanish syntax list*, New York, Holt, Rinehart & Winston.

Klein-Andreu, Flora (2000): *Variación actual y evolución histórica: los clíticos le/s, la/s, lo/s, LINCOM Studies in Romance Linguistics* 16.

Kuhlmann Madsen, John (1974): *Pronominalisering*, tesina inédita, Universidad de Copenhague.

Kuhlmann Madsen, John (1981): «Prædikativkonstruktioner i moderne spansk», en J. K. Madsen (ed.): *Hispanismen omkring Sven Skydsgaard*. Copenhague, Københavns Universitet, Romansk Institut/Museum Tusculanums Forlag, pp. 219-248.

Kuhlmann Madsen, John y Poul Rasmussen (1980): *Spansk Statistisk-Lingvistisk Projekt*, Copenhague, KøbenhavnsUniversitet, Romansk Institut.

Kuno, Susumo (1976): «Subject, Theme, and the Speaker's Empathy: A Re-examination of Relativization Phenomena», en Ch. N. Li (ed.): *Subject and topic*, New York, Academic Press, pp. 417-444.

Kuno, Susumo y Etsuko Kaburaki (1977): «Empathy and Syntax», *Linguistic Inquiry* 8, pp. 627-672.

Lamiroy, Beatrice y Nicole Delbeque (1998): «The possessive dative in Romance and Germanic languages», en W. van Langendonck y W. van Belle (eds.): *The Dative*, Vol. 2: *Theoretical and contrastive studies* (= *Case and grammatical relations across languages* 3), Amsterdam/Philadelphia: John Benjamins, pp. 29-74.

Lapesa, Rafael (1981): *Historia de la lengua española*, Madrid, Gredos.

Lapesa, Rafael (2000a): «Los casos latinos: restos sintácticos y sustitutos en español», *Estudios de Morfosintaxis histórica del español*. Madrid, Gredos, pp. 73-122.

Lapesa, Rafael (2000b): «Sobre los orígenes y evolución del leísmo, laísmo y loísmo», *Estudios de Morfosintaxis histórica del español*. Madrid, Gredos, pp. 279-310.

Lapesa, Rafael (2000c): «Morfosintaxis histórica del verbo español», *Estudios de Morfosintaxis histórica del español*, Madrid, Gredos, pp. 671-885.

Lapesa, Rafael (2000d [1974]): «El sustantivo sin actualizador en español», *Estudios de morfosintaxis histórica del español*, Madrid, Gredos, pp. 436-474.

Lehmann, Christian (1985): «Grammaticalization: Synchronic Variation and Diachronic Change», *Lingua e Stile* XX (3), pp. 303-318.

Lehmann, Christian (1995): *Thoughts on Grammaticalization*, München & Newcastle, LINCOM EUROPA.

Lenz, Rodolfo (1935): *La oración y sus partes*, Madrid, Publicaciones de la RFE, Vol. V.

Llorente Maldonado de Guevara, Antonio y José Mondéjar (1974): «La conjugación objetiva en español», *REL* 4, pp. 1-60.

Lyons, John (1977): *Semantics*. Cambridge, Cambridge University Press. [Citamos por la versión en castellano: *Semántica*, Barcelona, Teide, 1980].

Maldonado, Ricardo (1998): «Datividad y distancia conceptual», en J. L. Cifuentes Honrubia (ed.): *Estudios de Lingüística Cognitiva*, Vol. II, Alicante, Universidad de Alicante, pp. 687-705.

Maldonado, Ricardo (2000): «*Tanto para nada*: Trayectorias conceptuales en construcciones benefactivas y finales», en R. Maldonado (ed.): *Estudios cognitivos del español*.

Logroño/Querétaro, *Revista Española de Lingüística Aplicada y Universidad Autónoma de Querétaro*, pp. 111-130.

Maldonado, Ricardo (2002): «Dativos objetivos y subjetivos», resumen y 'handout', Seminario de lingüística romance, 10 de abril del 2002, Aarhus, Universidad de Aarhus.

Maldonado, Ricardo (2002): «Objective and subjective datives», *Cognitive Linguistics* 13, pp. 1-65.

Marcos Marín, Francisco (1978): *Estudios sobre el pronombre*, Madrid, Gredos.

Martín Zorraquino, María Antonia (1979): *Las construcciones pronominales en español*, Madrid, Gredos.

Martínez Caro, Elena. (1998): «Adelantamiento de complementos argumentales en español: diferenciación pragmática», en J. L. Cifuentes Honrubia (ed.): *Estudios de Lingüística Cognitiva*, Vol. II, Universidad de Alicante, Departemento de Filología Española, *Lingüística General y Teoría de la Literatura*, pp. 731-741.

Mendikoetxea, Amaya (1999): «Construcciones inacusativas y pasivas», en I. Bosque y V. Demonte (eds.): *Gramática descriptiva de la lengua española*; Vol. 2, Madrid, Espasa, pp. 1575-1629.

Menéndez Pidal, Ramón (1950): *Orígenes del español*, Madrid, Espasa Calpe.

Menéndez Pidal, Ramón (1952): *Manual elemental de gramática histórica española*, Madrid, Espasa Calpe.

Menéndez Pidal, Ramón (1954 [1908]): *Cantar de Mio Cid. Texto, gramática y vocabulario*, Vol. I, Madrid, Espasa Calpe.

Moliner, María (1975): *Diccionario de uso del español*, Madrid, Editorial Gredos.

Moro, Andrea (1997): *The raising of predicates. Predicative noun phrases and the theory of clause structure*, Cambridge, Cambridge University Press.

Müller, Henrik Høeg (1998): *Substantivsyntagmer i spansk. En valensanalyse, Copenhagen Working Papers in LSP*, Copenhague, Copenhagen Business School.

Navas Ruiz, Ricardo (1963): *Ser y estar. Estudio sobre el sistema atributivo del español*, Acta Salmanticensia. Tomo XVII (3), Salamanca, Universidad de Salamanca.

Nebrija, Elio Antonio de (1989 [1492]): *Gramática de la lengua castellana*, Madrid, Editorial centro de estudios Ramón Areces.

Nedergaard Thomsen, Ole (1992): «Unit Accentuation as an expression device for predicate formation. The case of syntactic Noun Incorporation in Danish», en M. Fortescue, et al. (eds.): *Layered Structure and reference in a functional perspective*. Amsterdam/Philadelphia, John Benjamins, pp. 173-229.

Nedergaard Thomsen, Ole (1996): «Adjects and hierarchical semantic structure in Danish», en N. Davidsen-Nielsen (ed.): *Sentence analysis, Valency, and the concept of Adject, Copenhagen Studies in Language* 19, Frederiksberg, Samfundslitteratur, pp. 51-110.

Nedergaard Thomsen, Ole (1997): «Retningsadverbialer og komplekse prædikater i dansk», *Selskab for Nordisk Filologi: Årsberetning* 1996-1997, pp. 66-84.

Nedergaard Thomsen, Ole (2002): «Complex Predicates and Incorporation.Towards a Typology», en O. Nedergaard Thomsen y M. Herslund (eds.): *Complex Predicates and Incorporation. A Functional Perspective, Travaux du Cercle Linguistique de Copenhague*, Vol. XXXII, Copenhague, C. A. Reitzel, pp. 288-381.

Nedergaard Thomsen, Ole y Michael Herslund (2002): «Complex predicates and incorporation –An introduction», en O. Nedergaard Thomsen y M. Herslund (eds.): *Complex Predicates and Incorporation. A Functional Perspective, Travaux du Cercle Linguistique de Copenague*, Vol. XXXII, Copenhague, C. A. Reitzel, pp. 7-47.

Oroz, Rodolfo (1966): *La lengua castellana en Chile*, Santiago, Facultad de Filosofía y Educación, Universidad de Chile.

Ortiz Ciscomani, Rosa María (1997): «Estructuras marginales en la transitividad. El objeto indirecto de las oraciones bitransitivas en el español medieval», en C. Company Company (ed.): *Cambios diacrónicos en el español*. México, UNAM, pp. 65-83.

Palancar, Enrique (1999): «What do we give in Spanish when we hit? A constructionist account of hitting expressions», *Cognitive Linguistics* 10, pp. 57-91.

Peirce, Charles S. (1931-1958): «The Logic of Mathematics; an Attempt to Develop my Categories from Within», en C. Hartshorne, P. Weiss y A. W. Burks (eds.): *CP Collected Papers*, vols. 1-8, Cambridge, Mass.: Harvard University Press, *CP* 1.417-1.520.

Penny, Ralph (1993 [1991]): *Gramática Histórica del español*, Barcelona, Editorial Ariel. [Versión traducida, orig. *A History of the Spanish Language*, Cambridge, Cambridge University Press.]

Picallo Soler, M. Carme y Gemma Rigau (1999): «El posesivo y las relaciones posesivas», en I. Bosque y V. Demonte (eds.): *Gramática descriptiva de la lengua española*, Vol. 1, Madrid, Espasa, pp. 973-1023.

Piera, Carlos y Soledad Valera (1999): «Relaciones entre morfología y sintaxis», en I. Bosque y V. Demonte (eds.): *Gramática descriptiva de la lengua española*, Vol. 3, Madrid, Espasa, pp. 4366-4426.

Poston, Jr., Lawrence (1953): «The redundant object pronoun in Contemporary Spanish», *Hispania* 3, pp. 263-272.

Rini, Joel (1990) «Dating the Grammaticalization of the Spanish Clitic Pronoun», *Zeitschrift für romanische Philologie* 106, pp. 354-370.

Rini, Joel (1991a): «The Redundant Indirect Object Constructions in Spanish: A New Perspective», *Romance Philology* XLV, pp. 269-286.

Rini, Joel (1991b): *Motives for Linguistic Change in Formation of the Spanish Object Pronouns*, Juan de la Cuesta–Hispanic Monographs. *Estudios lingüísticos* 4, Newark, Delaware.

Real Academia Española (1973): *Esbozo de una nueva gramática de la lengua española*, Madrid, Espasa Calpe [*Esbozo* RAE 1973 en el texto].

Real Academia Española (1992): *Diccionario de la lengua española*, Madrid, Espasa Calpe.

Roca, Francesc (1996): «Morfemas objetivos y determinantes: los clíticos del español», *Verba* 23, pp. 83-119.

Roca Pons, José (1958): *Estudios sobre las perífrasis verbales del español*, Madrid, *RFE* Anejo LXVII.

Roca Pons, José (1970): *Introducción a la Gramática*, Barcelona, Teide.

Rojo, Guillermo. (1983): *Aspectos básicos de sintaxis funcional*, Málaga, Agora.

Seco, Manuel (1996): *Diccionario de dudas y dificultades de la lengua española*, Madrid, Espasa Calpe.

Seco, Rafael (1978): *Manual de gramática española*, Madrid, Aguilar.

Schøsler, Lene (1996): «Cheese and/or dessert», en N. Davidsen-Nielsen (ed.): *Sentence analysis, Valency, and the concept of Adject, Copenhagen Studies in Language* 19, Frederiksberg, Samfundslitteratur, pp. 15-49.

Schøsler, Lene (en prensa): «Is it possible to apply the principles of the Pronominal Approach to a text language. The role of valency in a semantic classification of Middle French verbs», *Mélanges Karel van den Eynde.*

Silva Corvalán, Carmen (1984): «Semantic and pragmatic factors in syntactic change», en J. Fisiak (ed.): *Historical Syntax*, Berlin/New York/Amsterdam, Mouton, pp. 555-573.

Skydsgaard, Sven (1977): *La combinatoria sintáctica del infinitivo español*, Madrid, Castalia.

Smith, John Charles (2001): «Illocutionary Conversion, Bystander Deixis, and Romance 'Ethic' Pronouns», *Working Papers in Functional Grammar* 74.

Suñer, Margarita (1993 [1988]): «El papel de la concordancia en las construcciones de reduplicación de clíticos», en O. Fernández Soriano (ed.): *Los pronombres átonos*,Madrid, Taurus Ediciones, pp. 174-204. [Versión original: «The role of agreement in clitic-doubled constructions», *Natural Language and Linguistic Theory* 6, pp. 391-434].

Sørensen, Finn (1995): «Valency and Semantic Variation», *Studies in Valency*, Vol. I, Odense, Odense University Press, pp. 19-28.

Traugott, Elizabeth C. (1996): «Grammaticalization and lexicalization», en E. K. Brown y J. E. Miller (eds.): *Concise encyclopedia of syntactic theories*, Kidlington, Oxford, Elsevier Science.

Val Álvaro, José Francisco (1999): «La composición», en I. Bosque y V. Demonte (eds.): *Gramática descriptiva de la lengua española*, Vol. 3, Madrid, Espasa, pp. 4757-4841.

Vázquez Rozas, Victoria (1995): *El complemento indirecto en español*, Santiago de Compostela, Universidad de Santiago de Compostela.

Velázquez-Castillo, Maura (1999): «Body-Part EP Constructions. A Cognitive/Functional Analysis», en D. L. Payne y I. Barshi (eds.): *External Possession*, Amsterdam/Philadelphia, John Benjamins, pp. 77-107.

Whitley, M S. (1995): «*Gustar* and other Psych verbs: a problem in transitivity», *Hispania* 78, pp. 573-585.